本书获中国博士后第 55 批面上基金一等资助
(2014M550519)

红湖人文学科丛书

文化的显影

英国文化主义研究

邹赞 著

暨南大学出版社
JINAN UNIVERSITY PRESS

中国·广州

图书在版编目（CIP）数据

文化的显影：英国文化主义研究/邹赞著. —广州：暨南大学出版社，2014. 10
（红湖人文学科丛书）
ISBN 978 - 7 - 5668 - 1136 - 3

Ⅰ. ①文…　Ⅱ. ①邹…　Ⅲ. ①文化—研究—英国　Ⅳ. ①G156. 1

中国版本图书馆 CIP 数据核字（2014）第 192196 号

文化的显影：英国文化主义研究
著　　者：邹　赞
策划编辑：史小军
责任编辑：曹　军
责任校对：王嘉涵　黄志波
地　　址：中国广州暨南大学
电　　话：总编室（8620）85221601
营销部（8620）85225284　85228291　85228292（邮购）
传　　真：（8620）85221583（办公室）　85223774（营销部）
邮　　编：510630
网　　址：http：//www. jnupress. com　http：//press. jnu. edu. cn
排　　版：广州市天河星辰文化发展部照排中心
印　　刷：佛山市浩文彩色印刷有限公司
开　　本：787mm×960mm　1/16
印　　张：17. 25
字　　数：307 千
版　　次：2014 年 10 月第 1 版
印　　次：2014 年 10 月第 1 次
定　　价：39. 80 元

（暨大版图书如有印装质量问题，请与出版社总编室联系调换）

Abstract

Taking the Sociology of Knowledge as its methodology and reflecting the challenges Cultural Studies encountered in the context of neo – liberalism as its starting point, this book investigates British Culturalism both as an ideological tradition and a research paradigm, with the core problematic awareness of reconsidering the location of culture. It aims to scrutinize the specificities and key ideas of culturalism in terms of British special social and historical context, and exerts to study the formation of a mass society in Britain, the rise of English Studies, the New Left Movement, the post – war British adult education, and the research characteristics of CCCS, and then examines the inner connection between British Culturalism as an ideological tradition and as a research paradigm with its historical context and realistic significance. The book highlights the complex ideological debates, rediscovers and presents some major replaced topics as well.

First, the British "Culture and Civilization" tradition is actually an internal difference created by the interaction and collision between Britain and the European mainland, with Europe as the original point. Matthew Arnold, T. S. Eliot and F. R. Leavis construct their ideas of culture by criticizing and profoundly considering the forming of British mass society. Matthew Arnold successfully converts the opposition between "Culture/Nature" into the contrast between "culture/civilization", builds up a binary opposition between popular culture and elite culture, and also offers a unique so – called Arnoldian perspective leading popular culture into serious academic research. The rise of English Studies and the institutionalization of English literary criticism indicate the process of culturalism as an ideological tradition from discourse to institutionalization. F. R. Leavis and the Scrutiny circle follow the "Culture – Civilization" tradition stemmed from Arnold, and have become the node of British Culturalism as an ideological tradition and as a research paradigm. The book focuses on the transformations of "the idea of culture", deals with "literary studies and cultural criticism", "popular culture criticism" and the debates between F. R. Leavis and René Wellek or Marxism, with the exertion to demonstrate the complications, various tensions and articulation context during the special process.

Second, the British New Left emerged as the articulation of the post – war British social transformations and the three significant historical events occurring in 1956. In some sense, a superficial phenomenon of a classless society was caused by the welfare system, consumerism and popular culture, and culture was highlighted as a leading topic. In other sense, the British New Left tried to find the Third Road between Marxism and Leavisism, and everyday life has been a key word not only for Hoggart and Williams' criticism upon Leavisite notion of elitist culture, but also for E. P. Thompson's refutation of vulgar materialism and determinism. The above thinkers paid close attention to the daily experiences of British working class, emphasized cultural autonomy and individual agency, reconstructed a sort of intersubjective cultural politics, which laid a foundation for the rise of Cultural Studies.

This book also analyses Richard Hoggart and "the cultural turn", Raymond Williams and "the revolution of cultural concept", E. P. Thompson's criticism upon Williams' concept of culture, the long – term debates between E. P. Thompson and Perry Anderson, and Stuart Hall's explanation of the two paradigms, so as to clarify the ideological debates, structural tensions and intrinsic characteristics of culturalism as a research paradigm.

This book is not only beneficial for the construction of the disciplinary history of Cultural Studies, but also offers an ideal reference for Cultural Studies of the Chinese mainland.

序

欣闻邹赞在博士论文基础上撰写的《文化的显影：英国文化主义研究》一书出版在即。已知那将是一本厚重的书，是文化研究领域亦不多见的一本缜密、翔实的理论专著。

文如其人。邹赞为人自律甚严，不苟言笑，却毫不迂钝；他做事、治学练达、细致，判断力准确，行动力极强。曾与之玩笑：人如邹赞，原本应跻身主流学科，师从"名门正派"，而不应是从事"拒绝绑在学科战车上"的文化研究，或追随我辈这类"山野游击队员"。邹赞闻听，也只是淡然而笑，不事分说。我有所未料的是，邹赞的博士论文选取了一个文化研究的命题，成就了一部严谨的文化研究的理论论著，而且文化研究式地越界，令命题溢出，覆盖到了文化学、思想史的地界之上。此书是对文化研究的两大基本范式之一：文化主义的细致分梳，同时大胆地将论题推进到对于"文化"这一现代史上最为丰富、繁复的概念溯源之上。在这个为近乎无数多的定义、无穷繁的外延内涵、无数次的论战、无限斑驳的实践所缠绕的核心概念之上，邹赞以自己的、现实感颇强的问题意识，编织起全书论述的经纬。为此，他发掘、涉猎、处理了中英文数量可谓浩繁、范围可谓极广的文献、资料、专著与论文，条分缕析、去芜存菁、辨析梳理，选取了自己的理论立场，搭建起自己言说的框架。即使在那些为了应对愈加苛刻的学院要求、愈加严酷的学术竞争而制造的博士论文中，邹赞的论文初稿也堪称密集、凝重、扎实。论文答辩之时，一向肃然甚至严苛的委员们亦半是调侃、多是赞许地称道：论文处理的议题，涉猎的资料，已有了一个学者毕生所为的"尺寸"。

我与邹赞得成师生，可以说是缘分——因为几乎失之交臂。犹清晰记得那年的博士入学阅卷，报名者甚众，也一如往年般地良莠不齐。第一名的产生毫无悬念——北大的"土著"，鲜有地几乎达到了满分；淘汰亦容易，或因完全答非所问，或因在文学理论与文化研究两卷之间知识缺一；唯有一份署名邹赞的试卷令我印象颇深、心存踌躇：试卷本身并不完美，应试者对所问之题的确有所不知，但同样鲜明的，是答题人的思路清晰、知识扎实，应试时分的从容与“不知为不知”的状态。而这个名字于我是全然的陌生，他显然既不曾投书于我自报家门，亦不曾出现在北大课堂上投石问路。试卷上可以清晰辨识出应试者与北大、与我本人的不同“路数”，但充分地显现出此君在文化研究的领域中已有的准备和心得。少有地，我生出了相对于北大招生体制（人年均0.8个博士生名额）而言的“非分之想”，想争取第二个名额，想给这个全然陌生的年轻人机会。第二个名额的“僭越”几乎即刻挫败，教务老师告知，愈加紧缩的文科名额已难于保证每个博导一名新生的机会。遗憾间，我对这名考生无端地生出了某种莫名的负疚感。阅卷登分甫毕，我启程赴拉美访问，在机场候机的当口，再度为那份无名的抱憾攫住。于是，我在候机室致电系教务老师，索取邹赞的电话，只想找机会亲口告知他，并非他不够优秀，只是世事不尽如人愿。但这通电话却令我意外地获知了新的可能。我当然即刻拥抱了这份并非属于我的“幸运”。此时，我的航班已开始登机，抱着姑且一试的心理，我拨打了邹赞的手机，这次，是为了“亲口”告诉他一个迥异于前的消息。电话竟然拨通，我三言两语地介绍自己并告知结果。再次令我印象深刻的是，没有慌乱，没有狂喜，对方那端，一个从容而沉稳的声音回应了我。一时间，我几乎在心底窃笑自己的“年‘少’轻狂”。

作为一名已任教于新疆大学的青年教员，邹赞无疑是个本义与象征义上的优等生。除却优等生共有的勤勉、踏实、聪慧、向上的强动力之外，邹赞的自律与计划性、清晰的目标与稳健的步骤，几乎可谓坚忍，在晚辈乃至同辈间难得一见。他绝非讷言，却多为寡语，尽管他不仅可以将观点表达得清晰流利，而且偶尔会流露出丰富的幽默感；他喜怒不形于色，绝少为身边的种种流行、热闹所诱惑。他全职学习，也和同学一起辅助我的教学与研究，却仍担负着新大的部分课程；他有自己的家庭，还要照顾业已年长的双亲；但我从未曾见他慌乱，未闻他有半句诉苦或求助。有时，关于邹赞，我间或想象一幅画面：他稳稳把着自己的船舵，行驶在他为自己清晰划定的航线上。这部论文，进而是这本书，便是这样一步一个脚印地推进、完成——花上别人“喝咖啡”、聚会、闲谈、娱乐的时间。作为他的导师，我完全无须敦促、劝说、指斥甚或光火（尽管这几乎是指导博士论文写作的“必要程序”）；对于这本新著，我可以说是无功可居。

但目击或曰伴随了这一论著的孕育、诞生，我或需赘言的是，此书的意义与价值，不仅在于它推进或曰拓展了对文化主义的研究，而且在于它自身便是一个文化研究之跨学科、交叉方法论的实践性文本。文化研究与关键词、文化研究与知识社会学、文化研究与英国（文化、社会）史、文化研究与英语文学研究、文化研究与战后欧洲及冷战，甚至是对文化研究自身历史的文化研究……纵横的经纬，构成了此书的纹路与肌理。此书尝试整体与宏观地图绘文化研究所谓的“文化主义”的前世今生，也尝试打开我们进入、重访文化议题的诸多大门与路径。我们可以在此书中分享邹赞的思考，也可以在他叩开的门内、在他草绘的路径间继续前行。

不错，历经半个世纪，漫游于新千年的开启，文化研究整体地刷新、改变了人文、社会科学面目，其思路与方法正在为不同学科所采纳、分享，这是否意味着文化研究自身的学科意义正在悄然褪色？阅读此书的启示或许也在于，即使作为专有名词的“文化研究”正在成为历史，为“文化研究”所显影的文化的位置与意义却正于全球化时代、于崛起中的中国凸显。毕竟，文化研究的真意，是在反思中焕发文化之自觉建构、批判与实践的功能意义。

戴锦华

目 录

序 …………………………………………………… 戴锦华 1

绪 论 …………………………………………………… 1
第一节 重估“文化”的位置 …………………………………… 1
第二节 国内外研究现状述评 …………………………………… 16
第三节 方法论：知识社会学与文化研究的相遇 ………………… 23

第一章 “文化—文明”传统的两条脉络 ………………………… 29
第一节 “文化”的斯芬克斯之谜 ……………………………… 29
第二节 “文化—文明”与德国文化民族主义 …………………… 32
第三节 影响的个案：哈曼与柯勒律治 ………………………… 39
第四节 功利主义与英国“文化—文明”传统 …………………… 43

第二章 大众社会理论与英国文化主义的源起 …………………… 48
第一节 大众社会与大众社会理论 ……………………………… 48
第二节 大众社会在英国的形成 ………………………………… 53
第三节 批判大众社会：从马修·阿诺德到 F. R. 利维斯 ………… 56
第四节 走向“左翼文化主义” ………………………………… 66

第三章 马修·阿诺德与英国文化主义传统 ……………………… 68
第一节 马修·阿诺德的“多副面孔” …………………………… 68
第二节 马修·阿诺德：葛兰西意义上的“有机知识分子” …… 71
第三节 “转折的年代”与人文精神危机 ………………………… 76
第四节 马修·阿诺德：一位有机知识分子的文化观 …………… 79
第五节 阿诺德与通俗/大众文化：一种别样视角 ……………… 88

第四章　“英文研究”的兴起与利维斯主义 …… 93
第一节　“英文研究”的兴起与英国文学批评的机制化 …… 93
第二节　F. R. 利维斯与利维斯主义：文学批评与文化批评的叉合 …… 106
第三节　F. R. 利维斯的马克思主义观 …… 131
第四节　超越文化精英主义 …… 134

第五章　文化如何显影：“第三条道路”与英国新左派的文化政治学 …… 136
第一节　图绘战后初期英国的社会结构 …… 136
第二节　“第三条道路”与英国新左派的文化政治学 …… 148
第三节　战后成人教育与英国文化研究 …… 160

第六章　英国文化主义：范式转型与思想论争 …… 172
第一节　理查德·霍加特与工人阶级文化 …… 172
第二节　雷蒙德·威廉姆斯与“文化革命” …… 190
第三节　文化主义：范式与论争 …… 207

结　语 …… 231

参考文献 …… 241

后　记 …… 264

Contents

Preface ·· Dai Jinhua

Introduction ·· 1

1. Reconsidering the Location of Culture ································ 1
2. Research Review ·· 16
3. Methodology: the Sociology of Knowledge Encountering Cultural Studies ································ 23

ChapterⅠ The Two Veins of "Culture – Civilization" Tradition ········ 29

1. Culture: Riddles of the Sphinx ································ 29
2. The Culture – Civilization Tradition and Germany Cultural Nationalism ································ 32
3. A Case Study of Influence: Haman and Coleridge ································ 39
4. The Utilitarianism and British Culture – Civilization Tradition ········ 43

Chapter Ⅱ The Mass Society Theory and the Origins of British Culturalism ································ 48

1. Mass Society and the Mass Society Theory ································ 48
2. How Britain Becomes a Mass Society ································ 53
3. Criticizing Mass Society: From Matthew Arnold to F. R. Leavis ································ 56
4. Approaching the Left Culturalism ································ 66

Chapter Ⅲ Matthew Arnold and British Culturalism ································ 68

1. Matthew Arnold's Different Faces ································ 68
2. Matthew Arnold: An Organic Intellectual in Gramsci's Sense ········ 71
3. The Transition Period and the Crisis of Humanistic Spirit ········ 76

4．Matthew Arnold：The Cultural Views of an Organic Intellectual … 79
5．Matthew Arnold's Alternative Perspectives upon Mass Culture …… 88

Chapter Ⅳ The Rise of English Studies and Leavisism …………………… 93
1．The Rise of English Studies and the Institutionalization of British Literary Criticism ………………………………………………………………… 93
2．F. R. Leavis and Leavism：Literary Criticism and Cultural Criticism ……………………………………………………………………………… 106
3．F. R. Leavis' views of Marxism ………………………………………… 131
4．Transcending the Cultural Elitism ……………………………………… 134

Chapter Ⅴ Surfacing Culture：the Third Road and the Cultural Politics of British New Left ………………………………………………………………… 136
1．The British Social Structure after the Second World War ………… 136
2．The Third Road and the Cultural Politics of British New Left …… 148
3．British Adult Education and British Cultural Studies …………… 161

Chapter Ⅵ British Culturalism：Paradigm Transformation and Thoughts Arguments ………………………………………………………………… 172
1．Richard Hoggart and Cultural Turn ………………………………… 172
2．Raymond Williams and the Cultural Revolution …………………… 190
3．Culturalism：Paradigm Transformation and Thoughts Arguments … 207

Conclusion ……………………………………………………………… 231

Bibliography …………………………………………………………… 241

Afterword ……………………………………………………………… 264

绪 论

第一节 重估“文化”的位置

一、文化研究：“理论旅行”与“现实观照”

从某种意义上说，文化研究（Cultural Studies）的本土化趋势在当前中国学界已经愈益成为共识。也就是说，中国的文化研究必须具备本土立场与视域观照，重视发掘中国的历史经验，积极应答中国的现实问题，建构出别具特色的研究范式。这种观念也契合于所谓的“文化研究”的复数性（the pluralities of Cultural Studies）。然而，无论是作为一门（准）学科还是一种理论话语资源，在中国大陆方兴未艾的文化研究都携带着鲜明的“舶来”印记。[①] 澳大利

① 1985年，弗雷德里克·杰姆逊（Frederic Jameson，又译“詹明信”、“詹姆逊”）应邀来北大讲学，次年，根据课堂录音整理的讲稿被冠以“后现代主义与文化理论”之名，由陕西师范大学出版社出版。这一被普遍认为对中国当代人文科学产生了深远影响的“文化事件”，或可视作文化研究传入中国大陆的先声。1994年，《读书》杂志先是刊登了李欧梵和汪晖关于“文化研究”的学术对谈，话题涉及“伯明翰学派的历史与特征”、“多元文化主义”、“区域研究”、“文化研究理论之于中国大陆的适用性”等（参见李欧梵、汪晖：《什么是“文化研究”》，载《读书》1994年第7期，第57~61页；《文化研究和地区研究》，载《读书》1994年第8期，第65~74页），随后又召开了“文化研究与文化空间”讨论会（参见白露：《生活在“不可理解之中”——对〈读书〉九月份“文化研究与文化空间”讨论会的记录与感想》，载《读书》1994年第12期，第17~23页）。这次研讨会或可视为中国大陆第一次真正意义上的“文化研究”学术会议。顺应20世纪90年代中国社会转型、大众文化蓬勃兴起的历史契机，文化研究借助于港台流行文化的催化剂作用，迅速进入中国大陆学界，并且在以文艺学和中国当代文学为中心的学科阵营攻城略地。此后，一系列以文化研究为主题的国际国内会议密集召开。世纪之交，西方文化理论的译介之风汹涌而至，堪称出版界的一道“景观”。本土性的文化研究机构也相继成立，文化研究开始寻找“‘另一个故事’的理论和实践之路”（参见戴锦华：《文化研究的可能》，载《文汇报》2003年7月6日第7版）。

亚文化研究学者约翰·哈特利（John Hartley）精准地勾勒了文化研究的理论旅行路线，“围绕 3A（Anglo-American-Australian）轴心向全球播撒，已经在中国（大陆）、台湾、香港，新加坡，南非、拉美、东南亚以及北欧安营扎寨”①。

文化研究以其历史化、语境化、介入现实的学术品性和跨学科交叉研究的优势，成为批判现代社会文化生产与消费主义的有效话语。纵览文化研究的思想图景与知识谱牒，英国伯明翰学派注重发掘工人阶级文化的自主性和能动性，热衷于解码大众传媒、青年亚文化、撒切尔政府权威民粹主义（Authoritative Populism）的意识形态症候与权力关系，约翰·费斯克（John Fiske）充分关注大众文本的消费快感与受众的抵抗策略，托尼·本内特（Tony Bennett）等人将文化政策置于文化研究之中。可以说，文化研究从来就没有一套放之四海而皆准的元话语、元理论、元范式。文化研究不等于英国文化研究，更不等同于伯明翰学派，以伯明翰学派为代表的英国文化研究只是其中的一种范式。如果说，英国文化研究延续了英国本土历史悠久的经验主义传统，在理论上主动吸收马克思主义、阿尔都塞的结构马克思主义和葛兰西的“文化霸权”思想，侧重于研究工人阶级社群文化、青年亚文化和大众传媒，那么，美国的文化研究②既表现出契合于英国文化研究的诸多共性，又在接合本土情境的实践过程中形成以大众传播

① John Hartley, *A Short History of Cultural Studies*, London: Sage Publications, 2003, p. 7.

② Vincent B. Leitch and Mitchell R. Lewis, Cultural Studies: United States, in Michael Groden, Martin Kreiswirth and Imre Szeman（eds.）, *The Johns Hopkins Guide to Literary Theory and Criticism*, Baltimore: The Johns Hopkins University Press, 1994, p. 226. 根据文森特·里奇（Vincent B. Leitch）等人的描述，20 世纪 80 年代后期，文化研究在美国尤其是在媒介批评领域兴起。20 世纪 90 年代，“文化研究的现在与未来”国际会议在伊利诺伊州立大学召开，美国的文化研究从此开始走向流行和机制化阶段，那次会议的几位组织者——劳伦斯·格罗斯伯格、卡里·纳尔逊（Cary Nelson）和保拉·特瑞赤拉（Paula Treichler）——后来成为《国际文化研究》期刊的几位编者。20 世纪 90 年代，为美国的文化研究开疆辟域的关键人物还应当包括：安德鲁·罗斯（Andrew Ross），主要关注科技与大众文化的政治；唐纳·哈拉维（Donna Haraway），研究领域涉及科技与女性主义、社会主义、后现代文化；安妮·巴尔萨姆（Anne Balsamo），主要关注身体、科学、女性主义、大众文化；苏珊·波尔多（Susan Bordo），主要研究社会力量基于时空维度对身体的塑形。新世纪以来，美国的文化研究主要集中在媒体研究、社会性别、性征、身体研究、科学与技术研究、身份认同与多元文化主义、都市与社区研究、全球化研究、大众文化研究、商业化与消费主义等议题。参见上书，第 227 ~ 228 页。

与认同政治为主要关注点的特质。劳伦斯·格罗斯伯格（Lawrence Grossberg）堪称美国文化研究的代表人物，这位学习历史与哲学出身的文化研究重要学者曾求学于伯明翰大学当代文化研究中心，并拜师霍尔门下，后来师从美国著名传播学者詹姆斯·凯瑞（James Carey），在传播学领域开辟出一条有别于实证主义模式的文化研究路径，"文化研究的目的在我看来，就是让我们知识分子对当代社会有更深刻全面的理解和把握，从而积极改变社会"，格罗斯伯格进而呼唤一种"激进的语境主义（Radical Contextualism or Contextuality）"①。此外，澳大利亚的文化研究②凸显出"文化政策"的社会实践意义，理论上明显受惠于米歇尔·福柯后期所倡导的"治理术"（Governmentality）。

如果说，英国文化研究凸显出阶级维度，美国的文化研究以族裔问题为鲜明底色，澳大利亚的文化研究热衷于探讨公共政策问题，那么，中国大陆的文化研究则显然经历了一个"西学东渐"的过程，它处于文化研究围绕3A轴心向全球播撒的外围圈层，主要表现为世纪之交的文化理论译介热，但尚未形成特色鲜明的研究路径。③ 中国大陆的人文知识分子自20

---

① ［美］劳伦斯·格罗斯伯格、刘康：《对话：关键时刻的语境大串联》，《中国图书评论》2007年第4期，第105~106页。

② 澳大利亚的文化研究尽管受到英国和欧洲影响，但它拥有自身特定的历史：20世纪80年代，在约翰·塔洛克（John Tulloch）、费斯克、本内特和哈特利的大力提携下，文化研究在澳大利亚文化、文学、媒体和电影研究领域兴起，墨美姬（Meaghan Morris）、伊恩·汉特（Ian Hunter）、约翰·佛柔（John Frow）、斯图亚特·库宁汉姆（Stuart Cunningham）、罗斯·吉布森（Ross Gibson）是其中的典型代表，他们借用欧洲马克思主义的文学理论传统来研究澳洲问题，在理论上尤其青睐欧洲文学理论与欧陆哲学，与注重文化实践和个案分析的伯明翰学派保持距离。20世纪80年代中期以来，澳大利亚的文化研究开始关注媒介工业的政策制定，这种模式受到了福柯"治理术"思想的影响，继而建立起文化政策研究的新领域。值得一提的是，格里菲斯大学文化与传媒政策研究中心在本内特和汤姆·里根（Tom O' Regan）的领导下，将传统的、政治上对抗的文化研究转变为更加实用的、与政府合作的文化政策研究。参见 Graeme Turner, Cultural Studies: Australia, in Michael Groden, Martin Kreiswirth and Imre Szeman (eds.), *The Johns Hopkins Guide to Literary Theory and Criticism*, Baltimore: The Johns Hopkins University Press, 1994, pp. 230~232.

③ 关于文化研究在台湾、香港的历史与现状，可参看陈清侨：《文化研究在香港——我在文化研究的日子》、陈光兴：《文化研究在台湾到底意味着什么?》，见孙晓忠编：《方法与个案：文化研究演讲集》，上海：上海书店出版社2009年版，第73~119页。关于新世纪之交的文化理论译介热，可参看徐德林：《重返伯明翰——论中国大陆的文化研究》，载《中国图书评论》2008年第3期，第69~75页。

世纪90年代中期以来，针对舶来品文化研究展开了持久而热烈的论辩，“论争的核心是文学研究与文化研究的关系问题或者文学研究如何对待文化研究的问题”[①]。鉴于中国大陆的文化研究学者主要集中在文艺理论和中国当代文学领域，如此一来，原本极具批判性和跨学科特色的文化研究在耦合中国的现实接受语境时，开始与传统的文学研究发生碰撞与冲突，引发了一系列的学术论争。[②] 中国大陆的文化研究驻足于社会转型时期的文化现象与知识形构，在消费西方理论的同时尝试反思现代性的后果，以戴锦华、汪晖、王晓明为代表的学者开始批判性反思“权力的媒介与媒介的权力的恶性结合”（戴锦华语），在政治、经济等社会结构性因素的参照下研究农民工、下岗工人等社会边缘群体，自觉引入冷战/后冷战的全球格局和中国的地缘政治等坐标系，在“做文化研究”[③] 领域作出了一些有益的尝试。

总的看来，中国大陆的文化研究在引介西方文化理论的同时，逐渐注意将之纳入中国的现实语境进行转换与对话，并尝试对新时期以来的各种理论作知识考古学和系谱学的阐释与批判，但是一旦触及中国的社会改革与社会主义的具体实践时，又会不由自主地游开去，“关注的问题往往被大众传媒导向诸如‘第五代电影’、‘重写’历史、文化怀旧等话题，避重就轻，绕开了80年代‘西方理论热’加‘中国文化热’的核心问题，即中国的政治意识形态与社会改革问题。对于90年代以来所谓‘学术凸显、思想淡出’的状况，学科建设、学术建制至上，学术研究日趋产业化、商

---

① 徐德林：《文化研究的出身与学科地位——再论文学研究与文化研究之争》，《中国图书评论》2009年第2期，第76页。

② 关于“文学研究与文化研究”之间关系的反思、对话与争鸣，可参阅周小仪：《文学研究与理论——文化研究：分裂还是融合?》，《国外文学》1995年第4期；王宁：《全球化语境下的文化研究和文学研究》，《文学评论》2000年第3期；金元浦：《当代文艺学的“文化的转向”》，《社会科学》2002年第3期；周宪：《文化研究：学科抑或策略》，《文艺研究》2002年第4期；陶东风：《日常生活的审美化与文艺学的学科反思》，《天津社会科学》2004年第4期；陆扬：《文化研究的兴起和文学救赎功能的变迁》，《文艺研究》2007年第12期。

③ 当前中国大陆的文化研究者大致分为两个脉系：研究“文化研究”（research for Cultural Studies）；做“文化研究”（do Cultural Studies）。前者侧重于对法兰克福学派、伯明翰学派等进行脉络清理和经典研读，力求梳理出文化研究的理论特质和应答中国现实问题的可能；后者则通过对现当代中国文化史和思想史的再读与反思，批判式解读当代文化现象与文化症候。

业化的趋势，认真的反思与批判就更少”①。

事实上，文化研究的理论与实践始终伴随着诸种基于不同立场、不同言说方式的思想话语之间的激烈交锋。文化研究的活力，正是在多元话语的争夺与协商中寻找到得以介入的裂隙，于裂隙丛生处开辟灵活多变的游击战场。自20世纪50年代以来，英国文化研究的核心命题如“经验”、“权力”、“霸权”、“耦合”（articulation）等，无不交织着形形色色的对话与争鸣：雷蒙德·威廉姆斯（Raymond Williams）与特里·伊格尔顿（Terry Eagleton），E. P. 汤普森（E. P. Thompson）与佩里·安德森（Perry Anderson），甚至伯明翰大学当代文化研究中心（CCCS）与《银幕》（*Screen*）都曾经战鼓雷鸣、硝烟弥漫，这些论争在不同程度上拓展了英国文化研究的问题指向、推进了文化研究的批判效能。一方面，文化研究在理论形塑与旅行的过程中，涵盖了阶级议题、民族主义、女性主义、青年亚文化等领域的思想博弈与理论交锋；另一方面，文化研究在履行批判和解构的使命时，又遭遇着种种针对文化研究自身的批判与质疑，约翰·哈特利将学界对于文化研究的批评意见总结为七个方面，主要包括：“有人认为文化研究政治色彩太浓，有人却认为其政治性不够；缺乏方法和研究对象，它不是一门学科，但又太过于学院体制化；只能在低端的教学机构立足……太具英国性或美国性；学术性过强，介入性（activist）不足……”② 简而言之，哈特利触及了文化研究的几个主要症结，比如英语中心主义、过多地受限于学院体制、理论分析有余而介入现实不足、逐渐沦为一项“出版事业”。

哈特利从宏观和普泛意义上概括了文化研究所面临的困境与挑战，倘若集中关注英国文化研究的发展脉络，我们至少会从以下几个面向读解文化研究的危机所在：

其一，伯明翰当代文化研究中心花开花落，昔日文化研究的发源地突遭变故，这一事件使得弗兰克·韦伯斯特（Frank Webster）和道格拉斯·凯尔纳（Douglas Kellner）等学者开始反思以斯图亚特·霍尔为代表的伯明翰学派文化理论。弗兰克·韦伯斯特认为，霍尔既反对经济决定论与还原论，又在不作评价的情况下对差异性一味赞赏，尤其是在后现代主义方

---

① 刘康：《文化研究的中国问题和理论创新》，陶东风、周宪主编：《文化研究》第8辑，桂林：广西师范大学出版社2008年版，第43页。

② John Hartley, *A Short History of Cultural Studies*, London: Sage Publications, 2003, pp. 1 – 2.

法占据主导位置的地方，未能充分重视物质因素以及结构性的不平等。[1]道格拉斯·凯尔纳则指出，霍尔在“文化的运作”中突出生产、再现与接受，由于强调文化是表征与意指实践，因此霍尔更加关注的是从符号和话语层面研究文化，对生产的环节有所忽视。霍尔的文化理论始于生产，但由于过分借重阿尔都塞、福柯、葛兰西以及后现代主义的差异理论，因此在具体的批判实践中并没有始终坚持政治经济学方法。当前一些文化研究学者（比如劳伦斯·格罗斯伯格）由此看到了霍尔模式的不足，宣称文化研究如果要克服自身的范式危机，就必须重新回归政治经济学方法。[2]

其二，在反驳经济决定论的同时，容易陷入另一个极端。一方面，生产的维度被大大抑制，而消费的能动性与创造性则被过分凸显，恰如吉姆·麦克盖根（Jim McGuigan）略带同情性的批评，“尽管在方法论上保持一种多元论的状况是可能的，也是需要的，未能将消费与生产衔接仍然助长了不加批判的通俗文化研究的思潮。霸权主义理论以这种方式排除了通俗文化生产的经济因素，便使那种完全消费至上主义的观点能够从其内部矛盾中浮现出来：这就是为什么它不再是曾经的组织结构的原因之一”[3]。另一方面，英国文化研究学者通过反对经济决定论与还原论，不遗余力地彰显文化的自主性，这种对于文化自主性的强调，与英国文化研究后来受到福柯与葛兰西影响，宣称文化是由权力建构而成的观点，形成了显而易见的冲突。菲利普·史密斯（Philip Smith）直言不讳，“（英国文化研究）关于‘相对自主性’、‘连接’与‘锚定’的观点，似乎只是在延缓无可避免的经济或政治决定论，这与阿尔都塞著作中类似概念的作用很相似”[4]。

其三，在文化研究实践中表现出将种族、性别、性向等所谓的身份政治置于阶级政治之上，由于过分专注于“微观政治”、“差异政治”而极易

---

① ［英］弗兰克·韦伯斯特：《社会学、文化研究和学科边界》，陶东风主编：《文化研究精粹读本》，北京：中国人民大学出版社 2006 年版，第 111 页。

② 关于文化研究与政治经济学的论争，参见 Lawrence Grossberg，Cultural Studies vs. Political Economy：Is Anybody Else Bored with This Debate?，*Critical Studies in Mass Communication*，1995，No. 12，p. 72；Janice Peck，Why We Shouldn't Be Bored with the Political Economy Versus Cultural Studies Debate，*Cultural Critique*，2006，No. 64，pp. 92－125.

③ ［英］吉姆·麦克盖根著，桂万先译：《文化民粹主义》，南京：南京大学出版社 2001 年版，第 87 页。

④ ［英］菲利普·史密斯著，张鲲译：《文化理论——导论》，北京：商务印书馆 2008 年版，第 250 页。

陷入理论主义的深渊。这一点也是当下学界苛责文化研究的“众矢之的”，文化研究的批评视域越来越脱离社会生产方式，农民工、下岗工人等社会底层和边缘群落的真实生存状况往往并没有得到足够的关注与重视，全球化阴影下广大第三世界人民所负载的多重权力挤压也常常被轻描淡写地一笔带过，文化研究日益沦为学院知识分子操练学术生产和应对大学科层管制的话语游戏，墨美姬毫不客气地使用“文化研究的陈腐乏味”（banality in Cultural Studies）[1] 来表示自己的反感和不满。

其四，多元文化主义（Multiculturalism）可能不过是又一个乌托邦。霍尔后期积极倡导多元文化主义，关注少数族裔的视觉美学与博物馆政治，高度重视边缘经验与差异因素。然而，如果参照新自由主义在全球崛起的政治经济情势，我们不禁要问：谁赋予了多元文化主义足够的运作空间？是什么层面上的多元文化主义，族群、地方、国家抑或是其他形式的共同体？当差异性因素在某种意义上被浮现的时候，更大程度上被遮蔽的又会是什么？在消解文化帝国主义、媒介帝国主义的霸权神话的同时，地方性、区域性的抵抗在何种意义上有望触动全球性的政治经济结构？

当解构沦为学院内部的话语游戏时，批判如何可能？[2] 建构如何可能？当新自由主义在全球崛起，消费文化大行其道时，有机的文化如何可能？批判的文化研究如何可能？[3] 与其说文化研究是一个跻身于学院体制中的（准）学科或者一套思想话语，毋宁说它是一个复杂的问题系，一个在不断解构权力话语的同时自身也遭遇批判和质疑的布满张力的场域。

---

① Meaghan Morris, Banality in Cultural Studies, in John Storey (ed.), *What is Cultural Studies? A Reader*, London and New York: Arnold, 1996, pp. 147－167.

② 这一命题由台湾学者赵刚提出，参见《如今，批判还可能吗？——与汪晖商榷一个批判的现代主义计划及其问题》，载《台湾社会研究季刊》2000 年第 37 期。

③ 参照后冷战的复杂情势，为了寻求新的思想和介入路径，并试图超越文化研究作为学院内部的研究模式的意义，戴锦华提出了一个新的命题——“文化的位置”。在后冷战时代，资本与文化愈加紧密地结合，新自由主义以“文化”的名义包装其内在的强权政治，消费文化由此兴起，而“曾经有机的、具有批判性的、不断寻找新的可能性和新的建构性的文化变成了无用的、难以与现实发生交会的学院游戏”。在戴锦华的构想中，“文化的位置”是一次“对现状的定位”，即经典意义上的文化已然被放逐到边缘，而新自由主义文化不过是强权的代言人，她期待一种具有建构力的文化，并坚信建构的潜能应该从文化开始。参见戴锦华、斯人：《文化的位置——戴锦华教授访谈》，《学术月刊》2006 年第 11 期，第 153～158 页。笔者认为，“文化的位置”这一命题，不仅是寻求在新自由主义崛起的时代对于建构潜能的一种尝试，也是对英国文化研究关于文化与政治经济关系的一次回溯与反思。

所有针对文化研究的批评和指责，其实质都或隐或显地指向一个核心命题——文化在社会结构中的位置。英国文化研究的三位先驱者和奠基人——雷蒙德·威廉姆斯、E. P. 汤普森和理查德·霍加特（Richard Hoggart）——就是从批判庸俗马克思主义的经济决定论开始其后来被命名为“文化研究”的工作的，他们反对刻板的“经济决定文化”论，试图扩大文化的建构性和积极生产功能，提出“文化是一种特定的生活方式”、“文化是平常的”、“文化是不同生活方式之间的斗争”，在利维斯主义的阴影下发掘出工人阶级日常文化与通俗文化的意义，营造出一种建构的、有机的、批判的文化观念。美国的后现代理论家丹尼尔·贝尔（Daniel Bell）从马克斯·韦伯（Max Weber）的新教伦理与资本主义精神出发，把社会分为“经济—政治—文化”三部分，阐述了三者之间的制度性矛盾。[①] 诸多社会理论家持与贝尔类似的观点，认为20世纪中后期以来，资本主义社会主要的冲突是文化冲突，其理由是工人阶级白领化，原本阶级之间的尖锐矛盾被温和的文化趣味区隔加以取代。种种关于文化在社会结构中的位置的观点都面临着语境变迁所带来的挑战，因此，我们有必要引入新自由主义的政治经济参照系，在全球性历史语境中重估“文化”的位置。

下文主要讨论两个层面的问题：一是重估新自由主义背景下文化在社会结构中的位置；二是尝试提出建构一种有机的文化的可能途径。

二、文化研究遭遇挑战：新自由主义与“文化的位置”

在广有影响的《新自由主义——批判性读本》（*Neoliberalism: A Critical Reader*）一书封底的推介词中，赫然写着：“新自由主义是形塑我们当今世界的主导意识形态。”[②] 值得注意的是，与新自由主义对应的英文单词有两个：neoliberalism 和 neo-liberalism，这种构词手法与后殖民主义所对应

---

① Daniel Bell, *The Cultural Contradictions of Capitalism*, New York: Basic Books. Inc., 1976, pp. 33 - 84.

② Dag Einar Thorsen, *What is Neoliberalism*, Working Paper, October 10, 2009, p. 8.

的“post-colonialism 和 postcolonialism”[①] 颇为类似，均指向不同的意义维度。本书取不带连字符的拼写方式，因为“neoliberalism 比 neo-liberalism 更准确地反映了自由市场逻辑背后的政治理性”[②]。

一般认为，1973 年智利民选政权阿连德政府倒台和撒切尔夫人、里根在英美两国连选连任的政治事件，标志着新自由主义的崛起。作为一种有着多元思想传统的政治实践理论[③]，新自由主义集中体现在弗里德曼（Friedman）和哈耶克（Hayek）的论著中。伊丽莎白·马丁内斯（Elizabeth Martinez）、阿诺多·加西亚（Arnoldo Garcia）和大卫·哈维（David Harvey）都曾专门总结过新自由主义的主要特征，其特征可概述如下：反对凯恩斯主义，奉行绝对的市场原则，即不管造成多大损失，政府/国家都应该完全放开企业和私有财产；国家的职能发生转变，凭借国家机器的威慑力以确保个人财产权和市场的正常运转；扩大国际贸易与投资，降低工人工资，削减工人权力；大幅压缩公共开支（比如教育与医疗卫生），降低对穷人的社会保障额度；政府管制松懈，摈弃“为公众办事”和“共同体”的观念，代之以“个人责任”。[④] 不论是撒切尔夫人对工会力量的限制，里根政府对金融和产业的松绑，还是美国在拉丁美洲（比如智利、阿根廷）施行的一系列政治实验，都昭然若揭地暴露出新自由主义的实用主义、功利主义本性和资本的强权逻辑。新自由主义在全球迅猛蔓延，作为

---

① 人们对于应该怎样拼写“后殖民”一词存在分歧，主张加连字符的观点认为，“post-colonial”的拼写方式关联着后殖民国家的历史概念（它涉及正式去殖民化之后的时期）；不加连字符的“postcolonial”指向在某种程度上受后殖民时期影响或与之相关的“别样实践”。因此，后殖民通常关涉的是理论、文学、文化实践以及理解这些不同文化实践的方式。此外，它还关注后殖民主体。但显而易见的是，两种形式的“后殖民主义”无法分割开来，因而，一些作者/批评者同时使用两种拼写方式。参见 Susan Hayward, *Cinema Studies*: *The Key Concepts*, London and New York: Routledge, 2006, p. 293.

② 徐钢著，曹雷雨译：《“气场”到哪儿去了？——对文化研究和新自由主义的反思》，《文艺研究》2010 年第 3 期，第 23 页。

③ 奥斯陆大学政治学系的 Dag Einar Thorsen 对古典自由主义、自由主义与新自由主义作了详尽的概念厘清与比较，该文第 1 版于 2007 年以挪威文发表，随后被译成英文的研讨论文——《何为新自由主义》（What is Neoliberalism?），本文参考的是后者。

④ Elizabeth Martinez, Arnoldo Garcia, What is Neoliberalism? A Brief Definition for Activists, *Corpwatch*, March 2001; Also see David Harvey, *A Brief History of Neoliberalism*, Oxford: Oxford University Press, 2005.

话语模式的新自由主义“已居霸权地位”。[①] 新自由主义打着“自由”的幌子，实则以武力和资本的掠夺性积累推行所谓的自由市场，但也由此招致毁灭性的后果，“不仅摧毁了先前的制度框架和力量（甚至挑战了传统的国家主权形式），而且摧毁了劳动分工、社会关系、福利供给、技术混合、生活方式和思考方式、再生产活动、土地归属和情感习性”[②]。

如果说现代性是一个复数概念，存在着形态意义上的多元性；那么，新自由主义也同样是一个差异丛生的能指，对应着通往这一“乌托邦”计划的多重路径。在后冷战时代的全球视野中进行考量，会发现新自由主义与全球化之间的张力关系：一方面，以美国为首的发达资本主义国家在亚非拉地区推行“去殖民运动”，趁机与发展中国家的权力阶层结成新的同盟，在联手反对那些前殖民地国家风起云涌的大众运动的同时，明目张胆地兜售一种以消费主义和个人自由至上主义为特征的新自由主义价值观。大众文化的全球流通，则成为实现这一意识形态诉求的理想途径。[③] 可以说，新自由主义的全球扩散，既是输出国企图转嫁国内阶级矛盾的政治实践，也以自由主义的乌托邦理念和消费主义的神话重塑着全球地缘政治图景；另一方面，新自由主义重新恢复经济精英的权力，消解劳工传统，扩大阶级之间的两极分化。知识生产和学院体制也面临着重大挑战与转型，人文科学在技术理性的高歌猛进中陷入重重危机，批判知识分子在技术专家的挤压下退居边缘处，有着粉红底色的文化研究也逐渐丧失了赖以支撑的政治经济动力和社会历史语境。这一系列变迁背后的社会结构性因素，则是文化沦为一个被置换的能指，文化、政治、经济之间的关系再度扑朔迷离，文化逐渐蜕变为中产阶级意识形态和消费主义的代名词。

毋庸讳言，美国在拉丁美洲的新自由主义实验伴随着新殖民主义的霸权扩张，智利政变、阿根廷军事政变、墨西哥萨帕塔运动、巴西无地农民起义等政治事件表明：“民主”和“自由”只不过是新自由主义所借重的优雅措辞，其内在实质是资本的强势霸权，在新自由主义的政治神话坍塌之时，伴生的却是触目可及的贫民窟与“拉丁美洲被切开的血管”[④]。后殖

---

① ［美］大卫·哈维著，王钦译：《新自由主义简史》，上海：上海译文出版社2010年版，第3页。

② 同上。

③ “新自由主义文化需要在政治和经济上建构一种以市场为基础的新自由主义大众文化，满足分化的消费主义和个人自由至上主义。”参见上书，第49～50页。

④ ［乌拉圭］加莱亚诺著，王玫等译，邓兰珍校：《拉丁美洲被切开的血管》，北京：人民文学出版社2001年版。

民文化批评借助于福柯的话语分析，勾勒出一幅世界性的文化帝国主义图景，即携带消费主义意识形态的大众文化在全球单向度播撒，宣扬着种种关于“身份政治”、“多元文化”和自恋式的消费自由主义神话。我们不妨将视线转移至后萨达姆时代的伊拉克，布什政府以摧毁萨达姆独裁政权为其武装入侵的“崇高”借口，践行着新自由主义的又一次政治实验。可如今，我们除了通过荧屏看到巴格达街上琳琅满目的美国大众文化商品，间或感受一份蠢蠢欲动的消费欲望之外，民主和自由的神话依然虚无缥缈，伊拉克的政治局势和民众的生活状况甚至还不如萨达姆时代。民众被强行派给了一份消费自由，民主政治的梦想却愈加遥不可及。

资本逻辑控制下的消费文化与媒介帝国主义在强势传输的过程中，尚有可能遭遇到地方性或文化民族主义的抵抗。但是，国际货币基金组织和泛美发展银行等强大的金融机构涉入第三世界内部，则在更大程度上影响和规范着第三世界的学术机制和知识生产。全球资本主义以无孔不入的渗透趋势逾越了冷战结构，将第三世界知识分子引入一个幻影重重的“镜城”，在穿越全球化/本土化、世界/地方、自我/他者等二项对立之后，诸多重大命题不得不被悬置起来。有学者考察过国外基金会对于中国女性主义研究的意义，“这些议题（中国劳动妇女、农村妇女）的重新浮现与回归，固然与持续恶化之中的中国妇女，尤其是底层妇女的生存状况相关，但同时有着其背后诸如世界银行及欧美大型国际基金会的资金流动的驱动……如果说，类似议题的回归，以某种方式显露了一个遭遮蔽、被无视的中国内部的第三世界现实，那么，使类似议题得以浮现的资金驱动，却以另一方式，凸现了中国在资本主义全球化版图中的第三世界位置”①。

在全球化无可规避的困境中抵抗全球化，在新自由主义的笼罩浸淫下批判全球资本主义，这或许就是第三世界批判知识分子的宿命。那种精心营构的有机的、批判的文化观念，在资本强权逻辑的胁迫下，不得不让位于空洞媚俗的新自由主义大众文化。

新自由主义一方面图绘出后冷战时代的全球文化版图，一方面凭借着经济霸权和国家政策导向，在很大程度上形塑着国家内部的学院运作模式和知识生产机制。首先，新自由主义颠覆了高等教育由政府投资的理念，强调教育的市场化和私有化，大学不再被当作思想启蒙的圣地，学院建制、专业开设、评估体系等完全与市场接轨。大学的职能、定位和诉求越来越偏离其经典模式，“过去十年来，大学已经在很大程度上转变为以消

① 戴锦华：《性别中国》，台北：麦田出版社 2006 年版，第 25 页。

费为导向的社团结构，其公共利益价值受到严重挑战”[①]。大学的公司化、市场化趋势及其对公共利益价值的疏离，可以追溯到清晰的新自由主义政治根源，即预先设定“市场可以取代民主国家，成为文化逻辑和文化价值的生产者”[②]。据联合国教科文组织统计，2000 年，教育已经是一个价值 2 万亿元的全球性产业[③]，教育的消费化和产业化仿佛是一把双刃剑，它在“自由消费”的口号下宣称接受教育机会的均等，但事实上，机会自由与承受能力之间的悖论关系愈益突出，受教育群体的阶级结构并没有明显改变，正如林奇·凯思琳（Lynch Kathleen）颇具洞见的批评，“（新自由主义）漠视了一个事实，即大多数公民无论何时都不是自我融资（self-finance）的消费者，比如儿童、老年人，没有报酬的义工等。由于缺乏资金、时间或者准入资格，很多人并没有处在主动消费者的位置上”[④]。其次，大学的市场化也深刻影响着学术生态和知识生产体系，基于大学的职能由学术转向技术，让—弗朗索瓦·利奥塔（Jean-Francois Lyotard）在《后现代状况》中所描绘的“知识商品化”和“知识权力化”也愈益成为现实，技术官僚占据了学院体制的中上层，人文、艺术和批判性社会科学进一步边缘化，批判的声音渐趋沉寂，对培育公共领域和公民社会的学术诉求置若罔闻，“当大学在合并之后进行结构调整时，技术性大学里最经常被关闭的系部是那些批判性社会科学、跨学科研究和妇女研究项目。2002 年，伯明翰大学极具批判性并且取得巨大成就的当代文化研究中心与社会学系被关闭，进一步证实了批判思想在高度市场化的教育体制中面临

---

① Rutherford, J., Cultural Studies in the Corporate University, *Cultural Studies*, 2005, Vol. 19, No. 3, pp. 297 – 317, quoted in Kathleen, Lynch, Neo-liberalism and Marketisation: The Implications for Higher Education, *European Educational Research Journal*, 2006, Vol. 5, No. 1, p. 1.

② Rutherford, J., Cultural Studies in the Corporate University, *Cultural Studies*, 2005, Vol. 19, No. 3, pp. 297 – 317, quoted in Kathleen, Lynch, Neo-liberalism and Marketisation: The Implications for Higher Education, *European Educational Research Journal*, 2006, Vol. 5, No. 1, p. 3.

③ Rutherford, J., Cultural Studies in the Corporate University, *Cultural Studies*, 2005, Vol. 19, No. 3, pp. 297 – 317, quoted in Kathleen, Lynch, Neo-liberalism and Marketisation: The Implications for Higher Education, *European Educational Research Journal*, 2006, Vol. 5, No. 1, p. 4.

④ 同上。

着严重威胁”[①]。

新自由主义的政治理念不仅改变着人文社会科学和批判性知识生产在学院中的位置，也形塑着知识分子新的生产实践：一方面，“有机的文化”让位于丧失了建构潜能的消费文化，“消费文化中的趋势就是将文化推至社会生活的中心，不过它是片段的、不断重复再生产的文化，难以凝聚成为占主导地位的意识形态”[②]。在这一特定社会阶段，大众文化参与着社会政治经济结构的运作，文化被资本的强权逻辑收编，成为传播新自由主义意识形态的有效工具。另一方面，当批判性社会科学沦为边缘话语时，批判知识分子的言说空间（比如关注视野、思想的表述方式、论著的发表和出版等）被大大压缩，“批判是否有效”的命题让位于“批判是否可能”。左翼知识分子要么变装整容，打着转向公共知识分子的幌子，频频亮相综艺娱乐节目，成为文化传媒人；要么脱离社会实践、囿于书斋，沉迷于理论的话语游戏。综而论之，新自由主义及其裹挟的资本强权逻辑的全球流通，“将文化逐到某种‘帮闲’的位置上。一边，消费文化本身便是资本、利润驱动、创造出的文化现实，一边则是曾经有机的、具有批判性的、不断寻找新的可能性和新的建构性的文化变成了无用的、难以与现实发生交会的学院游戏”[③]。

三、建构的文化如何可能

洪美恩（Ien Ang）在《谁需要文化研究》一文中指出，“文化既不是机构，也不是文本或表现行为，它是所有这一切之间的复杂的关联互动”，“文化研究的希望恰恰在于它是一种稳稳扎根于并关注当代重大事件的知识实践，就其本身而论，它架起了学术圈通往外界社会的一座桥梁。文化

---

① Rutherford, J., Cultural Studies in the Corporate University, *Cultural Studies*, 2005, Vol. 19, No. 3, pp. 297－317, quoted in Kathleen, Lynch, Neo-liberalism and Marketisation: The Implications for Higher Education, *European Educational Research Journal*, 2006, Vol. 5, No. 1, p. 8.

② ［英］迈克·费瑟斯通著，刘精明译：《消费文化与后现代主义》，南京：译林出版社 2000 年版，第 166 页。

③ 戴锦华、斯人：《文化的位置——戴锦华教授访谈》，《学术月刊》2006 年第 11 期，第 156 页。

研究源起于成人教育领域而并非学术界，这表明了其基本的社会和政治诉求。”① 文化研究的使命，既表现在解构宏大叙事和权力话语，也在于不断回应新的现实、建构新的可能性。文化研究要想在新自由主义的胁迫下突围，就必须重新思考和评估文化在社会结构中的位置，“这种文化窘境需要特定的文化介入—— 一种阐释意义、再现、价值在社会环境的诊断与安排中的建构作用的文化介入”②。这种具有建构和批判潜能的文化，与包装着强权逻辑的新自由主义文化判然而别，一如戴锦华的睿见，“这里的文化不是欧美的精英主义文化的新版，不是全球流通的大众文化，而是一个新的、从全球经济版图之外的草根生存中创造出来的文化，一个敞开想象力和创造可能的文化”③。

建构的文化如何可能？重建一种有机的文化如何可能？这不仅是一个缠绕文化研究自身的难题，也是对在新自由主义庇护下粉墨登场的资本逻辑的对抗。与其说这一问题的提出明确对应着某种已然浮现的答案，毋宁说它只是提出一种设想，一份对知识生产和知识分子使命的再思考。

首要的问题是，谁来建构有机的文化？随着全球资本主义的扩散而蔓延的消费文化肯定无法担此重任，学院体制也日渐封存了批判思想和想象力得以产生的空间。在这种特定的历史语境下，阿君·阿帕杜莱（Arjun Appadurai）关于“草根性全球化”（grassroots globalization）的命题提供了颇具启发性的思考向度。阿帕杜莱的《草根性全球化与研究的想象力》（*Grassroots Globalization and the Research Imagination*）以美国学术界为例，列陈了学院内部的社会科学家、政治学家、文化理论家和历史学家对于全球化的种种忧虑，然而置身于学院外部，全球化对于劳动市场和公平的报酬来说意味着什么？对于国家是否有能力决定其所辖人口的经济状况和利益分配来说又意味着什么？与迈克·费瑟斯通（Mike Featherstone）一样，阿帕杜莱并不认为全球化将招致文化同质化，相反，地域性的抵抗以及跨国资本与地方性的结合，会衍生出许多次文化类型。因此，阿帕杜莱倡导一种从社会底层介入全球化趋势的新型观照视角，底层的声音被纳入对全球化议题的思考，由此超越了既有知识结构对于学术研究的范畴框定。阿

---

① Ien Ang, Who Needs Cultural Research?, in Pepi Leistyna (ed.), *Cultural Studies: From Theory to Action*, Malden, MA: Blackwell Pub, 2005, pp. 477 - 478.

② Ien Ang, Who Needs Cultural Research?, in Pepi Leistyna (ed.), *Cultural Studies: From Theory to Action*, Malden, MA : Blackwell Pub., 2005, p. 477.

③ 戴锦华、斯人：《文化的位置——戴锦华教授访谈》，《学术月刊》2006 年第 11 期，第 157 页。

帕杜莱坚信，如果“自下而上”的全球化无法获得成功，那么，一个国际性的公民社会（civil society）就只能是凭空设想。阿帕杜莱进一步指出，“草根性全球化”的践行主体是NGO等非政府组织，在由全球资本主义和民族国家协商、形构的当今世界图景中，非政府组织与国家、官方公共领域和地方社群都保持着某种联系，它们有时候财力充足，强大到可以组建颇具声势的政治势力，有时候却又十分虚弱，在关涉劳动、公民权利和社会主义国际主义的场域尽力发出自己的声音。要想将“草根性全球化”付诸实践，一个有效的策略就是激发底层的想象力，促使他们不断反省自己的生活现状，进而唤起探寻新的生活方式的努力①。“草根性全球化”无疑提供了一种新的可能性，开启了一个与全球资本主义若即若离的、便于开展游击战术的独特空间。那种有机的、建构的文化，正是有望从全球草根性群体中生发、蔓延，成为批判全球资本主义的别样声音。

如何建构有机的文化？可能或者可行的路径是什么？对于这个问题的回答，不妨借用一句托词：我们不是卡珊德拉，无法给予确知的预言。这事实上是一个“在路上”的问题，一个全球草根群体不断摸索、实践和评估的现在进行时。从理论的层面上说，重返英国文化研究尤其是前伯明翰时期，在文化研究学术史的发展脉络中发掘出文化、政治、经济之间的结构性关联，以及这种关联在文化研究兴起和全球旅行过程中的衍变，无疑为我们在当下语境中重估文化的位置提供了重要参照。笔者的考虑主要基于两点理由：其一，文化在社会结构中所处的位置，一直都是文化研究的核心命题。20世纪50年代，作为一门具有全球性影响的（准）学科的文化研究在英国兴起。如果将马修·阿诺德、T. S. 艾略特和F. R. 利维斯所建构起的“文化—文明”传统视为英国文化主义的思想传统，就会发现这一前伯明翰时期的理论家们所关注的论题主要集中在“文化的观念”（the idea of culture），探析“文化的观念”与社会总体情势间的耦合关系。文学与文化、马克思主义与文化研究、左翼政治与知识生产之间的复杂关联，无不牵系着文化的结构性位置问题。英国新左派和文化研究同是1956年三大历史事件（苏共二十大、英美联军入侵苏伊士运河、苏联进犯匈牙利）的产物，“新左派和文化研究在这样的历史情境下于‘两间余一卒’困境中选择了双重拒绝的位置和立场。当他们选择了拒绝资本主义的逻辑，同时拒绝苏联式的政治实践之时，他们的工作、实践空间便只能是文

---

① Arjun Appadurai (ed.), *Globalization*, Durham & London: Duke University Press, 2001, pp. 1 – 21.

化的而非直接的社会实践”[①]。其二，重返（前）英国文化研究的意义绝非耽于一次文化研究的圣地朝觐。文化研究学科史的梳理固然重要而且必须，但是，以文化与社会其他结构性因素之间的关联互动为主线，以文学研究与文化研究的关系变迁和大众文化的浮现之旅为辅线，这样的问题意识不仅仅有助于文化研究学科史的建构，还具有十分重要的现实参照意义。

有学者在思考中国大陆的文化研究时，敏锐地察觉到，“似乎是一次偶合或必然，当代中国所面临的社会、文化与英国伯明翰学派——文化研究的源头——创始之际所提出的问题，显现出惊人的贴近，尽管其现实历史语境有着如此深刻的不同”[②]。复数意义的文化研究，并不排斥各个脉系和版本的文化研究之间存在着内在结构性问题的相互参照与比对。如果说，英国文化研究在向外播撒时，很大程度上已然经过了美国学术界的理论包装甚或改装，诸多激进的有关阶级和左翼政治的议题被时尚的大众文化、流行文化和消费主义议题所置换，那么，对于英国文化研究中最具英国本土特色的文化主义传统与范式的理论重返，则不仅可以将许多被置换的重要论题再度挖掘呈现，而且尚可期待为我们今天重估文化的位置提供颇有价值的参照和启发。

第二节　国内外研究现状述评

“文化主义”（Culturalism）作为文化研究的关键术语，是英国伯明翰大学当代文化研究中心第三任“掌门”理查德·约翰逊（Richard Johnson）的“发明”，用来指称雷蒙德·威廉姆斯、理查德·霍加特和 E. P. 汤普森所开展的工作。[③] 在理查德·约翰逊看来，霍加特、威廉姆斯与利维斯主义分道扬镳，汤普森也摆脱了经济决定论的束缚，这三位文化研究核心人物的共同特点是敢于打破传统，都强调各种文化形式、经验、能动性和文化意义的生产。[④] 该中心第二代领军人物、被誉为“文化研究之父”的斯

① 戴锦华、斯人：《文化的位置——戴锦华教授访谈》，《学术月刊》2006 年第 11 期，第 158 页。

② 戴锦华：《隐形书写——90 年代中国文化研究》，南京：江苏人民出版社 1999 年版，第 17 页。

③ John Storey, *Cultural Theory and Popular Culture: An Introduction* (the third edition), Beijing: Peking University Press, 2004, p. 37.

④ 同上。

图亚特·霍尔在《文化研究：两种范式》一文中，从学科史和方法论维度将英国文化研究的发展阶段划分为"文化主义"、"结构主义"和"葛兰西转向"。约翰逊和霍尔所论及的，应当算作文化研究的文化主义范式，它是对早期英国文化研究的一种专称。

尽管约翰逊关于"文化主义"的界定后来被广泛接受，但仍有论者看到了其中的不足。安德鲁·米尔纳（Andrew Milner）在追溯"文化主义"的理论渊源时，认为约翰逊将文化研究的理论基础设定为英国马克思主义的文化主义（雷蒙德·威廉姆斯、E. P. 汤普森）和法国结构主义的马克思主义（路易·阿尔都塞）的做法显然有失片面，"约翰逊过于关注这些相对晚近的文化主义和结构主义的马克思主义者，某种意义上说，明显低估了他们各自的非马克思主义先驱们的重要性"①。米尔纳建议换一种视角来界定"文化主义"，即用"文化主义"指称一种"文化与社会"的传统，它一方面反对功利主义，另一方面又与文学传统有着千丝万缕的联系。实际上，米尔纳界定的"文化主义"在英国和德国都有着各自的脉络，其文化的观念融汇了文学艺术与人类学的双重意义向度。英国文化主义思想传统对当代文化研究产生了重要影响，雷蒙德·威廉姆斯的《文化与社会》已经翔实地论证了这一点。由此观之，作为文化研究关键词的"文化主义"是一个有着双重所指的能指，任何将文化主义化约为与结构主义相对应的研究范式的做法都是失之偏颇的。从这一意义上说，勾勒英国文化主义思想传统与文化主义研究范式之间的复杂关联，不仅有助于厘清文化研究学术史尤其是前英国文化研究时期的思想演变和智识生成，还可以有效揭示出文化在社会结构中的位置变迁，将一些被遮蔽的理论话题重新发掘出来。

在笔者的视野所及，国内外至今尚未出现专论英国文化主义的著作和研究生学位论文。在国外，文化研究的全球播撒同时也催生了文化研究学术史的书写热，这些冠以"简史"、"概论"、"指南"、"导论"之类的著作大多零星论及英国文化主义。格雷姆·特纳（Graeme Turner）的《英国文化研究导论》（*British Cultural Studies：An Introduction*）先后两次再版，被赞誉为"对文化研究的历史作了简洁恰当的概述，对一些核心范畴和重要文本进行了大有裨益的讨论"②。特纳在该书第二章"英国传统：一种简要历史的考察"中，重点评述了 E. P. 汤普森与文化主义的关联，"尽管会

---

① Andrew Milner, *Contemporary Cultural Theory*, London：UCL Press, 1994, p. 20.

② Graeme Turner, *British Cultural Studies：An Introduction*（the third edition）, London and New York：Routledge, 2003.

有一些质疑，雷蒙德·威廉姆斯还是通常被置入英国文化研究的文化主义传统，E. P. 汤普森则是这一传统更具代表性的人物"①。与威廉姆斯相比较，汤普森更加注重引入一种社会历史视角，倾向于从实践的维度思考文化。特纳着重凸显了汤普森与佩里·安德森以及理查德·约翰逊之间的激烈论争，借此总结出文化主义和结构主义两种范式的分歧与差异。此外，理查德·李（Richard E. Lee）的《文化研究的生命与时代》（*Life and Times of Cultural Studies*）、约翰·斯道雷（John Storey）的《文化理论与大众文化导论》（*An Introduction to Cultural Theory and Popular Culture*）以及克利斯·巴克（Chris Barker）、西蒙·杜林（Simon During）等人编写的"文化研究辞典"、"文化研究读本"之类都涉及英国文化主义的议题，这些研究的共同特点是仿佛在不断重述一个"滥套的故事"（本·卡林顿语），即把英国文化主义化约为威廉姆斯、汤普森、霍加特三位文化研究奠基人的研究路径，内容上大同小异。②

值得一提的是，约翰·斯道雷主编的《文化理论与大众文化读本》（*Cultural Theory and Popular Culture: A Reader*）、本·阿格尔（Ben Agger）的《作为批评理论的文化研究》（*Cultural Studies as Critical Theory*）和安德鲁·米尔纳的《当代文化理论》（*Contemporary Cultural Theory*）都对英国文化主义作了相对详尽的介绍。《文化理论与大众文化读本》是斯道雷另一部著作《文化理论与大众文化导论》的配套读物，斯道雷在该读本中对文化主义的源起和特点作了界定："文化主义是在与利维斯主义和马克思主义经济决定论的批判性对话中产生的……文化主义是一种方法，它认为通过分析一个社会的文化、一种文化的文本形式和成规惯例，有可能重新在那个社会中建立起生产和消费这些文化文本和惯例的男男女女所共享的行为模式和思想。"③ 文化主义的特征，则主要表现为强调人的能动性和文化的积极生产功能。在斯道雷划定的框架中，除了文化研究的三位奠基人以外，斯图亚特·霍尔和帕迪·沃内尔（Paddy Whannel）合著的《大众

---

① Graeme Turner, *British Cultural Studies: An Introduction* (the third edition), London and New York: Routledge, 2003, p. 55.

② 克利斯·巴克在《Sage 文化研究词典》中如此界定"文化主义"，"它的重要性在于它与结构主义之间的对立，而且它也鲜少出现在文化研究的论辩之外"。参见 Chris Barker, *The Sage Dictionary of Cultural Studies*, London: SAGE Publications, 2004, p. 43.

③ John Storey, *Cultural Theory and Popular Culture: A Reader* (the third edition), Essex: Pearson Education Limited, 2006, p. 23.

艺术》（*The Popular Arts*）也被归入文化主义研究取向的典范文本。汤普森曾反对别人将其归为文化主义一脉，斯道雷就此问题列举出系列证据，比如汤普森重视人的能动性和文化的历史情境性，惯于以自下而上的方式书写工人阶级日常生活经验，汤普森的研究方法和态度与文化主义相契合；与威廉姆斯关于文化的著名定义相比较，汤普森的超越之处在于认识到“文化总是在冲突与斗争中构建起独特的生活方式”[①]。并且，斯道雷认为保罗·吉尔罗伊（Paul Gilroy）也应该归属于文化主义的研究范式，吉尔罗伊的关注视点主要集中在音乐与民权运动上，他试图通过与文化主义的持续论争，寻求将种族/族性等概念引入文化研究。本·阿格尔首先追溯文化研究的“前史”——马克思主义的文化社会学概念和法兰克福学派的美学理论，认为威廉姆斯创造出了一种文化分析的“文化—社会”路径。《作为批评理论的文化研究》的第五章专门介绍伯明翰学派，总结并评述伯明翰文化研究的几个显著特征，诸如跨学科、文化概念的扩大、经验主义与理论资源之间的张力。阿格尔得出了这样的结论：“伯明翰学派较之美国的民粹文化主义者更为理论化，比起正统马克思主义的文化观念更显灵活。”[②] 安德鲁·米尔纳对于英国文化主义思想传统，尤其是文化与功利主义文明、文化概念在前英国文化研究时期的嬗变均有独到阐释。从《当代文化理论》的目录中可以看出，米尔纳将文化主义作为一种重要的当代文化思潮，与功利主义、马克思主义、结构主义、女性主义和后现代主义相并置。除了本节开篇所提到的，米尔纳的独到之处还表现在：一是反对那种持文化主义为非理论化的观点，强调文化主义也有理论；二是择取四位代表性人物——马修·阿诺德、T. S. 艾略特、F. R. 利维斯和雷蒙德·威廉姆斯，评述他们各自的文化观念，演绎出英国文化研究中一段关于文学与文化关系的序曲。但是，由于该书旨在系统梳理当代文化理论的六个主要思潮，因此对于文化主义的研究范式及其与英国文化主义思想传统之间的关联并没有展开深入探讨。

此外，还有一些较有影响的论著触及了英国文化主义的某些面向，比如汤姆·斯蒂尔（Tom Steele）的《文化研究的诞生 1945—1965：成人教育、文化政治和英语问题》（*The Emergence of Cultural Studies* 1945 – 1965：*Adult Education*，*Cultural Politics and the English Question*）对成人教育之于

---

① John Storey, *Cultural Theory and Popular Culture*: *A Reader* (the third edition), Essex: Pearson Education Limited, 2006, p. 25.

② Ben Agger, *Cultural Studies as Critical Theory*, London and Washington D. C.: The Falmer Press, 1992, p. 87.

英国文化研究的意义的发掘，丹尼斯·德沃金（Dennis Dworkin）的《战后英国的文化马克思主义——历史学、新左派与文化研究的起源》（Cultural Marxism in Postwar Britain：History，the New Left，and the Origins of Cultural Studies）凸显战后英国的特定社会语境，从社会历史学、新左派等角度研究英国文化马克思主义的兴起。其他比较重要的论文有：剑桥大学林春的博士学位论文《英国新左派》（The British New Left）[①]、杜克大学苏珊·玛丽·布鲁克（Susan Mary Brook）的博士学位论文《书写文化：20世纪50年代的英国文学与文化理论》（Writing Culture：British Literature and Cultural Theory in the Fifties）、贾尼斯·派克（Janice Peck）的《思想的旅程：斯图亚特·霍尔、文化研究以及文化与“非文化”之间关系的未决问题》（Itinerary of a Thought：Stuart Hall，Cultural Studies，and the Unresolved Problem of the Relation of Culture to “Not Culture”）等。

在国内，文化研究于20世纪90年代传入中国大陆，随即掀起一阵西方文化理论的译介之风，但是英国文化研究方面的译著大多局限于结构主义范式之后，更多地亲近于媒体研究和社会学，关涉英国文化主义传统和范式的代表性著作大多尚未译介。值得注意的是，一些学者以概论式介绍触及了英国文化研究的思想传统与发展脉络：戴锦华在《隐形书写——90年代中国文化研究》的“绪论”部分精准地勾勒出文化研究的理论路线图，明确指出文化研究的源头——英国伯明翰学派“对工人阶级文化的再度发现”[②]；罗钢、刘象愚在《文化研究读本》的“前言”——《文化研究的历史、理论与方法》中简略追溯了文化研究的源起，认为文化研究的思想来源“可以上溯到英国文学批评家李（利）维斯和以他为代表的‘细绎’集团”[③]；陆扬、王毅合作撰写的《文化研究导论》被列为“教育部学位管理与研究生教育司推荐”的研究生教学用书，该书辟两章专论“文化主义”，在“文化主义的先声”一章中，作者概要地梳理了从马修·阿诺德到F. R. 利维斯的精英主义文化传统，但是预设性过强，仅仅挑选出阿诺德和利维斯夫妇几部流传甚广的著作加以评析，尽管也融入了安德鲁·米尔纳和约翰·道克尔（John Docker）的批评视角，然而从总体观

---

① 该论文随后交由英国爱丁堡大学出版社出版，参见 Lin Chun, *The British New Left*, Edinburgh：Edinburgh University Press, 1993.

② 戴锦华：《隐形书写——90年代中国文化研究》，南京：江苏人民出版社1999年版，“绪论”第7页。

③ 罗钢、刘象愚主编：《文化研究读本》，北京：中国社会科学出版社2000年版，“前言”第3页。

之，该书缺乏对“文化—文明”传统的历史文化语境的细察。尤其令人不解的是，T. S. 艾略特这一关键人物居然被遗忘得一干二净。[①] 在“文化主义”一章中，该书在资料处理上有欠精当，比如把“文化主义”概念的提出归功于斯图亚特·霍尔。[②] 其他的“概论”之作，如陶东风、和磊的《文化研究》（“文化研究关键词丛书之一”），陆扬独著的《文化研究概论》等均未超出上述研究视野。此外，萧俊明的《文化转向的由来》对安德鲁·米尔纳的研究思路作了精辟的综述，重点阐释马修·阿诺德、T. S 艾略特和 F. R. 利维斯对于文化主义传统的塑形，该书明确提到文化主义是与功利主义相对立的社会思潮，“与功利主义形成鲜明对照的是同样发源于英国的文化主义。文化主义，就这个词本身而言，其历史并不久远，它只是伴随英国当代文化研究在20世纪后期的兴起而出现的一种文化话语的称谓。不过，作为一种文化传统，它的历史至少可以追溯到18世纪”[③]。

2000年前后掀起的文化研究理论著作的译介热可谓一波盖过一波，国内学界日益认识到厘清西方文化研究的理论脉系与关键思想的重要意义，这一浩大而急迫的工程吸引了大量比较文学和文艺理论学者参与进来，他们遂成为“研究文化研究”的核心力量。这些学者开始反思文本中心主义的局限性，质疑哈罗德·布鲁姆（Harold Bloom）给文化研究贴上“憎恨学派”标签的褊狭性和武断性，以学术研究的姿态认真考量文学研究与文化研究的复杂关联，尤其是文学研究之于英国文化研究的意义。2008年，首都师范大学文学院比较文学系组织召开了“英语文学与文化研究”国际学术会议，参会论文的主题包括“文学研究与文化研究的论争”、“英国的文学与文化研究”、“西方文化理论与文学关系研究”等，其中黄卓越的《离合之旅：英国文化研究与文学研究之关系考察》概述了英国文化研究演进过程中文学研究与文化研究之间关系的三种模式[④]，而易晓明为会议论文集撰写的“代序”——《文学研究中的文化身影》，则明确提到要从

---

① 陆扬、王毅：《文化研究导论》，上海：复旦大学出版社2006年版，第64~75页。

② 徐德林：《英国文化研究的形成与发展——以伯明翰学派为中心》，北京大学博士学位论文，2008年，第7页。

③ 萧俊明：《文化转向的由来》，北京：社会科学文献出版社2004年版，第95页。

④ 黄卓越：《离合之旅：英国文化研究与文学研究之关系考察》，载易晓明主编：《英语文学与文化研究》，北京：北京大学出版社2010年版，第55~68页。

英国的工业化危机角度去考察英国文化研究与英语文学研究的亲缘关系[1]。此类研究尽管尚处于起步阶段，但也反映出学界对于英国文化主义这一重要理论问题的敏锐察知和日益重视，具有抛砖引玉的作用。

此外，北京大学徐德林的博士学位论文《英国文化研究的形成与发展——以伯明翰学派为中心》（2008 年）从反思当下中国文化研究的现状出发，以新史学为方法论，考察了以伯明翰学派为中心的英国文化研究的形成与发展，其研究目标旨在尝试建构文化研究的学科史。该论文有两章内容涉及了英国文化主义，其中第二章阐述了英国文化主义的思想传统与研究范式的建构，第四章讨论了文化主义与结构主义的论争。较之其他相关研究，该论文提出“作为一种研究范式的文化主义显著地不同于自己从中断裂而出的作为一种思想传统的文化主义”[2]，他一方面明确指出文化主义传统之于英国文化研究的意义，另一方面对文化主义传统与文化主义范式的关联作出了个人化的思考，具有很好的参考价值。

其他相关论文有：赵国新的《背离与整合——雷蒙·威廉斯与英国文化研究》（北京师范大学博士学位论文，2001 年）；于文秀的《“文化研究”思潮中的反权力话语研究》（黑龙江大学博士学位论文，2002 年）；杨东篱的《伯明翰学派的文化观念与通俗文化理论研究》（山东大学博士学位论文，2006 年）；武桂杰的《斯图亚特·霍尔的文化理论研究》（北京语言大学博士学位论文，2007 年）；陆扬的《“文化主义”述评》[《三峡大学学报》（人文社会科学版）2004 年第 5 期]，文章随后收录于《文化研究导论》；萧俊明的《英国文化主义传统探源》（《国外社会科学》2000 年第 3 期），收录于《文化转向的由来》；张平功的《文化主义的传承——解读英文研究》（《外语与外语教学》2003 年第 7 期），该文系在英国高等教育体制和文化传统的语境中考量英国文学研究；黄卓越的《定义“文化”：前英国文化研究时期的“表述”》（《文化与诗学》2009 年第 1 期）则着重考察了威廉斯姆之前“文化”概念在英国的塑形过程。

总体上看，国内学界对于英国文化主义传统和范式的研究，主要集中在爬梳马修·阿诺德、F. R. 利维斯、雷蒙德·威廉姆斯、斯图亚特·霍尔等人的文学与文化批评思想，鲜有在文化研究的学术脉络中考察英国文化主义传统的思想源流及其对于文化主义研究范式的深层意义，即便有论

---

① 易晓明：《文学研究中的文化身影》，载易晓明主编：《英语文学与文化研究》，北京：北京大学出版社 2010 年版，“代序”第 1 ~ 9 页。

② 徐德林：《英国文化研究的形成与发展——以伯明翰学派为中心》，北京大学博士学位论文，2008 年，第 41 页。

者敏锐察觉到这一点，也因为其研究旨在建构文化研究的学科史，故而其中一些复杂细微的关联并没有被充分呈现出来。因此，本书在参考已有研究成果的基础上，尝试提出自己的问题，以社会历史情境变迁为参照，突破学术史梳理的维度，以便在理论综述和“接着说”的层面上凸显出专题研究的意味。

第三节 方法论：知识社会学与文化研究的相遇

文化研究无疑深受人文社科学界语言学转型的影响，甚至可以说它曾经一度是语言学转型的一个组成部分，它标举语言是人们阐释世界、建构文化的重要媒介和途径。克利斯·巴克等人认为，“当前，文化研究内部对于语言的重视，其本身就是更大范围的文化转向的组成部分，这种转向有两条途径：其一，从文化自身独特的机制和逻辑入手，拒绝任何其他形式的化约论（如生产方式）；其二，以前被认为与文化分离的社会结构也可以被理解为是文化的”[①]。文化研究重视话语分析，强调智识生成与社会情境之间的关联，其理论特质呈现出明显的知识社会学取向。本书借用卡尔·曼海姆（Karl Mannheim）关于知识社会学的构想，兼及米歇尔·福柯的知识考古学和赖特·米尔斯（C. Wright Mills）的“社会学的想象力”（the sociological imagination），旨在对英国文化主义的传统与范式，尤其是对它们赖以生成的社会机制和历史语境作一番详尽的考察。

作为格奥尔格·齐美尔（Georg Simmel）和阿尔弗雷德·韦伯（Alfred Weber）等人的弟子，卡尔·曼海姆发扬了由马克思·舍勒（Max Scheler）所开创的知识社会学传统。在《意识形态与乌托邦》一书中，曼海姆开宗明义地指出，“知识社会学是社会学一个最年轻的分支；作为一种理论，它致力于分析知识与存在之间的关系”[②]。知识社会学的宗旨，则是希望把研究结论还原到制约其产生的社会性因素，“一方面，它致力于揭示确定思想与行为之间的相互关系的切实可行的标准；另一方面，它通过对此问题自始至终进行彻底的、毫无偏见的思索，希望发现一种适合于当代情况的理论，这种理论将论及知识的非理论性的制约因素的意义”[③]。显然，曼

① Chris Barker and Dariusz Galasinski, *Cultural Studies and Discourse Analysis*, London: Sage Publications, 2001, p. 1.

② ［德］卡尔·曼海姆著，姚仁权译：《意识形态与乌托邦》，北京：中国社会科学出版社 2009 年版，第 250 页。

③ 同上。

海姆并不赞成一种线性的历史叙述，但他所倡导的知识社会学也迥异于相对主义和相关主义。曼海姆试图在人文社科研究中羼入更多客观性因素，认为知识的存在形式有赖于知识持有者的生存境遇，这种对“制约性因素”的强调是一种“历史学—社会学”研究方法，更倾向于“关联论”而非“决定论”。事实上，曼海姆注重意义的社会衍生过程，始终关注思想与社会具体情境之间的关联，在人文社科研究对象的观念化过程中，探析几种相互依赖的变量间的关联互动。

“关联论”的实质是考量超理论因素之于思想史的意义，个体置身于由社会各种因素编织而成的特定关联网络中，“一个个体在其社会中所具有的特定牵连，为他展现了某种视角、开辟了一个社会经验领域，而这种视角和经验领域则具有它自己的范围和局限”①。换言之，曼海姆一方面凸显出一种视角的获得对于知识和思维的重要意义，另一方面又毫不掩饰“视角”在解释具体问题时的有限效果，因为“每个时代均以新的视角来观察‘同一’事物”②。主体总是在某时某地的社会情境关联中获得一种视角，这种视角的观照辐射程度也拘囿于某种特定的社会结构，“关联的过程已经在这个层面上倾向于成为一种特殊化过程，因为人们并不仅仅把断言与某种立场联系起来，而且在这样做的过程中，还将它起初关于效力的、绝对的宣称限定在狭小的范围之内”③。上述分析说明：一种视角的获得是知识社会学的前提和基础，视角的选择既是一种关联效应，也牵系着特殊化过程。知识社会学不仅尝试建构关系的存在，还充分重视这种关联的限度和有效性。

至于怎样才能获得一种独特的视角，曼海姆总结出了三个方面：①集团的某个成员离弃了自己的社会地位（通过跃升至更高的阶级、移民等）；②集团总体的存在基础与其传统规则和体制的关系发生了变化；③在同一社会内部，两种或两种以上被社会所决定了的解释方式开始了冲突。④ 比

① 参见欧内斯特·曼海姆为《文化社会学论集》英译本所作的“引论”，载［德］卡尔·曼海姆著，艾彦、郑也夫、冯克利译：《文化社会学论集》，沈阳：辽宁教育出版社2003年版，“引论”第4页。

② ［德］卡尔·曼海姆著，姚仁权译：《意识形态与乌托邦》，北京：中国社会科学出版社2009年版，第257页。

③ ［德］卡尔·曼海姆著，姚仁权译：《意识形态与乌托邦》，北京：中国社会科学出版社2009年版，第269页。

④ ［德］卡尔·曼海姆著，姚仁权译：《意识形态与乌托邦》，北京：中国社会科学出版社2009年版，第266页。

较而言，曼海姆最为重视第三条路径，因为它触及了知识社会学的自反性和批判性特征，不同的社会结构性因素催生出占据不同立场的视角，它们在互相批判的激烈论争中，逐渐获悉对方思维的大致轮廓。知识社会学也大多是在这个层面上产生效应的。

此外，曼海姆区分了知识社会学与意识形态的差别，明确指出“与其说知识社会学关注由于有意欺骗所造成的歪曲，还不如说它关心客体在不同的社会背景下，以何种不同方式向主体表现”①。如果说意识形态的任务主要在于揭露那些不正确的、非真实的事物，那么，知识社会学的研究课题则瞄准那些并非有意而为的观察的片面性。曼海姆批评此前的意识形态观念混淆了上述两种虚假性之间的界线，主张把意识形态区分为特定概念与总体概念，前者之所以是特定的，是因为“它总是仅仅指那种特定的、人们可能认为是掩饰、歪曲或谎言但并不攻击论断主体的总体思维结构的完整性的论断”②，这种总体思维结构正是知识社会学的问题意识所在，它并不拘泥于追溯思想的历史演变过程，而是聚焦于探析这种思想得以产生、运作的社会结构性因素。这样一来，知识社会学的问题意识就具体化为：“社会结构何时、何地开始在论断的结构中表现自己？在什么意义上，前者具体地决定着后者？”③

本书借用卡尔·曼海姆关于知识社会学的构想，目的并非选取一种理论作为有效的阐释路径，亦步亦趋地套用理论，而是基于以下几个层面的考虑：其一，作为研究对象的英国文化主义本身就是一种研究范式，因此，对英国文化主义的研究也就成了对一种方法论的研究。曼海姆关于知识社会学的阐发与本书考察英国文化主义的传统与范式有着贴近的关注维度和问题指向，可以充当一种适宜的关于方法论研究的方法论。其二，曼海姆本人对英国文化研究产生过直接的影响，在一定意义上充当着将欧陆理论传入英国思想界的媒介，也是英国文化研究演进过程中英伦与欧陆思想界对话与交锋的一个重要范例。其三，本书借用的研究方法并不局限于曼海姆的知识社会学，还有意识地吸取了福柯的知识考古学和赖特·米尔斯的“社会学的想象力”。

值得注意的是，曼海姆和英国文化研究在思想渊源上都具有马克思主

---

① ［德］卡尔·曼海姆著，姚仁权译：《意识形态与乌托邦》，北京：中国社会科学出版社 2009 年版，第 251 页。

② 同上。

③ ［德］卡尔·曼海姆著，姚仁权译：《意识形态与乌托邦》，北京：中国社会科学出版社 2009 年版，第 252 页。

义的背景。作为欧陆批判理论传入英伦的中介之一，曼海姆20世纪30年代初因为逃避纳粹暴行而流亡英国，这一独特经历形塑着曼海姆后期的研究兴趣和取向，从其对于当代社会文化的分析中就可以窥见英国文化和经验主义传统的影响。曼海姆在移居英国期间积极参与工人阶级成人教育实践，“曼海姆的《意识形态与乌托邦》对从事成人教育的教师影响巨大，帮助他们将自己的角色既定位为教育者，同时又向工人阶级传授一种有助于解放的教育。曼海姆以各种不同的方式将欧陆批判社会哲学引入到经验主义色彩相当浓厚的英国知识界，后来证实对新左派产生了举足轻重的作用”①。曼海姆在战后完成的系列著作及其将欧陆批判理论输入英国，这对于文化研究的发展进程来说意义重大，“通过使社会学学术实践考量文化议题，将之纳入跨学科的成人教育实践，从而改变了社会学的现有惯例，为战后文化研究一代铺平了道路”②。

如果说，曼海姆的知识社会学尝试进行的是某种批判性的社会分析，探讨的是特定意识形态所扮演的社会功能③；那么，它在深层的理论特质上就与福柯的知识考古学和米尔斯的“社会学的想象力”形成了某种契合与呼应。一般认为，福柯的“知识型”概念消解了线性历史叙述的神话，主要关涉智识生成的可能条件和深层框架，“在其中，撇开所有参照了其理性价值或客观形式的标准而被思考的知识，奠基了自己的确实性，并因此宣明了一种历史，这并不是它愈来愈完善的历史，而是它的可能性状况的历史；照此叙述，应该显现的是知识空间内的那些构型（les configurations），它们产生了各种各样的经验知识”④。福柯以癫狂、临床医学等为分析对象，开启了一种知识考古学的研究路径。有意味的是，福柯曾经专门撰文论述思想史和考古学的差异：思想史没有明确的研究对象和疆界，研究方法也是游移不定、东拼西凑的，可以察知的是思想史的两个作用，“一方面，它讲述邻近的和边缘的历史。它不讲述科学的历史，而是讲述

① Ben Carrington, Decentering the Centre: Cultural Studies in Britain and Its Legacy, in Toby Miller (ed.), *A Companion to Cultural Studies*, Malden, Mass.: Blackwell, 2006, pp. 289–290.

② Ben Carrington, Decentering the Centre: Cultural Studies in Britain and Its Legacy, in Toby Miller (ed.), *A Companion to Cultural Studies*, Malden, Mass.: Blackwell, 2006, p. 290.

③ 贺桂梅：《“新启蒙”知识档案——80年代中国文化研究》，北京：北京大学出版社2010年版，第8页。

④ ［法］米歇尔·福柯著，莫伟民译：《词与物——人文科学考古学》，上海：上海三联书店2001年版，“前言”第10页。

那些不完整的、不严格的知识的历史……另一方面，思想史的任务是要贯通那些现存的学科，研究和重新阐述它们”①。在福柯的构想中，考古学的研究路径恰恰是对思想史的背离与拒绝，二者的差异主要表现在“关于新事物的确定；关于矛盾的分析；关于比较的描述；最后是关于转换的测定”② 等四个方面。结合福柯对疯癫、临床医学和性史的研究，其知识考古学的特点和诉求可以归纳为：如何在历史记载和历史叙述的基础上，考古式地发掘某种话语或知识并使其得以在特定的历史时期出现？如何呈现已然失去了独立性、依附于某一总体社会关系的主体及其思想？如何敞开并展示话语或知识不是连续的发展和演进，而是充满着断裂、裂隙，并与特定的社会关系和机制相关联的？美国批判社会学家赖特·米尔斯进一步发展了曼海姆的论述，通过区分“环境中的个人困扰”和“社会结构中的公众议题”，米尔斯认为个人困扰积累到一定程度就会关涉到结构性问题，个人只有在整体性的社会环境中，才能理解自己的位置，并在与这一环境中的其他群体的参照比对中获取一种视角，从而洞悉自我的生活历程。在米尔斯看来，“社会学的想象力”是“一种心智的品质，这种品质可帮助他们利用信息增进理性，从而使他们能看清世事，以及或许就发生在他们之间的事情的清晰全貌”③。与曼海姆不同，米尔斯更加注重凸显如何建立“特定”与“总体”两者关联性的“能力”或“心智”④。综合上述考虑，或可总结出知识社会学作为一种方法论的又一重要特征，“它强调的是从‘总体意识形态’和‘整体社会结构’的角度，来理解特定意识形态与个体的、经验的特殊表述，并将考察二者的关联性作为基本诉求”⑤。

本书综合运用知识社会学的研究路径，但并不仅仅局限于对英国文化主义的传统与范式作学科史或观念史的演绎，而是试图以文化的结构性位置变动为核心问题意识，结合英国特定的社会历史情境，考察文化主义思想传统的具体指向与关键思想，把握大众社会在英国的形成、英文研究的

---

① ［法］米歇尔·福柯著，谢强、马月译：《知识考古学》，北京：生活·读书·新知三联书店 2003 年版，第 150 页。

② ［法］米歇尔·福柯著，谢强、马月译：《知识考古学》，北京：生活·读书·新知三联书店 2003 年版，第 152 页。

③ ［美］C. 赖特·米尔斯著，陈强、张永强译：《社会学的想象力》（第 2 版），北京：生活·读书·新知三联书店 2005 年版，第 3 页。

④ 贺桂梅：《“新启蒙”知识档案——80 年代中国文化研究》，北京：北京大学出版社 2010 年版，第 11 页。

⑤ 同上。

兴起、新左派运动、战后英国成人教育以及伯明翰大学当代文化研究中心的研究取向等重要的社会和理论命题，追问英国文化主义思想传统与研究范式之间的关联到底是什么？为什么会有文化主义的研究范式？其意义何在？并且，从当前文化研究所面临的危机出发，反观前英国文化研究时期文化与政治、经济等结构性因素之间的关联，借此为当下重估文化的位置提供有益且必要的参照。

第一章 “文化—文明”传统的两条脉络

第一节 “文化”的斯芬克斯之谜

在知识社会学的意义上处理英国文化主义的思想传统与研究范式，首先就应当对“文化”、“文明”两个关键词以及“文化—文明”传统作一个详尽的追溯。

无论是在日常生活的情景交际里，还是在人文社会科学的学术话语中，“文化”都是一个无以复加的热门词汇，其运用概率之频繁、含义指涉的范围之广，远非其他词汇所能比拟，以至于雷蒙德·威廉姆斯这样认为，“英语中有两三个最为复杂的词汇，文化就是其中之一”①。威廉姆斯的描述不仅触及了文化作为术语的重要性，还隐约暗示出文化这一概念在界定上的难以把握。

可以肯定地说，几乎每一个人文社科领域都探讨过与文化有关联的论题，并且都雄心勃勃地试图对文化作出确切的定义。美国文化人类学者克罗伯（A. Kroeber）和克拉克洪（C. Kluckhohn）梳理出文化的160多种定义，这些精心搜集的文化定义跨及六个类别，“分别被称作描述性定义、历史性定义、规范性定义、心理学定义、结构性定义以及遗传学定义”②。这种条分缕析的概念厘清固然没有完全摆脱化约论，但它的立论前提却充分考虑了各个学科对于文化这同一个语义场的不同面向的按需取舍，因此常常为文化学家所援引。从学术史的发展逻辑着眼，学科划分的细化毫无疑问促成了对于文化的多种意义归纳，文化成为一个人文社会科学皆可介入的“共享”领域，各路方家千帆竞发、百舸争流，试图对文化作出有说服力的概念界定。

---

① Raymond Williams, *Keywords: A Vocabulary of Culture and Society* (revised edition), New York: Oxford University Press, 1983, p. 87.

② ［英］齐格蒙特·鲍曼著，郑莉译：《作为实践的文化》，北京：北京大学出版社2009年版，第77页。

在西方哲学史的发展脉络中，文化起先是从自然存在物中脱胎而来，“文化开始之处，就是人类超越他们从自然中继承之物的地方，因此，自然界的农业耕作和园艺种植就成为文化的基本元素”①。文化后来又在一组二元结构中长久地扮演着自然的对立项。尽管文化一词的词源可以上溯至远古时期，但是直到19世纪中后期人类学作为一门现代意义的学科被确立下来，文化才真正作为一个严肃的理论命题进入学界的研究视野。作为第一位人类学教授，爱德华·泰勒（E. B. Tylor）将文化定义为，“一个包括知识、信仰、艺术、道德、法律、风俗以及作为社会成员的人所获取的任何其他才能和习性的复合体”②。泰勒的定义奠定了文化的人类学定义的基础，这个简要的概括透露出两点信息：其一，19世纪中后期，学界开始慎重对待文化议题，但是容易将文化与文明等同起来，比如泰勒就在行文中经常使用“文化，或文明”的说法；其二，虽然泰勒对于文化的定义侧重于人的精神和心智层面，但其外延十分广泛，大致相当于后来所谓“小写的文化”（culture）。英国功能主义人类学家马林诺夫斯基（Bronislaw Kaspar Malinowski）反对体质人类学意义上的“自然人”，强调物质作为工具的重要性，“文化是对那一群传统的器物、货品、技术、思想、习惯及价值而言的，这概念实际包容着及调节着一切社会科学”③。马林诺夫斯基从功能派立场出发，批评进化论者欠缺对文化现象的功能剖析，认为这种纯粹依靠经验去猜度和重构文化“源起”与“发展”的做法是毫无意义的；而历史学派则过分强调“模仿”、忽视“自动进化”，其追溯文化的传播之途容易陷入“线性”与本质主义的窠臼；与此不同的是，功能主义反对将“文化”进行原子化划分，重视文化的动态性质和功能意义，既凸显田野调查所获得的鲜活经验，也注重从功能和制度层面谈论文化的作用，“文化原是自成一格的一种现象。文化历程以及文化要素间的关系，是遵守着功能关系的定律的”④。美国文化人类学家克利福德·格尔茨（Clifford Geerts）引用韦伯的名言——“文化是编织的意义之网”，认为文化分析不

---

① Andrew Edgar and Peter Sedgwick, *Cultural Theory: The Key Concepts*, London and New York: Routledge, 2008, p. 82.

② E. B. , Tylor, *Primitive Culture: Researches into the Development of Mythology, Philosophy, Religion, Language, Art and Custom*, Boston: Estes and Lauriat, 1874, p. 1.

③ ［英］马林诺夫斯基著，费孝通译：《文化论》，北京：华夏出版社2002年版，第2页。

④ ［英］马林诺夫斯基著，费孝通译：《文化论》，北京：华夏出版社2002年版，第106页。

是一种探求规律的科学实践，而是追寻意义的解释之学，进而强调文化有赖于一种“深描”的民族志，具有以下三个特点：“它是解释性的；它所解释的是社会性会话流（the flow of social discourse）；所涉及的解释在于将这种会话‘所说过的’从即将逝去的时间中解救出来，并以可供阅读的术语固定下来……它是微观的。”①

尽管学界对文化的定义名目繁多②，但无论是在赫尔德、马修·阿诺德、阿尔弗雷德·韦伯、诺贝特·埃利亚斯抑或是在吉登斯、哈贝马斯那里，文化从来都不是一个独立自主的概念，它总是依附于人类学、社会学、哲学、传播学等学科，并由此产生了文化人类学、文化社会学、文化哲学、文化传播学等学科分支。与此同时，学科细化的消极性也逐渐暴露无遗，那种将文化的定义局限于单一学科门类的闭门造车的行为愈来愈遭到挑战，反之，文化的跨学科性则日益受到关注。约翰·费斯克等编撰的《关键概念：传播与文化研究辞典》（第二版）突出文化是勾连生产领域和社会关系领域的意义场域，“‘文化’一词属于多重话语；它能在若干不同的话语中游走”③。《Sage 文化研究词典》则倾向于将文化看作一个流动的概念，文化的多元性定义恰恰对应着不同的旨趣，“文化是一个复杂的、充满争议的词汇，因为这个概念并非再现一个独立的客体世界的实体。最好将文化理解为一个流动的能指，这个能指可以为人类的活动产生特定多元的论述方式……也就是说，文化的概念是一个工具。作为一种生活形式，它或多或少对我们有用”④。斯图亚特·霍尔在“文化运作”（the circuit of culture）的生产实践中考察文化与再现的关系，认为文化涉及的是

---

① ［美］克利福德·格尔茨著，韩莉译：《文化的解释》，南京：译林出版社 1999 年版，第 27 页。

② 陆扬、王毅在《大众文化与传媒》中对文化的概念作了详细的追踪，借助于克罗伯和克拉克洪的《文化：概念和定义批判分析》一书，爬梳出九种基本文化概念：哲学的、艺术的、教育的、心理学的、历史的、人类学的、社会学的、生态学的和生物学的。参见陆扬、王毅：《大众文化与传媒》，上海：上海三联书店 2000 年版，第 1～9 页。萧俊明强调西方文化概念演进的语境性，认为文化概念的演化折射了西方思想发展的轨迹，反映出西方知识探索的三条主线，即以实证主义为主导的理性思维模式、韦伯的知识观念体系、一种“多元话语”的格局。参见萧俊明：《文化转向的由来》，北京：社会科学文献出版社 2004 年版，第 1～12 页。

③ ［美］约翰·费斯克著，李彬译注：《传播与文化研究辞典》（第 2 版），北京：新华出版社 2004 年版，第 63 页。

④ Chris Barker, *The Sage Dictionary of Cultural Studies*, London: Sage Publications, 2004, p. 44.

“共享的意义”（shared meanings）①。如果说上述种种对于文化的界定不约而同地具备一种自觉的跨学科意识，即对文化的意义追问必须置于多个学科的问题域中考量，那么，托尼·本内特对于文化的关键词式考察②和理查德·约翰逊对于文化这一术语的拷问③，则心照不宣地表明了任何一种试图对文化作出权威定义的努力都是枉费心机的。④

既然难以对文化作出一种超时空的权威定义，这是否表明有关文化的议题都与生俱来携带着相对主义的印记呢？在此，伊格尔顿关于“文化的观念”的提法颇具启发性，作为一种社会结构性因素的文化，它始终处于其他社会情境因素的参照和镜映之下，这其中蕴含着复杂细微的权力关系。处于不同时代的人们如何看待文化，如何在其他因素的参照下发掘出属于那个特定时代的文化属性和文化品质，文化概念是如何在与社会情境的“耦合”关联中演进的，诸如此类的问题意识提示我们可以尝试用文化的“观念”（idea）去代替文化的“定义”或“概念”（concept/definition），着重凸显出不同时代的不同群体如何在多重社会结构性因素的参照下考量文化的位置，更多地关注“怎样看”而并非企图索取一种一劳永逸的“权威定义”。

第二节 “文化—文明”与德国文化民族主义

必须阐明的是，以伯明翰学派为中心的英国文化研究实际上是以欧洲

---

① Stuart Hall, *Representation: Cultural Representations and Signifying Practices*, London: Sage Publications, 1997, p. 1.

② Tony Bennett, Lawrence Grossberg, in Meaghan Morris, Tony Bennett (Lawrence Grossberg, eds.), *New Keywords: A Revised Vocabulary of Culture and Society*, Malden, MA: Blackwell Pub., 2005, pp. 63 - 69.

③ 约翰逊在《究竟什么是文化研究》一文中指出，“‘文化’作为提示物（reminder）具有价值，但它不是一个精确的范畴……对文化这个多义词是无法进行定义的：如果以为我们可以说‘从此以后，这个词的意思是……’并期望将历史上（更不用说未来的）关于文化的一连串含义有条不紊地罗列出来，那就是理性主义的错觉”。参见：Richard Johnson, What is Cultural Studies Anyway?, in John Storey (ed.), *What is Cultural Studies? A Reader*, London and New York: Arnold, 1996, p. 80.

④ 鉴于要对文化进行概念界定是极其困难的，弗朗西斯·马尔赫恩（Francis Mulhern）另辟蹊径，提出“文化/元文化”（culture/metaculture）的设想，试图在理解文化的繁复路径中，获悉一种“元文化”，即文化是怎样言表其自身的。参见 Francis Mulhern, *Culture/Metaculture*, London and New York: Routledge, 2000.

为原点，在英伦与欧陆的冲突与互动中产生的内在的差异性。倘使古希腊罗马文化曾经被视为英国社会文化发展的一面“理想之镜”，那么，在英国近代文化史和思想史的发展历程中，欧陆的法国和德国则成了另一层面的“镜像”，诸多思想文化命题都必须放置到英吉利海峡两岸的对话、交流、冲撞、反思的纠缠过程中加以考量。

“文化”与“文明”是两个极其重要的术语，它们在人类思想史的长河里经历了同一、疏离甚至于对举的衍变过程。作为一种思想传统，“文化—文明”在德国和英国都有着清晰的发展脉络，“在英国和德国，文化的定义可以理解为文学意义上的‘艺术’，以及人类学意义上的‘一种生活方式’。并且，文化的主张在上述情况下与物质文明相对立”①。要探析“文化—文明”传统的演进脉络，一个有效的方法就是进行词源学的正本清源，兼及在比较的视野中发掘出两个术语在欧陆和英伦的语境适用与变迁，并借此追溯“文化—文明”传统在英国的源起背景。

“文化”的拉丁文词源是 cultura，与“培育/种植”（cultivation）和“宗教崇拜”（cult）有关，具有“种植作物”和“培育心灵”的双重意义向度。由此可以看出，“文化”这一能指原本所指涉的对象既包括物质产品，也容纳了精神思想。大致到了马修·阿诺德，“culture 才褪下诸如‘道德的’和‘理智的’等形容词意涵，成为一个专指‘文化’的抽象名词”②。事实上，在 18 世纪末 19 世纪初以前，“文化”很少作为一个专有名词来指称某种状态/进程及其产物，“（文化）这个独立名词首先见于法语和英语，在 18 世纪晚期，这个法国字结合进了德语，先拼作 Cultur，后来拼作 Kultur”③。“文明”（civilization）一词则可以追溯到一组拉丁文词源：civilis（民间的/公民的）、civis（公民）、civitas（自治市）与 civilitas（公民身份/公民权）④。根据查阅《牛津高阶英语词典》（第四版），“文明”的主要义项包括：开化/教化；文明阶段/文明社会或环境；一个国家、一个民族或者一段时期的文化与生活方式。应当说，当文明被指称为

① Andrew Milner, *Contemporary Cultural Theory*, London: UCL Press, 1994, p. 20.

② Terry Eagleton, *The Idea of Culture*, Oxford, UK: Malden, Mass.: Blackwell, 2000, p. 1.

③［英］约翰·B. 汤普森著，高铦等译：《意识形态与现代文化》，南京：译林出版社 2005 年版，第 137 页。

④ John Rundell and Stephen Mennell, Introduction: Civilization, Culture and the Human Self-image, in John Rundell and Stephen Mennell (eds.), *Classical Readings in Culture and Civilization*, London and New York: Routledge, 1998, p. 6.

“开化/教养”之意涵的时候，文化与文明两个术语间存在着叠合与交叉，尽管“文明指有关温文尔雅和文质彬彬，而文化则更多用于表达人们个性和创造性的智能、艺术和精神产品”[①]。

如果说，“文化”与“文明”彼时在英法语境中更多地表现为交叉互涉，那么，它们在德语中却呈现出鲜明的对照。诺贝特·埃利亚斯的《文明的进程》以跨学科的研究方法考察文明史尤其是日常生活史的演进轨迹，在这本享有盛誉的历史社会学的皇皇巨著中，埃利亚斯对“文明”与“文化”的对立在德国的社会起源进行了详尽的追溯。作为一个在西方社会惯用的词汇，文明仿佛是一把标尺，昭示着某一群体优越于另一群体，某一时期强盛于过往时期。“文明”一词在英语、法语和德语中负载着由于语境不同所招致的巨大差异，“在英、法两国这一概念集中地表现了这两个民族对于西方国家进步乃至人类进步所起作用的一种骄傲；而在德国，‘文明’则是指那些有用的东西，仅指次一等的价值，即那些包括人的外表和生活的表面现象。在德语中，人们用‘文化’而不是‘文明’来表现自我，来表现那种对自身特点及成就所感到的骄傲”[②]。英国人和法国人热衷于谈“文明”，德国人则对“文化”津津乐道。埃利亚斯对于英法语言中的“文明”和德语中的“文化”所作的细微比较可以归纳如下：从术语所指涉的对象看，“文明”在英语、法语中可以用来指称经济、政治、宗教、道德等，既包括精神心理层面，也包含了物质技术层面，德语中的“文化”则倾向于指称宗教、道德等精神层面；从价值评判的角度看，英、法语言中的“文明”既包括通过人的努力所获得的成就，也可以用来表示一种通常的行为、过程及其产物，德语中的“文化”则并不指向普遍性，而是一味强调特殊性，凸显出某一群体在某一时期的特定价值，其主要意图是“把这一类事物与政治、经济和社会现实区分开来”[③]，从这一意义上说，“‘文化的’之所以区别于‘文明的’就在于它不直接指人的本身，而是指人所取得的成就”[④]；从存在形态和发展趋势上看，“文明”对应着一种动态的、上升的、前进的过程，“文化”则倾向于静态的存在，特指

① ［英］约翰·B·汤普森著，高铦等译：《意识形态与现代文化》，南京：译林出版社2005年版，第125页。

② ［德］诺贝特·埃利亚斯著，王佩莉、袁志英译：《文明的进程：文明的社会起源和心理起源的研究》，上海：上海译文出版社2009年版，第1～2页。

③ ［德］诺贝特·埃利亚斯著，王佩莉、袁志英译：《文明的进程：文明的社会起源和心理起源的研究》，上海：上海译文出版社2009年版，第2页。

④ 同上。

现存的人工制品，比如文艺作品、书籍百科以及表征民族特性的宗教和哲学体系。如果说，英语、法语中的“文明”与“野蛮/愚昧”构成语义上的二项对立，在范畴上更倾向于人类的共通性，一如托马斯·曼（Thomas Mann）所坚信的，“文化从本质上说是民族的……文明是所有民族的共性”[1]；那么，德语中的“文化”则明显强调民族的自我意识，凸显出民族差异和群体特征，“正是德国‘文化’概念的这一功能，使它在民族学和人类学等研究领域占有一席之地，并远远地超过了德国语言的范畴，超过了这个名词最初所表达的一个民族的状况”[2]。

在德国，“文明”与“文化”的对立既具有较为悠长的传统，也是特定的本土性社会历史因素共相作用的结果。1784 年，康德的《从世界公民的观点撰写世界通史的想法》率先采用“文化”与“文明”来形容某种对立的经验：

> 我们通过艺术和科学获得了很高程度的修养，我们在社交礼仪方面是高度文明的，但在道德品行方面尚欠缺甚多，美德属于文化范畴，而那些追求荣誉和表面的道德幻影，只不过构成了文明而已。[3]

康德的经验描述不无道理，中肯地折射出当时德国的社会历史状况。当英国率先完成资产阶级革命、法国也处于大革命前夕的时候，德国却依旧陷落在一盘散沙之中。路德宗教改革加深了政治分裂，“三十年战争”（1618—1648）使得德国四分五裂，积贫积弱的程度愈加深重，“1800 年前的德意志地图常常被描绘成像一件‘狂欢节日穿的短上衣’。它包含三百一十四个邦和一千四百七十五个庄园，总共有一千七百八十九个独立的拥有主权的政权”[4]。从社会阶层结构的层面上讲，德国并没有形成英、法那种典范意义上的上流社会，德国的贵族赖以维持其社会地位的不是经济实

---

① Francis Mulhern, *Culture/Metaculture*, London and New York: Routledge, 2000, p. 5.

② ［德］诺贝特·埃利亚斯著，王佩莉、袁志英译：《文明的进程：文明的社会起源和心理起源的研究》，上海：上海译文出版社 2009 年版，第 3 页。

③ Immanuel Kant, Idea for a Universal History from a Cosmopolitan Point of View, in John Rundell and Stephen Mennell (eds.), *Classical Readings in Culture and Civilization*, London and New York: Routledge, 1998, p. 44.

④ ［美］科佩尔·S. 平森著，范德一译：《德国近现代史——它的历史和文化》（上册），北京：商务印书馆 1987 年版，第 13 ~ 14 页。

力，而是血统上的沿袭，贵族与市民阶层之间的区隔十分森严。法国的市民阶层相当富有，阶层之间的流动和交往非常频繁，一部分市民甚至为宫廷所同化，因此，法国的贵族与市民阶层的主要差异表现在习俗趣味上而并非基于政治诉求。在德国，中等阶级的行为方式和社会处境却迥然有别，中等阶层的知识分子在大学接受科学和艺术教育，他们思想上激进、政治地位旁落，与德国贵族之间的关系尖锐紧张，“这种对立最初表现为社会矛盾，以后则主要表现为民族矛盾。中等阶层知识分子与宫廷贵族在德国发展进程中某一阶段的紧张关系导致了‘文化’与‘文明’的对立”①。从社会文化层面上讲，德国的下层平民苦于生活的煎熬，没有机会也无暇顾及文学艺术，宫廷贵族却竞相模仿法国路易十四时期的宫廷机制。18 世纪以前，德国在语言上通行法语和拉丁文，法语是优雅和高级的代名词，在等级位阶上明显占据优势地位。在法国文化的星光照耀下，德国就仿若置身于一片文化荒漠中，歌德曾形象地对比法、德两国的悬殊状况，“（由于德国的四分五裂），我们全都过着一种基本上是孤陋寡闻的生活！我们很少接触真正的民族文化，一些有才能，有头脑的人物都分散在德国各地，东一批，西一批，彼此相距好几百里，所以个人间的交往以及思想上的交流都很少有”，但是巴黎的情况简直是天壤之别，“一个大国的优秀人物都聚集在那里，每天互相来往，互相争斗，互相竞赛，互相学习和促进”。② 18 世纪的德国通体弥漫着法语所营造的“异国情调”，上流社会的日常交际以使用法语为荣，各类印刷出版物竞相编排有关法国社会文化方面的资讯，就连作为一国之君的腓特烈大帝也没有例外，“（他）几乎只读法国人写的书，只与法国知识界的人来往，只讲法语。他曾承认：‘自我青年时代起，我就没读过一本德文著作，我讲德语还不如马车夫好。’”③

在英、法完成或即将完成资产阶级革命，凭借其坚船利炮，打着“文明”的旗号在世界各地大肆掠取殖民地之际，德国却面临着法国文化一统天下、本民族文化传统丧失的危机。时势呼唤并造就了一批“文化英雄”，这些具有忧患意识的知识分子和文化精英开始深刻地反思现状、追问民族

① ［德］诺贝特·埃利亚斯著，王佩莉、袁志英译：《文明的进程：文明的社会起源和心理起源的研究》，上海：上海译文出版社 2009 年版，第 27 ~ 28 页。

② ［德］爱克曼辑录，朱光潜译：《歌德谈话录》，北京：人民文学出版社 1978 年版，第 128 页。

③ 张淑娟、黄凤志：《“文化民族主义”思想根源探析——以德国文化民族主义为例》，《世界民族》2006 年第 6 期，第 8 页。

特质、强调“德国性”，他们“创立了《道德周刊》杂志及‘马勒论坛’、‘爱国者’、‘使用德语协会’等组织，以反对模仿法国文化，剔除外国语，净化民族语言”[①]。这种追求民族意识的社会思潮不断高涨，最终促成了绵延百年的德国古典人文主义的出现。作为德意志民族文化发展的一个高峰，德国古典人文主义在某种意义上是启蒙运动的延续和深化，包括了一大批涉及民族文学、音乐、哲学、自然科学的翘楚人物：剧作家与评论家莱辛，哲学大师康德、黑格尔，哲学家、文学评论家、历史学者赫尔德，主观唯心主义哲学家和教育家费希特，哲学家与数学家莱布尼茨，作曲家贝多芬，文学家与思想家歌德、席勒等等。上述所列的巨匠大师们以抵制法国的文化霸权为己任，他们一边不遗余力地批判德国的旧习俗和市侩文化，一边积极倡导个性发展与现世生活，由此开启了影响深远的德国文化民族主义思潮。

由于社会历史情境的显著差异，德国形成了与英法式民族主义判然而别的文化民族主义。如果说德国文化民族主义以对抗法国文化霸权、寻求德意志民族文化特性为根本动因，那么，强调创造力、“天才”、“悟性”、大自然和民族意识则是其核心的理论主张。首先，以赫尔德为代表的思想家尤其强调语言的民族性。作为狂飙突进运动的精神领袖，赫尔德在那篇荣膺“柏林皇家科学院 1770 年征文奖”并唯一被指定出版的论文——《论语言的起源》——中反对语言神授论，明确指出了语言的民族性，认为“语言的不同表述方式是由民族性格决定的”[②]，语言的民族性主要表现在民间文化领域，“世界各地几乎所有的民族，不管人口多么少，开化程度多么低，都拥有称颂父辈和祖先事迹的歌曲，这些歌曲便是他们的语言、历史和诗歌的财富，体现着他们的智慧和激情”[③]。其次，德国文化民族主义大力张扬民族意识，质疑启蒙运动所倡导的普世主义（universalism）。他们认为，民族共同体总是关联着由分享同一种语言或者文化心理所衍生的情感亲近性，“一个民族总是爱自己的诗人胜过其他，不愿弃己

---

① 张淑娟、黄凤志：《“文化民族主义”思想根源探析——以德国文化民族主义为例》，《世界民族》2006 年第 6 期，第 8 页。

② ［德］J. G. 赫尔德著，姚小平译：《论语言的起源》，北京：商务印书馆 1999 年版，第 61 页。

③ ［德］J. G. 赫尔德著，姚小平译：《论语言的起源》，北京：商务印书馆 1999 年版，第 92 页。

而求诸外，这无可厚非。说到底，一个民族的诗人乃属于它”①。在建构这种民族共同体想象的过程中，文学的功用被极力凸显，莱辛、赫尔德、歌德和席勒等人的共同理想都在于要“建立统一的德意志民族文学”②，比如在戏曲领域，莱辛毫不客气地批判法国新古典主义及其德国的忠实信徒高特舍特，“没有哪一个民族对于古代戏剧规则的误解比法国人更严重，他们在亚里士多德的著作里，发现了几条关于戏剧的最恰当的表面布局的附带说明，便奉为重要论点，而真正的重要论点，却又被他们用种种界说和解释大大加以削弱”③，他强调要突破“三一律”等陈规旧套，挖掘民族素材，创作市民悲剧。再次，德国文化民族主义在理念上表现出以精神文化对抗物质文明的倾向，席勒的《论人的审美教育书简》精辟地论述了艺术作为一种“交往理性”之于人类自由的意义，在席勒那里，文化成为一种理想的社会性批评力量，“文化之于席勒，正是后来所谓的‘霸权’机制”④。新的社会集团秉着文化之名，塑造出契合于新的社会秩序所需要的对象。德国文化民族主义所倡导的是一种民族精英文化，他们希望以这种融汇了想象、情感和自我表现的文化形式来对抗启蒙理性，同时，他们期待从“艺术”和“美”中获得“自由”，这种表露心灵与外在世界之间决裂的行为是不无悲壮的，它触及了“文化—文明”背后所承载的审美现代性和社会现代化之间的悖论与冲突。德语借用法语“culture”，其真正的意图旨在说明“社会生活应该如何，而并非如何”⑤。文化从这个意义上呈现出有机的、精神批判的意味，对早期工业文明展开了不无浪漫色彩和前马克思主义的批判。到了德国浪漫派，文化所侧重的面向进一步延伸至“一种独特的生活方式”，文化成为社会结构中兼具建构性和批判性的力量。

德国文化民族主义在抵制法国“文明”的动机驱使下，新兴知识阶层和文化精英从德国历史记忆与民间文化中采撷华英，力图挖掘和建构起德国文化的民族性，这一思想的历程既关联着对于启蒙运动的继承与反思，

---

① ［德］约翰·哥特弗雷德·赫尔德著，张晓梅译：《反纯粹理性——论宗教、语言和历史文选》，北京：商务印书馆 2010 年版，第 146 页。

② ［德］莱辛著，朱光潜译：《拉奥孔》，北京：人民文学出版社 1979 年版，第 214 页（“译后记”）。

③ 参见［德］莱辛著，张黎译：《汉堡剧评》，上海：上海译文出版社 1981 年版，第 514 页。

④ Terry Eagleton, *The Idea of Culture*, Oxford, UK: Malden, Mass.: Blackwell, 2000, p. 8.

⑤ Terry Eagleton, *The Idea of Culture*, Oxford, UK: Malden, Mass.: Blackwell, 2000, p. 9.

也开启了一种富有批判意识和建构力量的“文化—文明”传统。

第三节 影响的个案：哈曼与柯勒律治

正如安德鲁·米尔纳所指出的，作为一种反功利主义的、文学的“文化与社会”传统，在德国和英国各有其线索与理路。① 值得注意的是，欧洲的启蒙运动发轫于偏居一隅的英国，由于产业革命所带来的社会经济的迅猛发展，社会分层和社会结构也随之加剧了流动，加之独特的政治文化传统和宗教改革运动，英国迎来了以牛顿、洛克等为代表的启蒙思潮，并且为后发的德国启蒙运动带来一股清新的思想气息。在当时的信息传播相对不发达的情况下，欧洲各地的思想文化交流很大程度上要依赖于学者的洲际内旅行，这种漫游式的旅行常常激发了许多重要思想的产生。即便是在德国启蒙运动后期，那位被认为持有反启蒙立场的思想家——约翰·格奥尔格·哈曼（Johann Georg Hamann），其思想历程的转变与他的“伦敦之行”也有着紧密关联。

1756 年，哈曼受人之托，肩负一系列的政治使命前往英伦，在辗转一年后终于抵达伦敦。德国研究哈曼的专家纳德勒在《哈曼全集》中这样交代哈曼的伦敦之行：

> 哈曼从 1757 年 4 月中旬到 1758 年底一直待在那里，这段经历对哈曼思想的发展产生了深远的影响，可是，这点始终没有得到系统的研究。哈曼的《自述》也仅仅是涉及他自己的心灵史。几乎所有的外在证据都付之阙如。特别是他和英国雇主之间的关系还有待研究。他与英国生活、精神以及书籍之间的关系也只是在《双驾马车》（*Biga*）有许多暗示，但没有得到系统和彻底的发掘。不管如何，哈曼在伦敦肯定不是像他的《自述》所说的那样打发他的日子。②

虽然哈曼在伦敦逗留期间的详细情况还有待学界作进一步挖掘考证，但纳德勒简短的交代还是透露出一些信息：首先，这次伦敦之行绝不是普通的异国旅行，它在哈曼本人以及德国思想史的发展历程中都具有重要的转折意义；其次，哈曼的伦敦之行在思想史的意义上或许不亚于赫尔德

---

① Andrew Milner, *Contemporary Cultural Theory*, London: UCL Press, 1994, p. 20.

② 转引自曹卫东：《哈曼的伦敦之行及其思想史意义》，《河北学刊》2005 年第 2 期，第 92 页。

1769年的法国之旅[①]，但是与后者相比较，前者的经历显然颇为辗转。尽管人们很容易对哈曼无缘与柏林学派合作而远赴英伦寻找思想资源的遭遇作出种种假设："如果柏林学派当时能给哈曼更多的宽容，如果门德尔松他们能和哈曼结成好友，一如他们对待赫尔德，那么，哈曼的伦敦之行是否还会继续呢？哈曼是否还会要另寻探索启蒙的路径呢？"[②] 但如果联系到哈曼本身对于大陆理性主义的反感及其所经历的精神危机，这种舍近求远的思想皈依之旅就显得必然而合理了。

哈曼的知识谱系深受培根（Francis Bacon）、埃德蒙·伯克（Edmund Burke）、斯威夫特（Jonathan Swift）等人的影响，同时对休谟（David Hume）和莎士比亚投以浓厚兴趣。汉斯·格洛伯纳（Hans Graubner）详细考察了哈曼对于大卫·休谟思想的创造性转化，哈曼在与康德持续终生的论战过程中，不断从休谟那里寻找理论资源，虽然二人的哲学旨趣相差甚巨，但真正把他们联系起来的是"对理性的批判、认识论的经验主义和主观主义"[③]。汉斯·格洛伯纳也专门提到了伦敦之行对于哈曼的重要意义，"1758年伦敦的改宗经历之后，哈曼开始钻研休谟的思想信仰……他接受了休谟的判断——到目前为止，即便是在理性占据主导地位的地方（也即人类知识），也必须接受信仰"[④]。哈曼在旅居英国期间苦心研究《圣经》，其宗教信仰上的改宗事件和对英国思想文化中"情感"、"自然"等观念的吸收，使得他在返回德国之后，"把经验主义有意识地转换成一套神学语言，对浪漫主义和唯心主义的世俗化产生了影响"[⑤]。

如果说哈曼的个案在某种程度上表明了英国启蒙思想对于德国启蒙运动乃至德国文化民族主义的影响，那么，柯勒律治（Samuel Taylor Coleridge）投注于德国古典人文主义的热情则在一个侧面反映出英国"文化—

---

① 1769年，赫尔德到法国旅行，《1769年游记》就是他记录下的途中见闻和阅读心得，该书被喻为"狂飙突进的大宪章"，其意义不仅仅在于改变了赫氏一生的思想轨迹，而且为后来的古典文学和浪漫派奠定了思想基础。参见曹卫东：《赫尔德的一七六九之旅》，《读书》2002年第6期。

② 曹卫东：《哈曼的伦敦之行及其思想史意义》，《河北学刊》2005年第2期，第93页。

③ Hans Graubner, Theological Empiricism: Aspects of Johann Georg Hamann's Reception of Hume, *Hume Studies*, 1989, Vol. 15, No. 2, p. 377.

④ Hans Graubner, Theological Empiricism: Aspects of Johann Georg Hamann's Reception of Hume, *Hume Studies*, 1989, Vol. 15, No. 2, p. 380.

⑤ Hans Graubner, Theological Empiricism: Aspects of Johann Georg Hamann's Reception of Hume, *Hume Studies*, 1989, Vol. 15, No. 2, p. 378.

文明”传统的外在影响维度，这也明确了本节内容虽然落脚点在于考察英国的“文化—文明”传统，但在此之前对于德国古典人文主义与文化民族主义的略览却绝非画蛇添足，它一方面可以为“文化—文明”传统的英国脉络提供必要的参照系，另一方面则是因为二者之间确确实实存在着互相影响的印迹。

德国古典人文主义在文学、哲学和美学领域取得了令人瞩目的成就，其影响很快波及其他国家。19世纪的德国呈现出经济上落后而思想文化高度繁荣的“不同步现象”，“19世纪中后期，德国成就之于英/美文化的令人生畏的影响，怎么估计都不为过”[①]。柯勒律治就是被这场影响持久的思想运动所深深吸引的代表之一。

柯勒律治不仅阅读同时代诗人克洛普施托克（Friedrich Gottlieb Klopstock）和格斯纳（Solomon Gessner）的作品，对席勒和莱辛更是倾注了极大的热情。他把席勒比作英国的莎士比亚，并亲力亲为替莱辛撰写传记，“柯勒律治早年从事莱辛研究，这是十分重要的，因为他本人的知识和文化生活中的许多重要拓展，包括文学和神学论争，仍旧以莱辛的剧作为根基”[②]。1798年，柯勒律治与华兹华斯（William Wordsworth）结伴到德国旅行，驻留哥廷根期间，柯勒律治潜心研究德国诗歌史，并对莱辛的剧作展开一系列评论。可以说，德国古典人文主义在一定程度上促成了柯勒律治的“有机整体”诗学观念，其关于想象、天才和非个性化原则的理论阐释奠定了英国浪漫主义的部分底色，也呈现出与华兹华斯不同的侧重面向，以至于他在《论教会与国家的构成》中这样思考“文明”：“一个民族永远也不可能教养过度（over-cultivated），但极易变得过度文明化（over-civilized）。”[③] 通过将“教养”与当时英国过度文明化的现实相对照，柯勒律治寄希望于在“教养”的基础上来谈“文明”（ground civilization in cultivation），“在塑造我们人性的那些品性与才能的和谐发展中，我们为了做

---

① Seamus Perry, *S. T. Coleridge: Interviews and Recollections*, Hampshire and New York: Palgrave, 2000, p. 146.

② Elinor Shaffer, Coleridge's Dialogues with German Thought, in Frederick Burwick (ed.), *The Oxford Handbook of Samuel Taylor Coleridge*, Oxford and New York: Oxford University Press, 2009, p. 556.

③ S. T. Coleridge, *On the Constitution of the Church and State*, John Colmer (ed.), London: Routledge & Kegan Paul, 1976, p. 49.

公民就必须先做人”①。这同样也牵系着柯勒律治对于“文明”与“教养”的区分，在他看来，“文明”指向一种综合意义上的“善”，是整个民族共享的特征；“教养”则明确意味着“人性特征的品质和才能的协调发展”，属于知识分子阶层这样一小部分人，因此柯勒律治把印度和埃及描述为“文明程度很高的国家，一切都源于文明而非教养”②。至于“文明”与“教养”二者间的关系，柯勒律治认为是后者引导前者向前发展。③当然，在柯勒律治那里，国家就是“文化”的实体形式，可以依靠它来解决不同利益间的分歧，他进一步对“文化”与“文明”作出辨析，认为“文化是面对工业化和大众社会的破坏力而产生的一种反作用。文明则是这些破坏力的同盟军，因此文化与艺术等同起来，不再与文明混为一谈”④。此外，柯勒律治与谢林在神学思想方面互相欣赏，互以对方为知己，“二人的讲稿《普罗米修斯讲演》和《神学哲学》，表明了二人在各自思想的几个阶段互相受到对方影响，而且他们在此基础上迈向一个新的阶段。柯勒律治和谢林都通过康德去寻找途径，如果他们找到了一条穿过想象艺术的路径，那么神学哲学将会提供那个年代的另一可行的模式”⑤。

如果说，柯勒律治的浪漫主义思想直接受惠于康德的美学，其对于“文明”与“文化”的察析和区分在很大程度上接受了德国古典人文主义的影响，那么，英国“文化—文明”传统的关键人物马修·阿诺德和T. S. 艾略特的文化观念也同样与德国古典人文主义和文化民族主义有着紧密关联。以赫尔德为代表的德国文化民族主义凸显出文化的精神维度，也不无浪漫地将日常生活涵盖进来，这种对于“文化”的人类学意义的强调在别处产生了重要影响，“赫尔德思想的更大的历史性影响在后来一系列关于文化的话语中显现出来，比如T. S. 艾略特将文化定义为‘一种总体的生

① S. T. Coleridge, *On the Constitution of the Church and State*, John Colmer (ed.), London: Routledge & Kegan Paul, 1976, pp. 42 – 43.

② S. T. Coleridge, *On the Constitution of the Church and State*, John Colmer (ed.), London: Routledge & Kegan Paul, 1976, p. 43.

③ John Storey, *Cultural Theory and Popular Culture: An Introduction* (the third edition), Beijing: Peking University Press, 2004, p. 21.

④ 萧俊明：《文化转向的由来》，北京：社会科学文献出版社2004年版，第17页。

⑤ Elinor Shaffer, Coleridge's Dialogues with German Thought, in Frederick Burwick (ed.), *The Oxford Handbook of Samuel Taylor Coleridge*, Oxford and New York: Oxford University Press, 2009, p. 563.

活方式’”①。同样，马修·阿诺德试图以文化为武器去抵制维多利亚时代浮夸泛滥的物质文明，文化成为功利主义文明的对立项，这显然也是德国文化民族主义的异域回响。②

从比较的意义上说，德国和英国的“文化—文明”传统都反映出文化与资本主义现代性之间的张力关系，对于文化的考量也涵盖了“文学艺术”与“人类学”两个层面，一种具有建构力和批判性的文化逐渐浮出历史地表，成为反对个人主义和功利主义的有效武器。

第四节 功利主义与英国“文化—文明”传统

雷蒙德·威廉姆斯在《文化与社会》一书中用“工业”、“民主”、“阶级”、“艺术”和“文化”五个关键词绘制了1780—1950年英国的文化地形图。威廉姆斯考察了从埃德蒙·伯克到乔治·奥威尔长达两个世纪以来文化观念如何进入英国思想，以及文化观念从开始的“心灵状态和习惯”到当代的“整个生活方式”的衍变过程。威廉姆斯始终关注文化与工业文明两个对话主体之间的内在张力：从伯克到T. S. 艾略特一脉坚决反对功利主义和资本主义现代性。作为“第一位现代保守主义者”，伯克坚持反对民主和个人主义，根据对旧英国的经验来抨击新英国，提出了“有机社会”和“国家文化”的观念。艾略特也是持保守主义立场，驳斥资本主义的工业化现代文明导致了文化的衰落。另一脉系以威廉·布莱克、帕西·雪莱、威廉·莫里斯（William Morris）、奥威尔以及威廉姆斯本人为代表，他们也反对功利主义文明，但又绝不同于那种感伤色彩浓厚的伯克或艾略特式怀旧，他们秉着一种向往进步的姿态，希望能够超越资本主义现代性。

当文明滑入庸俗物质主义和功利主义的窠臼时，文化则当仁不让地承

① Francis Mulhern, *Culture/Metaculture*, London and New York: Routledge, 2000, p. 17.

② 德国古典人文主义是阿诺德文化思想的一个重要来源，可参阅 Joseph Carroll, *The Cultural Theory of Matthew Arnold*, Berkeley and Los Angeles: University of California Press, 1982. 尤其是该书第二部分第五节“历史的形塑”，见180～256页。此外，我们还应当注意一个有趣的现象：阿诺德积极号召英国知识界向欧陆学习，利维斯则极力抵制欧陆哲学，凸显所谓的“英国性”。后来的斯图亚特·霍尔、佩里·安德森等人又主动吸收了欧陆的西方马克思主义和结构主义、后结构主义理论资源。可以说，英伦与欧陆思想话语之间的张力关系构成了英国文化研究的一条发展线索。

担起批判的职责，“文化批评”（Kulturkritik）成为与文明针锋相对的抵制性力量，文明的暴虐性和低劣性及其与之相伴生的“有机社会丧失”成为“文化批评”的标靶，这同时也赋予了“文化批评”一种强烈的悲观主义意味，F. R. 利维斯的《大众文明与少数人文化》在某种意义上印证了这一点。

“文化—文明”传统在英国的形成，一个关键性因素就是英国思想界对于功利主义的持续批驳。功利主义（utilitarianism）主要是英国的智识传统，该理论可以追溯到霍布斯（Thomas Hobbes）和洛克（John Locke）的社会契约论、休谟的经验主义哲学，经由亚当·斯密（Adam Smith）和大卫·李嘉图（David Ricardo）的政治经济学，一直到边沁和穆勒所自我宣称（self-proclaimed）的功利主义。[①] 功利主义建构于经验主义认识论的基础之上，与自由平等主义和自由至上主义在政治上共同构成了西方现代社会思潮的自由主义一脉。通过对自然法学派的批判，休谟强调人的日常生活经验而并非唯理论所鼓吹的人的天启理性，“功利主义之所以比自由主义契约论学派更有影响，还因为功利主义的论证是建立在经验主义认识论的基础上的，这种经验主义的认识论较之为了追求某种绝对真理而诉诸人的天启理性的唯理论认识论来说，更加合理，也更具现代性”[②]。功利主义以反理性主义的姿态，把“最大幸福原理”（Maximum Happiness）当成伦理教条，“在近代功利主义兴起的过程中，18 世纪英国的苏格兰学派起了开创性的作用，而赋予其完备形式的人则是边沁与穆勒”[③]。

边沁的功利主义思想以经验主义为立足点，以反映当时英国新兴工业资产阶级强烈要求改革各项法律和政治制度从而确定并稳固自身的社会合法地位为诉求，其核心思想主要见于《政府片论》和《道德与立法原理》。边沁并不是“功利主义”的发明者，他之所以被人们误当作功利主义教条的始作俑者，主要是因为他提出了功利主义奉之为经典信条的“最大幸福原理”。这个已经成为口头禅的哲理可以简括成一句话：幸福并非对质的追求，它以量为首要原则。换句话说，功利主义并不关心一个人的行为动机和行为方式，它考虑的仅仅是这种行为所产生的结果对于最大幸福值的意义。在边沁看来，“最大多数人的最大利益”应当成为人们信守诺言、捍

① Andrew Milner, *Contemporary Cultural Theory*, London: UCL Press, 1994, pp. 8–9.

② ［英］约翰·穆勒著，徐大建译：《功利主义》，上海：上海人民出版社 2008 年版，“译者序”第 5 页。

③ 同上。

卫整体利益的“社会契约”，“当国王的行为与他的人民的幸福相抵触时，最好的办法就是不再服从他”①。边沁试图以“最大幸福原理”为准则去创立道德规约和法律制度，“如果一个人对任何行动或措施的赞许或非难，是由他认为它增大或减小共同体幸福的倾向来决定并与之相称的，或者换句话说，由它是否符合功利的法规或命令来决定并与之相称的，这个人就可以说是功利原理的信徒”②。边沁的功利主义思想在充分重视日常经验的基础上凸显出个人幸福和利益，这一方面与西方传统伦理观念所宣扬的“遵循上帝意旨”、“克己利人”的反个人主义相抵牾，另一方面也将幸福庸俗化为一种可以量化的功利，从而偏离了道德维度。

作为边沁的追随者和功利主义的又一显赫人物，穆勒修正了边沁主义的庸俗倾向（philistinism），用“宁愿做不满足的苏格拉底也不愿意当满足的傻瓜”去挑战那个“只适应于猪的教条”③。穆勒认为，对于一些社会事务而言，仅仅某一些个体才适宜于对之作出判断，而评估这种适宜性的标准则是“经验上的优先”。穆勒极力为功利主义辩护，强调功利主义的道德维度，“功利主义学说不仅认为美德应当被欲求，而且认为应当为了美德本身无私地去欲求美德”④。同样，穆勒也认为人类行为的唯一宗旨就是获得幸福，能否促进幸福，则成为评估人类一切行为的权威标准，这其中也可以管窥出穆勒功利主义思想的经验色彩。此外，穆勒详细论述了功利与正义的关联：

> 一方面，任何理论若试图确立一种想象出来的不是基于功利之上的正义标准，我都会表示怀疑，但另一方面我也认为，基于功利之上的正义乃是一切道德的主要部分，而且绝对是最神圣最具约束力的部分。⑤

以边沁和穆勒为代表的功利主义在政治上构筑起了一条与自由主义契

---

① ［英］边沁著，沈叔平等译：《政府片论》，北京：商务印书馆 1997 年版，第 152 页。

② ［英］边沁著，时殷弘译：《道德与立法原理导论》，北京：商务印书馆 2000 年版，第 59 页。

③ J. S. Mill, *Utilitarianism*, Glasgow: Fontana, 1962, pp. 258 – 260. 转引自 Andrew Milner, *Contemporary Cultural Theory*, London: UCL Press, 1994, p. 11.

④ ［英］约翰·穆勒著，徐大建译：《功利主义》，上海：上海人民出版社 2008 年版，第 36 页。

⑤ ［英］约翰·穆勒著，徐大建译：《功利主义》，上海：上海人民出版社 2008 年版，第 60 页。

约论学派截然不同的政治和思想伦理，在经济领域更是独占鳌头，成为占据主流地位的经济伦理框架。可以说，这种强调效率和个人价值的伦理准则正是资本主义文明的一种形式，它主要表现在政治经济领域中，但也明显地存在于文化议题里。

首先，由于功利主义涉及政治经济精英对于文化政策的影响，由此促成了新的知识阶层的出现。那些宣扬个人独立、鼓吹市场自由竞争和追求最大幸福值的观念者无疑是有机知识分子（Organic Intellectuals）的典型代表（米尔纳语），他们所奉行的过分追求现世幸福和个人利益的功利准则为传统知识分子所不耻，成为后者激烈批判的对象。

其次，作为资本主义文明的一种形式，功利主义紧密联系着工业文明，与之相伴生的是高度工业化、都市化、文化衰退、智性解体和有机社会丧失。如果说“功利”（utility）在18世纪是一种主导的社会规范，那么与之相关的“功利主义”就“不是作为一种技术哲学，而是作为中等阶层日常文化和通俗文化的组成部分”①。此后，功利主义更是成为工业资本主义文明发展的强大精神动力，它作为一种自法国大革命以来的社会修辞，履行着维持资本主义工业文明的价值规范的功能。如此看来，功利主义并不能为资本主义的文化矛盾提供有效的解决途径，因为它本身实际上就是内置于其间的。

最后，对于资本主义工业文明和功利主义的批判，成为英国19世纪浪漫主义和批判现实主义文学的重要主题。在柯勒律治、雪莱、济慈和司各特等浪漫主义者看来，功利主义不过是新兴中产阶级为了应付因法国大革命所导致的英国保守主义而采取的一种“激进修辞”（radical rhetoric），但它实际上剪断了19世纪英国与伊丽莎白（一世）时代“有机社会”之间的链接，成为鼓吹个人主义的僵硬信条。

无论是柯勒律治借助于古典神话和丰富想象力的超自然主义书写，拜伦在诗歌中运用奇谲瑰丽意象的狂热自由主义表达，还是华兹华斯寄情山水、物我一体的抒情宣言，司各特历史小说中萦绕的民间基调与怀旧情结，都不言而喻地反映出英国浪漫主义文学受德国古典主义哲学的影响之深。如果说，英国浪漫主义文学通过关注生态环境问题、抵制文化商业化的恶性循环，反对父权制所滋生的权利不平等和个性压抑，试图以一种有机的文化去对抗资本主义工业文明；那么，以狄更斯、萨克雷、盖斯凯尔夫人、勃朗特姐妹、哈代为代表的英国批判现实主义文学更是直面社会问

① Andrew Milner, *Contemporary Cultural Theory*, London: UCL Press, 1994, p. 13.

题，深刻揭露资本主义生产关系的剥削实质及其人与环境/社会现实的异化关系，以充满人道主义的笔触揭露工业文明和功利主义所招致的深刻社会危机。这两种文学思潮坚持不懈地批判英国功利主义，也成为英国最具本土特色的“文化—文明”传统或者说文化主义思想传统的重要表征。

第二章　大众社会理论与英国文化主义的源起

第一节　大众社会与大众社会理论

根据查阅《新牛津英语词典》（第二版）和《大不列颠百科全书》，“mass”一词的义项有两个基本的面向：其一，强调数量很多，接近于 multitude；其二，表示同质化的人群。由此，我们必须警惕对大众社会（mass society）作望文生义的理解。事实上，大众社会并非指由于社会成员激增而出现的新的社会形态。据传播学者狄福楼（De Fleur）考证，大众社会可以追溯到古典社会学大师孔德（Comte）的社会有机论，孔德认为，“在有机社会里，个人和团体各自追求自己的目标，而整个结果欲使社会和谐稳定，主要关键在于专化（specialization），也就是个人自行区分功能。每个人都负有特殊功能，则社会趋于平衡；但过分专化反而导致社会解体，此时的社会组织无法正常联系个人以维持社会整合，社会上的个人缺乏共同特性，便无法相互了解，终至日渐孤立，进而威胁社会的均衡和谐”①。

公允地说，孔德的有机社会论并不是对大众社会的直接分析，但是大众社会的某些特征在其理论中已初现端倪。孔德认识到细密的专业化分工使得人与人之间越发疏离，人们在心理和情感上难以沟通，从而影响社会组织的整治功能。孔德从社会心理学角度触及大众社会理论的重要问题：相对于传统社会，个人与社会的联系方式和密切程度在大众社会都已发生了质的变化。

更多学者倾向于从工业化谈起，他们认为，19 世纪中后期，工业革命推动着欧洲资本主义的迅速发展，也从政治、经济、意识形态各领域为现代阶级社会的形成创造了条件。工业化带来了社会状况的重大变化，新兴资产阶级试图以人文主义和启蒙运动为思想资源，以理性、平等、民主等

---

① 陈世敏：《大众传播与社会变迁》，台北：三民书局 1994 年版，第 51 页。

来建构其新的意识形态。建立于血缘关系之上的旧的社会等级制度逐渐被消解，阶级（class）取代了种属，大众（mass）替代了人民（people），大众社会也成为人们用以描述与传统社会相对应的社会形态的指称。英国学者阿兰·斯威伍德（Alan Swingewood）这样界定大众社会的典型特征，“大规模的工厂组织模式、商品的生产、都会地区稠密的人口、都市的兴起与扩张、决策过程的集权化、四通八达的复杂交通网络，以及工人阶级有了投票权以后，大众政治运动的风起云涌”①。

与大众社会紧密联系的范畴是“大众”与“大众社会理论”。前面已经提到，“大众”一词的英文“mass”颇具贬损意味，是缅怀贵族生活的人们对于那群高度同质化、缺乏观念和心理联系的人们的称谓，通常称为“乌合之众”。大众社会理论则显得尤为复杂，它的出现是为了捍卫统治阶级的社会意图、强化精英政治的理念并压制那些要求民主政治的中下层民众。

阿兰·斯威伍德对大众社会理论的三条主要脉络进行了细致的分梳：以托克维尔（Alexis de Tocqueville）、尼采、加塞特（José Ortegay Gasset）、T. S. 艾略特、F. R. 利维斯等为代表的政治学家、思想家和文学批评家固守精英主义的保守立场，对大众社会进行了言辞激烈的批判。在《美国的民主》（*Democracy in America*）一书中，托克维尔意识到血缘/传统已经不再是统合现代社会的有效方式，一种权利平均主义（egalitarianism）观念及其裹挟下的个人主义、物质主义逐渐盛行，一个单调无趣、高雅文化遭受威胁、文艺创作急剧商业化的大众社会赫然呈现。托克维尔的视点无疑是贵族式的，大众社会的生活、民主政治和观念只是死气沉沉和平庸的代名词。尼采的《偶像的黄昏》流露出同样的基调，这部以格言体写就的哲学忧思录宣告了尼采对工人和劳工运动的敌视，“作为今日一切愚昧的原因的本能之退化，就在于存在着一个工人问题”②，“他们（工人）情况相当好，用不着越来越多、越来越放肆地提出问题”③。归根究底，尼采反对一切权利均等，妄想维持一种等级森严、人与人之间存在“自然秩序”的社会形态。加塞特和 T. S. 艾略特在哀叹传统文化衰退的同时，寄希望于对大众进行“基本教养”的灌输，从而延续高雅文化，二人的观点与约

---

① ［英］阿兰·斯威伍德著，冯建三译：《大众文化的神话》，北京：生活·读书·新知三联书店 2003 年版，第 3 页。

② ［德］尼采著，周国平译：《偶像的黄昏》，北京：光明日报出版社 1996 年版，第 84 页。

③ 同上。

翰·穆勒不谋而合，既宣扬精英统治论，也强调对工人阶级进行教育，以防他们沦为暴民。如果说 T. S. 艾略特执着于宗教道德观，批判工业文明破坏了传统共同文化的道德，那么，加塞特则明目张胆地将社会人群分为“少数精英”和“野蛮大众”，认为大众虽然在20世纪30年代取代精英的地位，摇身一变成为“掌权者”，但大众自身的缺陷致使他们在履行社会职能时问题重重，“大众既不应该亦无能力把握他们自己的个人生活，更不用说统治整个社会了”①，大众不应当被化约为劳动阶级，相对于少数精英，“大众则是指没有特殊资质的个人之集合体”②。大众和精英之间的区隔是人群类别的划分，与阶级没有关系。大众聚集在社会的各个角落，势头汹涌，一旦他们掌握权力，将会导致系列社会危机，这种危机不仅仅是社会政治层面的，也涉及智识道德、日常生活等广泛领域。随着社会经济飞速发展和大众教育的日益普及，大众开始有资格分享物质技术和政治权利，但大众的“崛起”会招致一系列社会问题。加塞特对大众的消极性作了细致剖析：首先，大众数量激增、物质生活丰盛，但他们在心智和精神上相对滞后，不仅对肩负的责任和科学精神缺乏明晰的认知，而且对少数精英等此前社会的造福者没有丝毫感恩之情，是只知道享福却忘记了生活艰辛的“被宠坏的孩子”；其次，大众心灵闭塞、自作聪明，往往沉溺于虚妄之中，同质化的大众对权威秩序和理性造成了巨大威胁，“他们压垮并摧毁每一个反对派……他们并不想与那些异己阵营中的人共享生活，他们极度仇视、憎恨非我族类者”③；最后，大众是身处文明世界里的野蛮人，他们受益于科学却又漠视科学的价值，历史知识极端贫乏，拒绝接受任何道德准则，在社会实践中粗俗鄙陋，极易诉诸暴行。因此，加塞特强调民族文化的多元一体，以一种静态/有机的文化观去捍卫高雅文化。相比之下，利维斯代表了文学方面的民主精英论，他以怀旧的基调将传统和历史理想化，反对文化与科技沾边，批判大众传媒对阅读公众审美情趣和道德意志的消解。

米尔斯（C. Wright Mills）、阿多诺、霍克海默、马尔库塞等西方马克思主义理论家构成了大众社会理论的又一重要脉络，他们同样表现出激进

---

① ［西］奥尔特加·加塞特著，刘训练、佟德志译：《大众的反叛》，长春：吉林人民出版社2004年版，第3页。

② ［西］奥尔特加·加塞特著，刘训练、佟德志译：《大众的反叛》，长春：吉林人民出版社2004年版，第6页。

③ ［西］奥尔特加·加塞特著，刘训练、佟德志译：《大众的反叛》，长春：吉林人民出版社2004年版，第71页。

的悲观之情，关注大众传媒对工人阶级的意识形态操纵，对家庭等社会中介机构逐渐让位于文化工业、大众文化使得工人阶级革命力量丧失等进行了深刻的批判。从阿多诺和霍克海默的《启蒙辩证法》到马尔库塞的《单面人》，法兰克福学派的文化工业和大众社会批判理论始终着眼于文化工业的巨大欺骗性，工人阶级被驯化为同质性的“社会原子”、丧失了马克思所设想的反抗性力量，其意识已经被彻底整编进当代资本主义的社会结构。

鉴于国内学界对法兰克福学派的译介和研究起步较早，这里有必要重点介绍美国社会学家米尔斯的大众社会理论。米尔斯着重辨析了“公众”（public）与“大众”（mass），认为“公众转变为大众（乌合之众）曾经是现代社会的主要趋势之一，也是摧毁19世纪统摄知识分子情绪的自由乐观主义的主要因素”①。大众的主要特征表现为：“他们是大众传媒的被动接受者，更多地接受意见而非表达观点；个体很难或者根本不可能对流行媒体进行即时反馈，或者产生丝毫影响力；大众的意见能否被实现，完全由掌控媒介的权力部门所决定；大众没有脱离社会机构的自主权，相反，权力机构的代理人通过缩减大众表达意见的自主权利来掌控他们。”② 米尔斯的大众社会理论描绘出一幅“市民社会的衰退”图景，“大众社会的两种特征，并时共存。一方是此时的社会结构，原本朝向由上而下的指挥；再一方则是大众传播之本质，有利于操弄技巧之遂行。在此社会之下……男男女女彼此分离，变成视野狭隘的行尸走肉……住在大都会的人，除了在特定的生活圈子里，彼此茫然两不知……社会结构究竟为何，他们懵懂无知；他们虽是公民，但对公民身份的重要性，毫不重视”③。如此看来，米尔斯对在权利中心集权化挤压下的麻木大众的描述，与法兰克福学派的观点如出一辙。

据阿兰·斯威伍德考察，与上述两路理论家对大众社会表现出极度失望和愤怒不同，席尔斯（Edward Shils）、丹尼尔·贝尔和大卫·里斯曼（David Riesman）等采取“进步演化史观”，将大众社会视为后工业社会庞大构架中的一环，态度相当乐观。在席尔斯等人看来，工业与科技的发展不是压制了民主政治的发展空间，而是更加强化、巩固了多元政治和市民社会。这些持多元论的学者们认为社会中介机构尽管权能有限，但是各司

---

① C. Wright Mills, *The Power Elite*, New York: Oxford University Press, 1956, p. 301.

② C. Wright Mills, *The Power Elite*, New York: Oxford University Press, 1956, p. 304.

③ ［英］阿兰·斯威伍德著，冯建三译：《大众文化的神话》，北京：生活·读书·新知三联书店2003年版，第16页。

其职，可以依据民主原则去行使选择主要领导精英的权力，从而达成各个机构之间的权力均衡，诚如科恩豪瑟（W. Kornhauser）所言，“多元社会的中介结构，由于是‘独立’在各类精英之外的，是以必定能够制约这些精英”①。借助于消费主义的理论视角，丹尼尔·贝尔在《意识形态的终结》一书中指出，“以消费为尚的资本主义，从未塑造出单一而硕大、同质而文化上极为低下的大众，正好相反，消费资本主义开创了层次不同的品位，亦即不同类型的受众与消费者。文化是层次分明的，消费则是分化有致的”②。贝尔等人理想化地认为后工业社会的工人阶级已经逐渐为新兴的中产阶级所替代，先前的劳资冲突已经无关于资本主义社会统治结构的稳定。以大众传媒为传播手段的大众文化成为人人可以消费的商品，一如杰姆逊在论述后现代社会时所作出的轻率结论——后工业/后现代社会消弭了高雅文化与大众文化之间的差异③。贝尔等人急于摆脱法兰克福学派的悲观论调，却一不小心掉进了盲目乐观的陷阱，好在贝尔后来对自己的乐观看法进行了修正，“后工业社会以最根本的方式开始重塑整个现代经济。对教育作为获得技能和权利的一种方式的强调，对技术决策的重视，技术群体和新精英层（比如科学界和军界）之间的冲突，这一切都预示着发达西方社会将遇到的新困难，美国尤为如此”④。

如果说，阿兰·斯威伍德提供的理论视点有利于对大众社会理论作一个清晰的“理论旅行”（萨义德语），那么，作为大众传播和文化研究的关键词，大众社会理论已然成为泛媒介时代人们批评大众文化现象所惯常凭借的理论资源。对于大众社会理论在影视文化批评中的滥用，约翰·费斯克曾经讽刺道：“大众社会理论一直活跃在一种宽泛的媒介研究领域，其间它总是针对电视与电影在大众那里（但是很奇怪，从来不在批评家那里）的所作所为而产生种种启示录的见解。每当你思考何为媒介对（其

---

① ［英］阿兰·斯威伍德著，冯建三译：《大众文化的神话》，北京：生活·读书·新知三联书店2003年版，第26～27页。

② Bell, America as a Mass Society. 转引自阿兰·斯威伍德著，冯建三译：《大众文化的神话》，北京：生活·读书·新知三联书店2003年版，第27页。

③ 杰姆逊在《后现代主义与文化理论》中作出这一结论，笔者不赞同这一论断，大众文化的确成为后工业社会/消费社会的重要文化形式，但是精英/大众、高雅文化/通俗文化之间的分野并未完全消失。杰姆逊为了建构起后现代主义理论范式，忽视了后现代社会所强调的差异性和多元性，笔者以为，后现代社会的高雅/精英文化与通俗/大众文化始终是在博弈与交锋中并行发展的。

④ ［美］丹尼尔·贝尔著，严蓓雯译：《资本主义文化矛盾》，南京：江苏人民出版社2007年版，第208页。

他）人的效果时，尤其当你的思考转向诸如依赖论、侵犯、麻醉、残忍和无情等观念时，那么你就在以大众社会理论进行思考了。”①

毋庸置疑，大众社会理论在整个西方文化史、思想史上占据着极其重要的位置，它参与着自文艺复兴，尤其是工业革命以来各种文化思潮的建构，应和着作为符号表征形式的文化与特定的社会政治、经济及总体形势之间的耦合关系，成为考察西方近现代文化思潮不可或缺的参照因素。

从理论发生学角度出发，大众社会理论也牵系着文化研究的兴起，或者更准确地说是英国文化主义的源起。下文将着重考察大众社会理论的英国脉络，注重英国大众社会的形成以及英国模式对于文化主义传统的塑形，爬梳英国文化主义源起的独特背景和理论内涵。

第二节　大众社会在英国的形成

法国 1789 年大革命的汹涌浪潮在隔海相望的英国引发了激烈讨论，英国社会面临着固守传统还是走向现代的抉择。两派论争针锋相对、互不让步，持保守立场的埃德蒙·伯克（Edmund Burke）对法国大革命发表感言：“如果说市民社会是习俗的产物，那么习俗就是它的法律。”② 以伯克为代表的思想家主张以工业革命代替法国式的暴力革命。可以说，当时的反对变革者坚持为现实辩护、否定往昔“快乐的英格兰”；而主张变革者则将矛头对准功利主义和工业文明，将往昔理想化、浪漫化。自 1688 年“光荣革命”以来，英国始终徘徊在传统与现代的两难选择中，“通过‘光荣革命’，英国完成了从绝对君主专制向多元寡头政制的转化，克服专制的任务，在这场几乎不流血的‘革命’中成功地完成”③。在欧洲走向现代化的过程中，英国形成了一种与众不同的，缓和、持重而平稳的过渡模式，被称为“British Pattern”。英国模式的特殊性催生了一个不同版本的大众社会。

工业革命及其社会后果给英国人的思想和行为带来了巨大的影响，英国社会面临着急剧的社会转型，一种霍布斯鲍姆所谓的“断裂”。工业革

---

① ［美］约翰·费斯克著，李彬译注：《关键概念：传播与文化研究辞典》，北京：新华出版社 2004 年版，第 159 页。

② 钱乘旦：《第一个工业社会》，成都：四川人民出版社 1988 年版，第 6 ~ 7 页。

③ 钱乘旦、陈晓律：《在传统与变革之间——英国文化模式溯源》，杭州：浙江人民出版社 1991 年版，第 68 页。

命有如一把双刃剑，既充斥着“羊吃人”的血腥暴行，追逐利润的商业意识形态吞蚀了淳朴自然的英格兰古老民风；同时，工业革命的重大历史意义也为众多学者不断提及，罗斯托提出的那个著名的经济“起飞”理论，正是在总结英国工业革命的基础上，对英国个例的推而广之。① 社会转型往往联系着各个集团、阶层之间的政治权利角逐，大众的政治意识觉醒和暴力革命的发动。作为工业革命的源头，英国的社会政治改革是在体制内部完成的，总体上显得相对平静而温和。著名英国史学者钱乘旦先生指出，“与其他国家一样，英国的历史也充满斗争；所不同的是，斗争的结果在英国不像在某些国家那样是一方吃掉另一方，或一方完全压垮另一方，而是双方都在斗争中自我更新，最后融合成一种新文化。这就是传统与变革的融合，是历史长河中的协调之路”②。

英国式的渐进、平稳的发展模式在政治体制上表现为权力之间灵活变动的相互制约与均衡。“在英国的宪政（Constitution）中，尽管权力之间没有严格分离，但是依旧可以窥见权力分立学说的理论印痕，只不过在英国实现的路径略有差别……形成一个相互监督/制衡的体系……这一体系与三权分立学说一样，避免了苛政。”③ 1688 年的“光荣革命”不仅标志着贵族控制政权和王权被削弱，也为新的社会阶层的出现创造了条件：首先是形成了独特的社会结构，土地贵族、中等阶级和工资劳动者的三层结构跨越了欧洲大陆贵族/农奴的二元模式。英国的贵族虽然享有政治特权，但并不享有经济特权（减免赋税权），因而他们非常注重经济活动和积累财富。英国的贵族被称为土地贵族，热衷于置办土地，“英国模式可以使得一个卑微的农夫、小贩或手工艺人摇身变成富有的大工厂主，然后，他本人或者他的儿子又成为乡绅”④。中等阶层主要来源于农业发展黄金时期

---

① 王福兴：《社会转型和大众的政治参与——英国个案分析》，《北方论丛》2001 年第 2 期，第 48 页。

② 钱乘旦、陈晓律：《在传统与变革之间——英国文化模式溯源》，杭州：浙江人民出版社 1991 年版，“卷首语”第 2 页。

③ J. Harvey and L. Bather, *The British Constitution and Politics* (the fifth edition), London and Basingstoke: Macmillan Education Limited, 1982, p. 9.

④ E. L. Johns, *Agriculture and Economic Growth in England 1650 - 1815*, London: Methuen & Co., Ltd., 1967, p. 28.

兴起的富裕农民[①]阶层，人多势众。各阶层的构成并非凝滞不变，而是呈现出流动的趋势。值得一提的是，英国的贵族由于深受实用主义思想的影响，因而一方面“识时务”地放弃已经无法坚守的阵地，另一方面通过强调教育来延续贵族精神[②]，旨在坚守其文化精英地位。英国工人阶级的形成标志着英国纵向的等级结构让位给了横向的阶级结构，工人阶级内部的构成也是多层次的，农业工人和仆佣占19世纪工人中的多数，由于贫困、居住分散且思想觉悟低，他们一般不参与政治斗争。工业革命的主要言说对象是制造业中的工人，他们认可工业化，但是要求提高工资待遇；而其中最具革命性的是手工业工人（他们也是英国工人运动的最后一次高峰——“英国宪章运动”的发起者）。作为一个“生而自由”的热衷谈论政治的民族，英国社会各阶层都在政治改革的漩涡中斡旋。洛克式的理想化的代议制民主政治的历史接续（1832年改革，中等阶级取得了选举权；1867年改革，除农业工人、矿工外，工人阶级大部分取得选举权），工业革命之后英国社会各阶层比欧陆对应群体的收入相对要高，加之贵族阶层的适时退让，因此，英国的社会变革形成了“渐进改革”、“民主改造”、“避免武装冲突”的英国模式。

另一个显著特征是都市化的兴起和市民社会的形成。工业革命促进了生产力的发展和人口流动的加剧，作为现代性典型空间的城市开始密集出现。据统计，1801年，在英格兰和威尔士，居民超过2万人的城市只有15个，到1851年则上升到63个。1820—1830年间是英国城市发展最迅速的时期，在这10年中，曼彻斯特、伯明翰、设菲尔德和里兹等城市的人口都增长了40%以上。[③] 与此相伴随的是大众传媒的繁盛，19世纪初，报刊数量急剧增加，达到100种，其中，《晨报》、《旗帜报》、《曼彻斯特信使报》等成为中等阶级宣扬价值观念的理论阵地；传播工人阶级政治意识的报纸也大量出现，比如《黑矮人》、《共和报》等。此外，反对“印花税”

---

① “富裕农民”此处指“乡绅和约曼农”，约曼农是名义上从国王那里得到土地的“自由持有农”，也包括从地主那里租用土地的“农场主”，以及长期使用土地的其他农民。参见钱乘旦：《第一个工业化社会》，成都：四川人民出版社1988年版，第7页。

② 贵族精神从来没有被社会否定过，未曾受到真正的挑战。在英国历史上，贵族作为一个整体，从来没有截然站在历史的对立面上，它总是可以跟上潮流的发展。参见钱乘旦、陈晓律：《在传统与变革之间——英国文化模式溯源》，杭州：浙江人民出版社1991年版，第403页。

③ 王福兴：《社会转型和大众的政治参与——英国个案分析》，《北方论丛》2001年第2期，第49页。

的运动也有力地推动了工人阶级报纸的传播，《贫民卫报》在发行量大时达到15 000份，超过了《泰晤士报》的10 000份。[①] 城市的激增和印刷媒体的繁盛为工人阶级参加政治活动、争取民主权利创造了条件。应该说，这一时期的英国工人阶级运动较之以前有了长足进展。

但是据此就判断英国迎来了蓬勃的工人阶级政治运动是过于乐观的，有两个重要的因素必须考虑：其一，英国的政治民主有着悠长的历史，它历经了传统社会的改革，见证了市民社会的诞生，并最终实现了普选制（1929年）。这种政治传统使得英国工人阶级更倾向于采取体制内部的和平斗争模式。其二，英国的执政者有别于米尔斯所谓的"权力精英"，在米尔斯看来，"权力精英"执政模式必然导致专制政权，从而引发剧烈的社会革命。而英国则不然，当时英国朝野奉行的是"不管经济的政府是最好的政府"的信条，官员被看作纳税人所豢养的工具，即亚当·斯密所说的"看门狗"。[②] 再者，英国工人运动缺乏强有力的政党组织，工党奉行的传统理念是费边社会主义，主张温和的社会改革，主要政治诉求是推行福利社会，可以说，英国工党完全不同于德国等欧洲大陆国家的工人阶级政党，它与英国各资产阶级政党共存共生，在同一个政治体制内部谋求生存空间。

随着大众社会在英国的浮现，以马修·阿诺德，T. S. 艾略特、F. R. 利维斯为代表的知识阶层从多个角度批判和反思工业文明，由此建构起英国的"文化—文明"传统，成为英国文化研究的先声。

第三节　批判大众社会：从马修·阿诺德到F. R. 利维斯

马修·阿诺德（Matthew Arnold，1822—1888，以下简称"阿诺德"）是英国"文化—文明"传统无可争议的重要人物。身为牛津大学诗歌教授和教学督导，阿诺德不但为19世纪现代英文研究（English Studies）勾勒出一幅蓝图，而且为后来英文研究的学科化和文化主义话语的机制化创下了筚路蓝缕之功。阿诺德对于文化和大众社会的思考，集中体现在1869年出版的《文化与无政府状态——政治与社会批评》，该书在一定程度上是

---

① 钱乘旦：《第一个工业化社会》，成都：四川人民出版社1988年版，第376页。

② 王福兴：《社会转型和大众的政治参与——英国个案分析》，《北方论丛》2001年第2期，第52页。

对1867年英国的改革法案（*Reform Bill*）的响应。[①]

阿诺德首先对“文化”的传统定位进行了质疑，认为文化是超越拉丁文和希腊文的，文化并非出于好奇（curiosity），而是源于对完美的追寻，“文化是光明和甜美，是所思所言最美好的东西；文化是彻底的无私公正，是对完美的研究；文化对人心是内在的，对整个社会是普遍的；文化是所有让人性产生美和价值的力量之和谐”[②]。阿诺德的文化定义不无浪漫色彩，仿若湖畔派诗人在抒发胸怀，但他并没有沉溺于一味抒情，而是笔锋急转，赋予了文化崇高的使命，“文化……要为人类完成非常重要的任务，这种任务在我们现代世界里尤其重要，因为现代世界的整个文明都是……机械的和外在的，而且会日益加剧”[③]。阿诺德毫不掩饰地批评了工业化和物质文明，同时认为穆勒和边沁等功利主义者鼓吹“人人为自己”的个人主义与追求和谐完美是相抵牾的。

阿诺德生活在英国保守势力十分强大、等级森严的时代，他不愿意做单一的学院派知识分子，坚持不懈地批判英国人的盲目自满，重视文化的道德和社会向度。阿诺德认为当时社会的三个主要阶级都不足以成为文化的担保人，贵族阶级尽管外表优雅，但他们“生性愚钝，缺乏足够的内在心智”，因此贵族阶级是野蛮人（Barbarian）；中产阶级是非利士人（Philistine），他们迷恋物质文明，过分沉迷于工具主义和实用主义的市侩习气，“非但不去追求光明和甜美……反而安于呆板地忙于经商或者沉闷于不自由的生活”。针对当时风起云涌的劳工运动，阿诺德本人站在保守主义立场对劳工阶级进行了批评，将他们称为“群氓”（populace），“他们要么渴望成为中产阶级，要么粗鄙落后，在赤贫和肮脏中埋名一生”[④]。

既然上述三个阶级都不能承担起传承文化的重任，阿诺德就把希望寄托在“剩余民”（remnant）身上。“剩余民”是三个阶级中接受过良好教

---

① 阿诺德所处的正是英国工业取得世界性垄断地位的时代，伴随着日益高涨的工人阶级运动，社会矛盾趋于尖锐化，1867年，英国国会在工人运动的压力下，通过了新的选举改革法案，降低选举资格限制，扩大了选民的范围。可参见米尔纳的相关分析：Andrew Milner, *Contemporary Cultural Theory*, London: UCL Press, 1994, p. 22.

② Matthew Arnold, *Culture and Anarchy*, J. Dover Wilson (ed.), Cambridge: Cambridge University Press, 1966, pp. 48–49.

③ 同上。

④ Matthew Arnold, *Culture and Anarchy*, J. Dover Wilson (ed.), Cambridge: Cambridge University Press, 1966, pp. 101–105.

育的成员，类似于阿诺德时代的“知识阶层”（intelligentsia），“这些人不是由他们的阶层精神，而是由普遍的人类精神和对人性完美的热爱来统领”[①]。“剩余民”并不是固定不变的，由国家倡导的教育有助于扩大“剩余民”的范围。

阿诺德对英国正在形成的大众社会以及急剧的社会变革持矛盾态度，他一方面向往有机社会（organic society），反对工业物质文明和个人主义；另一方面又警惕劳工运动可能导致的社会失序。与卡莱尔宣扬“理想的国家是由贵族阶层或具有贵族精神的精英知识分子执政”不同，阿诺德提出了三个理想化的解决途径：树立起国家的权威，重视宗教，倡导学校教育。

首先，正如书名“文化与无政府状态——政治与社会批评”所示，阿诺德将“无政府状态”和“失序”看成是文化最大的敌人，“没有秩序，就没有社会；没有社会，就不会有人类的完美”[②]。阿诺德希望树立起“国家”这个权威，由国家代表历史上曾经由贵族提出的高尚理想和理念，从而凝聚起国民的健全理性，扭转无政府倾向。阿诺德并不是彻头彻尾的保守主义者，他深刻检讨英国的国民性，主张在坚守传统，不脱离英国历史、文化和情感结构的前提下进行改革。鉴于阿诺德对英国社会的主要阶级深表失望，他提议理想的国家应该依赖于“剩余民”。对此，威廉姆斯提出了疑问：“阿诺德的主要弱点在于他未能解释为什么是剩余民，而不是各个阶级可以影响国家，进而去完成国家分配给他们的角色”。[③]显然，阿诺德未能提供可以将剩余民组织起来的制度机制。安德鲁·米尔纳总结道：“威廉斯和阿诺德都忽视了，剩余民可以被理解为社会阶级……但问题在于，如果剩余民可以作为一个知识阶级而存在，那么驱动它的就不会是普遍的人类精神，而是他们自己的阶级精神。这样一种阶级精神当然会支持智识工作而不是偏向其他三个主要阶级，我们也就没有理由设想它产生于对人类完美的热爱。”[④]

其次，阿诺德所设计的“理想自我”（the best self/right reason）应该

---

① Matthew Arnold, *Culture and Anarchy*, J. Dover Wilson (ed.), Cambridge: Cambridge University Press, 1966, p. 109.

② Matthew Arnold, *Culture and Anarchy*, J. Dover Wilson (ed.), Cambridge: Cambridge University Press, 1966, p. 203.

③ Andrew Milner, *Contemporary Cultural Theory*, London: UCL Press, 1994, p. 23.

④ Andrew Milner, *Contemporary Cultural Theory*, London: UCL Press, 1994, pp. 23－24.

是超越阶级/宗派/低下趣味（natural taste）的至高境界。阿诺德考察了文化和宗教的某些相似性，比如二者都是对人的完美内涵的期待，都是对达成内在理想状态的追求，都表现为人类天赋本性的成长、转化与和谐发展；二者都具有普泛性，强调必须脱离狭隘的个人中心主义，与他人共赴完美。然而，阿诺德又将宗教与文化进行了比较，以一种惯用的揶揄口吻指出：文化不能过分依靠宗教来组织，文化必须超越宗教。宗教（尤其是清教主义）有助于英国民众健全道德和克制冲动，但是，当清教与文化相比较时，它显得相当狭隘和乏味，"不应否认他们所做的善事和所获得的幸福，但我们同样不应不清楚地看到，他们有关人类完美的主张是狭隘的、有缺憾的"①。就像波德莱尔笔下死气沉沉的巴黎，阿诺德也以伦敦为例来说明宗教给予人们"上帝之子"的虚假承诺，认为宗教组织也受制于工具主义，从而忽略了人性中本来可以发挥更大作用的力量。阿诺德的理想是综合希腊和希伯来两种文明，达成融智性/道德于一体的"和谐完美"。值得一提的是，出身宗教家庭（其父托马斯·阿诺德是英国教会中"广教会"一派的领袖人物）的阿诺德虽然承认宗教意识的崇高，但同时坚决抵制宗教分裂国家，强调宗教应为塑造公民和巩固国家服务。

再次，身为督学的阿诺德特别重视教育，期望以加强国民教育来培养心智健全的国民。当时的剑桥、牛津等大学以教授古希腊、罗马文学为主业，高昂的学费和有限的教育资源使得大多数劳工阶层被排除在高等教育之外。阿诺德身体力行，主张"英文研究"进入大学课程。随着日益高涨的工人阶级和妇女教育运动，加之英殖民地印度行政服务（Indian Civil Service）的需要，英国开始积极推行英文研究、提供英语课程，意图将国民培养成"有教养者"（civilized），从而增进民族意识。英文研究事实上也紧密联系着阿诺德"甜美—光明"的理想，不仅仅迎合其构想中的"剩余民"的利益，也为劳工阶层、女性等弱势群体提供了完善心智的机遇，有助于将英国从德国文化的统治中抽离出来，构建统一的英国民族文化传统。

总而论之，阿诺德面对英国社会的变革，不遗余力地反对工业主义文明和个人主义，希望通过宗教和学校教育来重塑一种新的文化观念，其最终的理想是要建构一个和谐完美的有机社会。阿诺德并不是一位彻头彻尾

---

① ［英］马修·阿诺德著，韩敏中译：《文化与无政府状态——政治与社会批评》，北京：生活·读书·新知三联书店 2008 年版，第 21 页。

的保守主义者，他主张社会改革，但是面对骤然出现的社会阶层分化，他又显得十分谨慎，“无论需要实现多大的变革，无论野蛮人、非利士人和群氓的阵营有多么浓密，我们都不会绝望，当然我们也不会叫嚷用暴力实现革命和变革”①。

如果说，阿诺德对19世纪英国大众社会的批判为文化主义传统绘就了雏形，那么，“一战”之后，T. S. 艾略特接掌了阿诺德的“帅印”，为文化主义传统注入了新的活力，其理想化的文化定义——“文化是一个总体的生活方式”，影响极其深远。

T. S. 艾略特生于美国，并在那里长大，后来加入英国国籍，同时接受了托利党、英国国教和君主立宪制。艾略特深谙黑格尔哲学、涂尔干的宗教社会学和曼海姆的社会学，形成了基督教色彩浓厚的社会理论。与加塞特一样，艾略特也认为大众社会较之传统社会的显著差异是政府刻意追求社会各阶层经济上尽可能的“平等”。对于这种深受启蒙思想影响并且在社会各阶层漫长的殊死搏斗中出现的新的社会变动，艾略特保持着高度的警惕，这突出地表现在艾略特对于“精英”的预设：既然社会总是由高低不同的阶层组成，那么处于较高等级的阶层理应具备充分的文化素养，唯有如此，“社会才能出现井然有序的各阶层”。艾略特批评曼海姆将“阶级”与“精英”相混同，针对曼海姆将择取精英的标准定为“血缘”、“财产”和“成就”，艾略特毫不客气地提出疑问：“我认为在阶级分化尖锐的时候也能辨别出精英，我们会相信中世纪的艺术家们都出身贵族吗？或者，社会等级制和政客们都是按照家族血缘关系而决定的吗？”② 艾略特认为“精英”是一个极富变动性的概念，它指向一个秩序井然、与众不同的群体，而绝不仅仅是一群优雅人士、大亨或者地方首领。“精英”群体有着内在共同的关注对象，分享着共同的语汇，表达着共同的诉求。显然，对“精英”群体的“共同文化”特性的强调触及了艾略特理想中的有机文化论。

一方面，艾略特批评阿诺德局限于对野蛮人、非利士人、群氓三个阶层各自弱点的揭露，但忽略了探讨各阶层的合理性和完美之所在。艾略特希望跨越阶层区分的藩篱，将文化看成一个有机的整体，“我们不要期望任何一个人拥有文化所包含的所有品质，完全‘文化’的个人只是幻象。

① ［英］马修·阿诺德著，韩敏中译：《文化与无政府状态——政治与社会批评》，北京：生活·读书·新知三联书店2008年版，第175页。

② T. S. Eliot, *Notes Towards the Definition of Culture*, New York: Harcourt, Brace and Company, 1949, p. 38.

我们不应该在个体或由个体组成的某一群体中去寻找文化，而应该扩大范围，我们最终将会发现文化存在于作为整体的社会中”①。艾略特设想“文化”是一个环环相扣的概念，“个体的文化不能孤立于群体，群体的文化又不能脱离社会”②。由此，艾略特认为一个富有生机的社会，应该是阶级和精英并存，二者相互作用、偶尔重叠。理想的社会模式应该由精英主导社会，保证有能力的艺术家、建筑师身居要职，引领公众的品位。另一方面，艾略特非常关心“共同文化”的传承和保护，他认为只有少数极具能力的精英才能担负起重任。艾略特的文化精英与统治阶级之间有着紧密联系，“一名精英必然依附于某个阶级……但是很可能是统治阶级能够把这名精英吸引过来”③。“共同文化”并非只是精英们所独有，它也能体现在非精英们日常生活的无意识中。艾略特认为，文化传承的主要渠道是家庭，每个人不可能摆脱早期家庭环境的影响，“当家庭不能够善尽其责时，我们的文化将面临恶化的厄运”④。

艾略特将捍卫高雅文化的责任托付给了精英阶层，而家庭和教育则成为传承社会传统文化的轴心。在艾略特看来，教育的目的就是传播文化，培养时代需要的人，它与政治和社会改革息息相关。有趣的是，艾略特倡导一种“教育适中论”，即“教育不能太多，也不能太少；它是一种张力，有可能会给人的思想强加过多的负担。太多或太少的教育都会使人不快乐”⑤。同样，艾略特既鼓吹教育应该有助于维护阶级（preserve the class）和遴选精英（挑选出极有天赋的能者），又贬斥那种将教育理想化为“可以自动选择能者”的观点，认为那样将会“瓦解社会、贬低教育”⑥。

面对传统权威模式（家庭和宗教）崩溃的大众社会，艾略特在积极倡

---

① T. S. Eliot, *Notes Towards the Definition of Culture*, New York: Harcourt, Brace and Company, 1949, p. 21.

② T. S. Eliot, *Notes Towards the Definition of Culture*, New York: Harcourt, Brace and Company, 1949, p. 22.

③ T. S. Eliot, *Notes Towards the Definition of Culture*, New York: Harcourt, Brace and Company, 1949, p. 41.

④ T. S. Eliot, *Notes Towards the Definition of Culture*, New York: Harcourt, Brace and Company, 1949, p. 42.

⑤ T. S . Eliot, *Notes Towards the Definition of Culture*, New York: Harcourt, Brace and Company, 1949, p. 101.

⑥ T. S. Eliot, *Notes Towards the Definition of Culture*, New York: Harcourt, Brace and Company, 1949, p. 103.

导一种“共同文化”的同时，提出了“文化衰退论”。相对于阿诺德，艾略特更加怀念前工业文明时代，他认为工业化与物质文明破坏了有机社会的道德和谐体，英国社会各阶层出现了深刻的道德疏离。[①]艾略特将英国17世纪早期诗人乔治·查普曼（George Chapman）、约翰·多恩（John Donne）等与19世纪诗人阿尔弗雷德·丁尼生（Alfred Tennyson）、罗伯特·布朗宁（Robert Browning）等相比较，认为前者的诗歌有着“（理性和感性）统一的感知”（unified sensibility），而后者却在工业文明的洗涤中丧失了传统文化的韵味。不仅如此，批量生产的留声机、电影和汽车使得工人阶级日益远离传统文化，生活单调无聊，成为大众社会里分散的“原子”。针对大众社会汹涌而来的以逐利为目标的广告和大众教育，艾略特为传统文化唱起了挽歌：“我们大抵可以确知，时代正在衰退；我们也知道，文化的标准比起五十年前，低了许多……”[②]

面对现代资本主义社会内在的秩序危机，艾略特期待统治精英们来捍卫高雅文化，但由于典章制度和传统规范的失序，统治精英自身的处境也岌岌可危，他们必须凭借大众政党与组织来与无产阶级争夺权威。艾略特并不知道什么才是资本主义的社会关系和阶级结构，他对于社会各阶级的分析往往自相矛盾，比如他批判中产阶级道德腐朽、尊严尽失，但同时又鼓吹中产阶级有望“摧毁”英国的贵族。由此可以看出艾略特的矛盾之处：面对现代资本主义内在的结构性危机，一方面希望以家庭、教育和宗教[③]等为轴心，传承富含宗教道德的传统文化，从而保护共同文化不受政治因素的破坏；另一方面，面对社会阶级之间的复杂关系、典章制度的失序，艾略特对大众社会兴起的广告、电视等通俗文化形式深表忧虑。可以说，艾略特的批判和分析是敏锐的，但他给出的解决方式却十分庞杂凌乱，不切实际。毕竟，前工业文明和中世纪基督教文明已然消逝，过分怀念只是一种消极的退缩。当然，我们不能据此就抹杀艾略特在英国文化主

---

① 阿诺德引用教育部秘书哈德曼（Hardman）的观点，“工业化和民主使得欧洲伟大的文化传统走向终结”。美国、欧洲和整个东方世界都出现了大规模的文化衰退。参见 T. S. Eliot, *Notes Towards the Definition of Culture*, New York: Harcourt, Brace and Company, 1949, p108.

② ［英］阿兰·斯威伍德著，冯建三译：《大众文化的神话》，北京：生活·读书·新知三联书店2003年版，第10页。

③ 事实上，“宗教”一直是艾略特文化思想的关键概念，他曾经批评阿诺德忽略了文化与宗教之间的重要关联。艾略特坚持从传统宗教道德观出发，批判功利主义的工业文明，对前工业文明尤其是中世纪的基督教文明眷恋难舍。相关讨论可参见 T. S. Eliot, *The Idea of a Christian Society*, New York: Harcourt, Brace and Company, 1940.

义传统形成中的重要作用。艾略特对功利主义文明的批判、对大众/通俗文化的警觉以及将文化看成一种总体的生活方式，延续和开启了从阿诺德、利维斯到威廉姆斯等人的文化思想。

F. R. 利维斯是继阿诺德、艾略特之后对大众社会进行激烈批判的英国文学批评家，也是英国在经历“一战”之后对文化进行深刻反思的代表人物。20世纪30年代，利维斯与夫人Q. D. 利维斯、丹尼斯·汤普森等人创办了《细察》（*Scrutiny*）杂志，围绕这一刊物形成了著名的“细察集团”，并发起了影响深远的“文化与文明”运动。

利维斯与新批评派关联甚密，其“实用批评”（practical criticism）也十分重视文本细读，这一点与兰色姆（John Crowe Ransom）等人类似。但是，利维斯并不赞同兰色姆对于历史解释的敌视，他更加认同艾略特的整体的、半黑格尔式的文化定义。利维斯注重社会历史因素，也充分认识到马克思主义的有效性，其批评视角是一种“社会—历史”批评。

利维斯对英国大众社会的批判及其对文化的反思都深受阿诺德和艾略特的影响。如果说，阿诺德心仪希腊、罗马的古典文化，试图以欧陆文化为参照来批判英国陋习，那么，利维斯则独重本土资源，时时追念未被工业文明和资本主义生产方式所破坏的“有机共同体”的人际关系和生活艺术。[①] 利维斯吸收了阿诺德对文化的赞誉，也承继了艾略特有关传统文化的理想。

首先，利维斯坚决捍卫文化传统，反对斯诺（C. P. Snow）在《两种文化与科学革命》中提出的“两种文化”论。针对斯诺将“科技文化”描述为比“文学/艺术文化”更加思辨和严密的论调，利维斯毫不留情地抨击斯诺“缺乏想象力”，他质疑斯诺所谓的“知识分子”只不过是为《新政治家》和《星期日报》撰写评论的人，“真正青睐文学的人们将对斯诺的观点断然敌视和不屑”[②]。利维斯尤其不满斯诺对劳伦斯的遗漏，认为劳伦斯才真正洞察到自然与工业文明的关系，绝对应该是“伟大的传统”之重要一脉。利维斯理想中的文化就是文学，尤其是他在《伟大的传统》中设定的“文学正典”。因此，文化一旦沾上“科学与技术”的边，就会变得俗不可耐。利维斯以文学批评为阵地，旨在创造并传承具有道德

---

① 参见陆建德：《弗·雷·利维斯和〈伟大和传统〉》，载［英］F. R. 利维斯著，袁伟译：《伟大的传统》，北京：生活·读书·新知三联书店2009年版，第7页。

② F. R. Leavis and Michael Yudkin, *Two Cultures? The Significance of C. P. SNOW*, London: Chatto & Windus, 1962, p. 16.

教化的价值观，从而唤醒大众社会中疏离、麻木的人们对人文价值、社群意识和共同文化的重视。利维斯将乔治·艾略特、亨利·詹姆斯、康拉德、狄更斯等涵盖进“伟大的传统”序列，充分反映出重视艺术与道德关怀的双重向度。①

其次，利维斯也提出了极具悲观色彩的“文化衰退论”，在《大众文明与少数人文化》中，他列举了城镇与乡村的变化，在汽车等现代工具的全面侵袭下，传统的家庭结构为之崩溃，社会风俗恶化，文化缺失道德基准，纯真的“共同文化”已经不复存在。他用“技术—边沁主义”文明来描述工业化及其带来的大规模生产技术。“技术—边沁主义”文明造成的严重后果就是文化的标准化和水平化，因此，利维斯的《英国诗歌的新方向》作出了基调阴郁的结论：“除了少数人之外，没有任何人再对高雅的价值观表现出哪怕是常规性的关注……俯视其他地方，标准化、大规模生产和水平化的进程还在进行……因此，诗歌在未来的世界，假如将来还有诗歌的话，将变得更加无足轻重。”② 利维斯的悲观论调显然是艾略特的回声，不同的是，艾略特迷恋于已然逝去的中世纪社会，利维斯则企盼着文化复兴，希望通过教育尤其是英语教学来培养一种“共同文化”，助推一批文学知识阶层来批判发展中的大众社会。

利维斯非常重视大学教育的作用，期望通过大学课堂讲授精英文学或正典来培育心智健全的民众，从而延承传统文化。利维斯认为理想的大学“不仅仅是专业细部的组合，还应该是人的意识的中心，融感觉、知识、判断和责任于一体”③。利维斯的“少数人文化”是以文学和道德标准来衡量“少数精英”的，他批评大众社会兴起的各种大众媒介④腐蚀和破坏了“少数精英”与广大读者群之间的有机联系：一方面，具有文化创造力的

① 利维斯高度评价乔治·艾略特对人性的强烈关怀，他分析了艾略特对特兰萨姆夫人的描写，“没有一点儿说教的味道；它是戏剧化的论断，深刻犀利又完全可信，而个中所隐含的道德教训乃是建立在形象展示的必然性之上的，是一个心理现实主义者所认识到的那种教训”。参见［英］F. R. 利维斯著，袁伟译：《伟大的传统》，北京：生活·读书·新知三联书店 2009 年版，第 79 页。

② Andrew Milner, *Contemporary Cultural Theory*, London: UCL Press, 1994, p. 31.

③ F. R. Leavis and Michael Yudkin, *Two Cultures? The Significance of C. P. SNOW*, London: Chatto & Windus, 1962, p. 29.

④ 在《大众文明与少数人文化》的小册子中，利维斯细数大众媒介的消极后果：报纸、广告具有欺骗性；电影尤其是灾难性的，它是对现实生活的幻象，一种“阴险的催眠剂”。参见 F. R. Leavis, *Mass Civilisation and Minority Culture*, Folcroft: The Folcroft Press, Inc., 1930, pp. 6 - 10.

少数精英（包括具有批判力的知识阶层和具有创造能力的作家）已经被疏离于“共同文化”之外，大众文明如洪水猛兽般对“少数人文化”围追堵截；另一方面，大众文化和娱乐工业影响着群众的感官与心灵，由精英文学所绵延的道德价值观念也迅速衰退。利维斯批评大众社会，其宗旨在于要揭示文化传统在工业文明的侵袭下已经干涸，文化（文学）活力与共同文化之间的有机联系也已经断裂。利维斯对于大众社会的批判是一种“乡愁”式的怀旧，他设法将过去理想化，其所谓的“文化”就等于被动地去接受未经现代工业文明浸染的社会，对内在于社会的权力阶层和等级序列也坦然接受。而要重新回归理想文化，其关键策略就是要大力推行英语专业。

利维斯大力推行英语专业的学科化，主要是希望通过发掘和重塑民族语言、民族文学来延续传统的道德价值观念，根本目的是要恢复共同的有机文化，并以此来提高阅读公众对大众文化的防范意识。如此看来，利维斯倾向于将文学置于一个大的社会文化场域中来考量其意义和社会功能，超越了当时盛行的英美新批评传统。佩里·安德森高度评价利维斯，认为利维斯借助于文学批评将“总体性”观念引入英国的文化思想，“在几个重要的欧洲国家里，唯独英国既没有产生一种古典社会学，也未能形成一种本土的民族马克思主义。因此，英国所形成的智识文化始终缺少一种‘总体化’的概念系统……然而，在人类学对于他者社会（other societies）的研究中，尤其是在文学批评中，这种总体化思想确确实实得到了发展：在一个总体性观念和批判理性观念处处受到压制的文化中，文学批评提供了一个庇护所（refuge）”①。

最后，利维斯或者利维斯主义已经成为英国文化思想的重要标签，他对于大众社会的批判有其激进性，但又绝不同于后来英国左派的政治立场。从这一意义上说，利维斯又是一个保守主义者，他坚持文化精英论，抵制大众文明，并希望通过学校教育和英语专业来重建有机的共同文化。诚如弗朗西斯·马尔赫恩（Francis Mulhern）所言：“利维斯主义从本质上讲是一种小资产阶级的反叛：针对的是它不能从根本上改变或取而代之的文化秩序……因此，它是一种产生于特定文化内部的道德说教式的反叛。它所代表的不是另一种秩序（alternative），而是坚持认为现行秩序应该依靠命令来生存。”② 与阿诺德、艾略特颇为相似，利维斯也是以极为矛盾的态度来批判大众社会，并且建构其理想的文化形态的。

---

① Andrew Milner, *Contemporary Cultural Theory*, London: UCL Press, 1994, pp. 32–33.

② Andrew Milner, *Contemporary Cultural Theory*, London: UCL Press, 1994, p. 33.

第四节 走向“左翼文化主义”

通过对英国大众社会的批判和对“理想文化”的设定，阿诺德、艾略特和利维斯共同建构起极具英国特色的“文化—文明”传统。阿诺德、艾略特和利维斯都倾向于文化精英主义立场，试图以学校教育、家庭或者宗教等方式延承传统文化，重塑传统的道德价值观念，从而达成理想的“共同文化”。当他们的文化思想与马克思主义相遇，并且耦合英国20世纪五六十年代急剧的社会变革时，“文化—文明”传统便开始由文化精英主义转变为“左翼文化主义”（left culturalism）。①

“左翼文化主义”的代表人物之一、英国历史学家E. P. 汤普森的代表作《英国工人阶级的形成》享有盛誉，该书明显继承了阿诺德、艾略特等人对功利主义和工业文明抵制的传统，以关注底层的历史书写方式，凸显了英国工人阶级的主体位置。理查德·霍加特的《文化知识的用途》则可以看作对利维斯主义的回应，该书将侧重点从“文学”转移到“文化”，采用了利维斯式的“文本细读”和人类学的“民族志”研究方法，对工人阶级社区文化的衰落忧心忡忡。不同的是，霍加特所追怀的是工人阶级社区文化，并非利维斯所谓的“少数人文化”。雷蒙德·威廉姆斯是英国文化研究学派的关键人物，其最卓著的贡献在于为艾略特的文化定义注入新的活力，以文化进步论取代文化衰退论。威廉姆斯既认为“文化是普通的”，也将艾略特所谓“文化是一种总体的生活方式”往纵深推进。比较而言，威廉姆斯的文化定义将“共同的民主制度”（collective democratic institution）涵盖进来，如此一来，“共同文化”就吸纳了多种多样的阶级文化。在威廉姆斯看来，真正意义上的“共同文化”应该考虑到各种各样的社会群体利益和诉求。因此，他在《长期革命》中讨论并深化了“情感结构”（structure of feeling）的概念。威廉姆斯深受“文化—文明”传统的影响，期望以社会主义的工人阶级来代替阿诺德的“剩余民”和利维斯的

---

① Andrew Milner认为，20世纪50年代，英国的一批左翼知识分子开始反思利维斯主义的政治保守主义和文化精英主义立场，试图在利维斯主义和马克思主义之间寻找“第三条道路”，这种政治实践催生了英国“新左派”的出现，更精确地说，是英国左翼文化主义的出现。他们以《新左派评论》为理论阵地，代表人物有雷蒙德·威廉姆斯、理查德·霍加特和E. P. 汤普森。参见Andrew Milner, *Contemporary Cultural Theory*, London: UCL Press, 1994, p. 36. 有关此论题，本书将在第五章和第六章详细讨论。

“学校教育”，继而承担起抵抗工业文明的职责。此外，斯图亚特·霍尔和帕迪·沃内尔合著的《大众艺术》十分关注大众文化对学校教育的影响，其批评路径带有利维斯的明显印记。

可以说，英国文化研究的文化主义范式密切关联着阿诺德、艾略特、利维斯等人在对大众社会激烈批判的过程中所生发出的理论思想。文化研究的“文化”定义，文学研究与文化研究的互动关系，文化研究重视经验、关注日常生活、吸纳跨学科的理论话语资源以及对共同文化的情感诉求等学科品质，都离不开阿诺德等前辈学人的筚路蓝缕之功。因此，打破有关文化主义的狭隘理解，从英国思想史和文化史的总体维度把握文化主义的源起就显得尤为重要。

第三章　马修·阿诺德与英国文化主义传统

第一节　马修·阿诺德的“多副面孔”

作为英国维多利亚时代的文化主将，马修·阿诺德在诗歌创作、文学与文化批评、宗教与教育领域均享有盛誉。这位在英国浪漫主义文学的余烬中冉冉升起的文化巨人，其学术生涯大致可以分为四个阶段：“早期的诗歌创作；《文化与无政府状态——政治与社会批评》对现代主义的希腊精神的推崇；历时八载的《圣经》研究；最后十年，重返现代主义，但试图将批判理性学说与浪漫主义诗歌对想象力的崇尚结合起来”①。或者可以更简明地概括为：“50 年代是其诗歌时代，此后是‘散文时代’：60 年代是文学批评和社会、政治批评时代，70 年代是宗教批评和教育批评时代，80 年代又回到文学批评。”②

自首部诗集《迷途的狂欢者及其他》（*The Strayed Reveller and Other Poems*）问世以来，阿诺德相继创作出版了《诗集》（*Poems*）、《诗歌二集》（*Poems, Second Series*）、《新诗集》（*Poems, A New Edition*）等诗作，奠定了其紧随丁尼生和布朗宁之后的维多利亚时代诗坛地位。如果说，阿诺德的著名诗篇《多佛海滩》（*Dover Beach*）开启了“诗歌即人生批评”，其源于新古典主义的实用批评也影响了后来的“剑桥批评传统”，那么，相比较而言，阿诺德为后世学界所垂青的与其说是他的诗名，不如说是凭

---

① Joseph Carroll, *The Cultural Theory of Matthew Arnold*, Berkeley and Los Angeles: University of California Press, 1982, p. 14.

② ［英］马修·阿诺德著，韩敏中译：《文化与无政府状态——政治与社会批评》，北京：生活·读书·新知三联书店 2008 年版，“译本序”第 6 页。

借其对工业社会的批判以及由此形成的关于文化的定义。[①] 在威廉姆斯看来，阿诺德之前的英国事实上已经存在一个关涉“文化”的传统，只不过是由阿诺德首次给予这个传统一个明确的命名，“阿诺德的文化定义终于赋予这一脉相承的传统一个称呼、一个名字”[②]。阿诺德对于现代工业社会的批判视角触及文学、教育、宗教等领域，产生了广泛而持久的影响，恰如帕克·霍南（Park Honan）颇为中肯的评价：“自他那个时代起，每一位英国和美国的杰出批评家都感受到了阿诺德的巨大影响力。”[③] 面对工业化所带来的社会变革与人文危机，阿诺德提倡以理想的“文化”去抵制日益泛滥的无政府状态，由此成为英国“文化—文明”传统无可绕避的重要人物，也被公认为英国文化研究学术史必须追溯的先驱。

阿诺德不仅赋予了维多利亚时代及其此前已经存在的“文化”传统一个明确的命名，他还是第一位正视大众文化的批评家，也正是基于他将文化定义为“追求甜美与光明”，并以一种特定的视角去观照通俗/大众文化，阿诺德的文化观才始终难以逃避一种暧昧的处境：一方面，人们常常迫不及待地援引阿诺德的文化定义，全然不顾其言说语境和言说对象，将之化约为精英主义的一面旗帜；另一方面，人们极易过于轻率地跃过时空，直接将阿诺德的大众文化批评视角对接到当下的大众文化理论，在凸显阿诺德对于大众文化严厉苛责的同时，忽略了它在客观上有助于后来学界将大众文化纳入严肃的学术研究的积极意义。因此，基于观照的立场和侧重点的多样化，阿诺德在学界的视域里成了一个具有“多副面孔”的批评家。

特里·伊格尔顿从英文研究之于维多利亚时代的社会意义出发，认为阿诺德是这一意识形态建构工程的关键人物，“阿诺德总是对他所属的社会阶级的需求极为敏感，并且十分乐于承担这一使命。阿诺德认识到社会的迫切需求就是要教化沾染了市侩气息的中产阶级，他们已经证实无法为

---

① 一如韩敏中所言，“《文化》始终能引起兴趣，随着时间的推移越来越显示出其高瞻远瞩的预见性和生命力，成为阿诺德著作中最为人熟知的作品，其中的思想也被看作阿诺德思想的核心”。参见［英］马修·阿诺德著，韩敏中译：《文化与无政府状态——政治与社会批评》，北京：生活·读书·新知三联书店 2008 年版，“译本序”第 13 页。

② Raymond Williams, *Culture and Society*: *1780 – 1950*, New York: Doubleday Company, Inc., 1960, p. 124.

③ Park Honan, *Matthew Arnold*: *A Life*, Massachusetts: Harvard University Press, 1983, p. 8.

其政治经济权力提供一套恰如其分、丰富微妙的意识形态”[①]。在伊格尔顿看来，阿诺德就是一位十足的意识形态家，后者为庸俗的中产阶级开出了这样一副药方，那就是要为他们注入传统的贵族阶级意识形态，“尽管阿诺德精明地看出贵族将不会再是英国的统治阶级，但是他们在意识形态上对于他们的中产阶级统治者仍将颇有教益”[②]。究其实，伊格尔顿认为阿诺德的理想意图就是要使经济上掌握领导权的中产阶级接受贵族的文化领导，这样一来，阿诺德无疑被贴上了“不折不扣的精英主义”的标签。然而，伊格尔顿的断言遭到了同样是驻足于意识形态研究视角的学者的批评，“与资产阶级争夺文化领导权，这才是阿诺德考察的核心话题”[③]，显然，这种观点的不同之处在于凸显出没落贵族希望凭借其文化传统与文化积累去夺取资产阶级和工人阶级的文化领导权。如果说伊格尔顿强调中产阶级对于贵族文化领导权的接受，那么此观点所涉及的动力源和空间场域已然发生了变化，垂死挣扎的贵族阶级成为争夺领导权的动力源，文化则充当着“最后一根救命稻草”。另一种解读路径提出了要超越意识形态、紧密结合历史语境来审视阿诺德的文化观，“阿诺德考虑的核心问题不是如何帮助贵族阶级与资产阶级争夺文化领导权，而是如何实现物质文明和精神文明的同步发展，以及如何实现新旧社会之间的完美衔接”[④]。这种阐释阿诺德文化观的路径反对过分的意识形态解读，它强调阿诺德文化观的超越性特征，同时也驳斥了那种随意给阿诺德贴上精英主义标签的草率行为，比如有持“谐和”或“平衡”论的学者直言不讳地批评道：“给阿诺德的文化概念贴上精英主义的标签，根本上是文不对题的。”[⑤] 其立论的依

---

① Terry Eagleton, *Literary Theory: An Introduction*, Minneapolis: University of Minnesota Press, 2008, p. 21.

② 同上。

③ 程巍：《中产阶级的孩子们：60 年代与文化领导权》，北京：生活·读书·新知三联书店 2006 年版，第 180 页。程巍后来对此观点作了修正，“与卡莱尔不同，阿诺德对贵族的政治命运心知肚明。在贵族作为一个封建特权阶层大势已去之时，他并不指望贵族能够继续成为当权者……对他来说，新的统治者资产阶级只是一种物质的力量，难以承担领导英国的重任，因此，当务之急是使资产阶级在文化上贵族化，也就是说，接受贵族的文化领导”。参见程巍：《隐匿的整体》，开封：河南大学出版社 2009 年版，第 142 页。

④ 殷企平、余华：《阿诺德文化观中的核心》，《英美文学研究论丛》2007 年第 2 期，第 217 页。

⑤ 刘锋：《〈圣经〉的文学性诠释与希伯来精神的探求——马修·阿诺德宗教思想研究》，北京：北京大学出版社 2007 年版，第 178 页。

据在于，阿诺德思考文化时的真正问题意识不是讨论各阶级之间如何争夺文化领导权，而是探析文化要具有什么样的特质才能确保其普遍性，“阿诺德从来不曾赋予文化以精英主义的品质，而是始终坚持文化的普遍性”[①]。威廉·罗宾斯（William Robbins）的评价也是如出一辙，“阿诺德提供的不是一套圆满清晰的哲学，而是一组强调平衡与心智健全的人文主义理想”[②]。

除此以外，约翰·斯道雷等学者吸收了葛兰西关于“有机知识分子”的提法，认为阿诺德承担的就是文化组织者的功能。由于深受柯勒律治的影响，阿诺德期望用文化来统辖大众社会里的无序力量，“阿诺德的研究所关心的主要问题不是文化，而是通过服从文化等级和文化差异来赢得社会秩序和社会权威”[③]。

不论是操持意识形态论还是坚守“谐和/均衡”论，其实质都是基于某一特定视角的观照。笔者认为，直接将阿诺德定性为精英主义者显然有些武断，但是“谐和/均衡”论又过分脱离了阿诺德文化观的意识形态维度，难免存在认识和判断上的顾此失彼。如果结合阿诺德所处的总体社会情境，并以英国的“文化”传统何以于彼时获得明确的命名为问题意识，在这样一种视角主义的观照下，会发现阿诺德一方面践行着所谓“有机知识分子”的职能，一方面并没有完全回避和摆脱其内在的精英情怀。

第二节　马修·阿诺德：葛兰西意义上的“有机知识分子”

西方马克思主义的代表人物之一、意大利共产党领袖安东尼奥·葛兰西结合意大利的社会历史状况，在《狱中札记》中对知识分子问题做了深入剖析。葛兰西首先指出，人们常常认为知识分子是独立自主、自治的，是具有自我特性的社会集团，但这只不过是“神话”而已，“从拥有和使用智识的层面上讲，人人都有可能是知识分子；但是从社会功能角度出发，并非人人

① 刘锋：《〈圣经〉的文学性诠释与希伯来精神的探求——马修·阿诺德宗教思想研究》，北京：北京大学出版社2007年版，第178页。

② William Robbins, *The Ethical Idealism of Matthew Arnold*, London: William Heinemann, 1959, p. 9.

③ John Storey, *Cultural Theory and Popular Culture: An Introduction* (the third edition), Beijing: Peking University Press, 2004, p. 21.

都是知识分子”[①]。以知识分子承担的社会功能为依据，这一社会群落可以划分成“传统的专家型知识分子”和“有机知识分子”两类：

“传统的”专家型知识分子从事文学、科技等工作，他们所处的社会位置具有某种跨阶级（inter-class）意味，但是从根本上说还是源于古往今来的阶级关系，并且隐瞒了其对于各种不同的历史性阶级结构的依附关系；第二类是有机知识分子，指的是某一特定社会阶级里从事思想和组织工作的那一部分人，这些有机知识分子的特征较少以其所从事的职业来划定……更多地是以他们为其所属阶级进行思想指导与启蒙的功能来界定特性的。[②]

如果说，传统知识分子依附于领导权/霸权（hegemony），表征着历史的接续和传统的绵延，主要包括神职人员、科学家、学者、非神职人员的哲学家，那么，有机知识分子则诞生于新型社会的形成和新阶级的出现之际，“每一个社会集团在经济社会的原初基本职能领域开始出现时，同时会有机地制造出一个或多个知识分子阶层，他（们）不仅在经济领域，而且在社会与政治领域赋予社会群体一种同质性，使得该群体意识到自己在经济、社会和政治领域所起的作用”[③]。葛兰西显然不同意曼海姆关于“自由知识分子”的提法，葛兰西认为，知识分子作为特定的社会阶层从来都不是“自由漂移”（free-floating）、超然于任何阶级与党派之上的。随着新型社会所带来的专业技术分工与职业教育的发展，新的政权组织形式也必须超越经济社会阶段，资本主义企业家需要与大众建立起联系网络，要么由其本人充当组织者，要么打造一批工业技术员、政治经济学专家以及新型文化的组织者来充当掌权阶级的代理人。有机知识分子“既不会依附或者从属于特定社会集团的利益，也不会简单地执行其政策、成为其喉舌，而是恰恰相反，必须以建构/反对霸权为根本目标，以创造新文化为根本目的”[④]。换言之，有机知识分子携带着颇为鲜明的现代性色彩，他（们）总是存在于复杂的社会关系网络中，并且与社会实践发生密切联系。

---

① Antonio Gramsci, *Selections from the Prison Notebooks*, edited and translated by Quintin Hoare and Geoffery Nowell Smith, New York: International Publishers, 1971, p. 3.

② 同上。

③ Antonio Gramsci, *Selections from the Prison Notebooks*, edited and translated by Quintin Hoare and Geoffery Nowell Smith, New York: International Publishers, 1971, p. 5.

④ 徐德林：《作为有机知识分子的马修·阿诺德》，《国外文学》2010 年第 3 期，第 12 页。

事实上，对于知识分子职能的划分和区隔在现代社会并非都是泾渭分明的、有意义的。何为知识分子？现代社会的知识分子在何种意义上不属于有机知识分子？诸如此类问题的答案，可谓言人人殊。笔者此处采用“有机知识分子”的提法，旨在选取一种恰到好处的视角，以便充分呈现出阿诺德文化观的丰富面向，主要理由有二：其一，“有机知识分子”是英国文化研究尤其是伯明翰大学当代文化研究中心始终致力于表述的学术理念，霍尔详细指出，“葛兰西对于知识分子的界定，与文化研究作为一项事业的观念，在某些地方有着贴近之处。葛兰西认为，‘有机知识分子’应当同一时期在两条战线开展工作。一方面，我们必须处在智识理论研究的最前沿，因为，正如葛兰西所言，有机知识分子必须比传统知识分子知道得更多——是真的知道，而不是假装知道；不只是拥有获得知识的能力，还应该了解得深刻透彻。这样说来，马克思主义的知识常常是纯粹的认知，仅仅获悉了我们已经了然于心的东西。如果你置身于霸权的博弈之中，你就务必要比‘他们’更加机智敏锐。因此，文化研究不存在可以回溯的理论界限。但第二个方面也是同样重要的，有机知识分子无法推脱传播思想观念的责任，即以专业的方式将知识传递给那些不属于知识分子阶层的人们。除非这两条战线的工作同时开展，或者至少这两种抱负成为文化研究事业的一部分，否则，你就无法在参与政治活动的过程中取得巨大的理论进展”①。霍尔在葛兰西的基础上对“有机知识分子”和“传统知识分子”作了进一步的区分，比如说有机知识分子认识到阶级联盟的存在，一般不会局限于学术建制的边界，而倾向于在跨学科领域作出成就，最为重要的是，“有机知识分子认为学术并不存在边界，并强调知识作为一种资源能够对表现资本主义社会特点的权力关系作出回应。这也是他（霍尔）有意拒绝传统所认可的大学与社会之间存在分界线的原因，而是支持文化介入更具对话特点的模式”②。其二，阿诺德处于英国文化史和思想史上一个非常特殊的历史阶段，国际情势和国内政治经济结构急剧转型，再加上阿诺德独特的家庭背景和社会经历，其文化思想的动机和理想都携带着转型时期的鲜明印痕，既迥异于此前的贵族阶级知识分子，也区别于后来的 F. R. 利维斯。因此，从英国文化研究学术发展脉络的意义上

---

① Stuart Hall, Cultural Studies and Its Theoretical Legacies, in Stuart Hall: *Critical Dialogues in Cultural Studies*, David Morley and Kuan-Hsing Chen (eds.), London and New York: Routledge, 1996, pp. 267 – 268.

② ［英］詹姆斯·普罗科特著，李永新译：《斯图亚特·霍尔的学术之路》，载张亮编：《英国新左派思想家》，南京：江苏人民出版社 2010 年版，第 227 页。

说，“有机知识分子”（尤其是后来经霍尔阐释和推进过的概念）无疑为读解阿诺德的文化思想提供了颇为理想的视角。

倘若将阿诺德放置到维多利亚时代中期的社会智识情景中加以细察，就会发现他实际上践行着“有机知识分子”的社会职能。伊格尔顿曾对阿诺德时代英国的智识状况做了中肯评价：“传统的、胸怀宽广的文人（men of letters）正日益被做专门学问的学人和市场导向下的商业写作所替代。”① 身陷物质主义、技术理性和消费欲望的重重包围之中，阿诺德并没有拘囿于传统意义上的学院知识分子，还自觉抵制成为商业主义的附庸，其文化思想不断与外在的社会现实交流对话，在奔赴“最优秀自我”的完美之旅中，尝试着去影响和改变外在的社会生活。

如果说，《当今批评的功用》（*The Function of Criticism at the Present Time*）使得阿诺德的批评视域由“文学批评”延伸到“人生批评”，《我们英国人》（*My Countrymen*）表明其关注重心转移至道德与政治批评，那么，《文化与无政府状态——政治与社会批评》则汇集了阿诺德对于文化的深思熟虑，也成为他转向纯粹的“社会批评”的标志，“阿诺德发展出一种文化理论，他觉得这种理论将会架起沟通新旧世界的桥梁，延续过往历史的精神遗产并用它来连接和提升现代世界”②。显然，阿诺德在历史的形塑与个人心智启蒙之间找到了沟通的中介，借助于文化维度来获得其早期诗歌中所提出问题的解决办法。

雷蒙德·威廉姆斯在考察英国的“文化与社会”传统时，颇具慧眼地将阿诺德与伯克、边沁、卡莱尔和纽曼（J. H. Newman）放置在一起，形成一脉相承的“十九世纪传统”。纽曼在《论大学教育的范域和性质》（*On the Scope and Nature of University Education*）中曾经设想：“如果英语像希腊语一样，拥有某个词汇可以通俗易懂地表达智识上的尽善尽美，那该多好啊，这就仿佛使用‘健康’（health）来描述动物的躯体，采用‘美德’（virtue）来表述道德本性。我找不到这样一个术语——天才、才能、天赋，这些都太表面了，只涉及主题而不是践行和训练所达成的完美结果……”③纽曼苦心孤诣想要寻找的词汇，其基本意涵贴近于柯勒律治意义

---

① ［英］马修·阿诺德著，韩敏中译：《文化与无政府状态——政治与社会批评》，北京：生活·读书·新知三联书店2008年版，“译本序”第7页。

② Joseph Carroll, *The Cultural Theory of Matthew Arnold*, Berkeley and Los Angeles: University of California Press, 1982, p. 17.

③ J. H. Newman, *On the Scope and Nature of University Education*, London: J. M. Dent & Sons Ltd., 1915, p. 103.

上的“教养”（cultivated）。纽曼在总结其教育理念时所作出的结论性评价，更是明白无误地指向阿诺德在《文化与无政府状态——政治与社会批评》中所要处理的问题：

当我认为智识的文化本身是善的、并且有它自己的目标时，我绝不是在否决智识文化作为教育的目标这个广义上的用途。犹如身体可能为某种体力的或其他的苦活牺牲，不论其程度是有节制的还是难以忍受的；智识同样可能专门应用于某种特定职业，我不把这称作智识文化。再者，正如身体某个部位或器官有可能被过度使用或开发，记忆、想象或推理能力亦可如此，这也不算是智识文化。此外，就像照顾、珍惜和锻炼身体，其目的仅仅是为了使身体达到综合健康，智识被普遍地运用也是为了使之抵达完美状态。这就是智识的培养。[①]

纽曼的措辞确实值得深究一番，他为身体设置的标准是“健康”，为智识设定的标准则是“完美”，这与柯勒律治将“文明”区分为“疾病发出的狂热”和“‘植根于教养’的‘健康的焕发’”[②]以及阿诺德对于“和谐完美”的追求有着内在的相通之处。一方面，无论是柯勒律治、纽曼、卡莱尔还是阿诺德，都十分重视教育之于心智完美的重要意义，这一点与功利主义所倡导的教育要服务于功利文明的特定领域显然是大相径庭的；另一方面，阿诺德承继了金斯利（Charles Kingsley）、卡莱尔、莫里斯（F. D. Maurice）等人的教育主张，面对工业主义所带来的社会巨变，尤其是产业工人阶级的政治骚动所招致的恐惧心理，阿诺德明确提出“文化”是作为与“无政府状态”对立的另一面，“对功利主义的普遍反对，对日益强大的工人阶级力量的警戒性反应，以一种极富意味的方式在此聚集”[③]。威廉姆斯认为，阿诺德的文化观不仅受惠于柯勒律治、纽曼、莫里斯等人的教育理念和文化思想，将一个具有“先兆”的传统明确赋以“文化”的命名，而且，阿诺德撰写《文化与无政府状态——政治与社会批评》的根本宗旨还受到了其父托马斯·阿诺德（Thomas Arnold）的自由主

① J. H. Newman, *On the Scope and Nature of University Education*, London: J. M. Dent & Sons Ltd., 1915, pp. 140 - 141.

② Raymond Williams, *Culture and Society: 1780 - 1950*, New York: Doubleday Company, Inc., 1960, p. 120.

③ Raymond Williams, *Culture and Society: 1780 - 1950*, New York: Doubleday Company, Inc., 1960, p. 123.

义态度的影响。身为拉格比公学校长，托马斯·阿诺德的自由主义主要表现为：革命时期，一切都在变动之中；突出教育的重要性；结束放任主义习惯以及对于“有机”的强调。威廉姆斯不无幽默地感叹：“此般自由主义之父就有此般自由主义之子。”① 在《文化与无政府状态——政治与社会批评》中，阿诺德这样表述其写作宗旨：

推举文化可以极大地帮助我们摆脱当前的困境，文化就是追求我们的整体完美，凭借着获悉与我们最为有关的一切问题的最佳思想和言论，通过这种知识，将一股股新鲜自由的思想注入我们陈腐的观念和习惯。我们现在依然忠实而机械地遵循着这些观念和习惯，徒劳无功地想象着忠实遵循会有益处，并且这种行为能够弥补由机械遵循这些观念和习惯所招致的危害。②

这段文字经常被援引，它表明了阿诺德文化观念的几个重要面向：首先，文化的功用有助于我们摆脱现实生活的困境，其根本目的在于达成一种整体上的完美，它和工业主义所招致的个人主义迥然有别；其次，追求整体完美的途径需要抑制“陈腐的观念和习惯”，这实际上折射出阿诺德的反思意识，即在继承柯勒律治、纽曼等人的文化思想的基础上，如何有效地引入阿诺德时代所面临的社会问题和语境变迁，从而对19世纪的思想文化传统保持一份特有的警醒。

第三节 “转折的年代”与人文精神危机

阿诺德生活在维多利亚时代中期，这一特定的历史时期刚刚经历过工业革命“宏大叙事”甚或“超大叙事”的洗礼，也牵系着霍布斯鲍姆所谓“帝国的年代”。技术变革和生产方式的突飞猛进，书写了一个足以傲视人类历史的“英国神话”，这个偏居一隅的岛国开始全方位地超越欧洲大陆国家，以无可争议的领先地位赢得了“世界工厂”的称号，“至1860年占世界人口2%和欧洲人口10%的英国几乎生产了世界工业产品的40%～50%，欧洲工业品的55%～60%”。③ 与此同时，英国国内人口激增，“在

① Raymond Williams, *Culture and Society: 1780 – 1950*, New York: Doubleday Company, Inc., 1960, p. 124.

② Matthew Arnold, *Culture and Anarchy, an Essay in Political and Social Criticism*, London: John Murray, 1920, p. 8.

③ 王觉非主编：《近代英国史》，南京：南京大学出版社1997年版，第541页。

1801年至1911年的110年间，人口从1 050万增加到4 080万，远远超过以前的增长速度”[①]，人口流动趋势呈现为农村人口汹涌迁入城市，“1851年英国城市人口开始超过农村人口，这是世界上第一次出现的现象”[②]，伦敦、曼彻斯特和格拉斯哥成为当时世界上享有盛名的大都市。1851年，在伦敦海德公园举办的国际博览会以现代主义的建筑和会展风格、流光溢彩的工业产品，不言而喻地展示出英国维多利亚时代的世界经济霸主地位。此外，英国在海外疯狂开拓殖民地，建立起号称“日不落帝国”的全球性殖民帝国。

如果说，维多利亚时代迎来了英国历史上经济最为繁荣的时期，印证了杰姆逊所谓“工业文明是工业资本主义奏响的关于人类社会发展的宏大叙事”的断言，那么，这一“宏大叙事”所承载和指涉的“政治神话”则是社会阶层的急剧分化和社会危机的日益加深。

从政治角度上讲，尽管工业革命迫使旧的土地贵族在经济上丧失了优势，但土地贵族仍然掌控着内阁政府，在下议院中也占据多数席位。为了适应新形势的需要，保守党领袖本杰明·迪斯雷利（Benjamin Disraeli）对党派政治展开了一系列改革和重组。这位秉承“世界上没有永远的朋友，只有永恒的利益”为座右铭的英国首相，在国内推行议会改革法案以缓和复杂紧张的社会矛盾，在国外疯狂加紧殖民扩张，发动了第二次鸦片战争、第二次阿富汗战争、南非战争等系列战事，也遭遇到印度民族起义、爱尔兰独立运动等殖民地的本土性反抗。面对法国和德国的日益强大，维多利亚统治下的英国渐渐暴露出繁华表象所难以遮掩的社会危机。

从社会阶级结构层面上讲，贵族阶级持续被边缘化，中产阶级涌出历史地表，“在开放性和流动性发展的过程中，工业社会的三层结构开始显露。在上层贵族与下层人民之间，中产阶级日益成长和壮大起来，成为推动经济发展的一股重要社会力量”[③]。工业革命影响着维多利亚时代的社会分层，一个尤其值得关注的现象是工人阶级的多重所指及其陷入的现实困境。工业革命之后，英国工人阶级并非一个“铁板一块”的命名，它既指涉工业革命之前业已存在的手工工人，也包括工业革命所造就的工厂工人。前者具有激进运动的传统，曾先后发起过以捣毁机器为目标的卢德运动和争取民主权利的宪章运动；后者在思想上深受欧文学说的影响，以“工会运动”为主要斗争形式，革命态度十分暧昧。1832年的改革使得英

---

① 王觉非主编：《近代英国史》，南京：南京大学出版社1997年版，第543页。

② 王觉非主编：《近代英国史》，南京：南京大学出版社1997年版，第549页。

③ 王觉非主编：《近代英国史》，南京：南京大学出版社1997年版，第227页。

国的阶级阵线由广大人民与土地贵族之间的对垒，转变为“没有权利的劳动人民和掌握着国家政权的地主、资产阶级之间的矛盾”[①]，以手工工人为参与主体的宪章运动最终被工业资产阶级窃取了革命果实，“工人阶级在争取改革的斗争中出力最大，结果却一无所获。他们被整个剥削阶级排斥在权力之外，成了唯一无权的阶级”[②]。丧失权利的工人阶级被放逐在体制之外，生活陷入极端困境。[③] 马克思曾经深入分析过这一社会现象：

> 在社会的衰落状态中，工人遭受的痛苦最深重。他遭受特别沉重的压迫是由于自己所处的工人地位，但他遭受压迫则由于社会状况。……而在社会财富增进的状态中，工人的沦落和贫困化是他的劳动的产物和他生产的财富的产物。就是说，贫困从现代劳动本身的本质中产生出来。[④]

H. 卢埃林—史密斯和 V. 纳什所著的《码头工人罢工真相》这样描述 1888 年伦敦码头工人的生活惨状：

> 他们上班时穿的衣服妨碍他们干活。这些可怜的人穿得很破烂，脚上没有像样的鞋，情况极为悲惨；他们跑不动，因为他们的鞋不跟脚……有些工人来的时候……肚子里空空如也，可能已经饿了一整天了；他们干完一小时的活，挣得五个便士；饥饿不允许他们再干下去了；于是他们拿走这五个便士去弄点吃的，这可能是他们二十四小时之内吃的第一顿饭。[⑤]

从社会文化层面上看，工业革命招致了巨大的人文灾难，在工具理性和物质主义的侵袭下，人文精神逐渐丧失殆尽。托马斯·莫尔（Sir Thomas More）在《乌托邦》中所畅想的“反对私有制”、“揭露原始积累”和“拥抱世俗生活”，成为维多利亚时代颇具反讽意味的“乌托邦”镜像；莎士比

---

① 王觉非主编：《近代英国史》，南京：南京大学出版社 1997 年版，第 443 页。

② 同上。

③ 恩格斯的《英国工人阶级状况》和哈孟德夫妇（J. L. Hammond, Barbara Hammon）的“劳工三部曲”［《乡村工人》（*The Village Labourer*）；《城镇工人》（*The Town Labourer*）；《技术工人》（*The Skilled Labourer*）］是记载这一时期工人阶级穷困处境的重要文献。

④ ［德］马克思：《1844 年经济学哲学手稿》，北京：人民出版社 1985 年版，第 15 页。

⑤ 刘克华选译：《1870—1914 年的英国》，北京：商务印书馆 1987 年版，第25 页。

亚对于人类的高声赞美——“人是宇宙之精华，万物之灵长”（《哈姆雷特》），这种由人文主义理想所孕育的“大写”的人字被工业化/机械化和功利主义击得粉碎。与此同时，宗教领域出现了以广教会（Broad Church）为代表的宗教改革运动，达尔文进化论对神学造成了巨大冲击，维多利亚时代的英国陷入了信仰坍塌的窘境。

第四节　马修·阿诺德：一位有机知识分子的文化观

处于维多利亚时代中期的英国，宛若一位即将步入晚年的豪门贵妇，虽然身着一袭华服，却再难遮掩逼近迟暮的苍凉。阿诺德的文化观就是在这样的情境下形成的，它在很大程度上可以看作当时持自由人文主义立场的知识分子对于工业革命所导致的人文灾难的回应。由于阿诺德积极关注社会文化热点事件，忙于应付形形色色的社会和宗教论争，因此他关于文化问题的思考大多是以零散的文章发表于《科恩希尔杂志》（*Cornhill*）、《双周评论》（*Fortnightly Review*）等刊物，或者散见于各类书信来往当中。我们在上一章已经详细探讨了阿诺德对于大众社会的批判以及在这一批判过程中所形成的若干文化思想。在这里，我们将主要讨论三方面的内容：其一，阿诺德文化观中的人文主义理想；其二，阿诺德的“阅读政治学”（politics of reading）；其三，阶级剖析与文化领导权。

一、阿诺德的自由人文主义理想

阿诺德由诗歌创作转向社会和文化批评，表面看来是因为写作生涯遭遇挫折，在他担任督学工作的第七个年头，悲剧《墨洛珀》（*Merope*）诞生了，但评论界反响十分消极，大家普遍怀疑诗人已经江郎才尽。阿诺德给自己的姐姐写了一封信，感叹诗歌创作对他来说确实已经极度困难：“如果你无法忍受不完美之物，那么就会有一种诱惑将你的行动转移到形式至上的地方，人们无法理解这种诱惑是什么。某种完美或许可以在不把你自己碎裂的情况下获得，或者至少是接近，但要想在思想和感情领域达到或接近完美……那就不只是需要努力和付出，更需要真真切切的自我撕裂。除非有人愿意为诗歌付出整个一生，否则人们很难欣然同意这个观点。”①

另一个动因则更为直接，也更为重要，那就是要应对阿诺德生活的时代尤其是19世纪60年代以来英国的社会危机和智识危机。和诗歌创作的私人化相比较，文化和社会批评显然更具公共参与性，阿诺德以他堪与简·奥斯丁相提并论的讽刺术，游离在艺术、政治和社会政策之间。阿诺德受到多种思想的影响，除了宗教，就是受到代表希腊、罗马文明的古典文学影响最为深远。19世纪前半叶，英国中、高等家庭子弟普遍浸润在古典传统的氛围中，出身于拉格比公学校长家庭的阿诺德在牛津大学接受了博雅教育，他大量阅读希腊和罗马古典文学，旨在“求助欧陆模式以便揭露英国的褊狭和鄙陋”②。在阿诺德的学术生涯中，他通过三次牛津演讲及其随后发表的文章，“恢复了荷马诗歌在西方文学名著中的恰当位置”③。同样，阿诺德主张作家要渗进伟大古典作品的精神之中，“随着他（作家）渐渐意识到伟大古典作品的重要意义、它们典雅的简洁以及沉静的哀婉，他就会相信……古代道德影响的连贯与深刻正是古典诗人追求的目标，这一点构成了他们作品的伟大，并使得这些作品弥久不衰”④。阿诺德醉心于古典传统，其内在实质延续了卡莱尔、罗斯金和狄更斯的批评系脉，期望从希腊、罗马的古典智识中汲取思想资源，以对抗甚嚣尘上的工业文明和技术主义，这在阿诺德和赫胥黎（Thomas H. Huxley）关于“科学与文化”的著名论辩中表现得尤为突出。

“阿诺德与赫胥黎之争”是英国近代思想史和文化史上的重要事件，反映了古典人文知识与科学主义在现代化进程中不可回避的冲突。工业革命的神话进一步强化了实用主义、功利主义的现时价值，也在很大程度上规范和形塑着维多利亚时代的学校教育：自然科学倍受青睐，人文教育则面临着急剧转型。1880年，赫胥黎在伯明翰大学约西亚·梅森爵士科学学院建院典礼上发表了名为“科学与文化”的演讲，他针对该院创始人梅森

---

① Stuart P. Sherman, *Matthew Arnold: How to Know Him*, Indianapolis: Bobbs-Merrill Company Publishers, 1917, p. 16.

② Morris Dickstein, *Double Agent: The Critic and Society*, New York and Oxford: Oxford University Press, 1992, p. 11.

③ Warren D. Anderson, *Matthew Arnold and the Classical Tradition*, Ann Arbor: The University of Michigan Press, 1965, p. 86.

④ Warren D. Anderson, *Matthew Arnold and the Classical Tradition*, Ann Arbor: The University of Michigan Press, 1965, p. 50.

反对在学院教学中渗入“党派政治”、“神学”和“纯文学教育”[①] 的三点意见，强调科学教育是工业化社会的必然要求。赫胥黎尤其支持梅森敌视“纯文学教育”的提法，并列陈了两点理由：“首先，古典（人文）教育的科目和主题对于攻读自然科学的学生没有直接的价值；其次，为了获得真正的文化，专门的科学教育至少和专门的文学教育具备同等效应。”[②] 赫胥黎进一步申明，他反对的不是一般意义上的文学教育，而是“文学教育的一种特定形式，即希腊和罗马的古典主义”，在他看来，那种盲目推崇希腊和拉丁文学的行为简直糟糕透顶！赫胥黎接下来点燃“战火”，对阿诺德展开批评攻势：虽然在承认完美文化的重要意义这一点上，赫胥黎和阿诺德基本达成共识，但是赫胥黎强调，并非只有文学才是通达完美文化的途径，随着时代的变迁，纯粹的古典人文教育已经无法应答时代巨变所提出来的需要科学给予回答的问题，因此，“我斗胆认为我们现代人文主义者所主张的文化专属性以及对于古典精神的继承，如果不被摒弃的话，也必须被减弱”[③]。当然，赫胥黎并没有对古典文学“赶尽杀绝”，他提倡要以一分为二的态度对待古典文学，但是不管怎样，有志于从事科学事业的年轻人应当抵制古典文学教育。因此，赫胥黎又特别提出：“我绝不是在质疑真正的文学教育的重要性，或者鼓吹即便抛弃文学教育，智识也是完备无缺的。”[④]换言之，赫胥黎所针对的只是希腊和拉丁古典文学，而英语、德语和法语的现代文学课程仍然应当保持，一如他的断言：“如果一个英国人不能从钦定《圣经》、莎士比亚和弥尔顿那里习得文学文化，那么我坚信，对荷马、索福克勒斯、维吉尔、贺拉斯的精深研究也将无能为力。”[⑤]

赫胥黎的批评随后激起回应，阿诺德在剑桥大学瑞德讲座（The Rede Lecture）发表了题为“文学与科学”的讲演，讲稿后来在北美讲学时再度

---

① Thomas H. Huxley, Science and Culture, 1880, in M. H. Abrams, et al (eds.), *The Norton Anthology of English Literature*, Vol. 2, New York: Norton & Company, 1979, p. 1490.

② 同上。

③ Thomas H. Huxley, Science and Culture, 1880, in M. H. Abrams, et al (eds.), *The Norton Anthology of English Literature*, Vol. 2, New York: Norton & Company, 1979, p. 1495.

④ Thomas H. Huxley, Science and Culture, 1880, in M. H. Abrams, et al (eds.), *The Norton Anthology of English Literature*, Vol. 2, New York: Norton & Company, 1979, p. 1496.

⑤ 同上。

巡讲并收录于《北美演讲集》（*Discourses in America*）。阿诺德从柏拉图的教育思想引入，针对有人认为当时英国教育依然掌握在柏拉图所谓的哲学家（实际上也就是人文知识分子）手中，而真正对社会有用的群体（即当时的科学技术人员）却往往受到冷遇，阿诺德对此论调不以为然，并且替柏拉图辩护："我认为，柏拉图关于教育和研究的见解总体看来是合理的，适应各种类型和不同境遇的人们，无论他们的诉求是什么。"① 可以说，阿诺德认同于柏拉图寄希望教育有助于完善心智的目标，强调完美的文化就是要通过个体了解自身以及世界，继而获悉所思所言的最美好的东西。

阿诺德的回应对象直指赫胥黎，辩论的焦点集中在：其一，赫胥黎强调科学知识对于资本主义现代性的重要意义，在他看来，纯文学教育虽然格调高雅，但是徒劳无益，希腊、拉丁知识对于追求实用和真理的人们来说毫无用处。阿诺德则认为，学习希腊和拉丁知识并不是一种肤浅的人文主义，他进一步倡导要扩大科学的言说范围，"一切学问，只要被有条不紊地展示出来，并且被追根溯源，那就是科学，真正的人文主义也是科学"②。在阿诺德看来，学习希腊和拉丁知识，并不仅仅局限于语言、词汇、作家作品分析，而是要了解他们的思想理念、生活方式、价值原则，从而为我们认识自我和当下世界服务。其二，赫胥黎和阿诺德之争实际上还关联着"纯文学"与"大文学"的概念辨异，赫胥黎激烈反对的是古典人文主义的纯文学（belles letters）教育（准确地说，是那种半吊子的古典文学的人文教育），阿诺德则辩护称自己所持的是"大文学"观念，即"任何书写和印刷的文字，欧几里得的《几何原本》（*Elements*）和牛顿的《自然哲学之数学原理》（*Principia*）都是文学，我们能够通过书本获得的所有知识都是文学"③。因此，阿诺德并没有忽略哥白尼、伽利略和达尔文

① Matthew Arnold, *Discourses in America*, New York: The Macmillan Company, 1924, pp. 77－78.

② Matthew Arnold, *Discourses in America*, New York: The Macmillan Company, 1924, pp. 87－88. 阿诺德在 1880 年 10 月 17 日写给赫胥黎的信件中详加澄清：所谓"世上所思所言最美好之物"包括"了解科学、艺术、文学领域发生过的事情"，"我记得我将 said 一词换成了 uttered，因为我不满意先前那种表述似乎未将艺术包括进来，一幅画或一尊雕像虽然不能用 saying，但可以用 utterance。最终我还是换回到 said，最基本的原因在于这个词更短，便于阅读，但我从来没有怀疑过这个表述是包括科学在内的"。参见 Matthew Arnold, *The Letters of Matthew Arnold, 1879－1884*, Vol. 5, Cecil Y. Lang (ed.), Charlottesville and London: The University Press of Virginia, 2001, pp. 116－117.

③ Matthew Arnold, *Discourses in America*, New York: The Macmillan Company, 1924, p. 90.

的重要性。其三，赫胥黎断定展现时代典型特征的知识往往存在于科学知识当中，阿诺德对此论调保持高度警觉，批评那些主张科学处于教育中心位置的人们忽略了一个重要的考量因素——“人性的构成”①。阿诺德接下来的总结性陈词带有浓厚的德国古典主义尤其是席勒“审美救赎”的影子，“如果要在人文学（humane letters）和自然科学之间作出区分和选择，我不得不认为，绝大多数人并不具备研究自然的超强才能，他们更加愿意选择人文教育而并非自然科学。文学将为他们提供更多用武之地，使他们生活得更加丰富多彩”②。

“赫胥黎与阿诺德之争”实际上折射出英国维多利亚时代社会智识领域的几组矛盾：科学主义与古典人文主义；人文学者所标榜的精英主义与科学的实证主义；由文化与自然的对立转向文化与工业文明的对抗。莱昂内尔·特里林（Lionel Trilling）这样评价“赫胥黎与阿诺德之争”：“科技工作从业者在追求职业化和专业化的过程中与掌握学术主导权的文人、大学文科教授、国教神职人员间展开的一场酷烈搏斗。”③ 特里林的评断触及了论争的核心问题，但言辞显然过于激烈。这是因为，尽管赫胥黎和阿诺德在“科学与文化”问题上的观点差异甚殊，但如果考虑到各自的言说对象及其深层内涵，就会发现二者之间存在叉合之处，即根本的诉求都是为了达成完美文化：赫胥黎并不是完全否定一切的人文教育，阿诺德也同样主张将科学融入理想的精英文化。

阿诺德在《文化与无政府状态——政治与社会批评》中，具有前瞻性地将科学引入其对于文化的定位，“文化同行善的热情之区别，就在于文化既具有行善的热情，也具有科学的热情”④。此外，阿诺德通过诊断维多利亚时代的社会智识状况，认为“希伯来精神却是重视坚忍不拔、认真热切，基于重视意识的自由，让思想整个地从属于行动；是希伯来精神导致了对事情错误的误导性的处理方式”⑤。而那个特定的时代却呼唤着与“传

① Matthew Arnold, *Discourses in America*, New York: The Macmillan Company, 1924, pp. 100 – 101.

② Matthew Arnold, *Discourses in America*, New York: The Macmillan Company, 1924, p. 129.

③ Lionel Trilling, *Beyond Culture*: *Essays on Literature and Learning*, New York: Viking Press, 1965, p. 200.

④ ［英］马修·阿诺德著，韩敏中译：《文化与无政府状态——政治与社会批评》，北京：生活·读书·新知三联书店 2008 年版，第 9 页。

⑤ ［英］马修·阿诺德著，韩敏中译：《文化与无政府状态——政治与社会批评》，北京：生活·读书·新知三联书店 2008 年版，第 126 页。

播美好与光明”同义的希腊精神：“希腊精神的要义在于造就完人的冲动，它要将人的一切方面联系起来，使之和谐地发展，使各个部分都尽善尽美，不让任何一个部分只靠碰运气侥幸生存。”① 阿诺德的最终理想还是要回到希伯来精神，这也是阿诺德意义上的完美文化的最高境界：“希伯来精神过于森严，对完美的限定过于狭隘，但是，当我们对完美的思想变得宽阔，超越了希伯来的狭隘性时，我们仍将回到希伯来精神，从中汲取那份信奉理想时所怀有的虔敬的能量，惟此人方能在由知而行中得到幸福快乐。”②

二、阿诺德的“阅读政治学”

阿诺德受到斯威夫特的启发，将文化的使命和品格概括为“追求光明与甜美”，这在本质上与诗歌是彼此相通的，比如古希腊诗歌就贯穿着“诗教合一”的传统。阿诺德十分推崇莎士比亚与维吉尔，认为他们比清教徒更有资格荣膺“文化典范”的赞誉，“莎士比亚和维吉尔是美好与光明之典范，代表着人性中最富有人情味的一切；倘若他们伴随着清教老前辈们航海，会发现这些旅伴是多么乏味！单是这点就足以判断清教徒和他们那完美的标准是怎么回事了”③。既然宗教和工业文明都是不健全的，只能充当社会某些群体的工具或手段，最终却无法达成人文主义理想所设定的目标，那么，新生民主力量所呼唤的就恰恰是文化为芸芸众生所设定的完美标准。

一方面，阿诺德认为文化应当具有普及性和平等性，以一种世界主义的姿态去传播人文理想，“文化寻求消灭阶级，使世界上最优秀的思想和知识传遍四海，使普天下的人都生活在美好与光明的气氛之中，使他们像文化一样，能够自由地运用思想，得到思想的滋润，却又不受之束缚”④。另一方面，阿诺德极力反对人们给文化随便扣帽子：“我所谈论的文化是

① ［英］马修·阿诺德著，韩敏中译：《文化与无政府状态——政治与社会批评》，北京：生活·读书·新知三联书店 2008 年版，第 123 页。

② ［英］马修·阿诺德著，韩敏中译：《文化与无政府状态——政治与社会批评》，北京：生活·读书·新知三联书店 2008 年版，第 215 页。

③ ［英］马修·阿诺德著，韩敏中译：《文化与无政府状态——政治与社会批评》，北京：生活·读书·新知三联书店 2008 年版，第 21 页。

④ ［英］马修·阿诺德著，韩敏中译：《文化与无政府状态——政治与社会批评》，北京：生活·读书·新知三联书店 2008 年版，第 34 页。

通过阅读、观察和思考通向天道和神的意旨，无论谁想称其他的什么为文化，请便就是，只是他的意思和我的意思风马牛不相及而已。”① 尽管阿诺德反对文学批评直接为某种政治意识形态服务，提倡批评应当具备“客观公正”（disinterested）的品性，但是在阿诺德通往完美文化的思想旅途中，文学的救赎功能、文学批评和文学经典的现代意识以及阅读和阐释的柔韧性，都不言而喻地构筑起一种别具特色的“阅读政治学”。当宗教教义、政治信仰和形形色色的行规、会章逐渐处于工业化和实证思潮的强势笼罩之下，当维多利亚时代的英国社会愈益无法为个体及其所处的生存环境提供某种合理的思想支撑和集体无意识时，于是，“对个体和他所处的社会而言，文学因此不得不成为救赎的世俗工具，这个重担是现代作家很少愿意承担的”②。

阿诺德希望借助于文学尤其是文学批评以实现社会批评的旨归，他在《当今批评的功用》中论及文学批评与文学创作间的关系。针对那种认为批评不如创作的老调，阿诺德指出，华兹华斯所谓的“虚假/恶意”（false/malicious）批评诚然不可取，但华兹华斯的《抒情歌谣集序言》在重要性上一点也不逊于他的《宗教十四行诗》（*Ecclesiastical Sonnets*），“华兹华斯本人是一位伟大的批评家，他未能给我们留下更多的文学批评着实令人遗憾；歌德是最伟大的批评家之一，我们十分庆幸他为我们留下如此多的批评之作”③。阿诺德所说的“批评”有别于一般理解上的文学批评，他长期担任督学，频繁往返于欧陆各国，生活的辗转让他领悟到文化绝不仅仅意味着审美或科学著作，还应当是完善心智的一种能力。阿诺德继而在自己的批评观念中羼入更加强烈的现代意识，他写过一篇关于海涅的批评文章，明确指出这种现代意识的实质就是一种现代精神，因此，他期望英国浪漫主义诗歌能够引入更多的现代意识，并且对乔叟等缺乏现代意识的经典作家评价不高。

值得一提的是，阿诺德并没有亦步亦趋地遵循前人设定的经典范畴，他倾向于经典的“反经典性”（anti-canonical），自觉将经典与现代的大众教育联系起来，比如他在论及荷马史诗的翻译时指出，“要将经典从书呆

---

① ［英］马修·阿诺德著，韩敏中译：《文化与无政府状态——政治与社会批评》，北京：生活·读书·新知三联书店 2008 年版，第 56 页。

② Morris Dickstein, *Double Agent*: *The Critic and Society*, New York and Oxford: Oxford University Press, 1992, p. 11.

③ Matthew Arnold, *Essays in Criticism*: *First Series*, London: Macmillan and Co., Limited, 1928, p. 3.

子和文献学者那里解救出来，并归还给诗人，他们会以适宜阅读和感受的语言翻译过来”[①]。很明显，阿诺德充分强调经典应当具备“现代适用性”（modern applicability）和“当下趣味性”（living interest），正如莫里斯·迪克斯坦（Morris Dickstein）的评价：“阿诺德的目标不是要创造出永恒的经典、一个完美的社会或者一套绝对的价值观，而是要找到一个特定年代所需要的任何东西。”[②] 换句话说，阿诺德寄望文化是一种与社会变迁和时代更替密切相关的行动，这样一来，阿诺德所倡导的批评也就跃出了学院派批评（academic criticism）的藩篱，成为一种社会情感（sensibility）批评。

在《文学与教条》（*Literature & Dogma*）中，阿诺德简洁阐明了“阅读”与文化的关系，认为“文化是绝对必要的，文化就是阅读，一种系统性的、指向明确的阅读”[③]。他抱怨现代教条主义者那种五音不全的、不学无术的阅读习惯，认为他们“对于人们思考和言说的诸多方式不甚娴熟”[④]，真正的理想读者需要对文本及其所产生的特定语境保持高度的敏感，阅读和阐释的核心对象必须是文本自身，“诗歌必须被当成诗歌来读，而不是服务于人为地将语言的‘近似值’转变为‘科学定义’的意识形态备忘录”[⑤]。此外，阿诺德特别重视读者的接受能力与文本的相遇，文本的意义应该产生于一种柔顺的阅读接受过程之中，只有机警的读者以行动主义去战胜空想，这样才能真正参悟文化对于人性发展和不断完善的召唤。由此可以看出，阿诺德的批评观念紧密结合时代的精神气候，在彰显知与行的辩证法的同时，追求文化的总体性。阿诺德的批评和政治写作并不以获得某种真理为已任，其“客观公正”的批评原则也不过是一种乌托邦而已，但阿诺德的批评理念及其独具特色的“阅读政治学”却是通达他的完美文化的理想之途。

---

① Morris Dickstein, *Double Agent*: *The Critic and Society*, New York and Oxford: Oxford University Press, 1992, p. 12.

② Morris Dickstein, *Double Agent*: *The Critic and Society*, New York and Oxford: Oxford University Press, 1992, p. 13.

③ Matthew Arnold, *Literature & Dogma*: *An Essay Towards a Better Apprehension of the Bible*, London: Watts & Co., 1902, p. 12.

④ C. David, *Matthew Arnold*: *A Critical Study*, New Delhi: Anmol Publications, p. 136. 比如，阿诺德的《文化与无政府状态——政治与社会批评》并没有追求体系性的强烈意图，而是希望读者不要纠缠于核心概念的明晰定义。

⑤ C. David, *Matthew Arnold*: *A Critical Study*, New Delhi: Anmol Publications, p. 136.

三、阶级剖析与文化领导权

阿诺德对维多利亚时代英国社会的三大阶级作了一番庖丁解牛式的精细剖析：贵族阶级被称作“野蛮人”，因为他们携带的禀赋和气质只适合于“内敛时代”，与当时的“扩张时代”是背道而驰的，所以贵族阶级在阿诺德眼中已然成为过去时；劳工阶级尚处于未经驯化的“群氓”阶段，显然无法担当重整乾坤的责任，因此他们在阿诺德看来不过处于前景未卜的将来时。这样一来，处于现在时状态的就只能是在经济上占据主导地位的中产阶级。阿诺德毫不掩饰自己与中产阶级之间的密切关联：“我的注意力几乎全部集中在我所归属的中产阶级了，这是很自然的事：我同中产阶级休戚相关，此外，它也是当今的伟大力量，始终受到所有的演讲和报纸的盛赞。”① 那么中产阶级能否委以重任呢？阿诺德毫不留情地嘲讽中产阶级的“盲目热情”与“过分自信”，认为他们的伟大功绩不过是“鼓吹自由贸易、议会改革、取消教堂税、主张自愿捐助宗教和教育、国家不干涉雇佣者和被雇佣者之间的事情，以及准予娶亡妻的姐妹为妻”②。中产阶级显然尚未成熟到足以肩负社会统治的重任，但那个特定的转折时代却将它推上了统治阶级的位置。

斯道雷总结出阿诺德政治思想的三大主题：“①贵族阶级的持续性被迫边缘化；②为工人在形式政治中的日益重要做好准备的需要；③尤其是把中产阶级转化为霸权的需要。”③ 自由主义经济学说和功利主义价值原则为中产阶级赢得了经济上的统治地位，但它在文化习性上深受贵族制度的侵害，阿诺德在给美国政客和外交官韦恩·艾萨克·麦克维（Wayne Isaac MacVeagh）的书信中写道：“我们国家的贵族制度，也就是我们应对爱尔兰问题时遭遇困境的原因，它使得社会落后，并间接地对你的理想和美国社会产生极坏的影响。贵族制度正在被我们中产阶级的下层及其文明所继

---

① ［英］马修·阿诺德著，韩敏中译：《文化与无政府状态——政治与社会批评》，北京：生活·读书·新知三联书店 2008 年版，第 68 页。

② ［英］马修·阿诺德著，韩敏中译：《文化与无政府状态——政治与社会批评》，北京：生活·读书·新知三联书店 2008 年版，第 54 页。

③ ［英］约翰·斯道雷著，徐德林译：《记忆与欲望的耦合——英国文化研究中的文化与权力》，桂林：广西师范大学出版社 2007 年版，第 22 页。

承和延续。”① 一方面，阿诺德确信贵族阶级已经日薄西山，而海德公园骚乱、芬尼亚爆炸案、设菲尔德暴动等政治事件也证实了劳工阶级不过是一群陷入“无政府状态”的乌合之众；另一方面，阿诺德并没有动摇改造中产阶级的决心，他在《法国的伊顿》（*A French Eton*）中明言自己的任务是把“一个心胸狭隘、不够友善、缺乏魅力的中产阶级”转化为“一个有教养、思想自由、高尚尊贵、改头换面的中产阶级”②。

一如斯道雷对于葛兰西“霸权理论”的精辟解读，“一个阶级只有通过考虑其他阶级与社会力量的利益，才能超越经济—公司阶段，它必须找到使自己的利益与其他社会集团的利益相结合的方法。因此它必须做好折中的准备，以便赢得其他阶级与社会力量对其领导地位的认同”③。阿诺德的使命，其实就是为在经济上取得了领导地位的中产阶级提供一套适宜于时代需求的“总体意识形态”，将这个希伯来精神泛滥的被称为“非利士人”的庸俗群体改造为社会的“智识核心”，从而稳健地接过贵族阶级所持有的文化领导权，并且为劳工阶级树立起典范和奋斗目标——中产阶级将成为“他们热切盼望的目标”④。

第五节　阿诺德与通俗/大众文化：一种别样视角

学界在追溯大众文化批评的理论谱系时，英国的“文化—文明”传统往往被看成是持精英文化/大众文化二元对立的典型代表，其中的精英文化在很大程度上是指由文学经典构筑起的“伟大传统”。尽管 T. S. 艾略特、F. R. 利维斯及其以《细察》为中心的批评团体在形形色色的论争中

---

① Matthew Arnold, *The Letters of Matthew Arnold, 1879 - 1884*, Vol. 5, Cecil Y. Lang (ed.), Charlottesville and London: The University Press of Virginia, 2001, p. 118.

② Matthew Arnold, *Poetry and Prose*, John Bryson (ed.), Cambridge: Harvard University Press, 1954, p. 343. 斯道雷认为，如果我们将视线从《文化与无政府状态——政治与社会批评》扩及阿诺德的全部著述，我们就会得出不一样的结论，“阿诺德对于未来的乐观全都是基于这个阶级（中产阶级）；他的悲观全都是基于这个阶级没有能够使其未来得到保障”。参见［英］约翰·斯道雷著，徐德林译：《记忆与欲望的耦合——英国文化研究中的文化与权力》，桂林：广西师范大学出版社 2007 年版，第 24 页。

③ ［英］约翰·斯道雷著，徐德林译：《记忆与欲望的耦合——英国文化研究中的文化与权力》，桂林：广西师范大学出版社 2007 年版，第 21 页。

④ Matthew Arnold, *Poetry and Prose*, John Bryson (ed.), Cambridge: Harvard University Press, 1954, p. 343.

对大众文化大加鞭挞①，他们将“大众文明”与“少数人文化”尖锐对立起来，细数大众文化的种种消极后果，与法兰克福学派的大众文化批判理论同属悲观主义阵营。然而，作为英国“文化—文明”传统的关键人物和现代大众文化研究首位应当被提及的学者，阿诺德与大众文化之间的关联却并非如此明显而直接，这主要是因为其著作中鲜有直接讨论大众文化的文字，至于系统化的批判思想就更不用提了。正如有学者所指出的，“阿诺德的意义在于开辟了一个传统，一条看待大众文化的别样途径，一条将大众文化置于文化的综合场域中考察的特殊方式”②。也就是说，阿诺德的贡献不在于“经验性著作本身”，而在于提供了一种看待大众文化的独特视角——“阿诺德式视角”（斯道雷语）。

何为阿诺德意义上的大众文化？随着工业化和都市化的迅猛蔓延，前工业社会留存下来的有机社区和清新淳朴的民间文化走向衰落，作为社会结构性存在的文化与当时英国各阶级所承担的政治经济职能产生了激烈冲突，“阶级之间的区隔曾经强硬到足够把政治经济权力限定于一个阶级，工业化、中产阶级和城市工人阶级的发展使得阶级间的区隔模糊不清，新兴‘群氓’阶级的文化缺乏美感，这令阿诺德忧虑不已，他感到这样一种文化必定不能为其对象提供他们在民主社会里承担社会和政治角色的条件”③。简言之，阿诺德认为中产阶级尚未赢得与其政治经济权力相称的文化领导权，而工人阶级的无政府状态恰恰是文化缺失的典型表现，并对中产阶级所试图维持的社会秩序造成了巨大威胁。无政府状态就是文化的敌人，“一定程度上非常接近于游行和反抗运动的公众描述”④，它实际上也就是阿诺德意义上的大众/通俗文化的近义词。

阿诺德尝试以一种文化政治学的视角去察知1867年之后的工人阶级文化经验。作为一个极具症候性的社会政治文化事件，1867年改革使得选举权扩大到整个英国的成年男性公民，男性工人阶级由此顺理成章地涉入社

① 尽管艾略特在文学批评理念上与“细察派”差异甚巨，但是在大众文化批评方面与其有着一致的立场。参见 Graeme Turner, *British Cultural Studies: An Introduction* (the third edition), London: Routledge, 2003, p. 34.

② John Storey, *Cultural Theory and Popular Culture: An Introduction*, Beijing: Peking University Press, 2004, p. 18.

③ Graeme Turner, *British Cultural Studies: An Introduction* (the third edition), London: Routledge, 2003, p. 34.

④ Raymond Williams, *Culture and Materialism: Selected Essays*, London and New York: Verso, 2005, p. 3.

会政治场域。阿诺德十分忧惧男性工人阶级夺取统治权的潜在威胁，但他对海德公园骚乱事件的回应与卡莱尔的言论大相径庭。卡莱尔主张，如果要恢复英国的社会秩序，就应当重新施行贵族的统治模式。阿诺德反对卡莱尔的极端保守主义观点，认为文化的敌人分别是“政治、经济制度的操纵者”和“反对教育者”[①]，而大众教育则是维持社会秩序的理想途径。

阿诺德所提倡的大众教育，其社会意义包括两方面：其一，为中产阶级的全方位登临历史舞台奠定坚实基础。阿诺德曾经在英格兰东部城市——伊普斯威奇（Ipswich）的一所工人学院发表演讲，他坦承自己的真正意图是“我设法使他们有兴趣建立一个中产阶级的公共教育制度，原因是工人阶级如果真的可以往上攀升，却苦于没有一个更加文明开化的中产阶级作为提升的目标”[②]。这种“醉翁之意不在酒”的行为，还表现在他对于强制性义务教育的提倡。阿诺德倡导义务教育，因为“我不认为降低学费甚或免费会促使穷人普遍地把子女送进学堂”[③]，既然打消民众接受教育念头的并不仅仅是高收费，那么，“只有实施强制性义务教育，教育才会像接种疫苗一样在这个国家普及”[④]。一言以蔽之，阿诺德试图通过教育来弥补各个阶级之间客观存在的文化差异，为中产阶级的顺利登场做好充分的准备。其二，阿诺德重视教育之于工人阶级的意义，希望通过大众教育去消除工人阶级内部大众/通俗文化的消极影响，以追求和谐完美的诉求来有效抵制无政府状态。究其实质，阿诺德期望从高雅文化中吸收传统精神、道德价值和文化品位，“阿诺德的想法不是要去生产更多的高雅文化，而是训练统治者和民众对既有的经典作品作出反应，将它们视为大众社会的解毒剂”[⑤]。

应当注意的是，阿诺德虽然重视高雅文化对于完善各个阶级心智状态的巨大作用，但他绝不是一个僵化的精英主义者。公允地说，阿诺德抱有精英主义的理想情怀，他所设立的“文化”与“无政府状态”的对立，他

---

① Raymond Williams, *Culture and Materialism*: *Selected Essays*, London and New York: Verso, 2005, p. 5.

② Matthew Arnold, *Thoughts on Education*: *Chosen from the Writings of Matthew Arnold*, Leonard Huxley (ed.), London: John Murray, Albemarle Street, 1912, p. 234.

③ Matthew Arnold, *Thoughts on Education*: *Chosen from the Writings of Matthew Arnold*, Leonard Huxley (ed.), London: John Murray, Albemarle Street, 1912, p. 7.

④ 同上。

⑤ John Hartley, *A Short History of Cultural Studies*, London: Sage Publications, 2003, p. 32.

对希腊、罗马古典文学的情有独钟以及萦绕在作品中的人文主义理想已经充分证明了这一点。只是阿诺德并未在完美文化的理想花园中忘乎所以，他对维多利亚时代底层人群的生存状态、对那个时代通俗/大众文化的言说对象，倾注了真挚的关怀。如果说，阿诺德在《文化与无政府状态——政治与社会批评》中对于"群氓"劳工阶级的蔑视表明了其政治姿态，那么，阿诺德在诗歌中流露出的对于大众社会的悲悯与同情，却又鲜明地表露出其一以贯之的人文主义理念，这种看似矛盾的组合恰恰反映出阿诺德文化思想的多重面向。

阿诺德在 1867 年创作了两首姊妹诗——《伦敦东区》（*East London*）和《伦敦西区》（*West London*），以饱含深情的笔触描写出纺织工人和教士的悲惨生活。[①] 伦敦东区是英国工人阶级的传统聚居区，诗中这样描写，"在旧货市场，透过窗户看到/苍白无力的织工，神情异常萎靡不振"[②]，阿诺德显然十分同情织工的悲惨境遇和教士的茹苦含辛。《伦敦西区》更是以对比强烈的手法反衬出底层民众的"不能承受之重"：一对衣衫褴褛的流浪母女在贝尔格雷夫广场乞讨，有意味的是，她们的乞讨行为表现出爱憎分明的"阶级立场"，"当上班的工人从对面经过时，她轻拍女孩/女孩赶忙过去乞讨，满意地归来/当富人从旁边走过，她置之不理、神情冷酷"[③]。阿诺德据此分析，流浪女也有自己的精神衡量标尺，她只会向与自己分享共同命运的劳苦工人求助，因为他们才是同舟共济的真正朋友。在诗歌的最后一节，阿诺德情不自禁地发出感叹："她拒绝了陌生的大人物（the unknowing great）对于无名小人物（the unknown little）的冰冷施舍/指引我们走向比今天更加美好的时光。"[④]

这两首诗从一个侧面上反映出阿诺德文化思想的多方位特征，他在一定程度上自觉肩负起那个特定时代的文化组织者的使命，希望将中产阶级改造成合格的文化领导权拥有者；与此同时，他对劳工阶级充满着极为矛盾的思想斗争，既惧怕这一"群氓"团体的政治冲动行为，又以同情甚至赞美的笔触寄予他们最为诚挚的祝福。

---

① 相关分析，也可参见殷企平、余华：《阿诺德文化观中的核心》，《英美文学研究论丛》2007 年第 2 期，第 215 页。

② Matthew Arnold, *Poetical Works of Matthew Arnold*, London: Macmillan and Co., Limited, 1924, p. 180.

③ Matthew Arnold, *Poetical Works of Matthew Arnold*, London: Macmillan and Co., Limited, 1924, p. 181.

④ 同上。

综而论之，作为英国“文化—文明”传统的重要人物，阿诺德让一个事实上早已存在的传统浮出历史尘埃并给予其明确的命名——“文化”，使得英国思想传统中长期以来的“文化/自然”的对立转变为“文化/文明”的对抗。进而，阿诺德深入文化的内核，在文化的迷宫中构筑起大众文化与精英文化之间的关联，这种关联首先表现为大众文化与精英文化的对立，但是阿诺德之于大众文化研究的贡献，绝不应当就此简化为一种精英主义者的大众文化批判论。阿诺德对于大众文化的分析可谓雾中观景、语焉不详，它有赖于我们在勾勒其总体文化理论的前提下，发现大众文化与“无政府状态”之间的近义关系，继而读解出阿诺德的大众文化观。阿诺德的独特之处就在于他提供了一种看待大众文化的文化政治学视角，也正是这种“阿诺德式视角”引领学界将大众文化纳入严肃的学术研究视野，并且“客观上减弱了英国文化主义传统的精英色彩，拯救了通俗/大众文化”①，它深刻地影响了后来的利维斯主义，并一直延续至20世纪50年代后期。

---

① 徐德林：《作为有机知识分子的马修·阿诺德》，《国外文学》2010年第3期，第19页。阿诺德是第一个真正关注通俗/大众文化的学者，因为在此之前，“文化”一词绝不会用于乌合之众，学者们拥抱和向往一种古典情怀；阿诺德的切入视角无疑携带着精英主义的鲜明基调，但难能可贵之处在于，在阿诺德的关注视野中，大众文化的浮现在一定程度上越出了精英主义的框限。

第四章 “英文研究”的兴起与利维斯主义

第一节 “英文研究”的兴起与英国文学批评的机制化①

English Studies 常常可以翻译成“英文研究”、“英语学”、“英国研究”或“英语研究”，它所指代的研究对象广及英国的经济、政治、文化、外交等领域。但是作为一个专门的文化学术语，English Studies 的出现和兴起都是以英国文学及其学科建制过程为中心的。如果追溯英语的发展历史，会发现它的演变紧紧牵系着英国民族意识的觉醒历程。从大不列颠岛上的最早语言“凯尔特语”到罗马帝国控制下的拉丁语，再到后来的盎格鲁—撒克逊语，英语的兴起经历了颇为漫长的前史阶段。欧洲的文艺复兴运动极大地推动了民族意识的觉醒，以意大利诗人但丁为代表的早期人文主义者大力提倡使用本民族语言，这股由欧陆兴起的思潮很快波及英吉利海峡对岸，杰弗里·乔叟（Geoffrey Chaucer）的《坎特伯雷故事集》、莎士比亚戏剧和钦定英译本《圣经》标志着英国民族语言的渐趋形成。

宣称“生而自由”的英国人凭借其超强智识和热衷于体验生活的浪漫激情，培育了文学史上令人叹为观止的巨匠大师。尽管英国人用英语写作的文学作品堪称汗牛充栋，但真正能够收入《牛津英国文学史》或《诺顿英国文学选读》，被盖以“英国文学”标签的却极其有限。这也就是说，“并非凡是英国人用英语写作的文学作品都被看作‘英国文学’。‘英国文学’依附于体制化的学术机构，而正是这个机构才有权决定何为‘英国文学’，或哪一部作品有资格成为‘英国文学’，从一开始就具有意识形态性”②。“英国文学”不是一个“自然而然”的指称，就像我们常说经典（canon）不是预先设定，而是一个流动的、不断生成的建构过程一样，

① 作为一门学科的英国文学的机制化，包含两方面的意义：其一，英国文学的学科化；其二，文学批评的机制化。

② 程巍：《中产阶级的孩子们：60 年代与文化领导权》，北京：生活·读书·新知三联书店 2006 年版，第 148 页。

“英国文学”实质上也是由意识形态构建的结果，而它作为一门学科的机制化过程，则耦合着特定时代的社会结构性因素的交互作用。

英国人文主义传统以乔叟和15世纪古典英语文学为开端，强调借重古典文化来培养趣味高雅的精英阶层，按照皮埃尔·布尔迪厄（Pierre Bourdieu）的说法，就是要从文化资本上实现社会阶层之间的区隔。维多利亚时代是英国历史上具有重大意义的转折时期，从事工商业经营的中产阶级在经济上掌握了领导权，政治上却遭遇“野蛮”贵族和“群氓”劳工阶级的双重反击，中产阶级意欲全面登上历史舞台，其当务之急就是要赢得文化领导权，文化的位置因而在这一特定的历史时期得以凸显。

以马修·阿诺德为代表的英国第二波人文主义知识分子强调学校教育对于消解无政府状态、为中产阶级赢得文化领导权的重要作用，阿诺德的人文理想主要表现为推崇以古典文学为主的博雅教育（liberal education），其“追求光明与甜美”的文化诉求也融入了人文主义的教育理念之中。如果说，阿诺德的文化观念及其对于文学重要性的察知表征着英国文化主义传统的话语层面，那么，英文研究的兴起及其文学批评的学科化则标志着英国文化主义话语的机制化过程。

一、戴着镣铐的缪斯

学校开设文学课不等于文学研究的学科化，因为在早期，文学文本（古典文学）并没有成为独立的研究对象，而仅仅是作为研习语言、演讲术和修辞格的文本载体。早期的英国文学教育在很大程度上受制于古典文学教育的全盘覆盖式影响，根本无法触及研究层面，“英国文学的早期教学方法是从古希腊、罗马文学教育那里复制而来的，文学附属于语法学、词源学、修辞学、逻辑学、演讲术……所有一切被后人们埋怨的东西，唯独没有真正的文学研究”①。具有讽刺意味的是，英国文学的学科化最早出现在英属殖民地印度，一如高瑞·薇思瓦纳珊（Gauri Viswanathan）的研究结论，“作为一门学科的英国文学在殖民地的出现要远远早于英国本土”②。

17世纪晚期至18世纪初，英国本土出现了非职业化的英国文学批评，

---

① Gerald Graff, *Professing Literature*: *An Institutional History*, Chicago and London: The University of Chicago Press, 1987, p. 36.

② Gauri Viswanathan, *Masks of Conquest*: *Literary Study and British Rule in India*, New York: Columbia University Press, 1989, p. 3.

早期的英国文学批评兴起于咖啡馆、俱乐部等哈贝马斯所谓的公共领域。富有英国特色的咖啡馆文化及其与出版业之间的亲密关系，促成了一种置身于学院外部的广义上的文化批评，这其中，丹尼尔·笛福创办的《评论报》（*Review*）、理查德·斯蒂尔（Richard Steele）的《闲谈者》（*Tatler*）和约瑟夫·艾迪生（Joseph Addison）的《旁观者》（*Spectator*）扮演着至为关键的角色，这些报刊的编辑们深入商贾云集、名流荟萃的男性集结地——咖啡馆，聆听和搜集来自不同行业的消费者们的高谈阔论，并以流畅优美的文字记录下来，见诸报刊，供大众赏读交流。文学也常常成为咖啡馆交流的话题之一，某些主题性咖啡馆如诗人约翰·德莱顿（John Dryden）主持的威尔咖啡馆甚至确立了影响甚广的文学鉴赏标准。这种源起于咖啡馆并以报刊文章形式发表的文学批评显然不是专业性的学术研究，但其影响却不可忽视，它们为后来的英国文学贡献了一种新的文学样式——报章散文（periodical essay），也为培养出范围更广的普通读者群立下了汗马功劳。

自伊丽莎白时代以来，英国国家实力的增强激发了一种愈益强烈的民族主义情绪，认为“英国语言在整个欧洲应当和英国政治、军事现状一样获得同样多的尊敬”①。作为都铎王朝的最后一位君主，伊丽莎白一世顺应历史发展趋势，厉兵秣马击败海上劲敌西班牙，确立了英国的海上霸主地位；对内成功实现了国家的统一，并一举击败苏格兰，极大地提高了公众的民族认同意识与国家观念，迎来了文化上的繁盛时期。弗朗西斯·培根在此时提出振聋发聩的口号——“知识就是力量”，对文学研究起到了一定的推动作用，“尽管培根从未直接谈及文学研究的议题，但他的影响有助于创造一种鼓励教育实验和严肃语言研究的气氛，这在话语理论领域表现得尤其突出”②。

基于苏格兰和英格兰之间的特殊政治关系，为了应对因语言不便所带来的消极效应，18 世纪苏格兰的大学课程里开始接纳英国文学。古典政治经济学的著名代表亚当·斯密（Adam Smith）率先与英文研究结缘，斯密在爱丁堡大学开设了一系列面向公众开放的讲座，主题涉及英语修辞与文学，素材全部采撷自英国文学，“虽然逻辑学教授约翰·斯蒂文森（John Stevenson）也会在课堂上随机解读一些同时代作家如德莱顿、艾迪生、蒲伯的作品……但斯密的爱丁堡讲座是最先被正式认可的，并且是专门关于

① Franklin E. Court, *Institutionalizing English Literature*: *The Culture and Politics of Literary Study*, *1750 – 1900*, California: Stanford University Press, 1992, p. 11.

② 同上。

文学主题的”[①]。由此可见，斯密不是第一个在课堂上羼入英国文学的学者，他的功绩可以归结为在大学教学的层面上推动了英国文学研究。不仅如此，斯密的经济理论直接影响到他的文学教育思想，他注重文学的教化功能，强调对文学文本进行伦理学阐释，比如斯密十分推崇斯威夫特，在系列讲座的第九讲里，斯密郑重指出，“斯威夫特应当同时作为伦理和文体的典范被加以研究和模仿”[②]。斯密对于文学研究的文化政治和意识形态维度的强调，表现出一种将文学研究与功利主义文化有机结合的努力。

18 世纪中期，为了响应意识形态的需要，伦敦的出版商推出一批具有“文学批评史”性质的著作，如托马斯·沃顿（Thomas Warton）的《英国诗歌史》（*History of English Poetry*）、塞缪尔·约翰逊（Samuel Johnson）的《诗人列传》（*Lives of the English Poets*），出版业的推波助澜迎合了市场对于“文学史”的需求，在一定程度上助推了英国文学教学的发展。值得注意的是，文学史的出版热并没有给牛津、剑桥两所老牌名校带来英国文学教学热，“即便托马斯·沃顿在 1757—1767 年间担任牛津大学诗歌教授，但也没有任何记录表明他有讲授英国文学的意图”[③]。对于沃顿而言，英国文学宛若一位“戴着镣铐的缪斯”（The Muse in Chains），隐匿在拉丁文和欧陆语文学的强光投射下的阴影之中。

恰如伊格尔顿的中肯评价，18 世纪的英国文学承担着重整社会秩序的精神黏合剂功能，它“包含一整套意识形态机制：期刊、咖啡馆、关于社会和美学问题的专论、布道文、古典作品的翻译、行为习惯以及道德价值指南”[④]，文学成为意识形态的载体，借助于咖啡馆等（准）公共领域，将时代的精神症候和文化诉求糅合到一起，建构起一种政治色彩浓厚的文化批评样式。在伊格尔顿看来，18 世纪英国的文学实质上贴近我们所理解的“大文学”概念，判定“何为文学”的标准并不是“想象力”或“虚构性”，后者有待于浪漫主义来加以发掘，意识形态是决定某物是否为文学的唯一标准，或可借用伊格尔顿的名言，“文学就是意识形态”。

---

① Franklin E. Court, *Institutionalizing English Literature*: *The Culture and Politics of Literary Study*, *1750 - 1900*, California: Stanford University Press, 1992, p. 18.

② Franklin E. Court, *Institutionalizing English Literature*: *The Culture and Politics of Literary Study*, *1750 - 1900*, California: Stanford University Press, 1992, p. 26.

③ Franklin E. Court, *Institutionalizing English Literature*: *The Culture and Politics of Literary Study*, *1750 - 1900*, California: Stanford University Press, 1992, pp. 12 - 13.

④ Terry Eagleton, *Literary Theory*: *An Introduction*, Minneapolis: University of Minnesota Press, 2008, pp. 15 - 26.

18世纪见证的不过是英文研究的前史，但是英国文学进入课堂教学的范围更广，游离于学院之外的文化批评为文学研究的兴起创造了诸多条件。同样，这一时期英国社会的政治、经济状况为小说的兴起提供了土壤。著名的文艺史学家伊恩·瓦特（Ian Watt）以社会历史学的视角切入文学研究，其重要著作《小说的兴起》前两章堪称文艺社会学的研究范例。当今意义上的“小说”何以到18世纪末才获得充分确认？从fiction到novel的词义演变联系着怎样的社会情境变迁？瓦特的考察既是一种对于小说兴起的文化社会学解读，也为我们了解现代意义上的文学缘何在那个特定时代浮出地表提供了诸多启发。

首先，尽管工业化程度的加深和功利主义思想的蔓延迫使工人沦为工厂的赚钱机器，“整个18世纪，功利主义者和重商主义者反对给予穷人识字教育机会的呼声高涨起来”，他们认为“具有阅读能力仅仅是那些注定要从事商业、行政机构和专业技术等中产阶级工作的人们所必需的技能”[①]，然而比较而言，供大众接受教育的机构的范围扩大了，“如此正规的教育制度几乎不存在，但是由老式的受捐助的语法学校、英语学校、慈善学校以及各种未受捐助的学校尤其是女子学校，形成了一个覆盖全国的网络，只有一些偏远农村地区和北部新兴工业小镇例外”[②]。此外，数量庞大的宗教读物为那些偏居在穷乡僻壤、未曾接受学校教育的人们提供了接触文学的机会。与此同时，高昂的书价远远超出普通民众的承受能力，他们对那些包装精良、漫天要价的英雄史诗望而却步，小说则借助于报刊连载的出版形式以及公用图书馆、流动图书馆等灵活多元的租借渠道，成为最容易吸纳读者群的文学样式，“18世纪的小说，相比诸多业已确立的、受人尊敬的文学形式和学术成就而言，更加接近加入阅读大众的中产阶级的经济实力”[③]。

其次，英国18世纪小说培养出的一批女性读者，成为调和社会分工差异、稳固机械化影响下英国家庭结构的卓有成效的黏合剂。工业化与机械化极大地改变了传统的手工作坊生产模式，许多女性被迫重返家庭空间，她们也无法与男性共同分享社会公共领域和业余活动，只能拘囿于狭窄的

---

① Ian Watt, *The Rise of the Novel*: *Studies in Defoe*, *Richardson and Fielding*, Berkeley and Los Angeles: University of California Press, 1957, p. 39.

② Ian Watt, *The Rise of the Novel*: *Studies in Defoe*, *Richardson and Fielding*, Berkeley and Los Angeles: University of California Press, 1957, p. 38.

③ Ian Watt, *The Rise of the Novel*: *Studies in Defoe*, *Richardson and Fielding*, Berkeley and Los Angeles: University of California Press, 1957, p. 42.

家庭之内，阅读小说尤其是浪漫故事便成为一种理想的消遣方式。

二、艰难的浮现之旅

英国的教育现代化远远落后于英国的经济现代化，甚至与工业化进程滞后的法德比较起来也相形见绌，造成这种悖论现象的根本原因是个人主义和功利主义对于英国教育思想的束缚。古典语文学在学校教育中占据着显赫位置，教师们纷纷以讲授拉丁文《圣经》为荣，对于英译本《圣经》则嗤之以鼻，这种注重古典研究的教育体系旨在培养贵族阶级的接班人，集中体现为英国的公学教育，“在 19 世纪中期，几乎所有公学都在主要讲授古典文化课程。实际上，甚至在 1870 年，不过是死记硬背拉丁文和希腊文的古典课程仍然占据学校 4/5 左右的课时”①。公学是英国特有的现象，占用了大量教育资源，它以打造绅士风度为教育目标，对科学主义和实用教育则漠不关心，“法律、语言和历史等渐渐成为培养通才和政治精英的关键专业”②。毋庸置疑，这种体制模式为英文研究在大学教育的合法化设置了重重障碍。

19 世纪的英国经历了急剧的社会转型，文学也在这一时期实现了由古典意义到现代意义的演进：首先，维多利亚时代面临着宗教信仰危机，急于呼唤一种具有整合功能的因素对之加以调节，文化遂成为已然坍塌的宗教意识形态的有效补充，用来抚慰因宗教信仰危机而惊慌失措的人们的情绪。牛津大学早期英语教授乔治·戈登（George Gordon）在就职演讲中宣称，“英国正在病中……英国文学必须挽救它。据我理解，教堂在塌落，社会拯救措施迟缓不至，英国文学在当前具有三重功用：虽然我认为文学仍然要愉悦和教导我们，但最重要的是它应当拯救我们的灵魂并治愈这个国家”③。

无论是戈登对于英国文学社会使命的强调，还是阿诺德关于“文学文化”（literary culture）意义的凸显，其共同的诉求都是以文学文化来弥补信仰缺失、替代宗教神话。阿诺德之于英文研究的意义，主要表现为对文学和文学批评的社会功用的重视，文学脱离了浪漫主义的理解维度，被置

---

① ［英］安迪·格林著，王春华等译：《教育与国家形成：英、法、美教育体系起源之比较》，北京：教育科学出版社 2004 年版，第 309 页。

② 阎照祥：《英国贵族史》，北京：人民出版社 2000 年版，第 194 页。

③ Chris Baldick, *The Social Mission of English Criticism 1848 – 1932*, Oxford: Clarendon Press, 1983, p. 105.

于一个大的社会文化场域中加以考量。英国长期以来由经验主义把持思想领域的话语权，经验与理论之间的对立由来已久，轻视文学批评的“反批评传统”就是一个典型表现，“菲尔丁在《汤姆·琼斯》中将批评家描述为卑鄙小人，拜伦宣称是批评家杀害了约翰·济慈”①。身为督学的阿诺德认识到通过教育途径传播文化，并借此将中产阶级群体整合起来的急迫性，归根究底，阿诺德创造出一种新的批评话语，“倘若认为阿诺德在与反智主义（anti-intellectualism）作斗争的话，那也仅仅意味着他提供了一种可以与理论竞争的公众话语——用它去替代反智主义，而不是简单地加以拒绝”②。当然，由于阿诺德对古典文化情有独钟，因此他所彰显的文学文化也就难免曲高和寡，“离非利士人（中产阶级）太远，更不用提群氓（劳工阶级）了。这样一来，文学对于他们的‘柔化’（soften）和‘教化’（humanize）效果会被语言障碍所阻挡”③。总的看来，阿诺德不但大大拓展了文学与文学批评的社会功用，而且其对于文学文化的推崇直接影响到后来的利维斯和“细察派”，为英国文学批评的机制化奠定了根基。

19 世纪中期以来，随着人类学和比较语文学的兴起，一种民族身份认同的困扰和焦虑迫使英国学界开始认真思考民族性问题，英文研究在这个过程中扮演着不可或缺的角色，“英文研究从一开始就专注于民族起源的合法性问题，总是有一种说不出口的焦虑，担心自己原来是一个杂种民族”④。从这一意义上说，英文研究的兴起在一定程度上对应着维多利亚时代英国追求民族性的“寻父”焦虑。但从总体上着眼，英文研究在 19 世纪中后期有所增多，应当归结为“自上而下”和“自下而上”两个向度的动因：一方面，维多利亚时代的英国文学被当做人文主义神话的载体，以文学文化的形式接替宗教所曾承载的意识形态功能；另一方面，英国文学在英国高等教育中位置的逐渐稳固，又恰恰是英帝国遭遇秩序危机以及边缘群体反抗中心的结果。比方说，为了方便英国实施殖民统治，英国文学知识作为考试内容进入东印度公司公务人员考试（Civil Service Examina-

---

① Chris Baldick, *The Social Mission of English Criticism 1848 - 1932*, Oxford: Clarendon Press, 1983, p. 5.

② Chris Baldick, *The Social Mission of English Criticism 1848 - 1932*, Oxford: Clarendon Press, 1983, p. 42.

③ Chris Baldick, *The Social Mission of English Criticism 1848 - 1932*, Oxford: Clarendon Press, 1983, p. 59.

④ ［英］特里·伊格尔顿著，马海良译：《历史中的政治、哲学、爱欲》，北京：中国社会科学出版社 1999 年版，第 185 页。

tion）范围。再者，英国文学为那些无法进入牛津、剑桥就读的中低阶层尤其是工人阶级子弟提供了廉价、准入门槛低的受教育途径，“即便在那些大肆声张英语的学科重要性的‘文化布道者’看来，英语也被当作是古典文化的替代品，适合于那些无法进入大学的人们”①，比如伦敦大学的戴尔（Dale）为了吸引学生前来聆听英国文学课程，采取了一系列优惠措施，“听课费用为四英镑，每周上两个晚上的课，不需要基础（这说明课程的设计是为了吸引那些并未正式注册的学生们）”②。戴尔的改革思路涉及降低收费、上课时间更加灵活、选课对象不做限定等方面，旨在扩大英国文学的接受面和普及范围，为中下阶层提供更多的学习机会。1880 年出版的一本未署名手册《怎样教英国文学》（*How to Teach English Literature*）一语中的道出了英国文学教学的根本诉求是为了“增进社会各阶级之间的同情与友爱”③。牛津大学国王学院专治英国文学与历史的 F. D. 莫里斯（F. D. Maurice）教授更是身体力行，成为大兴成人教育、建立工人学院的先锋模范。英国文学愈益成为调整社会秩序、为中下阶级提供受教育机会的重要媒介。此外，英国文学也被赋予了浓厚的性别意识形态色彩，伊格尔顿认为文学能够有效填充女性的幻想，F. D. 莫里斯在谈及女性教育时指出，“为女士们设计的课程不是为了解放，而是使她们安心于早已定型的角色”④。文学对于女性教育的重要作用，再加上女性参与文学课程的积极性（同时也是社会情境的迫使和规范使然），使得英国文学被妖魔化为一个“女人腔”的怪异领域，也为那些反对在大学开设英文课程的老牌大学提供了狭隘理由，“从性别看，女性在剑桥大学的现代语言学校里占三分之二……牛津大学英文系在头五年里有六十九个女生，只有十八个男生。英文显然成了一个有问题的科目，是一门两性畸形、女人腔的课程，非驴非马，不伦不类，是科目不明的学科，太轻松随意了，无法予以得当的考核鉴定”⑤。

---

① A. Walton Litz, Louis Menand & Lawrence Railway (eds.), *The Cambridge History of Literary Criticism*, Cambridge: Cambridge University Press, 2000, p. 277.

② Franklin E. Court, *Institutionalizing English Literature*: *The Culture and Politics of Literary Study*, *1750 – 1900*, California: Stanford University Press, 1992, p. 58.

③ Chris Baldick, *The Social Mission of English Criticism 1848 – 1932*, Oxford: Clarendon Press, 1983, p. 62.

④ Chris Baldick, *The Social Mission of English Criticism 1848 – 1932*, Oxford: Clarendon Press, 1983, p. 68.

⑤ ［英］特里·伊格尔顿著，马海良译：《历史中的政治、哲学、爱欲》，北京：中国社会科学出版社 1999 年版，第 192 页。

19世纪堪称英文研究兴起的一个关键时期，尽管英国文学作为一门学科的机制化过程俨然是一项复杂纠缠的意识形态工程，但这门被社会精英鄙夷不屑、被男权中心主义任意扭曲的“怪异学科”还是在英国高等教育中攫取了“一方狭窄的天空”，为英文研究的兴起赢得了机制化意义上的重要一步。伊格尔顿总结道：“英语作为一门学科的机制化，首先不是在大学，而是在技工学校、工人学院和大学附属业余学校。”[①] 根据米尔纳的考察，阿诺德关于英语学科的设想在19世纪得以进入机制化阶段，英语由18世纪苏格兰的大学和某些不从国教者学校所开设的“课程”（subject）逐渐迈向一门“学科”（discipline）：伦敦大学学院和曼彻斯特大学于19世纪前半叶开设英语课程，19世纪后期，都柏林三一学院以及格拉斯哥、爱丁堡、伯明翰、纽卡斯尔等大学设立英语语言文学教席。[②] 相比之下，牛津、剑桥两所老牌大学依旧顽固抵制。[③] 据利维斯夫人介绍，尽管雷利（Raleigh）在牛津大学成立了英语学院，但他对文学的态度却十分敌视，甚至在1906年公开表达出对文学批评的厌恶之情：“如果我在审判日因任教文学而受到指控，我会辩解说我从不相信那玩意儿，我仅仅以此养家糊口罢了。”[④] 剑桥大学虽然云集了各类英文研究的名家，但是从独立英文学院的建制意义上说，英文研究在剑桥的步伐尚落后于其他大学。总的看来，英国文学开始在越来越多的大学里占据一席之地。

三、民族主义与学术政治

如果说，英文研究的兴起总是伴随着来自于古典语文学的种种压力，

---

① Terry Eagleton, *Literary Theory: An Introduction*, Minneapolis: University of Minnesota Press, 2008, p. 23.

② Andrew Milner, *Contemporary Cultural Theory*, London: UCL Press, 1994, p. 25.

③ 19世纪后期，英文教学在牛津大学引起了激烈的内部纷争，以约翰·丘顿·科林斯（John Churton Collins）为代表的一派追怀古希腊传统，希望建立以培养古典主义者为目标的英语学院；另一方则以古英语学者（Saxonist）和语文学家为代表，他们据理力争英语学院应该主攻他们的研究领域。1884年，牛津大学设立默顿英国语言文学教授席位，科林斯认为既然已经设有古英语研究席位，那么这个机会就应当给予文学研究者，于是他申请了该职位。但默顿教授席位最终还是授予了接受过德语训练的语文学家纳彼埃尔（A. S. Napier）。参见 Chris Baldick, *The Social Mission of English Criticism 1848–1932*, Oxford: Clarendon Press, 1983, p. 73.

④ Q. D. Leavis, The Discipline of Letters: A Sociological Note, *Scrutiny*, 1943, Vol. 12, No. 1, p. 16.

那么，第一次世界大战之后，这种压力却在民族主义思潮的骤然高涨下缓和了许多。作为政治事件的“一战”充分暴露了英德两国之间的尖锐矛盾；作为文化事件的“一战”消解了德国古典主义的神话，宣告此时的德国文化与古典主义时期的德国文化已经截然不同，德国古典主义曾经投射在英国思想界的有关“公正无私”、“审美救赎”等至高理念不再被盲目信奉。“一战”后英国文学和批评的兴起与这种民族主义思潮的高涨不无直接关联，那种由德国移植过来的语文学研究模式遭到严重质疑和批判，英国知识界希望借助于英国文学来增强民族认同感和凝聚力，建构起英国文化的“英国性”（Englishness），借此将英国从德国文化的强大影响下抽离出来。

这股“文学爱国主义热潮”促成了一次英文研究的“革命”，“1914 年 9 月 18 日的《泰晤士报》（*The Times*）刊登了一份题为‘英国的命运和责任’（副标题为‘一场正义的战争’）的公开声明，旨在声援英国政府的参战目的”①，包括布拉德利（A. C. Bradley）、罗伯特·布里吉斯（Robert Bridges）、托马斯·哈代、亨利·纽博尔特（Henry Newbolt）在内的众多知名作家踊跃签名。英国知识界的爱国主义热情被充分唤起，他们从各个角度批判和反思德国文化，即便是在曾经作为古典语文学研究重镇的两所老牌大学，德国文化也遭到了控诉般的指责：剑桥大学的奎勒·库奇（Quiller Couch）在名为“英国文学中的爱国主义”的系列讲座中指出，“德国的学问已经完全无法用来处理英国文学中的美好事物”②，雷利则在牛津大学寻找时机公开宣布，“德国的大学文化纯粹就是祸害”③。

“一战”激发起的民族主义思潮为英国文学的学科化注入了思想上的动力，这种机制化过程在一定程度上还联系着英国教育体制的现代转型，主要表现为：其一，“科学”与“文化”之争使得现代学科/新兴学科在与古典主义对抗的过程中与英文研究联起手来，文学的生产与消费逐渐由公共领域转入学院内部，大学为那些曾经依附于商业利益写作的作家和诗人们提供了准入机会，“文人（men of letters）与教授之间不再为了避免职业

---

① Chris Baldick, *The Social Mission of English Criticism 1848 – 1932*, Oxford: Clarendon Press, 1983, p. 87.

② Chris Baldick, *The Social Mission of English Criticism 1848 – 1932*, Oxford: Clarendon Press, 1983, p. 88.

③ 同上。

之间的流动而泾渭分明”[①]。大学成为打造文学批评家的重要阵地，一批“两栖”批评家应运而生，如瑞恰兹（I. A. Richards）和燕卜逊（William Empson）是诗人兼批评家，布拉德利身兼学者和批评家双重身份，雷纳·韦勒克（René Wellek）和维姆萨特（W. K. Wimsart）是学者兼理论家，利维斯夫妇和兰色姆（John Crowe Ransom）是批评家兼刊物编辑等等。其二，一些机构的建立和改革举措的施行也极大地推进了英文研究的机制化进程。首先是教师的地位得到了很大提升。但凡读过狄更斯小说的人都知道，狄更斯将维多利亚时代的教师描述为“傻瓜和骗子”。即便到了19世纪中期，教师在英国的社会地位依旧十分低下，时常成为嘲笑挖苦的对象，麦考利（Macaulay）曾毫不留情地指斥校长这一职位是“其他职业挑剩下的渣子，……没有哪一位绅士会把自己储存间的钥匙放心地委托给他”[②]。《纽卡斯尔的报告》甚至危言耸听地警告说，“教师这个职业不适合‘进取心强、志向远大的年轻人’”[③]。直到教师协会成立以后，教师的这种边缘处境才逐步得以改善。

在英国文学迈向机制化的过程中，颇具爱国情怀的纽博尔特爵士可谓功劳显著。1906年，纽博尔特成立了英语协会（English Association），以促进英语教学。针对战后英国的社会历史状况，纽博尔特在《关于英语协会的设想》（*The Idea of an English Association*）中指出，学校应该与同时代英国作家和批评家建立起更加广泛直接的联系，他列举《荷马史诗》里赫克托耳老父跪求阿喀琉斯交还儿子尸体的情节，试图说明文学的巨大魅力。中世纪以前的文学与日常生活存在着有机联系，工业化和城市化使得这种关联愈益疏离，纽博尔特无比乐观地畅想：“我们已经拥有一种共同文化，虽然刚刚入门，却是真正民族性的。”[④] 至于何为英国的民族文化，纽博尔特充分考量了时代变迁的影响，相信民族文化“应该是所有英国的男人和女人乐于接受的传统与遗产”[⑤]，而教育则是达成民族文化意义上的“共同文化”的必经之途。因此，他期待一种能够跨越阶级藩篱、增进民

---

① A. Walton Litz, Louis Menand & Lawrence Railway (eds.), *The Cambridge History of Literary Criticism*, Cambridge: Cambridge University Press, 2000, p. 266.

② ［英］安迪·格林著，王春华等译：《教育与国家形成：英、法、美教育体系起源之比较》，北京：教育科学出版社2004年版，第306页。

③ 同上。

④ Henry Newbolt, *The Idea of an English Association*, Oxford: Oxford University Press, 1928, p. 9.

⑤ 同上。

族凝聚力的教育，英国文学在这种教育理念中占据着重要位置，“如果我们将英国文学作为与伟大思想家接触的一种方式，带着某种诉求和愉悦的心情去利用他们的经验，并将之作为人类社会各成员之间相互谅解的黏合剂，我们就会取得成功，一如教古典文学的优秀教师们总是取得成功那样……”①

从某种意义上说，“一战”仿佛是一道分水岭，把英国内外两种逆向而行的政治思潮分隔开来：从外部看，英德交战激起了英国国内空前高涨的民族主义热潮，德国文化在英国的强大影响力由此走向式微；从内部看，这一时期经历了英国共产党的组建过程，也见证了英国国内矛盾的尖锐化态势——英国虽然取得了战争的胜利，但是参战的黑人士兵却未能分享到胜利的果实，反倒成为被欺骗和遗忘的对象，英国国内的团结面临着重大危机。在这个紧要关头，英文教育再度作为一项意识形态工程被提上日程，旨在增进民族自豪感与国家认同。1921 年，以纽博尔特和瑞恰兹为核心的研究小组发表了一份影响深远的教育报告——《英国的英语教学》(即著名的《纽博尔特报告》)，这份报告全面评估了英语在英国教育体制(不包括威尔士）中的地位，明确提到英国文学对于建构英国民族文化以及弥合各阶级之间情感裂隙的重要意义，“对于英国儿童来说，没有任何知识形式可以优先于英语知识，没有任何形式的文学可以凌驾于英国文学之上，这二者之间的紧密结合，构成了国民教育唯一可能的根基”②。

四、剑桥批评传统的形成

面对“一战”所导致的深重社会危机和战后大众社会的崛起，T. S. 艾略特沉醉于宗教迷思，以一种强烈的宗教情感去追怀 17 世纪的有机社会和有机文化，寄望以一种有机的文化来抵制现实生活中难以逆转的文化衰退。利维斯和“细察派”吸纳了艾略特的“有机文化论”和“文化衰退论”，并且试图以英语教学来消除浓郁的宗教色彩。利维斯长期担任剑桥大学助理英文讲师，其关于英语教学的设想和道德批评路径通常被归入声名远播的剑桥批评传统。

“一战”后，英文研究的机制化呈现出两大鲜明特征：其一，英国文

---

① Henry Newbolt, *The Idea of an English Association*, Oxford: Oxford University Press, 1928, p. 10.

② The Board of Education, *The Teaching of English in England* (*The Newbolt Report*), London: His Majesty's Stationery Office, 1921, p. 14.

学先后进入牛津、剑桥两所老牌大学的课程设置，但是牛津大学仍然偏重语言和历史研究，英文研究依旧处于边缘地位，显得名不副实。1917 年，剑桥大学成立了英文学院，英语开始拥有自己的荣誉学位考试，“英语在剑桥成为一项受欢迎的、自信心十足的颇具影响力的事业”[①]。20 世纪 20 年代，英文学院在剑桥的合法地位得以稳固和提升，所授课程较之牛津大学要广泛得多，涉及语义分析、批评理论和比较研究等诸多面向，从这一意义上说，是剑桥而非牛津见证了英文研究的兴起。其二，文学批评的地位和主体均发生了变化。利维斯等人反对维特根斯坦对于文学批评的敌视，认为英国文学教育是人文教育不可或缺的重要一环，英文学院的专门学科就是文学批评，“它是一门真正的学科，只有在英文学院才能培育出来，并且不可替代。它以一种理智和情感相统一的方式，培养出敏锐、精确的感受力……这是其他学科所无法达到的”[②]。究其实，利维斯认为文学批评融思想性、想象力和情感于一体，有利于培养兼具智识和感知能力的理想人才。T. S. 艾略特、瑞恰兹、燕卜逊和利维斯等人共同提升了文学批评在英国的地位，随着剑桥大学英文学院的成立，文学批评开始在剑桥得以勃兴，瑞恰兹的“实用批评”（practical criticism）和燕卜逊的语义批评更是直接开启了影响深远的剑桥批评传统[③]。

T. S. 艾略特的“非个性化”和“客观对应物原则”、瑞恰兹和燕卜逊的语义批评与文本细读法、利维斯融文本批评与文化—道德批评于一体，尽管路径各异，但是相互交叉，构筑起文本细读与文化批评并举的 20 世纪上半叶英国最具本土特色的文学批评传统。

无论是从时间上的影响跨度还是空间上的播撒范围着眼，剑桥批评传统都可算是英国 20 世纪文学批评的一条主要脉络，其基本特征可以归纳为“实用批评的现实品格加上对于‘价值’的终极关怀”，“他们重视文本阅读——如果‘细察’（scrutiny）是一种必要的严肃态度，那么‘细读’

---

① E. M. W. Tillyard, *The Muse Unchained—An Intimate Account of the Revolution in English Studies at Cambridge*, London: Bowes & Bowes, 1958, p. 11.

② F. R. Leavis, *Education & the University: A Sketch for an "English School"*, New York: George W. Stewart, Publisher, Inc., 1948, p. 34.

③ 剑桥批评传统可以分为三个阶段，即“瑞恰兹和燕卜逊的语义批评、利维斯的道德批评和威廉姆斯的文化批评”，参见曹莉：《剑桥批评传统的形成和衍变》，《外国文学》2006 年第 3 期，第 70 ~ 80 页。

(close reading) 则是一个具体的研究手段"[①]。一方面，瑞恰兹和燕卜逊凸显出文学的文本层面，视角触及文本的内部结构，这与浪漫主义所宣称的"诗是强烈感情的自然流露"显然差异甚巨。受实证主义和科学主义思潮影响，瑞恰兹的《实用批评》还及时吸收了心理学等科学领域的研究成果，并将之纳入文学批评。另一方面，执教于唐宁学院的利维斯培养和带动一批批评家，他们汲取了瑞恰兹和燕卜逊等人的细读技巧，同时又不局限于文本自身，视野兼及文学的道德价值和现实关怀意义，尤其重视文学批评与战后英国社会文化情境之间的关联。1932 年，利维斯接手由美国人唐纳德·加尔文（Donald Culver）和后来成为爱德华七世英语教授的奈茨（L. C. Knights）共同编辑的刊物，并将之更名为《细察》(*Scrutiny*)，一批学者团结在利维斯周围，形成了以利维斯为中心的"细察派"，他们延续和发展了瑞恰兹的"实用批评"，坚守文学批评相对于物质欲望和商业主义的独立性，重视发掘出文本所蕴含的社会和道德价值。

以《细察》为主要阵地的利维斯批评集团不仅极大地促进了英国文学批评的发展，也标志着英文研究上升到一个崭新的阶段，一如克瑞斯·鲍尔迪克（Chris Baldick）的评断："英文研究的'革命'直到 1932 年《细察》杂志发行才算走向成熟。"[②]

第二节 F. R. 利维斯与利维斯主义：文学批评与文化批评的叉合

佩里·安德森在其重要论文《国民文化的组成部分》中指出，"英国人文学科和社会科学主要领域的代表都是保守的欧陆移民，由利维斯主导的文学批评几乎是唯一的例外"[③]。如果说阿诺德的"文化"定义和人文主义理想紧紧牵系着欧陆古典主义传统，那么，同样被托尼·本内特置入欧洲人文主义传统的 F. R. 利维斯则表现出鲜明的反理论、反欧陆哲学倾向，成为经验主义色彩浓厚的英国本土学派的典型代表。在利维斯长达四十余年的教学与批评实践中，他不遗余力地彰显文学批评的位置，揭露战后英

① 曹莉、陈越：《鲜活的源泉——再论剑桥批评传统及其意义》，《清华大学学报》(哲学社会科学版) 2006 年第 5 期，第 61 页。

② Chris Baldick, *The Social Mission of English Criticism 1848 - 1932*, Oxford: Clarendon Press, 1983, p. 86.

③ 转引自陆建德：《弗·雷·利维斯和〈伟大的传统〉》，载［英］F. R. 利维斯著，袁伟译：《伟大的传统》，北京：生活·读书·新知三联书店 2009 年版，第 2 页。

国深刻的社会危机与凋敝的文化状况，尤其对战后兴起的大众文化进行了严肃批判。“一战”之后，利维斯回到剑桥大学，此后的岁月基本上都在剑桥度过，虽然身处边缘，但他积极思考大学对于人文教育的重要意义，坚守英国文学在传承民族文化方面举足轻重的作用，成为英文研究在英国兴起的最名副其实的推动者和参与者。利维斯对于“少数人文化”的设想、以文学批评的方式切入文化问题以及以文化批评的方式切入社会问题的观照视角，既延续了阿诺德所开启的“文化—文明”传统，又直接影响到后来威廉姆斯、霍加特乃至伯明翰学派早期的文化思想，堪称一位处于英国文化主义思想传统与研究范式转折点上的关键人物。

一、利维斯与英美新批评

新批评（New Criticism）是20世纪西方形式主义文论的重要派别，按照美国学者艾布拉姆斯（M. H. Abrams）在《镜与灯》中对于文学四要素（世界、作者、文本、读者）的划分，新批评派的关注重心显然由“世界”和“作者”转向了文本自身，旨在发掘出文本的“文学性”。赵毅衡先生这样定义“新批评”：“它是我们通常所说的一个独特的形式主义文论派别。这个派别于一二十年代在英国发端，三十年代在美国形成，四五十年代在美国文学评论中取得主导地位。它是西方现代形式主义文论的一个重要发展阶段，对于西方文学，尤其是英美现代诗歌创作，有很大的影响，在西方当代文论中留下了很深的痕迹。”①

学界往往容易将新批评派与文学的内部研究直接画上等号，这事实上忽略了这一派别内在的丰富性和差异性：一方面，以瑞恰兹和燕卜逊为代表的语义分析与心理分析注重对文本自身的细读（即便如此，我们也不能忽视燕卜逊后来也关注文学文本的文化与社会意义维度）；另一方面，以韦勒克和沃伦为代表的文学史研究却又并未偏离历史研究的轨迹。尽管T. S. 艾略特在批评理念上与新批评若即若离，有时甚至存在明显差异，但是学界还是将艾略特与瑞恰兹尊为新批评派的两位开山祖师，“应当说，新批评正是早期艾略特与瑞恰兹结合的产物：前者提供了思想倾向，后者提供了基本的方法论”②。

---

① 赵毅衡编选：《“新批评”文集》，北京：中国社会科学出版社1988年版，第1页。

② 赵毅衡编选：《“新批评”文集》，北京：中国社会科学出版社1988年版，第3页。

新批评派兴起于英国，但其重心很快转移至美国，在20世纪30年代形成了以兰色姆、布鲁克斯、退特（Allen Tate）为代表的“南方集团”，40年代则是以韦勒克、维姆萨特和布鲁克斯为核心的“耶鲁集团”。就其影响而言，新批评派在整个英国文学批评史的地位可能不及利维斯与“细察派”[①]。公允地说，利维斯及“细察派”在批评方法上与新批评派存在叉合之处，或者说，前者受到后者启发并在后者的基础上有所推进，这集中体现为利维斯对艾略特既赞誉又批评的接受态度，以及“细察派”对于瑞恰兹“实用批评”的选择性吸收。

艾略特前期的经典论文《传统与个人才能》对新批评派影响甚大，他提出了与浪漫主义针锋相对的“非个性化”原则，认为“诗不是放纵感情，而是逃避感情，不是表现个性，而是逃避个性”[②]。艾略特强调文学批评的对象应该是诗歌或文本自身，这显然不同于浪漫主义对创作者主体性的过分张扬。此外，艾略特还专门提到传统具有“过去的过去性”和“过去的现在性”二重维度，“历史的意识不但使人写作时有他自己那一代的背景，而且还要感到从荷马以来欧洲整个的文学及其本国整个的文学有一个同时的存在，组成一个同时的局面”[③]。艾略特一反表现论者对于文本的漠视，将文本从创作者的激情漩涡中抽离出来，为新批评奠定了基石，但他对于历史意识的强调又显然超出了新批评派的关注视野。艾略特认为文学作品处于“永久”与“暂时”相交织的有机整体中，至于创作者如何才能架起沟通“个性”与“非个性”之间的桥梁，艾略特以白金丝的催化剂

---

① 利维斯的论敌、文学批评史家韦勒克如此评价利维斯及其“细察派”：“虽然官方并不赞成，利维斯还是在唐宁学院成功建立了一个煊赫的英语研究中心，门人为数不多，却很忠实，通过他们的中介作用，这个中心把他的影响广泛深入地传向英语教育领域。《细绎》刊行长达二十一年……经济上或许不算成功，但是却成为广为瞩目的细绎派喉舌。剑桥大学出版社重刊了全套十九卷杂志。埃里克·本特利编过一本《细绎的重要性》（1948），文章均选自《细绎》，这本选集首次引起了美国人对细绎派的重视；简装本的利维斯著述，深入到美国边远的大学书店，七卷本《企鹅英国文学指南》（1954—1961）大为畅销，编者为利维斯的弟子鲍里斯·福特。执笔者几乎俱为《细绎》以前的撰稿人，或是其门人，故而最忠实地代表了利维斯的观点。”参见：[美] 雷纳·韦勒克著，杨自伍译：《近代文学批评史》（中文修订版第五卷），上海：上海译文出版社2009年版，第396～397页。注：杨自伍先生将 *Scrutiny* 译为《细绎》。

② [英] T. S. 艾略特著，卞之琳译：《传统与个人才能》，载赵毅衡编选：《“新批评”文集》，北京：中国社会科学出版社1988年版，第32页。

③ [英] T. S. 艾略特著，卞之琳译：《传统与个人才能》，载赵毅衡编选：《“新批评”文集》，北京：中国社会科学出版社1988年版，第26页。

功能来比喻“诗人的心灵”，试图说明：“诗人没有什么个性可以表现，只有一个特殊的工具，只是工具，不是个性，使种种印象和经验就在这个工具里用种种特别的意想不到的方式来相互结合。”①

利维斯对艾略特十分关注，在其跨度长达四十余年的学术生涯中多次论及艾略特，“利维斯的批评思想弥漫着艾略特的影响，这在其早期著作中表现得尤其明显，《英语诗歌的新方向》和《再评价》就是根据艾略特设定的标准来重塑经典的”②。利维斯对艾略特的评价前后反差鲜明：在早期的短论《T. S. 艾略特：对屈尊者的答复》（T. S. Eliot：A Reply to the Condescending）中，利维斯对艾略特赞誉有加，认为艾略特诗歌所蕴含的“精深创见”（profound originality）以及强调历史意识的“有机整体观”为此后的英国诗歌树立了典范，“他的诗歌比任何其他正在用英语创作的诗歌都更具历史意识，这种现代之最现代的行为比起遵循传统者事实上更加传统——并且他是一位诗人”③。艾略特作为“诗人”兼“批评家”的两栖身份，他所彰显的现代文明与传统的关联，以及注重诗歌中的语言技巧并且高扬一种智识的完整有机性，成为利维斯早期文学批评所追随的对象。利维斯后来创作的《T. S. 艾略特的影响》（T. S. Eliot's Influence）和《T. S. 艾略特与英国文学的生命》（T. S. Eliot and the Life of English Literature）两篇论文对艾略特的文学批评观进行了总体评价和深刻反思。

通过阅读上述文献，我们发现利维斯对于艾略特的推崇主要表现在两个方面：首先是艾略特身为诗人兼批评家的两栖身份，两种身份的相得益彰赋予了艾略特之于英国文学批评不同凡响的意义，“艾略特的诗歌和批评的共同影响被用于将 17 世纪恢复到英国传统中的恰当位置”④。艾略特发掘出 17 世纪玄学诗人的当下文化意义，认为多恩等玄学诗人的作品中流露出感性和理性的统一，而这恰恰是弥尔顿和乔治时代的诗人所不具有的，艾略特的思考不乏为“一战”之后的现代主义提供了颇具文学现代性意味的因子；其次，利维斯高度评价艾略特诗学理论中的“秩序观”，认为那种将英国文学置于欧洲文学和有机文化体中加以考量的做法，有利于

---

① ［英］T. S. 艾略特著，卞之琳译：《传统与个人才能》，载赵毅衡编选：《“新批评”文集》，北京：中国社会科学出版社 1988 年版，第 30 页。

② Anne Samson, *F. R. Leavis*, Hertfordshire: Harvester Wheatsheaf, 1992, p. 21.

③ F. R. Leavis, *Valuation in Criticism and Other Essays*, G. Singh (ed.), Cambridge: Cambridge University Press, 1986, p. 12.

④ F. R. Leavis, *Valuation in Criticism and Other Essays*, G. Singh (ed.), Cambridge: Cambridge University Press, 1986, p. 25.

文明的延续并架起沟通传统与现代的桥梁。实际上，利维斯对于艾略特批评理论的吸收和批判可以归结为“经验”、“语言”、“有机整体观”和“文化传承”四个关键词。“经验”和“语言”是最基本的底色和元素，“有机整体观”是思考问题的切入视角，“文化传承”则是最为核心的目标。当艾略特后来愈益沉醉于玄学迷思与宗教迷狂时，利维斯毫不犹豫地批评艾略特的诗歌创作和批评理论虽然契合于剑桥的“三角凳”考试（English Tripos），但是对他本人所生活的当下社会关注不足，“艾略特所说的传统只不过是纸上谈兵而已”①。不仅如此，利维斯还从标举经验的维度出发对艾略特加以质疑，“虽然艾略特引入了多恩和玄学诗人，但至于我们是否明确弄清楚艾略特对于玄学诗人投注兴趣的本质所在，我表示怀疑。不管怎样，有关艾略特的评论的讨论大多讲述的是纯粹哲学的自大和多恩的理性”②。艾略特的美国身份甚至也成了利维斯批评的标靶，“艾略特也是一个美国人，凡他可能以抽象的方式表示同意的事情，他也许不能以富有想象力的、生机焕发的思维方式去构思一种源自有机整体文化中的复杂艺术”③。

究其实，利维斯认为宗教狂想和玄学迷思使得艾略特越发偏离了艺术家与批评家统一的理想状态，尽管利维斯承认艾略特的诗坛巨匠地位，但是他强调文化传承，尤其是英语语言的创造性对于文化传承的重大作用。在这一点上，利维斯更加认同劳伦斯（David Herbert Lawrence）而非艾略特。这也构成了利维斯文学批评理论的一个有趣走向，即由推举艾略特转为赞赏劳伦斯。利维斯以劳伦斯为参照系去批评艾略特，又以布莱克（William Blake）为参照来评价劳伦斯的天赋资质：“他（和布莱克）拥有同样的天分去认知他所感兴趣的事物，拥有同样的能力去分辨他自己的感觉情绪与惯常情感，以及同样的‘令人震惊的坦率与诚实’（terrifying honesty）。”④

---

① F. R. Leavis, T. S. Eliot's Influence, in F. R. Leavis, *Valuation in Criticism and Other Essays*, G. Singh (ed.), Cambridge: Cambridge University Press, 1986, p. 120.

② F. R. Leavis, T. S. Eliot and the Life of English Literature, in F. R. Leavis, *Valuation in Criticism and Other Essays*, G. Singh (ed.), Cambridge: Cambridge University Press, 1986, p. 137.

③ F. R. Leavis, T. S. Eliot and the Life of English Literature, in F. R. Leavis, *Valuation in Criticism and Other Essays*, G. Singh (ed.), Cambridge: Cambridge University Press, 1986, p. 131.

④ F. R. Leavis, D. H. Lawrence, in F. R. Leavis, *Valuation in Criticism and Other Essays*, G. Singh (ed.), Cambridge: Cambridge University Press, 1986, p. 17.

利维斯对于劳伦斯的评价大致可以归纳为以下几个方面：首先，利维斯认为劳伦斯极富原创性与创造力，这不仅表现在劳伦斯小说对于人类丰富经验的呈现，还体现为劳伦斯作为批评家所拥有的责任感和道德感（a deep moral sense），可以说，他很好地将艺术家与批评家的双重职能集结于一身，“劳伦斯的伟大之处在于，他促使我们修正、再度了解和认知我们的‘艺术’概念”①。其次，利维斯认为劳伦斯在反思文艺工具论的同时，其作品又鲜明地传达出一种文明道德理念，即以一种富于创造力的语言去艺术性地承载道德使命，“我最后要提醒你们的是，如果说劳伦斯在艾略特、乔伊斯、保罗·瓦莱里和克莱夫·贝尔的时代代表着反对美学、神秘和繁复深奥的激进力量，那么在马克思主义化的时代，他又成了说教派的敌人。他明确支持艺术的完整性，对他而言，艺术的完整性就如同人类精神般不可侵犯。利用艺术去强行灌输‘意志’和‘思想’是对生命的冒犯。可以肯定地说，劳伦斯的作品处处都传达和产生着对生命的敬畏之情——一种不仅仅是马克思主义者和教导主义所宣扬和提醒的文明之急需品”②。

或可借用佩里·安德森之言，在英国这样一个既无“古典社会学”传统又缺乏本土民族马克思主义的特殊环境里，劳伦斯作品所蕴含的丰富想象力和道德的艺术呈现以及劳伦斯本人所倡导的理性与感性的统一，为处于战后文学现代主义浸染下的利维斯提供了某种批评观念的理想参照。此外，以利维斯为核心的“细察派”还深受瑞恰兹“实用批评”的影响，并在对“实用批评”进行选择性吸收的基础上构筑起利维斯文学批评的鲜明特色。

瑞恰兹的批评理论具有相当浓厚的实证主义和经验主义色彩，他曾经在剑桥大学展开过一项历时九年的著名实验：以课程作业的方式让学生去解读若干首诗歌，这些诗歌的作者和背景信息都被极为严格地加以隐匿，实验结果相当出乎意料：声名显赫的诗人创作的诗歌遭到贬抑，无名之辈的诗作却大受好评。瑞恰兹从心理机制角度阐释了阅读者的生活阅历、个人体验以及时代和社会因素对于诗歌本身意义的影响，并据此发展出意义的四种类型理论（理智、感情、音调、意图）和“语境”理论，为新批评提供了理论基石。一方面，瑞恰兹重新定义“批评”，明确指出现代美学

① F. R. Leavis, Lawrence after Thirty Years, in F. R. Leavis, *Valuation in Criticism and Other Essays*, G. Singh (ed.), Cambridge: Cambridge University Press, 1986, p. 106.

② F. R. Leavis, Lawrence after Thirty Years, in F. R. Leavis, *Valuation in Criticism and Other Essays*, G. Singh (ed.), Cambridge: Cambridge University Press, 1986, p. 110.

分析在文学批评领域存在的缺陷和不足。瑞恰兹这样为“批评”下定义：“就我的理解来看，批评就是区分各种经验并对其加以评估的努力。不对经验的性质有一些了解，或者不具备评价和交际的相关理论，我们就无法开展批评工作。”① 在瑞恰兹看来，审美分析存在明显缺陷，因为“它回避了关于价值的诸种考虑”②，文学理论并非必然要依赖于实验美学（experimental aesthetics），更何况现代美学往往忽视了文学作品和经验的其他价值，“现代美学都有赖于一种假想，即认为在审美经验中存在一种明显的心理活动”③。实际上，瑞恰兹是在批评艺术中的唯美主义倾向，反对将作品抽离其具体语境去阐释意义的做法。另一方面，瑞恰兹敏锐地注意到商业主义所导致的低级趣味和道德滑坡，主张艺术家应该建立自己的道德底线，自觉承担起抵制低俗趣味的时代使命。瑞恰兹在《实用批评》中多次引用孔子名言，阐明艺术的功用理应在于“引发思考，协助观察，助人交往，激起义愤”④。显然，瑞恰兹对那种宣扬“为艺术而艺术”的“纯诗”论不以为然，提倡文学批评应该跃出审美分析的范畴，充分关注文学的道德和教育功能，一如瑞恰兹的形象比喻，“批评家与思想健康密切相连，这就仿若医生和身体健康的关系”⑤。

20 世纪 20 年代，瑞恰兹和 T. S. 艾略特在剑桥大学任教，二人都具有相当深厚的哲学素养。从学术声誉和影响上看，瑞恰兹的“实用批评”为剑桥英文系提供了一种新的研究方法（也是一种有效的考试手段），也由此奠定了他在剑桥英文系不可替代的重要位置。利维斯在剑桥求学期间，曾受惠于两位学者的言行思想。利维斯出身于小资产阶级家庭，亲历过“一战”的枪林弹雨，战争的残酷促使他更加热衷于追问生命的价值以及创建理想社会的可能性。这种独特的生活境遇在很大程度上决定了利维斯不可能仿效浪漫主义的主观诗学和唯美主义的唯美至上，他眼中的文学必须与现实社会发生关联互动，最理想的状态就是要参与到关于英国文化衰

---

① I. A. Richards, *Principles of Literary Criticism* (the fifth edition), London: Kegan Paul, Trench, Trubner & Co., Ltd., 1934, p. 2.

② I. A. Richards, *Principles of Literary Criticism* (the fifth edition), London: Kegan Paul, Trench, Trubner & Co., Ltd., 1934, p. 10.

③ I. A. Richards, *Principles of Literary Criticism* (the fifth edition), London: Kegan Paul, Trench, Trubner & Co., Ltd., 1934, p. 11.

④ I. A. Richards, *Practical Criticism: A Study of Literary Judgement*, San Diego, New York, London: Harcourt Brace Jovanovich, Publishers, 1929, p. 275.

⑤ I. A. Richards, *Principles of Literary Criticism* (the fifth edition), London: Kegan Paul, Trench, Trubner & Co., Ltd., 1934, p. 10.

退的公共讨论中去。

安妮·萨姆森（Anne Samson）结合利维斯在《英语诗歌的新方向》中对于现代派文学与文学传统的深入洞悉，指出利维斯批评思想受到了下述因素的影响，“关于英国现状的论争、剑桥英文系、文学现代主义和大陆哲学”①。这其中，“关于英国现状的论争”当属利维斯文学批评与文化批评赖以生成的语境，而剑桥英文系的成立则为利维斯提供了践行思想与施展才华的广阔舞台。一方面，利维斯对新批评派的重要代表、瑞恰兹的得意门生燕卜逊评价甚高，认为其诗歌分析有机地融汇了“理智”与“情感”，“随着我们通读燕卜逊的书，我们就越来越不可能发现其中的理智与情感相脱节……简言之，燕卜逊拥有非常精妙的情感……”② 利维斯盛赞燕卜逊的《含混的七种类型》为一流的批评之作，因为它不但凸显了语言在诗歌中的地位，而且其择取的研究对象广及乔叟至利维斯时代的英国诗歌，这是其他相关研究难以望其项背的，“燕卜逊的书是现时代充满生机的思想实践，它具有非凡的意义……是年轻一代对艾略特先生和瑞恰兹先生所提出的问题的回应”③。另一方面，利维斯接受了瑞恰兹诗学的反美学倾向，主张文学与文学研究不能自闭于美学和情感层面，必须要与个体生活及个体所处的外在世界展开对话，“文学对于利维斯来说关系重大，因为他相信文学比任何其他方式都更适于用来与一个高度机械化、动荡变迁的邪恶世界作斗争，并且用来修复那些被机械剥夺了的传统。和他的导师瑞恰兹一样，利维斯也抵制美学理论，将文学的功用看成是道德的和教育的，只是不带任何教诲色彩。然而，如果文学有能力改变这个世界，那么批评家的角色也就相应地至关重要”④。必须指出的是，在关于文学批评应当超越审美范畴、发挥教育和道德功能的层面上，利维斯与瑞恰兹达成了一致；但是利维斯始终抱有理想主义情怀，断然不能接受瑞恰兹加之于文学批评中的心理学等科学方法，“利维斯最终与瑞恰兹后来的科学立场分道扬镳，并指责他屈服于技术—边沁主义习性，这在利维斯看来会损害合

---

① Anne Samson, *F. R. Leavis*, Hertfordshire: Harvester Wheatsheaf, 1992, p. 7.

② F. R. Leavis, William Empson: Intelligence and Sensibility, in F. R. Leavis, *Valuation in Criticism and Other Essays*, G. Singh (ed.), Cambridge: Cambridge University Press, 1986, p. 26.

③ F. R. Leavis, William Empson: Intelligence and Sensibility, in F. R. Leavis, *Valuation in Criticism and Other Essays*, G. Singh (ed.), Cambridge: Cambridge University Press, 1986, p. 28.

④ Anne Samson, *F. R. Leavis*, Hertfordshire: Harvester Wheatsheaf, 1992, pp. 3 –4.

乎体统的人类文化”①。

利维斯对于瑞恰兹科学主义的批判，既联系着利维斯反对那种后来被他称作“技术—边沁”主义的功利主义思想，也反映出利维斯批评观念的另一重要面向——反哲学维度。这事实上成为英国文化主义传统的一条重要脉络：利维斯一方面继承了阿诺德高扬“文学文化”与人文教育的传统，一方面又始终坚持反哲学、反理论姿态，试图建立起英国文学与英国民族文化的“英国性”，从而达到与欧陆学派相提并举的目的。

利维斯的哲学观念和理论反思集中体现在以下几篇文章中：《马克思主义与文化传承》（Marxism and Cultural Continuity）、《为批评家再声明》(Restatements for Critics)、《瑞恰兹博士、边沁与柯勒律治》（Dr Richards, Bentham and Coleridge）和《文学批评与哲学》。其中，《瑞恰兹博士、边沁与柯勒律治》是利维斯“反哲学的批评方法的一个起源，他后来宣称自己是‘反哲学家分子’（anti-philosopher），也可以追溯到这篇文章”②。《文学批评与哲学》堪称利维斯与韦勒克的论战檄文③，该文聚焦了利维斯文学批评理念中的反哲学维度，在近代文学批评史上享有较高声誉。

1937 年 3 月，韦勒克在《细察》杂志撰文批评利维斯的《再评价》，利维斯的《文学批评与哲学》就是针对韦勒克严厉批评的回应。

首先，韦勒克指责利维斯的诗歌批评缺乏系统性的理论阐述，未能以一种抽象方式将伦理、哲学和美学的标准在文学批评中有机结合起来。利维斯就此回应道：“我首先要声明的是我本人并非哲学家。至于我能否阐明一种让他（韦勒克）备感满意的理论，我表示怀疑……如果我坦承自己不是哲学家……那是因为我拥有自己的想法——关于成为一位文学批评家

---

① Anne Samson, *F. R. Leavis*, Hertfordshire: Harvester Wheatsheaf, 1992, p. 17.

② Editor's Introduction, in F. R. Leavis, *Valuation in Criticism and Other Essays*, G. Singh (ed.), Cambridge: Cambridge University Press, 1986, p. 4.

③ 利维斯的批评观点大多以单篇论文的形式散见于《细察》杂志，有趣的是，利维斯的批评生涯交织着多次颇有影响的学术论辩，比如与 W. W. 罗伯森教授和 F. W. 贝特森关于文学史与文学批评之关系的论争、与韦勒克关于文学批评与哲学的关系的论争、与 C. P. 斯诺关于“两种文化”的论争。上述学术论争为我们全面了解和把握利维斯批评思想的发展轨迹提供了理想的切入口。分别参见：《文学批评：一种答复》(*Literary Studies: A Reply*)，《负责任的批评家，或者批评在任何时候的功用》(*The Responsible Critic: Or the Function of Criticism at Any Time*)，收录于利维斯的文集《批评的评估》（*Valuation in Criticism*）；《文学批评与哲学》（*Literary Criticism and Philosophey*），收录于文集《共同的追求》（*The Common Pursuit*）；《两种文化？C. P. 斯诺的意义》(*Two Cultures? The Significance of C. P. SNOW*) 等。

的想法。”① 很明显，利维斯开门见山地将自己定位为文学批评家，并不言自明地强调了文学与哲学的疆界。在利维斯看来，文学批评与哲学完全属于泾渭分明的不同学科，二者不可能融洽地缔结“姻缘”：“我认为很有必要在某处存在一种严肃的文学批评，并主张文学批评是一种确立无误的独立学科。”②

利维斯进而指责韦勒克对文学批评的过程缺乏清晰的认知，并提出自己的几点看法：其一，阅读诗歌与阅读哲学是截然不同的，诗歌批评要充分关注接受者的具体经验，“理想的批评就是理想的读者”③。其二，哲学重在抽象的阐释，诗歌则更加在乎一种情感和情绪的唤起，它抵触“规则性”的框定和评价，寄望读者充分调动起自身经验，透过字词去触摸和感知字里行间隐含的复杂情感，“诗歌的语言不是要吸引我们去思考和判断，而是要‘融入’并‘亲近’诗歌语言所表达的复杂经验，它们所要求的不仅仅是全身心融入的应答，还应该是一种更加完备彻底的响应——这种响应与韦勒克博士所主张的评断式的、严格设定标准的方法是相抵触的……批评家的宗旨，首先就在于要尽量敏锐完整地了解到需要引起注意的这种或那种经验，某种评价也就内隐于这一过程之中。随着批评家应对新事物的经验渐趋成熟，他就会明确或含蓄地问道：‘这种经验来自何处？它的立场与……怎样产生关联？它要怎样才能显得相对重要？将它框定的组织结构……并非一套理论体系，抑或一种由抽象思考所决定的系统”④。哲学训练或许有助于文学批评，但是绝对不能越俎代庖，也就是说，哲学训练最终应当服务于文学批评而不是取而代之。其三，对诗歌的评价不应当抽象化为直截了当地划分等级、圈定座次，它需要唤起批评家和读者的丰富经验，继而敞开其内在的多重价值。韦勒克的第二点批评聚焦于利维斯未能在其下一本书中阐释和发展前一本书所牵涉和暗示的理论，就此问题，利维斯强调哲学式的抽象概括会损害诗歌的阅读，“我避免使用一般性的抽象概述，这并不是因为胆小怕事，原因在于它们看起来笨拙愚蠢、百无

---

① F. R. Leavis, Literary Criticism and Philosophy, in F. R. Leavis, *The Common Pursuit*, London: Chatto & Windus Ltd., 1972, p. 211.

② F. R. Leavis, Literary Criticism and Philosophy, in F. R. Leavis, *The Common Pursuit*, London: Chatto & Windus Ltd., 1972, p. 212.

③ 同上。

④ F. R. Leavis, Literary Criticism and Philosophy, in F. R. Leavis, *The Common Pursuit*, London: Chatto & Windus Ltd., 1972, pp. 212 - 213.

一用。我认为我提供了更好的方式”[①]。这里所谓的“更好的方式”，其实就是利维斯所说的“根据具体判断和详尽分析来开展工作”[②]，其中不难窥知利维斯对于抽象干涩的理论的排斥心理。

最后，韦勒克推断说，正是因为利维斯对哲学的不感兴趣才导致他对浪漫主义诗人的评价有失公允，关于这一点，利维斯再度承认文学批评家很难与哲学二者兼顾，“对批评家、对读者而言，他们的主要兴趣集中在诗歌中，布莱克、华兹华斯和雪莱是如此不同，以至于将他们同化入一种共同哲学只能表明哲学方法的毫不切题”[③]。具体到对于布莱克诗作《经验之歌》的评价，韦勒克主张把诗歌置入布莱克的象征主义哲学中加以阐释，利维斯则坚持将布莱克的诗与象征主义哲学区分开来；至于华兹华斯，利维斯同样觉得在从事文学批评时，不宜将华兹华斯看成是哲学思想家，文学批评家和哲学家的使命、兴趣与旨归，终究是两码事。

这场火药味十足的论战到此并未结束，韦勒克对于利维斯的上述回应耿耿于怀，故而在其鸿篇巨制《近代文学批评史》中才会有如此充满揶揄意味的评价：“恐怕我是个十足的理论家，因此无法强烈地感受到利维斯的终极价值标准，即生活，所包含的歧义、灵活、模糊的一面。这条标准所隐含和排斥的一切，显示出利维斯文学观念的局限以及他狭隘的共鸣范围。”[④] 我们不难推测，对于操持数国语言、长期从事国际文学关系研究的韦勒克来说，利维斯一生中很少跨出英伦甚至剑桥，不免显得视野狭窄，浑身散发着英国本土的“乡土气息”。事实上，韦勒克批驳利维斯的终极标靶，其内在实质始终牵系着“理论”与“经验”的对抗：“在我看来，利维斯最严重的缺点，在于不相信乃至憎恶理论：这表现在他坚定的，自以为然的，唯名论的经验主义，他对具体事物和特殊事物的偏向性的祖尚态度。”[⑤]

---

① F. R. Leavis, Literary Criticism and Philosophy, in F. R. Leavis, *The Common Pursuit*, London: Chatto & Windus Ltd., 1972, p. 215.

② 同上。

③ F. R. Leavis, Literary Criticism and Philosophy, in F. R. Leavis, *The Common Pursuit*, London: Chatto & Windus Ltd., 1972, p. 216.

④ ［美］雷纳·韦勒克著，杨自伍译：《近代文学批评史》（中文修订版第五卷），上海：上海译文出版社 2009 年版，第 415 页。

⑤ ［美］雷纳·韦勒克著，杨自伍译：《近代文学批评史》（中文修订版第五卷），上海：上海译文出版社 2009 年版，第 416 页。

二、“少数人文化”与大众文化批判

利维斯和“细察派”批判性地吸收了艾略特的“有机整体论”、瑞恰兹“实用批评”的细读法以及反审美分析倾向，并在此基础上充分关注文本的社会文化与道德意义向度，形成了以《细察》为中心的具有鲜明特色的批评路径，学界习惯上称之为“细察派”（或曰利维斯主义）。

安德鲁·米尔纳颇为中肯地总结出利维斯主义的四个显著特征，“有机论美学、历史主义、激进主义和民族主义”[①]。所谓“有机论美学”，大致指向两个层面的问题：一是主张将文学文本看作有机整体，以便确立某种阐释标准和价值评判方式；二是为英文教学与考试提供一种可操作的模式。历史主义是利维斯文学批评与文化批评的关键词，既反映出利维斯与新批评派在观照视域上的差异，也承继了阿诺德和艾略特关于文化问题的思考方式，始终坚持在17世纪有机社会的理想参照下批判工业化与大众文明。激进主义和民族主义是利维斯文化批评的关键思想，激进主义表征着利维斯的政治姿态，即以文化为切入口，对英国的工业化社会和民主政治展开深入剖析，这事实上也反映出利维斯主义所交集的一组矛盾——“激进姿态、保守倾向”[②]。民族主义则准确地勾描出利维斯主义的独特之处，其关注视域始终聚焦于英国本土，诸如强调英语语言、对英国民族文学经典的设定、对欧陆哲学和理论的排斥等，这既是利维斯和“细察派”所处的特定社会历史情境使然，也是利维斯主义区分于阿诺德文化思想的显要差别。

纵观利维斯文化思想的发展历程，大致可以分为三个阶段：1930年至1943年是第一个阶段，综合了文化、教育与文学批评，这些思想往往融汇在同一本著作里；1943年至1955年可以算作第二个阶段，主要从事文学批评；从20世纪60年代开始，利维斯的批评基调发生转变，再次回到文化与教育主题。[③] 利维斯的文学批评始终牵系着英国社会的文化状况，在

---

① Andrew Milner, *Contemporary Cultural Theory*, London: UCL Press, 1994, p. 34.

② 威廉姆斯在接受访谈时，专门回顾了利维斯对他的巨大影响力，“首先影响我的是利维斯广泛的抨击范围，他抨击的对象有学院派、布鲁姆斯伯里团体、都市文学文化、商业出版和广告……我在利维斯的文学研究中发现了实用批评。它令人陶醉，带来一种我无法描述的强烈感受”。参见［英］雷蒙德·威廉斯著，樊柯、王卫芬译：《政治与文学》，开封：河南大学出版社2010年版，第49页。

③ Anne Samson, *F. R. Leavis*, Hertfordshire: Harvester Wheatsheaf, 1992, p. 8.

这一意义上说，利维斯的文学、文化批评理论是相互贯通、彼此参照的。利维斯对于社会文化状况的把脉，主要表现为前期创作的《大众文明与少数人文化》（1930）、《文化与环境》（与丹尼斯·汤普森合作，1933）、《传承》（*For Continuity*，1933）、《如何教阅读》（*How to Teaching Reading*，1932）、《关于批评的标准》（*Towards Standards of Criticism*，1933）以及《教育与大学》（*Education and the University*，1943），并且，前两部著作奠定了利维斯作为文化批评家的声望。[①] 此外，作为利维斯主义批判大众文化的关键文本，Q. D. 利维斯的杰作《小说与阅读公众》（1932）也集中呈现出“细察派”的文化批评路径与侧重面向。

1. 文化何以是少数人的

自马修·阿诺德以来，文化从一个早已存在的传统中获得明确命名，并作为一种具有批判性和建构潜能的力量，成为英国思想界抵制日益泛滥的工业文明的重要武器。前工业文明时代的有机社会一去不复返，那种想象中的有机的共同文化也成为过眼烟云，工业化和城市化助推了大众社会的进程，传统濒临丧失，有机社群走向解体，智识与情感渐趋分离，清新淳朴的民间文化被批量生产的大众文化取而代之。社会政治、经济结构急剧转型，促使阿诺德及其后继者开始认真反思英国的现实问题并试图在文化教育领域寻求解决途径。如果说，阿诺德所谓的“文化”与“无政府状态”的对立图绘出了英国维多利亚时代中后期的文化智识状况，那么，利维斯关于“大众文明”与“少数人文化”的对举则是“一战”之后英国社会文化的表征。

利维斯在“一战”后回到剑桥大学，这一时期对应着霍布斯鲍姆所谓“短20世纪”的起点阶段。英国历史学家霍布斯鲍姆在《极端的年代》（*The Age of Extremes*）里提出了“掐头去尾的短20世纪”之说，它是以“标志19世纪（西方）文明衰败的第一次世界大战为起点。这种文明的特征是资本主义经济；崇尚自由的法律和宪法；中产阶级居于统治阶层；科学的发展、知识和教育的普及、物质的繁荣和道德的进步都达到鼎盛；欧洲居于中心地位的确立，并成为科学、艺术、政治和工业革命的发源地……”[②]“自1914年以来，将发达国家和中产阶级背景视为正常的标准来衡量，文明生活有了十分明显的退步。人们坚信这种倒退浪潮已波及更

---

① Andrew Edgar and Peter Sedgwick, *Cultural Theory*: *The Key Thinkers*, London and New York: Routledge, 2002, p. 129.

② ［英］艾瑞克·霍布斯鲍姆著，马凡等译：《极端的年代》，南京：江苏人民出版社2010年版，第7页。

为落后的地区和更少受到启蒙的社会阶层”[1]。无独有偶，德国学者斯宾格勒远离“一战”炮火、离群隐居并写就了后来产生深远影响的《西方的没落》（*The Decline of the West*），该书以历史形态学的视角探析了西方文明正在走向衰败颓废的必然趋势，“欧美文明的经济完全是在一种按照其内在质量来区分的劳动基础上建立起来的……比过去在中国或埃及的情况还要严重，更不要说古典世界了”[2]。20 世纪 20 年代，《西方的没落》在英国得以翻译、出版，这一看似简单的文化交流事实，却负载着远为深刻的文化政治意义：由于英国在战后致力于张扬民族性，大大缩减了与欧陆的沟通，因此，斯宾格勒著作的被引介在一定程度上充当了英国学界接触欧陆思想的中介，比如它在利维斯那里就激起了强烈反响[3]。

如果说，斯宾格勒关于西方文明衰退论的预言激发了利维斯对于战后英国的文化衰退现实进行深刻的反思，那么，19 世纪后期的第二次工业革命与汹涌的殖民地反抗运动则在更深层次形构着西方的政治经济秩序和地缘政治概貌。在这一实力重组与风云变幻的特定时期，英国丧失了“日不落帝国”的老牌地位，南非、印度、爱尔兰等地的民族解放运动和第一次世界大战大大削弱了英国国力，与此同时，美国却作为“一战”的受惠国迎来了普遍繁荣。在经济领域，1929 年至 1934 年席卷资本主义世界的经济危机再度暴露了工业化与社会化大生产的消极后果；在政治领域，英国作为“一战”的战胜国却由战前的债权国变成战后的债务国，国际影响力急转日下，工党也顺势取代了自由党的领导地位；在思想文化领域，战后现代派文学蒙上了浓厚的幻灭感，比如 T. S. 艾略特的诗句：“去年你种在花园里的尸首，它发芽了吗？”这就是对西方现代文明和异化现实所发出的沉痛诘问。正是在这样的情境下，利维斯才会如此哀叹自己的处境，“马修·阿诺德所处的时代还算不上太恶劣，我们这个时代的文化却已经

---

① ［英］艾瑞克·霍布斯鲍姆著，马凡等译：《极端的年代》，南京：江苏人民出版社 2010 年版，第 14～15 页。

② ［德］奥斯瓦尔德·斯宾格勒著，张兰平译：《西方的没落》，西安：陕西师范大学出版社 2008 年版，第 324 页。

③ Anne Samson, *F. R. Leavis*, Hertfordshire: Harvester Wheatsheaf, 1992, p. 7. 此外，利维斯在思考文化衰退问题时，特别关注《西方的没落》（第二卷）并且述评了斯宾格勒的观点，“对斯宾格勒而言，历史的轮回再度走向无法避免的结局，人们对正在发生的事情普遍地缺乏关心，但这并非博学多识或哲学所能阐释明白的，它本身就是一个症候……”参见 F. R. Leavis, *Mass Civilisation and Minority Culture*, Cambridge: The Folcroft Press, Inc., 1930, p. 6.

糟糕到了极致"[①]。

利维斯采用"plight（困境）"来形容他那个时代的文化，"大众文明与少数人文化"这一标题也不言而喻地表明了"文明"与"文化"之间的对立。利维斯认为，文化不仅仅是阿诺德在《文化与无政府状态——政治与社会批评》中所描绘的那样，它还应该有更多的含义。在评述阿诺德"文化"定义的基础上，利维斯提出了自己对于"文化"的界定，"文化总是由少数人持有的……在任何时候，只有极少数人才能辨识和鉴赏文学艺术——也就是说，仅仅这样一些人有能力作出自发的、第一手的评判"[②]。换言之，利维斯主张文化应该由少数人掌握，因为这一部分人（少数人）既有能力接受和欣赏古典以来的文学艺术，对现时代的经典之作也不乏洞悉，历史已经证明了这一点，"回望历史，我们往往依靠少数人的最佳经验而获益，他们使传统中微妙精细、稍纵即逝的部分焕发出生机活力；我们界定美好生活的潜在标准，同样也是依靠少数人，因为他们的存在，我们察知何物更有价值、何方才是前路、何处方为中心"[③]。为何文化只是少数人所拥有的？它与阿诺德所谓"文化乃所思所言之精华"有什么内在联系吗？在笔者看来，利维斯的这一论断既是对"一战"之后英国工业文明泛滥、社会急剧转型的社会现状的智识回应，同时也直接勾连着利维斯对于"语言"的重视，比如利维斯进一步指出，美好生活要依赖于一种兼具隐喻和换喻功能的语言的表达，这样一来，"我所说的'文化'就是对这种语言的运用"[④]。

要剖析利维斯的"文化"概念，实际上需要考虑两方面的问题：利维斯如何界定"少数人"？"少数人"何以拥有文化？首先，与阿诺德所说的"剩余民"颇为类似，利维斯并没有对"少数人"作出界限清晰的定义。联系利维斯前期的几部重要著作，基本上可以读解出"少数人"一方面指的是有能力对文学作品作出评判的那一部分人；另一方面，少数人还应当

---

① F. R. Leavis, *Mass Civilisation and Minority Culture*, Cambridge: The Folcroft Press, Inc., 1930, p. 3.

② F. R. Leavis, *Mass Civilisation and Minority Culture*, Cambridge: The Folcroft Press, Inc., 1930, pp. 3 - 4.

③ F. R. Leavis and Denys Thompson, *Culture and Environment*, Westport, Conn.: Greenwood Press, 1977, p. 5. 转引自 John Storey, *Cultural Theory and Popular Culture: An Introduction*, Beijing: Peking University Press, 2004, p. 23.

④ F. R. Leavis, *Mass Civilisation and Minority Culture*, Cambridge: The Folcroft Press, Inc., 1930, p. 5.

包括受过教育、具备阅读能力的接受群体，因为正是他们使得前者的评判显得重要。[①] 利维斯给少数人委以重任，寄望他们有能力阅读和阐释文学艺术作品，从而延续英国的民族文化传统，正如威廉姆斯的评价，“利维斯的少数人只不过是接受文学教育的那一小部分人，他们延续了文学传统和语言的最佳潜能”[②]。其次，就文化定义的清晰度而言，利维斯远不及阿诺德那般简洁明了，他自始至终将定义“文化”的责任推卸给“语言”。利维斯的《文化与环境》这样表述语言、文化、传统三者间的关联：“语言处于我们文化的中心位置，当我们拥有语言的时候，从根本上说，传统就仍然起着作用。语言不仅仅是词汇，或者说，词汇的意义远远超出其表面所指……语言所传递的，大部分都是我们的精神、思想和感情传统。”[③] 我们不妨对利维斯的见解作出如下演绎：英国文化的生存、英国民族文化对于民族性的强调都必须依赖于传统的延承；文化传统的一脉相承，其最佳载体就是英国文学尤其是大学的文学教学；无论是英文教育还是延续英国民族文化传统，都应当充分重视语言的重要作用，保持语言的活力。

有意味的是，利维斯的文化思想似乎与“语言”结下了难解之缘，在论及文化所面临的恶劣环境时，利维斯再次提到了语言，“界标在移动、增加、互相聚集，分界线变得模糊不清，界限消失了，不同国家和不同时期的文学艺术汇流在一起。如果我们回到作为隐喻语言的‘文化’，我们就可以使用艾略特先生用来形容智识状况的句子‘当要了解的东西如此之多，当相同的词汇在很多知识领域被用于表达不同的含义，当人人都对诸多事务有所了解的时候，人们就越来越难以察知自己究竟是否明白自己所言为何物’”[④]。文化的危机在很大程度上也就是语言的危机，较之阿诺德对于文化的确切定义，利维斯构筑于“语言”基础上的文化概念无疑要更加宽泛，这一方面印证了 R. P. Bilan 的评价，“一旦有人开始从语言角度去界定文化，那就很难把阿诺德关于文化是最美好之物与人类学关于文化是

---

① R. P. Bilan 的《利维斯的文学批评》也有类似论述，参见：R. P. Bilan, *The Literary Criticism of F. R. Leavis*, Cambridge: Cambridge University Press, 1979, p. 44.

② Raymond Williams, *Culture and Society: 1780 – 1950*, New York: Doubleday & Company, Inc., 1960, p. 272.

③ F. R. Leavis and Denys Thompson, *Culture and Environment*, Westport, Conn.: Greenwood Press, 1977, p. 81. 转引自 R. P. Bilan, *The Literary Criticism of F. R. Leavis*, Cambridge: Cambridge University Press, 1979, p. 29.

④ F. R. Leavis, *Mass Civilisation and Minority Culture*, Cambridge: The Folcroft Press, Inc., 1930, p. 19.

一种总体的生活方式明显地区分开来了"[①]。另一方面，它也呼应了威廉姆斯后来在追溯文化定义之时的复杂心态：界定文化之难，主要缘于人们不断迫使文化去拓展范域，直至放大到整个日常生活。

综而论之，利维斯的"少数人文化"指的就是那样一群接受过文学教育的群体，他们灵活掌握了语言的隐喻和换喻功能，具备阅读和阐释文艺作品的能力，借此有助于民族文化的传承。"少数人文化"所面临的威胁，正是来自于愈益汹涌的大众文明（也就是利维斯后来所谓的"技术—边沁主义"），同样，如果要比较利维斯与阿诺德关于文化的不同界定，也必须参照他们的文化观所共有的一个对话对象——工业文明。

2. 文化的危机与大众文化批判

工业革命是英国文化主义思想传统至为关键的政治经济考量因素，在阿诺德、T. S. 艾略特和利维斯看来，工业革命对于英国思想文化的影响，其中一个重要的维度就是将有机社会的共同文化撕裂，从而招致"大众文明"与"少数人文化"二元对举的局面。

利维斯一面标举"文化是少数人的"，一面忧心忡忡地指出文化正面临着敌对和恶劣的环境："我先前已经说过，文化总是由少数人持有的。而如今，少数人意识到自己正陷入一个不合时宜、充满敌意的环境中……'文明'与'文化'正成为两个对立物。不仅权威的力量和意义正在从文化中抽离出来，即便文明中那些最友好、最公正无私的内容也开始有意无意地与文化为敌。"[②] 文化陷入重重危机，其罪魁祸首当属工业化/机械化，"工业革命和机器的出现导致社会境况愈加恶劣，这不仅包括人们的物质生活，还牵涉到他们的心理意识"[③]。利维斯尤其具体论及机器生产对于人的品位、文化生产形式、感性与理性是否统一等重要问题的影响，"在我们看来，机器或曰被应用的动力，是带来变化并造成破坏的原因，机器给我们带来了诸多益处，但它也摧毁了旧的生活方式，旧的组织结构，由于持续性的急剧变迁，机械妨碍了新生事物的成长。并且，机器大生产带给我们的好

① R. P. Bilan, *The Literary Criticism of F. R. Leavis*, Cambridge: Cambridge University Press, 1979, p. 28.

② F. R. Leavis and Denys Thompson, *Culture and Environment*, Westport, Conn.: Greenwood Press, 1977, p. 26. 转引自 John Storey, *Cultural Theory and Popular Culture: An Introduction*, Beijing: Peking University Press, 2004, p. 24.

③ Anne Samson, *F. R. Leavis*, Hertfordshire: Harvester Wheatsheaf, 1992, p. 6.

处已经表现为超出纯粹物质产品之外的标准化和水平化……”[①] 利维斯并没有全盘排斥机械化与大规模生产，他所担忧的是工业化/机械化对于社区生活方式和文化传承的巨大破坏力。工业化导致的标准化/水平化后果绝非美国所独有的现象，它已经近在咫尺，渗入日常生活的方方面面，“文化的前景非常暗淡，希望渺茫，因为一个标准化的文明迅疾地包围了整个世界”[②]。究其实，利维斯所担心的正是工业文明所招致的人文灾难，在对工业革命和工业文明的评价上，利维斯延续了阿诺德、罗斯金、哈孟德夫妇的观照立场，凸显出工业化之于物质和心灵的双重束缚。[③]

利维斯所谓的“大众文明”，其外在表征就是伴随着大众社会的出现而兴起的大众文化。如果说，阿诺德意义上的“大众/通俗文化”可以看作无政府状态的近义词，那么，利维斯则显然身处一个大众文化与大众传媒突飞猛进的时代，电影、广播以及后来电视的诞生拉开了“媒介即信息”（麦克卢汉语）的传播时代的序幕。从这一意义上说，“一战”后英国的文化危机是工业化/机械化导致的消极后果，其外在表征凸显为“大众文化”与“少数人文化”的尖锐对立。这种为利维斯和“细察派”所大加鞭挞的大众文化既包括源自英国内部的电影、广播、广告等，也指向以好莱坞电影为代表的美国大众文化。

“一战”进一步激发了英国的民族主义浪潮，在寻找民族性的文化语境中，英国大大减少了与欧洲大陆的来往，同时与美国交往甚笃。20世纪20年代初，在“一战”中获得长足发展的好莱坞电影作为外销美国意识形态的载体，迅速占领欧洲市场，以至于1923年某期的伦敦《晨报》指出：

> 即便美国废除自己的外交、领事部门，让自己的船只不出港，让自己的旅游者不出门，退出国际市场，美国人，美国的问题，美国的城乡，美国的道路、汽车、乡间别墅和酒吧，仍然会让世界最偏僻角落的人们所熟悉……对于美国而言，电影就是打入英国的旗帜。通过电影的手段，山姆

---

① F. R. Leavis and Denys Thompson, *Culture and Environment*, Westport, Conn.: Greenwood Press, 1977, p. 3. 转引自 R. P. Bilan, *The Literary Criticism of F. R. Leavis*, Cambridge: Cambridge University Press, 1979, p. 19.

② F. R. Leavis, *Mass Civilisation and Minority Culture*, Cambridge: The Folcroft Press, Inc., 1930, p. 30.

③ 关于评价工业革命历史意义的“悲观派”和“乐观派”的详细论述，可参看钱乘旦：《寻找他山的历史》，上海：复旦大学出版社2010年版。

大叔可以期望，假如没有对他的及时遏制，总有一天他会将世界美国化。[①]

好莱坞风头旺盛，很快就以压倒性优势取代了法国电影在欧洲的地位。由于好莱坞控制了英国的电影市场，20 世纪 20 年代，英国文化界掀起了一股反好莱坞风潮，“1925 年，包括作曲家爱德华·埃尔加和小说家托马斯·哈代在内的一批英国著名人士出面表态，在伦敦的报纸上发表了一封请愿书，猛烈抨击好莱坞”[②]。1927 年，英国颁布了《拍电影法》，直接的动机就是要遏制好莱坞电影的泛滥，为英国本土民族电影业保驾护航。与此同时，纸质媒介也迎来了汹涌的发展势头，早在阿诺德时代，英国的报业就已经相当发达，伦敦的印刷作坊和报业机构鳞次栉比，形成了闻名遐迩的“舰队街”。作为近代印刷业的革新成果，报刊以低廉的价格和丰富及时的资讯赢得了大量读者尤其是社会中下层阶级，一如本书上一节所述，报刊甚至还充当了文学批评兴起的前沿阵地。20 世纪 30 年代，英国迎来了“平装书革命”，“20 世纪 30 年代以前，英国的新版书都是精装本，价格昂贵，普通百姓无法承受。1936 年，艾伦·莱恩在伦敦创办了内容通俗、价格低廉的平装本丛书——‘企鹅丛书’……获得了巨大的成功。这场被誉为‘平装书革命’的活动，对欧美许多国家的出版业产生了深远的影响”[③]。

电影、广告、平装通俗小说等媒介形式的异军突起，一方面在很大程度上导致了文化等级制度的崩塌，对高雅文化造成了巨大威胁；另一方面以强劲势头参与着 20 世纪 30 年代英国文化思想地形图的重塑。如果说，阿诺德所面临的是如何分配文化领导权、调整社会文化秩序的问题，那么，利维斯和“细察派”需要处理的则是“少数人”如何有效应对大众文化严峻挑战的现实。

最令利维斯忧心忡忡的是，美国式的大规模工业生产所导致的标准化、水平化后果，不但影响到社区生活，而且已经侵入民族情性的层面。电影的后果是灾难性的，“它们为现代文明世界提供最主要的娱乐形式，在催眠般的状态下，它们让渡于最廉价的情感诉求，这种情感吸引力是阴

---

① ［加］马修·弗雷泽著，刘满贵等译：《软实力——美国电影、流行乐、电视和快餐的全球统治》，北京：新华出版社 2006 年版，第 36 页。

② 同上。

③ 毕佳、龙志超编著：《英国文化产业》，北京：外语教学与研究出版社 2007 年版，第 86 页。

险有害的，因为它们只是现实生活的迷人幻觉”[1]。Q. D. 利维斯认为电影与流行小说拥有同样的幻想机制和“填充幻想”的功能，但电影的优胜之处在于“读者不必花费力气去将文字转化为影像……而且，去影院观影就像听唱机或无线广播一样，是一种消极的社会性娱乐活动。然而，为家人大声朗读小说的时代一去不复返，小说成了一种‘独乐’，当前的公众更喜欢‘众乐’而不是‘独乐’”[2]。显然，电影融汇了更为直观的视听媒介元素，其大众化特性更加贴近大众文明时代的社会需求。更有甚者，电影借助于文学名著的改编投拍达成了与书籍出版的互动，形成了极富现代意义的跨媒介流通，这样一来，“声名显赫的文人被美国电影导演轻而易举地取代了……阅读公众的兴趣聚焦于光彩照人的电影明星”[3]。广播的标准化后果比较明显，但由于在追逐商业利润方面不如好莱坞，所以水平化的程度相对较轻。广告是利维斯和“细察派”批评得最为严厉的对象，在利维斯看来，广告擅长启用消费心理学，成功的广告词试图达到的效果“不是影响单个人的思想，而是影响普罗大众的思想和行为方式”[4]。此外，现代新闻和报业广告依赖于动机明确的市场调查和高妙的宣传策略，语言则成了广告推销的技巧，利维斯由此联想到英语的霸权地位，颇具讽喻性地指出英语是世界上最适合于做广告的语言。流动图书馆是穷人借阅书刊的主要渠道，报纸、期刊、杂志和流行读物是其中最受欢迎的部分，流动图书馆常常在报纸上刊出广告，用广受欢迎的流行小说家的名字吸引读者眼球，它们一方面对公众的阅读趣味产生了消极影响，“较之过去的读物，现代杂志为辛劳的城市工人提供了更加便于读懂的读物。为了达成这一目标，它失去了成为文学的荣耀，但它也并不仅仅是提供娱乐和慰藉的对象，它相当清晰地对其他规范和理想形成挑衅，使得阅读公众适于某种有限的爱好和受束缚的世界观，从而在更为严重的意义上损害了以书刊形式阅读小说的公众”[5]；另一方面，英国缺乏一个受过足够教育的阅读公众群

---

① F. R. Leavis, *Mass Civilisation and Minority Culture*, Cambridge: The Folcroft Press, Inc., 1930, pp. 9 – 10.

② Q. D. Leavis, *Fiction and the Reading Public*, London: Chatto & Windows, 1932, p. 55.

③ Q. D. Leavis, *Fiction and the Reading Public*, London: Chatto & Windows, 1932, p. 16.

④ F. R. Leavis, *Mass Civilisation and Minority Culture*, Cambridge: The Folcroft Press, Inc., 1930, p. 11.

⑤ Q. D. Leavis, *Fiction and the Reading Public*, London: Chatto & Windows, 1932, p. 32.

体，“英国公众不会像花钱买衣服、看电影那样随意花钱买书，但事实上他们每月花费一先令或更多的钱用于购买报纸杂志……法国人购买书籍是因为法国拥有一个受过良好教育的公众群体”[①]。公众受教育程度普遍落后，这显然成为英国图书业尤其是以文学经典为代表的高雅文化发展的“阿喀琉斯之踵”，形形色色的日报、周报、文化周刊、女性杂志、故事期刊、电影刊物和幽默小报充斥着阅读市场，并且美国刊物在其中占据很大比例。

受瑞恰兹在《文学批评原理》中关于大众读物的相关论述的影响，Q. D. 利维斯依据文化趣味及其对应的不同阅读群体，将纯文学刊物分成三个层级：高眉（high brow）、平眉（middle brow）、低眉（low brow）。[②]《标准》（*Criterion*）杂志主要刊载以文学精英为阅读对象的小说的评论，其流通范围主要锁定在文学圈内，相关评论也比较严肃认真，因此可以算作“高眉”的代表；《泰晤士报文学副刊》（*Times Literary Supplement*）流露出十足的学院派基调，侧重分析小说情节、品评小说优点，这种类型的刊物可以归为“平眉”；那些提供饭后谈资的廉价周刊则只能算作“低眉”。上述三类不同层次的刊物服务于文化品位差异甚巨的三个不同层级的阅读公众，“每一层次的文学刊物相对于其他层级的读者来说用处甚微”[③]。不同层级的刊物反过来培养出与之相适应的阅读对象，而现实环境却极其不利于高雅文化的传播，美国连锁廉价商店充斥着销售通俗小说的专柜，商业化市场催生了一种以赢利为轴心的公众阅读运作模式：作为中介人的期刊评论家与商业广告合谋，泛滥的定型化读物严重束缚着阅读公众的想象力，一如 Q. D. 利维斯所转引的前任教育部长的演讲词，“当今阅读的一个最大罪过就在于它阻碍了思想的产生”[④]。

高雅文化显然难以适应这样的社会环境，那么是否可以期望会出现一种“全新”的大众文化呢？利维斯以清醒的姿态评估当时的社会总体状况，得出了并不乐观的结论：“毫无疑问，人们也许会认为这样一种‘大众文化’很可能优于我们所失去的文化，但这种想法是徒劳无益的：这个

---

① Q. D. Leavis, *Fiction and the Reading Public*, London: Chatto & Windows, 1932, p. 10.

② 笔者此处借用了钱钟书先生的翻译，特此说明。参见《论俗气》，载《大公报》，1933 年 11 月 4 日。

③ Q. D. Leavis, *Fiction and the Reading Public*, London: Chatto & Windows, 1932, p. 20.

④ Q. D. Leavis, *Fiction and the Reading Public*, London: Chatto & Windows, 1932, p. 56.

全新的东西向一切能够激发我们兴趣的物什俯首称臣。”[①] 利维斯的悲观论调，反映出那些暴露在大众文明与工具理性之中的现代人丧失了敏锐的感受力及其有机社会所特有的“情感和理性的统一”，他们就像是尤金·奥尼尔《毛猿》里的扬克，在单调沉闷的大工业生产中遭遇着一种被异化的孤独与绝望。利维斯和“细察派”对于大众文化的批判，其内在诉求始终牵系着利维斯的“少数人文化”构想。大众文化极大地冲击了文化权威与文化等级，大众民主与大众文明严重威胁着能够履行文化传承的少数人的生存环境。已然消逝的有机社会仿佛是利维斯照射当下文化危机的一面镜子，他崇尚17世纪的社会模式，尤其是“以莎士比亚为典范的充满活力的语言，宗教品质，大众文化与高雅文化间的密切联系”[②]。利维斯赞成艾略特关于“一战”后英国社会文化状况的诊断，但是在对待传统和有机社会的问题上，利维斯显然没有陷入艾略特“迷恋往昔”的过度怀旧，对利维斯而言，17世纪有机社会只是一个理想的参照系，重返过去是既不可能也毫无意义的，“我们必须警惕那种简单化的解决办法，比方说，我们必须认识到不可能重返过去……即便是农业得以复苏，那也不可能找回有机社群，我们要重视已经失去的东西，以免它遭到遗忘，因为铭记旧秩序是激励我们走向新秩序的重要因素”[③]。

面对“一战”后英国的社会文化危机，利维斯积极介入社会文化问题的思辨，他率领Q. D. 利维斯、丹尼斯·汤普森等人，以辛苦经营的《细察》为阵地[④]，“左右开弓”：一面严厉声讨大众文化与大众传媒的种种消极后果，一面对马克思主义展开批评攻势（我们将在下一分节专门论述利维斯的马克思主义观）。利维斯认为，单纯地抵制机械化与大规模生产是徒劳无功的，艾略特式的过分怀旧也不能为英国的文化现状与未来绘制出理想蓝图，因此，可行的解决之途就是要依靠学校教育来培养传承文化的少数人与合格的阅读公众。利维斯重视文化传承与学校教育的功能，这在

---

① F. R. Leavis, *Mass Civilisation and Minority Culture*, Cambridge: The Folcroft Press, Inc., 1930, p. 31.

② R. P. Bilan, *The Literary Criticism of F. R. Leavis*, Cambridge: Cambridge University Press, 1979, p. 9.

③ R. P. Bilan, *The Literary Criticism of F. R. Leavis*, Cambridge: Cambridge University Press, 1979, p. 18.

④ 《细察》系自办发行，财政上面临诸多困难。1933年3月出版的《细察》杂志刊登了一则敬告读者的启事，其中提到了《细察》在发行上的困难，该启事声称杂志依旧免费，但希望能够由读者承担杂志的邮资。参见该期杂志第314页。

某种程度上是对阿诺德的承继。《我们时代和大学的英国文学》尤其凸显出阿诺德对于利维斯的影响，二者的不同之处在于：在寻求出路的问题上，阿诺德将目光投注到欧陆古典文化，祈望一种希腊化的理想路径；利维斯则坚守英国的民族文化，期盼学校教育尤其是英语教学能够有助于重塑“情感与理性统一”的有机文化，从而引领英国走出文化危机的深重困境。在对待宗教的态度上，阿诺德对不从国教派颇有微词，“阿诺德充满批判色彩，认为不从国教派欠缺一种‘总体性’，过分张扬了‘地方性’”①；利维斯则极力捍卫不从国教派在英国社会生活中的核心位置，彰显英国文学的“民族性”与“地方性”，对大举入侵英国论大学教育的美国文学保持高度警觉，“我加进‘凶兆’一词是因为美国对我们大学英文教学的影响愈演愈烈，这是一种很糟糕的现象，我们应当抵制”②。可以说，利维斯继承了阿诺德文化政治学的研究视角，认识到有机时代的共同文化已经不复存在，一种大众文明正在吞噬、威胁着少数人的文化。但利维斯的视野不及阿诺德开阔，由于主体身份的差异，在剑桥唐宁学院当了一辈子教师的利维斯开出的药方始终是围绕着大学教育尤其是英文教学。

首先，利维斯绘声绘色地勾描出大学的理想与宗旨，坚称大学必须承担起培养人文精神的使命，“大学不仅仅是传授技术和知识的地方，还应当是表征社会生活变迁的核心场域”③。“真正的大学是为文明世界提供意念和人类义务之所在，它是文明的极富创造力的中心……”④ 与纽曼大学教育的职能不同，利维斯的观照视域始终没有脱离文学批评的维度，或者可以这样表述：利维斯首先是一个文学批评家，其关于社会文化的批评都是在文学批评的基点上展开的，从这一意义上说，利维斯所设想的用来对抗大众文明的“少数人文化”，很大程度上就是以文学文化的方式呈现出来的，“英国文学以它精美绝伦、无可匹敌的丰富性和广泛性，对于不断变化的生活的深刻而全面的记载，赋予了我们一种尚未消亡的连续性”⑤。利维斯主张

---

① R. P. Bilan, *The Literary Criticism of F. R. Leavis*, Cambridge: Cambridge University Press, 1979, p. 27.

② F. R. Leavis, *English Literature in Our Time & the University*, Cambridge: Cambridge University Press, 1979, p. 180.

③ F. R. Leavis, *English Literature in Our Time & the University*, Cambridge: Cambridge University Press, 1979, pp. 59 – 60.

④ F. R. Leavis, *English Literature in Our Time & the University*, Cambridge: Cambridge University Press, 1979, p. 3.

⑤ F. R. Leavis, *English Literature in Our Time & the University*, Cambridge: Cambridge University Press, 1979, p. 60.

成立英文学院，其目的并非为了培养富有创造力的作家，而是希望打造出一批受过教育的公众，寄望他们成为社会准则和道德价值的守护者。

其次，正如威廉姆斯所论，“利维斯对英语专业的贡献表现为将细读的文学分析法与激烈的道德与文化批评结合起来”①。阿诺德以文学文化尤其是希腊罗马古典文学来代替宗教原有的意识形态功能，利维斯则集中关注文学的道德与政治维度，尝试建构起英国文学的“伟大传统”，借以经典作家和经典文本的典范作用，引领英国民族文化平稳度过衰败颓废的危急时刻。事实上，英国文学存在一个避开政治、清谈风俗与道德的传统，《闲谈者》、《旁观者》和布鲁姆斯伯里批评团体堪称代表。利维斯对笛福、菲尔丁和斯泰恩评价不高，他心目中的“小说大家”是指“那些堪与大诗人相比相埒的重要小说家——他们不仅为同行和读者改变了艺术的潜能，而且就其所促发的人性意识——对于生活潜能的意识而言，也具有重大的意义”②。在利维斯所构筑起的“伟大传统”序列中，道德和人性成为评判经典作家与经典文本的最为重要的标准。利维斯称赞亨利·詹姆斯的小说展示了“复杂的人性”，尤其是以精巧叙事所包装的道德关怀；狄更斯的情况比较特殊，这位高产的天才作家最初并未被列入“伟大”之列，因为“一般而言，成熟的头脑在狄更斯那里，都找不到什么东西要求人去保持一种持久而非同寻常的严肃性”③。在利维斯看来，《艰难时世》是狄更斯唯一一部完整而严肃的作品，它折射出维多利亚时代功利主义的两个维度：虔诚的信念；市侩气息的利己主义与个人主义。同样，利维斯对哈代和梅瑞迪斯颇不以为然，“在本世纪 20 年代初期——那个契诃夫的时代，哈代竟然被人推为‘现代意识’或对‘人类处境’具有现代‘观念’的杰出代表，这却仍是一件有些滑稽的事”④。利维斯关于乔治·艾略特的评价可谓集中反映出其“伟大传统”的内在实质，“艾略特长于具体，在生动性和直接感染力上，定然不会输于詹姆斯；而当我们慎思明辨，把场面的前前后后连起来看时，我们便越发有理由要去赞叹她在道德问题上的卓识和对人性心理的洞见，赞叹她在把握和真实展现其主题时所表现出来的

---

① Anne Samson, *F. R. Leavis*, Hertfordshire: Harvester Wheatsheaf, 1992, p. 3.

② ［英］F. R. 利维斯著，袁伟译：《伟大的传统》，北京：生活·读书·新知三联书店 2009 年版，第 3～4 页。

③ ［英］F. R. 利维斯著，袁伟译：《伟大的传统》，北京：生活·读书·新知三联书店 2009 年版，第 26 页。

④ ［英］F. R. 利维斯著，袁伟译：《伟大的传统》，北京：生活·读书·新知三联书店 2009 年版，第 30 页。

完整性了”[①]。乔治·艾略特相较梅瑞迪斯和哈代而言，其高明之处就在于以成熟的艺术手法表达出强烈的道德关怀。利维斯苦心孤诣建构起以道德和人性关怀为显要特征的“伟大传统”，这种重树文学经典的努力“当然不可能重返有机社区，但它牢牢控制住群氓文化（mass culture）日益膨胀的影响力，并以此来保存和延续英格兰的文化传统”[②]。

再次，利维斯在阐述阅读方法的时候，主张要将文学放大到与之相关联的文化环境中加以细察。庞德曾毫不隐讳地攻击大学的文学教育，利维斯针锋相对地批评庞德根本没有正确认识到“何为文学”，“他（庞德）未能恰当地理解文学和语言之间的关系，甚至于也没有暗示出文学与文化传统的关联，文学对他而言就是个人创作”[③]。在利维斯看来，文学的实用批评必须与外在于文学的广告、电影、广播等构成的文化形式关联起来。因此，利维斯在剑桥大学开设的课程就涵盖了与电影和广告相关的内容，此类课程的最终诉求在于将大众文化引入严肃的课堂教学，以文学分析的方法对之加以文本细读，试图通过这样的方式提高公众的感知力和判断力，从而对浅薄的大众文化保持高度警惕、避而远之。利维斯和丹尼斯·汤普森合作撰写的《文化与环境》就是这样一本读解大众文化的教材，比如对一则“双震”（Two Quakers）牌香烟广告，两位“细察派”的代表人物以阅读提问的方式作了精细解读：“①描述广告中出现的人物的类型。②广告商期望你对该人物产生怎样的感觉？③你认为广告中的人物将以何种态度对待我们？在一个暴民呼声高涨的情境下，他会作何反应？”[④] 此类问题颇似英文考试中常常出现的试题——解读弥尔顿或莎士比亚的著名诗篇，以由表及里、由浅入深的方式引导阅读公众去感知其内在的“隐形政治”，从而在把握其整体意涵的基础上作出恰当的评判。这种利维斯式的大众文化“细读”，其根本的诉求就是要破除大众文化就是文化衰退的外在表征的简单化神话，强调要结合社会情境，深入大众文化文本的内部框

---

① ［英］F. R. 利维斯著，袁伟译：《伟大的传统》，北京：生活·读书·新知三联书店2009年版，第147页。

② John Storey, *Cultural Theory and Popular Culture: An Introduction* (the fifth edition), Harlow: Pearson Education, 2009, p. 27.

③ F. R. Leavis, *Education & the University: A Sketch for an "English School"*, New York: George W. Stewart, Publisher, Inc., 1948, p. 118.

④ F. R. Leavis and Denys Thompson, *Culture and Environment*, Westport, Conn.: Greenwood Press, 1977, pp. 16–17. 转引自 John Storey, *Cultural Theory and Popular Culture: An Introduction* (the fifth edition), Harlow: Pearson Education, 2009, p. 25.

架，以期获悉更多深层次的意涵。

利维斯主义对于大众文化的消极态度，实际上牵系着利维斯主义者期盼达成的一种建立在文化等级制基础上的文化整体性的理想愿望，“在利维斯主义者看来，黄金时代的标志不仅仅是文化整体性，而是一种建立在权威和等级制原则基础上的文化整体性。它是一种共同文化，一方面促进智识的增长，一方面给人们带来情感上的愉悦”①。

第三节 F.R. 利维斯的马克思主义观

要考察利维斯前期的文学与文化批评思想，尤其是要试图廓清利维斯如何界定文化、利维斯主义如何看待大众文化等重要议题，一个无法绕避的参照系就是马克思主义。如果从社会整体情境的意义上说，20 世纪 30 年代的英国堪称经历了马克思主义化的十年；倘若从利维斯本人的关注视域出发，他在《马克思主义与文化传承》等著名文章中直接论及马克思主义，并在评述马克思主义文化观的基础上进一步深化了其对于“文化”这一社会结构性因素的思考。

令人遗憾的是，马克思曾经在英国度过了三十余载光阴，其影响深远的思想论著大多诞生于这一时期，但由于语言上的隔阂，马克思的思想在英国的传播反而相当滞后，“在 1880 年以前，除了极少数人，大多数不懂德语和法语的人都没有接触过马克思的学说。直到 1881 年，在英国为复活宪章派的思想，建立了社会民主联盟。该联盟原本并非是一个正式的马克思主义组织，但其领袖 H. M. 海因德曼（Hyndman）在读了《资本论》以后，信奉了马克思的思想，并在其《全民享有的英国》（*England for All*）中对马克思的思想作了大量的宣传”②。“社会民主联盟”是“一战”前英国最为重要的马克思主义组织，但该组织结构松散、成员不多，难成气候。一般认为，“二战”前英国唯一值得称道并且拥有原创思想的马克思主义者当属考德威尔（Christopher Caudwell），他的《幻觉与现实》和《垂死文化研究》融汇了马克思主义的一些重要思想，对文学的社会作用进行了深入阐释。20 世纪 30 年代，经济危机导致了社会大萧条，法西斯主义滋生蔓延，英国国内政府面临重组，一批知识分子如诗人奥登（Wystan

① John Storey, *Cultural Theory and Popular Culture: An Introduction* (the fifth edition), Harlow: Pearson Education, 2009, p. 26.

② ［英］戴维·麦克莱伦著，李智译：《马克思以后的马克思主义》（第 3 版），北京：中国人民大学出版社 2008 年版，第 325 页。

Hugh Auden）、刘易斯（Cecil Day Lewis）等纷纷加入共产党，期望共产党可以作为反法西斯主义的前沿阵地。从这一意义上说，20 世纪 30 年代的英国经历了马克思主义化阶段，马克思主义成为英国思想界和知识界考量社会问题时的重要对话对象。

20 世纪 30 年代，利维斯创办《细察》杂志，它以文本细读为主要方法，对当时的社会文化状况进行多层面剖析，这份刊物的创办宗旨在于要发挥“文学批评在创造和定义现时代感知力方面的作用”①，“《细察》并不局限于文学批评，但是将《细察》看作社会的、经济的或政治的信条或讲坛，又将妨碍和损害它的特殊职责”②。换言之，利维斯试图以《细察》为思想和言论阵地，积极引领阅读公众认识到大众文化的种种消极后果，从而提高他们的感知力和判断力，以对抗日趋恶化的文化环境。

《细察》的这种诉求在很大程度上形塑着利维斯的马克思主义观：首先，学界在评价利维斯的文学与文化批评思想时，极易简单化地归纳为利维斯一面反对大众传媒，一面反对马克思主义；或者认为利维斯“四面出击”，同时反对浪漫主义、科学实证主义、边沁主义和马克思主义。诚然，利维斯曾经撰文批评马克思主义，并且与马克思主义存在诸多分歧，但据此将他描述为彻头彻尾的反马克思主义者，显然有失公允。这是因为，在利维斯构想的蓝图中，《细察》的社会和文化价值并没有偏离社会主义者革命的目标，利维斯本人就曾注意到，“没有理由可以说明为什么《细察》的支持者不应该赞同以某种形式的共产主义作为经济问题的解决办法”③。利维斯并不排斥马克思主义的经济优先论，他以俄国马克思主义为例，认为俄国马克思主义拥有独特的环境，是托洛茨基寄予的希望之所在，“在这样一个教育匮乏、懒惰呆滞、经济落后的国家，接受教育、经济效益与社会公正的驱动力与机械化一道，有望带来一次文化觉醒”④。其次，尽管利维斯认可经济问题的优先性及其经济共产主义的不可避免性，但他坚持反对刻板的经济决定论，力图彰显文化的某种自主性。利维斯一针见血地

---

① F. R. Leavis, Prefatory: Marxism and Cultural Continuity, in F. R. Leavis, *For Continuity*, Cambridge: The Minority Press, 1933, p. 11.

② F. R. Leavis, Under Which King, Bezonian?, in F. R. Leavis, *For Continuity*, Cambridge: The Minority Press, 1933, p. 160.

③ Gary Day, *Re-Reading Leavis: Culture and Literary Criticism*, Hampshire: Macmillan Press Ltd., 1996, p. 108.

④ F. R. Leavis, Prefatory: Marxism and Cultural Continuity, in F. R. Leavis, *For Continuity*, Cambridge: The Minority Press, 1933, p. 7.

指出，无论是多么正统的马克思主义者，他们在思考文化自主性的问题上都存在不同程度的偏差，要么故意低估，要么过于高估，在偏重阶级斗争的同时忽略了现实情况的复杂性。利维斯不无讽刺地评价说：“在未来的新千年，当一个无阶级的社会占据整个地球，马克思主义者天真至极地相信人类精神具有自我调控的能力。”① 埃德蒙·威尔逊（Edmund Wilson）是“一战”前后在英国产生广泛影响的批评家，也理所当然地成为利维斯的重要对话对象，威尔逊认为德莱塞（Theodore Dreiser）的《美国的悲剧》是描写阶级斗争最为成功的小说，它揭露了大资产阶级不切实际的幻想对于一个中产阶级男孩和一个乡村女孩的影响，其中阶级斗争主要体现为主人公克莱德打算抛弃无产阶级身份、跻身其富有亲戚们的行列。利维斯评述道：“《美国的悲剧》也许是关于阶级斗争的，但它最值得关注的地方在于，它实际上透露出了威尔逊所言及的资产阶级本身以外的价值观念。”②

利维斯与马克思主义的分歧，主要集中在文化的自主性问题上。如果说马克思主义侧重从阶级维度去探析文化的自主性，那么，出身于小资产阶级的利维斯则坚持人道主义立场，在人文理念的指引下去察知一种超越阶级的文化，“有一种超乎阶级之上的观点——可能存在一种智识的、美学的或者道德的行动，它不只是阶级出身和经济状况的表现；存在一种‘人类文化’，它必须通过培养人类精神的某种自主性才能获得”③。有意味的是，利维斯对“休闲（leisure）”作了颇为有趣的解读，他认为，鉴于马克思主义者不认为革命会催生一个全新的休闲阶层，这个新生事物的出现有赖于机械技术的“友善潜能”，“文明的进程产生了马克思主义的教条，并使得它合情合理，阶级之间的文化差异显得无足轻重。那些基本的差别如今可用经济术语来确定”④。这一方面反映出利维斯对于经济优先性的认可及其对于经济决定论的驳斥，另一方面也从侧面表明了他试图超越阶级的文化理想。

盖理·德（Gary Day）经过详细论证，总结出利维斯会反对马克思主

① F. R. Leavis, Prefatory: Marxism and Cultural Continuity, in F. R. Leavis, *For Continuity*, Cambridge: The Minority Press, 1933, p. 10.

② F. R. Leavis, Prefatory: Marxism and Cultural Continuity, in F. R. Leavis, *For Continuity*, Cambridge: The Minority Press, 1933, pp. 5 – 6.

③ F. R. Leavis, Prefatory: Marxism and Cultural Continuity, in F. R. Leavis, *For Continuity*, Cambridge: The Minority Press, 1933, p. 9.

④ F. R. Leavis, Under Which King, Bezonian?, in F. R. Leavis, *For Continuity*, Cambridge: The Minority Press, 1933, p. 172.

义的两点缘由：一则为了保持文学学科的专业性和独立性；二则与阶级问题相关，如佩里·安德森所言，马克思主义在20世纪30年代变得非常流行，吸引了上层阶级的作家和艺术家参与进来，利维斯的小资产阶级出身影响到他对于这个问题的相关讨论。① 盖理·德的文化社会学阐释不无道理，它触及了利维斯的马克思主义观的两个关键问题，即利维斯的阶级出身和社会位置影响了他关于文化自主性以及“阶级文化”命题的观照立场，更为重要的是，不管利维斯基于何种立场去思考文化的位置，其作为文学批评家的身份都始终扮演着至为关键的角色。

第四节 超越文化精英主义

无论从什么层面上说，利维斯都可算是英国文化主义思想传统与研究范式转折点上的重要人物：首先，利维斯坚持捍卫阿诺德的人生批评原则，以“文化政治学”的姿态和本土视野切入同时代英国文学与文化问题的思考。利维斯早期文化批评所建构起的“大众文明”与“少数人文化”之间的对立，不言而喻地将其自身纳入了威廉姆斯所谓的“文化与社会”传统。但必须注意的是，利维斯更加偏向于“少数人的精英文化”，尤其重视语言的中介功能和文化传承的效果。此外，利维斯固然怀念前工业文明时期的有机共同体，但他所开出的拯救文化衰退现状的药方既不同于阿诺德的希腊化、T. S. 艾略特的重返17世纪，也不像马克思那样构想一个社会乌托邦，而是寄望于英语教学，尤其是期盼列入“伟大传统”的英国文学经典能够有助于培养现代人的感知力和判断力，继而有效应对甚嚣尘上的大众文化。在利维斯那里，文化被赋予了社会责任，但是其实现方式却必须依赖文学文化的意义维度，这显然也部分继承了阿诺德的思想传统。

利维斯的文化思想尤其是对大众文化的态度，毋庸置疑带有鲜明的文化精英主义色彩，其过分倚重文本的道德向度也招来了论敌韦勒克的质疑，“利维斯一面排斥社会学或宗教准则，马克思主义或天主教准则，同时却又不断回归于文学在道德、社会、生命方面的隐含意义……他一面排斥干巴巴的说教作风，一面又将道德批评推到极致”②。

此外，基于战后英国的社会历史情境，利维斯和“细察派”需要应对

---

① Gary Day, *Re-Reading Leavis: Culture and Literary Criticism*, Hampshire: Macmillan Press Ltd., 1996, pp. 109 – 110.

② ［美］雷纳·韦勒克著，杨自伍译：《近代文学批评史》（中文修订版第五卷），上海：上海译文出版社2009年版，第409页。

的论题涵盖战争、科技与大众文化。利维斯身兼教师和文学批评家双重身份，这在一定程度上也使得他在批判社会问题时容易滑入文学分析（文本细读）的窠臼，将许多激进的、有待于深化的问题平面化，甚至于过分简略化了，一如格雷姆·特纳的洞见：“‘文化—文明’传统可能提出了重要的问题，但欠缺探讨这些问题的装置。”①

最后，伊格尔顿认为利维斯和“细察派”所采取的批评策略有待商榷，“因为它以英国特色中自由主义和新教的人道的一面与中产阶级的市侩作风和上层社会的轻浮行为相对立”②。20世纪中叶，风起云涌的殖民地民族独立运动撕裂了大不列颠的共同体神话，也消解了英帝国的“共同体文学”迷思，“英国文学”开始沦为一个问题重重的能指，以它为理想载体的英国自由人文主义知识分子也由此丧失了言说的基础，“《细察》的退场和反对英帝国主义斗争的主要时期的开场恰好形成历史的重合”③。20世纪五六十年代，结构主义、后结构主义、后现代主义纷至沓来，杂陈并置的各路话语资源图绘出一幅流光溢彩的理论景观，以经验主义为特色的英文研究不得不让位于“理论”的话语霸权，帝国与共同体神话的衰落，则抽空了英文研究的意识形态运作所赖以支撑的政治经济动力。

虽然作为一项意识形态工程的英文研究已然消融于历史的苍茫之中，但是不管如何，以利维斯为核心的英国“文化—文明”传统产生了深远影响，它不仅有助于此后英国文化研究将大众文化议题纳入学术视野，而且使得以影视、广告为代表的大众文化在严肃的学术研究中显影，“应当高度评价这一传统的巨大影响：一百多年来，它毫无疑问是文化分析的主导范式。甚至可以说它依旧在英美的学术和非学术生活的某些领域形成一种被压抑的‘常识’”④。

① Graeme Turner, *British Cultural Studies: An Introduction* (the third edition), London and New York: Routledge, 2003, p. 38.

② ［英］特里·伊格尔顿著，马海良译：《历史中的政治、哲学、爱欲》，北京：中国社会科学出版社1999年版，第212页。

③ ［英］特里·伊格尔顿著，马海良译：《历史中的政治、哲学、爱欲》，北京：中国社会科学出版社1999年版，第215页。

④ John Storey, *Cultural Theory and Popular Culture: An Introduction*, Beijing: Peking University Press, 2004, pp. 33–34.

第五章　文化如何显影："第三条道路"与英国新左派的文化政治学

第一节　图绘战后初期英国的社会结构

在 20 世纪英国的政治经济和思想文化光谱中，20 世纪 30 年代无疑对应着一条绚丽夺目的红色光谱线，这是一个被利维斯主义加以"庖丁解牛"般剖析的文化危机时代，也是一个共产主义文化在英国广泛播撒的"红色十年"。从 1929 年到 1933 年，一场席卷整个资本主义世界的经济危机不言而喻地暴露了资本主义社会结构的致命硬伤，也在很大程度上动摇了人们对资本主义制度的信心。经济危机后的大萧条、法西斯主义的疯狂入侵以及反法西斯主义所激发的英国国内新一波民族主义浪潮，合力将英国左派推到了历史的前沿阵地。从政治组织上看，英国成立了反法西斯主义的人民阵线（Popular Front）；从思想文化上看，大批作家、评论家和出版界人士顺应时势"向左转"，文学文化成为融汇了激进左翼政治的核心场域；从社会影响的角度看，F. R. 利维斯和"细察派"无疑在当时的英国思想文化领域占据着重要位置。虽然利维斯主义因其大众文化批判的立场而被贴上"文化精英主义"的标签，且与马克思主义之间分歧明显、交锋激烈，但不可否认的是，正是《细察》杂志开辟的论辩阵地培育出了一批重要的英国马克思主义文学批评家，也在一定程度上将逐渐凸显的文化议题延续至战后的英国。

第二次世界大战作为世界当代史上的重要事件，深刻地影响着战后世界的地缘政治格局与文化版图。战后英国社会结构的变迁，同样在深层次上关联着"二战"所导致的国际国内局势的剧变：一方面，美国在两次世界大战中坐收渔利，国力迅速崛起并在战后的雅尔塔体系中占据核心位置，英国的境遇却恰恰相反，这个曾经盛极一时的老牌帝国再也无法重现昔日辉煌，酷烈的"二战"犹如雪上加霜，进一步削弱了英国国力，英属殖民地在战后掀起的民族独立运动宣告了"日不落帝国"已然成为过眼烟云。战后英国在雅尔塔体系中位置旁落，逐渐沦为美国的"跟班"，后来成为冷战结构中美国一极的附庸者；另一方面，战时动员和战后一系列福利政策的实施，使得英国在 20 世纪 50 年代迎来了短暂的"富裕社会"(affluent society)，也由此催发了经济、政治、文化领域的重大转型。

一、福利国家政策与"富裕社会"

"二战"后初期，英国的经济发展主要得益于两个方面：一是丘吉尔政府在战争期间的动员，即调动国内一切人力、物力资源，在国外有效突破美国"孤立主义势力"的强大壁垒，争得了外来支援。二是战后由克莱门特·艾德礼（Clement Richard Attlee）率领的工党政府上台，采取了一系列民主社会主义的改革措施，主要表现为：奉行凯恩斯主义；通过扩大政府开支的方式增加社会需求，以促进经济的发展；加强宏观经济政策调控，切实提高就业率，"许诺全部就业通常被当作'二战'后英国经济政策最为显著的特征"①。

事实上，英国政府对于失业问题的重视可以追溯到"一战"之后，尤其是在大萧条期间，一批政策研究机构相继建立，成为政府制定经济政策的"智囊团"，"20 世纪 30 年代，国家经济与社会研究所、牛津统计研究所、纳菲尔德复兴调查机构相继建立"②。1944 年，英国政府出台了《就业白皮书》，对就业问题作出了宏观上的战略指导。零失业率既是调和社会阶级矛盾的必要举措，也是战后重返家园的老兵们寻找归宿的迫切需求。从某种意义上说，战后英国政府煞费苦心解决失业问题，既呼应了战时动员所勾画出的战后英国平民生活蓝图，也直接服务于当政者获得选民支持的政治意图。不妨援引一组统计数据，以便更直观地说明战后英国的失业问题确实得到了缓解，"不包括中途辍学者，1956—1962 年间的英国总失业率都控制在 2% 以内，其中 1956 年和 1957 年稳定维持在 1%"③。

从战时动员到战后和平时期的经济国有化，从战时突破美国孤立主义

---

① Jim Tomlinson, *British Macroeconomic Policy since 1940*, London: Croom Helm, 1985, p. 15.

② Jim Tomlinson, *British Macroeconomic Policy since 1940*, London: Croom Helm, 1985, p. 19.

③ 数据来源自 *Economic Trends*，转引自 Jim Tomlinson, *British Macroeconomic Policy since* 1940, London: Croom Helm, 1985, p. 120. 笔者对原数据统计图表作了概括性处理。

势力的强大壁垒到战后积极响应美国启动的马歇尔计划，战后英国政府在挥手告别“英帝国”的同时，试图精心打造出一个“新英国”（New Britain）。一方面，强有力的经济复兴策略有效降低了失业率，工人工资大幅增加、生活水平明显改善。从物质消费的意义上说，工人阶级拥有了较强的购买力，可以分享一些原本只有中产阶级甚至上流社会才有机会获取的消费对象，这种消费模式的变迁，很容易造成工人阶级中产阶级化，甚至于阶级界限消弭的“假象”。另一方面，战后英国政府加大对社会公共福利的投入，医疗卫生、教育文化和社区服务明显改观，英国步入了所谓的（准）福利社会。

这里有两个问题应当着重讨论：首先要透视“富裕社会”的背后实质，英国学界在20世纪50年代就消费主义对于文化态度、社会等级和政治观念的影响问题展开了深入分析，其间借用的理论资源主要取自美国学者大卫·里斯曼、约翰·肯尼思·加尔布雷思（John Kenneth Galbraith）和赖特·米尔斯。“富裕社会”的概念由加尔布雷思提出，他所关注的主要问题是公共与私人生活中投入与分配的不均等，在他看来，“富裕社会”只不过是又一个现代性的神话，它凭借大工业生产与消费主义的优雅措辞，在一定程度上遮盖了贫富不均的尖锐矛盾，“产量增长已经消除了与贫富不均有关的诸多尖锐的紧张关系”①。尽管政府采取扩大生产、减少失业的举措，但公共服务与私人生活的“节奏”并未保持一致，“所以私人生产增加的一个方面是出现了令许多年轻人感兴趣的事物。电影、电视机、汽车和许多与它们提供的流动性相关的巨大机会，像麻醉剂、漫画书和色情作品这种不怎么有吸引力的商品全部包含在国民生产总值的增长中”②。加尔布雷思由此推论出富裕社会必然会导致两大后果，“首先存在一种危险：由于财富的增长，我们已经习惯于舒适的生活，因而忽略了那些被排除在财富带来的利益和文化之外的人们。此外，还存在一种可能性：就像过去一样，我们还要提出一套理论来为我们的视而不见辩护……富裕社会的第二种重大影响是：由于社会财富的极大增长导致了武器生产的资源增长，其危险已经越来越大，并可能产生更大的毁灭性潜能”③。简

---

① ［美］约翰·肯尼思·加尔布雷思著，赵勇等译：《富裕社会》，南京：江苏人民出版社2009年版，第79页。

② ［美］约翰·肯尼思·加尔布雷思著，赵勇等译：《富裕社会》，南京：江苏人民出版社2009年版，第184页。

③ ［美］约翰·肯尼思·加尔布雷思著，赵勇等译：《富裕社会》，南京：江苏人民出版社2009年版，第254页。

言之，加尔布雷思担忧的正是富裕社会所可能招致的两大潜在危害：社会达尔文主义和恶性军备竞赛。

加尔布雷思的论述大多以美国社会为个案，但其理论架构和关注视域显然已经扩及整个战后资本主义世界，从这一意义上说，加尔布雷思的"富裕社会"理论同样对思考战后英国的社会情境具有参照意义，有助于破解英国工人阶级中产阶级化的"神话"本质，一如理查德·李所指出的，"尽管工资水平提高了，但福利增加是不均衡的，非熟练工人与社会其他人群之间的差距越来越大"①。

其次，应当如何透视战后英国工人阶级中产阶级化这一表面现象的内在实质？福利政策与富裕社会客观上缓和了阶级矛盾，也注定了英国老左派所倡导的阶级斗争主题将逐渐淡出历史舞台。英国工人阶级不再是一个具有历史连贯性的能指，此工人阶级已然迥异于彼工人阶级。斯图亚特·霍尔曾经专门撰写《无阶级感》（A Sense of Classlessness）② 一文来探讨工人阶级生活水平的提高与经典马克思主义所构想的社会主义蓝图之间的关联。有意思的是，霍尔的文章极易遭到断章取义式的误读，因此，在由牛津大学社会主义讨论小组主办的"英国新左派三十年回顾"研讨会上，霍尔详细分析了20世纪50年代英国社会的阶级构成，并且对"无阶级感"的内在意涵作了着重澄清，"我们所谈论的并非是指阶级已经消失，而是指阶级构成与阶级关系经历着深刻的革新与转变，除非社会主义真正扎根于那些变化之中，否则你不太可能拥有社会主义的政治观"③。

霍尔重申"无阶级感"的深层意义，实际上引申出几个层面的问题：英国工人阶级并不是一个铁板一块的指称，它所指代的具体社会构成随着现实世界的变迁而变动，在工业革命时代，英国工人阶级是一个有机的、相对清晰的能指，它以社会革命和阶级斗争为政治参与形式，以建立一个乌托邦社会为理想远景，可以说，这一时期的英国工人阶级既是工业革命所导致的人文灾难最为直接的受害群体，也是在政治、经济领域向资本主义奋起反抗的最为激进的力量。"二战"后，英国迎来了所谓的"富裕社会"和"（准）福利国家"，工人阶级的工资收入和生活水平相对于战前

① Richard E. Lee, *Life and Times of Cultural Studies: The Politics and Transformation of the Structures of Knowledge*, Durham and London: Duke University Press, 2003, p. 13.

② Stuart Hall, A Sense of Classlessness, *Universities and Left Review*, 1958 (5), pp. 26 - 32.

③ Stuart Hall, Class and Classlessness, in Robin Archer, et al, *Out of Apathy: Voices of the New Left Thirty Years On*, London and New York: Verso, 1989, p. 133.

有了很大改观。物质资料的占有和消费能力的提升，一方面营造出一种阶级界限消失的后资本主义“假象”，曾经以捣毁机器、破坏生产资料、开展罢工运动为斗争形式的工人阶级在“丰裕物质”和“福利政策”的诱惑下容易滋生出一种“无阶级感”和身份认同危机；另一方面，熟练工人和某些特殊工种的工人与普通工人之间的收入差距进一步拉大，工人阶级阵营内部的分化加剧；再者，工人阶级中产阶级化不过是一种社会修辞，尽管工人可以拥有汽车、名牌服装，甚至郊区别墅，但这并不等于说他们已经步入了中产阶级的行列。奥斯卡获奖影片《泰坦尼克号》曾经向我们展示了战前英国森严的等级制度，穷小子杰克作为富家千金露丝的救命恩人，被邀请参加上流社会的舞会，这对惺惺相惜的青年男女凭借活力四射的舞姿，一度成为全场的焦点。曲终人散之时，上流社会的绅士们优雅地进入谈论时事政治的聚会沙龙，杰克和露丝却知趣地黯然离开，一道铭刻着阶级差异与性别秩序的无形之墙横亘其间，那场看似“亲密无间”的跨阶级舞会不过是一场“无因的偶遇”。“二战”之后，工人阶级在政治选举、物质消费、学校教育等方面已经具备很大的自主选择权，但不容忽视的是，上层社会变换花样，以设定俱乐部会员制、沙龙组织的准入机制等手段来延续阶级之间的区隔，这种区隔实际上就是法国社会学家布迪厄所描述的“文化区隔”。

二、绘制战后英国的文化版图

自维多利亚中后期以来，英帝国开始逐渐向黄金时期挥手作别，尽管偶有起伏，但总体上的衰落趋势再也未能得到有效扭转。两次世界大战的炮火硝烟，既在很大程度上重新派定了英国在国际政治经济秩序中的位置，也深刻地形塑着战后英国的文化版图。

从英国本土的知识传统上看，以阿诺德和 F. R. 利维斯为核心的“文化—文明”传统仍然具有不容忽视的影响力；从解殖运动和新移民浪潮的意义上说，一大批英国前殖民地纷纷独立，同时，英国展开了战后重建计划，从前殖民地招募了大批劳工，这些来自南非、南亚、西印度群岛等地的新移民涌入英国，在很大程度上改变了英国的族裔结构，促成一种多元文化、多元社区的新景观；从大众社会和文化政治的意义上说，处于冷战情境中的英国暂时偏离了本土的思想文化传统，大众文化代替非国教，成为工人阶级日常生活意识形态的填充剂，消费主义的盛行进一步强化了美国的文化霸权地位；从反思福利政策和工人阶级自身变化的角度出发，工人阶级接受教育机会的增加、保守政府的重新执政及其福利国家神话的破灭，催生出一场影响甚广的反文化运动。精英主义的文学文化传统遭遇抵制，文化的位置与功能经受着前所未有的重新考量与评估。

战后英国错综复杂的社会状况，图绘出一个幻影重重的文化镜城：首先，文化作为一种社会结构性因素，在战后英国被凸显为一个核心议题，这其中关联着英国知识界就文化与政治、基础与上层建筑之间的关系所展开的论争。一方面，英国本土思想文化脉络中的"文化—文明"传统秉承一种精英主义的文化观，尤其重视文化的道德和伦理功能，但当面对20世纪50年代的社会急剧转型、文化等级制度濒临坍塌之时，艾略特/利维斯文化传统无疑遭遇了重大挑战；另一方面，英国共产党的成立直接受助于苏共和第三国际，由于英国缺乏本土的马克思主义理论渊源，再加上英共的主体构成都是产业工人，欠缺创造理论和生产思想的氛围，"所以，英共在政治上和理论上长期追随、依附苏（俄）共，这导致苏联马克思主义自然地成为英共的指导思想"①。20世纪30年代至40年代，在法西斯主义泛起、西班牙内战等国际政治事件的衬托下，共产主义以其极富吸引力的社会政治理念和道德优势受到英国知识分子青睐，一批青年作家和批评家踊跃入党，形成所谓的"奥登"一代。此后，诗人休·麦克迪尔米德（Hugh MacDiarmid）、斯蒂芬·斯彭德（Stephen Spender），小说家帕特里克·汉密尔顿（Patrick Hamilton）、多丽丝·莱辛，戏剧家布兰登·贝汉（Brendan Behan）、琼·利特伍德（Joan Littlewood）等也加入英国共产党。大量文艺界和批评界人士入党，铺就了英共与英国当代文学文化的紧密联系，"在英国，没有其他政治组织像共产党那样吸引了如此多杰出的艺术家，创造出如此大的文化活力，产生了如此多的戏剧、小说、诗歌、绘画、歌曲和电影。尽管英国共产党规模很小，但它对英国的文学文化和其他诸多领域影响深远"②。

不可否认的是，在20世纪50年代以前，英国知识界盛行苏联式的马克思主义阐释路径，以"基础—上层建筑"的刻板模式去考量文化的位置，这也就是后来英国新左派所批判的"庸俗马克思主义的经济决定论与

---

① 张亮：《从苏联马克思主义到文化马克思主义——英国马克思主义理论传统的战后形成》，《人文杂志》2009年第2期，第1页。

② Andy Croft, Authors Take Sides: Writers and the Communist Party 1920 - 1956, in Geoff Andrews, Nina Fishman and Kevin Morgan (eds.), *Opening the Books: Essays on the Social and Cultural History of British Communism*, London: Pluto Press, 1995, p. 83.

还原论”①。雷蒙德·威廉姆斯在《文化与社会》中批评了20世纪30年代英国左翼文学批评家（考德威尔除外）对于马克思主义基本原理的机械套

---

① 这里有必要着重指出：由于英共紧随苏共步伐，苏联马克思主义遂成为当时英国左翼阵营的思想和理论来源，其关于文化与政治、经济关系的看法，实际上经过了斯大林的阐释和改装，偏离了马克思主义的内在实质。由此，我们对“庸俗马克思主义的经济决定论”应该有充分的认知。马克思本人在《〈政治经济学批判〉序言》中提到基础与上层建筑的关系，“人们在自己生活的社会生产中发生一定的、必然的、不以他们的意志为转移的关系，即同他们的物质生产力的一定发展阶段相适应的生产关系。这些生产关系的总和构成社会的经济结构，即有法律的和政治上的上层建筑竖立其上并有一定的社会意识形态形式与之相适应的现实基础。物质生活的生产方式制约着整个社会生活、政治生活和精神生活的过程。不是人们的意识决定人们的存在，相反，是人们的存在决定人们的意识”[参见《马克思恩格斯选集》（第2卷），北京：人民出版社1995年版，第32页]。1888年《共产党宣言》英文版序言明确提出，“每一历史时代主要的经济生产方式和交换方式以及必然由此产生的社会结构，是该时代政治的和精神的历史所赖以确立的基础，并且只有从这一基础出发，这一历史才能得到说明……”[参见《马克思恩格斯选集》（第1卷），北京：人民出版社1995年版，第257页]。马克思关于经济基础与上层建筑关系的论述极易招致粗暴的曲解，马克思本人后来很少正面谈到这个问题，倒是恩格斯在书信中多次作出澄清，“……根据唯物史观，历史过程中的决定性因素归根到底是现实生活的生产和再生产。无论马克思和我都从来没有肯定过比这更多的东西。如果有人在这里加以歪曲，说经济因素是唯一决定性的因素，那么他就是把这个命题变成毫无内容的、抽象的、荒诞无稽的空话。经济状况是基础，但是对历史斗争的进程发生影响并且在许多情况下主要决定着这一斗争的形式的，还有上层建筑的各种因素……”[恩格斯致约·布洛赫的信，参见《马克思恩格斯选集》（第4卷），北京：人民出版社1995年版，第695~696页]；“政治、法、哲学、宗教、文学、艺术等等的发展是以经济发展为基础的。但是，它们又都相互作用并对经济基础产生作用。并非只有经济状况才是原因，才是积极的，其余一切都不过是消极的结果。这是在归根到底总是得到实现的经济必然性基础上的互相作用”（恩格斯致瓦·博尔吉乌斯的信，参见上书，第732页）。当然，恩格斯也反思了马克思由于过分强调唯物论而忽略了对一些问题作出更加清晰完善的阐释，“只有一点还没有谈到，这一点在马克思和我的著作中通常也强调得不够，在这方面我们大家都有同样的过错。这就是说，我们大家首先是把重点放在从基本经济事实中引出政治的、法的和其他意识形态的观念以及以这些观念为中介的行动，而且必须这样做。但是我们这样做的时候为了内容方面而忽略了形式方面，即这些观念等等是由什么样的方式和方法产生的”（恩格斯致弗·梅林的信，参见上书，第726页）；“青年们有时过分看重经济方面，这有一部分是马克思和我应当负责的。我们在反驳我们的论敌时，常常不得不强调被他们否认的主要原则，并且不是始终都有时间、地点和机会来给其他参与相互作用的因素以应有的重视”（恩格斯致约·布洛赫的信，参见上书，第698页）。

用。威廉姆斯通过认真追溯，发现马克思未曾建构过一种明晰的文化理论，"马克思本人扼要勾勒，但从未发展出一套完善的文化理论，比方说，他关于文学的漫谈只能代表那个时期一位学识渊博的智者的观点，而并非我们现在所称的马克思主义文学批评"①。这样一来，如果将马克思主义有关"社会存在与社会意识"、"经济基础与上层建筑"关系的模式机械地搬用到文学批评之中，就容易导致"一种使马克思主义背上恶名的文学批评，如'这部作品是否带有社会主义倾向？它有助于推进最具创造力的社会运动吗？'文学作品仅仅依靠政治立场来加以界定"②。20 世纪 50 年代以来，福利制度和短暂的"富裕社会"在一定程度上遮蔽/缓和了战后英国社会的政治经济结构性矛盾，知识界的焦点转向文化。此外，消费主义与"文化转向"两股浪潮，合力将文化推至战后英国社会的中心位置，一批有着"奖学金少年"经历的知识分子在反对利维斯精英主义的同时，着手思考和重塑文化与政治之间的关联，为工人阶级文化摇旗呐喊。

其次，在勾勒 20 世纪 50 年代英国的文化版图，尤其是英国文化研究兴起的社会文化情境时，很容易发现英国文化研究与法兰克福学派的一个显著差异：法兰克福学派非常关注现代派和先锋艺术，比如阿多诺对现代派诗歌与前卫音乐倾注了极大的热情，本雅明甚至为机械复制时代艺术的灵韵（aura）消逝高唱挽歌。相比较而言，"英国文化研究没有充分关注现代派及先锋审美运动，相反，在很大程度上仅限于媒体文化产品和后来成为其工作重心的通俗文化研究"③。按照葛兰西的说法，20 世纪 50 年代的英国正处于福特主义④的发展阶段，以机械自动化、标准化为特征的流

---

① Raymond Williams, *Culture and Society*: *1780 – 1950*, New York: Doubleday Company, Inc., 1960, p. 283.

② Raymond Williams, *Culture and Society*: *1780 – 1950*, New York: Doubleday Company, Inc., 1960, p. 295.

③ ［英］吉姆·麦奎根编，李朝阳译：《文化研究方法论》，北京：北京大学出版社 2011 年版，第 9 页。

④ "福特主义"（Fordism）一词出自安东尼奥·葛兰西之口，被用来指称一种美国式的工业社会模式，它与葛兰西所谓的"美国主义"联系在一起。"福特主义"的基本特征表现为"泰勒制劳动组织的实行使劳动生产率成倍增长，消费性商品实现了大规模工业化生产，尽管雇员实际工资明显提高，物质商品供应状况有所改善，但还是能够通过相对剩余价值率的大幅度增长而使劳动力再生产成本相对低廉。整个社会，包括劳动生产力的再生产被彻底资本主义化，从而扩大了资本的投资范围"。参见张世鹏：《从福特主义到后福特主义——西欧资本主义发展的历史新阶段》，《欧洲》1996 年第 5 期，第 6 页。

水作业线及其分工精细的科层制管理模式，使得工人劳动的异化程度大大加深。与此同时，福利制度和工资增长提高了工人阶级的消费能力，再加上电影、广播、流行报纸杂志尤其是商业电视的兴盛，一个战后的大众社会迅速崛起。以娱乐、消费为诉求的大众文化迎合了传媒熏陶下的普罗大众的趣味：一方面，工业化与城市化促成了英国工人阶级的聚居格局，为战后英国的大众文化提供了独特的运作空间，“在早期共同文化的家长制统辖之外创建出一个文化空间，这样做的结果是，一个为‘大众文化的一代’服务的文化空间出现了，它或多或少避开了统治阶级的控制性影响”①。此时的大众文化已经由边缘处逐渐向中心移近，利维斯关于有机社会日常文化的浪漫设想成了一种小资产阶级的消极怀旧，大众文化与高雅文化之间不再是简单的对立模式。另一方面，英国本土的大众文化由于帝国怀旧色彩过浓、充斥着迷恋旧贵族生活的陈腐气息，因此很难唤起工人阶级的情感共鸣，反倒是美国大众文化为战后英国工人阶级提供了寻求文化认同的“他者镜像”：

> 他们身份的这类象征在“英国”文化中简直找不到，英国文化似乎提供了两种选择，不过都同样让人难以接受——一个是对“真正”传统工人阶级文化加以浪漫化了的打扮，另一个是节制的、有品位的、BBC 制造的大众文化的投影。美国文化产业生产的商品被转用来表达不妥协的、年轻的、城市工人阶级的自我，既是对传统英国工人阶级也是对占统治地位的中产阶级的反感。这一部分英国工人阶级与他们所感受到的美国大众文化之间存在的文化认同，是在那个历史时刻满足他们的文化/意识形态需要的认同。②

莱斯利·菲德勒（Leslie Fiedler）颇为自满却又相当形象地阐述了美国大众文化的霸权地位，“大众文化是一种美国特有的现象……我不是说……只有在美国才能发现大众文化，而是无论何处发现的大众文化都是从美国传播过去的；并且，大众文化只有在美国才能得到充分发展。在这个意义上说，我们的经验就是消解古老贵族文化的事先预演，这个过程对

---

① John Storey, *Cultural Theory and Popular Culture*: *An Introduction* (the third edition), Beijing: Peking University Press, 2004, p. 14.

② ［美］约翰·费斯克著，戴从容译：《大众经济》，载陆扬、王毅选编：《大众文化研究》，上海：上海三联书店 2001 年版，第 146～147 页。

于世界上其他地方的人而言，也是不可避免的"①。实际上，"二战"后初期，美国学界曾经围绕大众文化问题展开过一场激烈的讨论②，这既是应对美国国内的文化危机使然，也是美国冷战意识形态的应时之需，"'红色恐慌'（the Red Scare）导致20世纪50年代的文化和政治中弥漫着歇斯底里情绪，这些情绪是关于外星人、窃听器、飞机吊舱、细菌、病毒和来自他者（共产主义苏联）的各路妖魔鬼怪"③。冷战和原子核引发世界的双重恐惧，导致一批与冷战有关、充满奇思怪想的科幻电影和怪异恐怖片纷纷登场，"怪异恐怖电影采用身体恐怖的方式，通常联系着20世纪50年代的时代背景"④。希区柯克（Alfred Hitchcock）的《迷魂记》（*Vertigo*，1958）、小伊沃斯（Yeaworth Jr.）的《变形怪体》（*The Blob*，1958）、尤金（Eugene Lourie）的系列怪物恐怖片《原子怪兽》（*The Beast from 20,000 Fathoms*，1953）和《纽约巨人》（*The Colossus of New York*，1958）都是对冷战情境的回响与共振。

战后美国大众文化携带着冷战的意识形态，凭借媒介帝国主义的强势传输，将冷战结构中的"亲密战友"——英国轻而易举地裹挟进来。倘若将好莱坞科幻片主要看作冷战阴影的外在表征的话，那么，美国流行音乐与好莱坞情节剧则蒙上了一层温情脉脉的面纱，成为外销美国中产阶级意识形态与美国梦的理想载体。两次世界大战期间，爵士音乐就已经在英国得到广泛传播，美国大众文化占据着战后英国文化版图的重要一脉，并在

---

① Leslie Fiedler, The Middle Against Both Ends, in Bernard Rosenberg and David Manning White, et al., *Mass Culture: The Popular Arts in America*, New York: Macmillan, 1957, p. 539, quoted in John Storey, *Cultural Theory and Popular Culture: An Introduction* (the third edition), Beijing: Peking University Press, 2004, p. 32.

② 安德鲁·罗斯认为，知识分子的地位在战后美国变得举足轻重，主要是因为"那场持续了将近15年，一直延续至20世纪50年代末的关于'大众文化'的激烈论争"，这场论争紧紧牵系着冷战情境中的社会文化和政治意味。参与讨论的知识分子大致分为三个阵营：审美自由主义（aesthetic-liberalism）、企业自由主义（corporate-liberalism）、进步演化论（progressive evolutionist）。代表人物有：德怀特·麦克唐纳（Dwight Macdonald）、克莱门特·格林伯格（Clement Greenberg）、大卫·里斯曼（David Riesman）等。参见 Andrew Ross, *No Respect: Intellectuals & Popular Culture*, New York & London: Routledge, 1989, pp. 42-63; John Storey, *Cultural Theory and Popular Culture: An Introduction* (the third edition), Beijing: Peking University Press, 2004, pp. 28-33.

③ Andrew Ross, *No Respect: Intellectuals & Popular Culture*, New York & London: Routledge, 1989, p. 47.

④ Susan Hayward, *Cinema Studies: The Key Concepts* (the third edition), London and New York: Routledge, 2006, p. 209.

很大程度上刺激了英国本土大众文化与青年亚文化的兴起与转型，“一大批美国的新鲜玩意儿如爵士乐、呼啦圈、内燃发动机、爆米花，代表着美洲大陆资本主义的无拘无束的驱动力……摇滚于20世纪50年代末在英国全面兴起，这种音乐形式好像是自发产生的，是对完全不言自明的青春活力的即时表达”[①]。

最后，1942年，英国经济学家威廉·贝弗里奇爵士（William Beveridge）受战后重建委员会主席阿瑟·格林伍德（Arthur Greenwood）之托，构思设计了《贝弗里奇报告》（*Beveridge Report*）。在这份被奉若“福利国家宝典”的著名报告中，贝弗里奇勾绘了一系列关系国计民生的福利政策与保障措施，具体涉及医疗、养老、就业、儿童和妇女福利等国民收入再分配的方方面面。丘吉尔政府后来基本接受了《贝弗里奇报告》的建议，并于1944年颁行了《社会保险白皮书》。由于工党在宣传“新英国”的重建举措方面更加积极，所以在战后大选中脱颖而出。1948年，艾德礼首相公开宣称英国建成了世界上第一个“福利国家”。在教育改革方面，“Butler教育法令”于1944年颁行，该项法案要求在全英国普及中等教育，工人阶级和妇女由此获得了更多接受教育的机会。

随着工党在1951年的大选中落败，英国保守政府上台，富裕社会和福利国家神话开始消解，英国国力持续衰落，经济发展滑坡，物质主义和浅薄的消费主义泛滥，道德观念每况愈下，民族身份认同遭遇重重危机。以“奖学金少年”为主要代表的受过良好教育的战后工人阶级子弟深切认识到现实竟是如此黑暗、阶级压迫竟是此般深重，他们开始在文学领域愤怒发声，透过短暂经济复苏所绘就的盛世繁华表象，深刻揭露日益凸显的各种社会现实问题。这场影响深远的反文化运动，在文学史中被称为“愤怒的青年”（The Angry Young Men）。

总的看来，“愤怒的青年”是一场极富反叛性的文学运动，具有以下几个特点：其一，代表人物大多都是“奖学金少年”，“二战”前或战争期间业已长大成人，目睹英国陷入衰败困境的态势，他们具有表达愤怒的充分理由。菲利普·高尔特（Philip Gaunt）以霍加特的经历为例，分析了“奖学金少年”参与战后社会批判的可能前提，“奖学金少年在职业上上升到艺术和政治领域，这给他带来的不仅是智识与教育，还包括对于社会的

---

① Dick Hebdige, *Subculture: The Meaning of Style*, London and New York: Routledge, 1979, pp. 50 – 51.

批判性思想"[①]。其二，"愤怒的青年"采用现实主义的艺术创作手法，揭露、批判、讽刺英国的社会现实，"批判"构成了其作品的鲜明基调，金斯利·艾米斯（Kingsley Amis）的《幸运的吉姆》（*Lucky Jim*）、约翰·韦恩（John Wain）的《每况愈下》（*Hurry on Down*）、艾伦·西利托（Alan Sillitoe）的《星期六晚上和星期天早上》（*Saturday Night and Sunday Morning*）以及约翰·奥斯本（John Osborne）的《愤怒的回顾》（*Look Back in Anger*）或针砭时弊，或反抗成规，或愤世嫉俗，或鄙弃阶级、原子弹和上一代所拥有的一切。高尔特就此作了有趣的比较：尽管奥尔斯德·赫胥黎（Aldous Huxley）、格雷厄姆·格林（Graham Greene）、安东尼·鲍威尔（Anthony Powell）等"遗老"（the old guard）在战后继续保持旺盛的创作势头，"但基于他们所接受的精英主义教育及其社会出身，他们的小说主要聚焦于中上阶层，描写的是伦敦的生活场景。战前英国是他们的历史和文化参照点"[②]。与之不同的是，"愤怒的青年"基本上是福利社会的产物，"他们中的大多数人出身卑微，作品的主要关注对象是外省或某个地区，而不是城市和大都会"[③]。显然，地方化和政治化是"愤怒的青年"所要表达的思想倾向的两大主要特征。

由"愤怒的青年"在文学领域掀起的反文化运动，表达了对战后英国社会现实的强烈控诉，它代表着战后一代的内在心声与文化走向，一方面为20世纪50年代的英国左翼政治提供了关于个人经验的鲜活例证，另一方面，这场反文化运动宣扬存在主义式的个人自由选择，充分彰显出人的主体位置和能动性，从而与马克思主义唯物论拉开了距离。此外，"愤怒的青年"抵制社会和文化等级制度，尤其是消解高级文化与特权阶层之间的紧密关联，也是探析英国文化研究兴起的一个必需的社会文化参照系，"1964年，当霍加特成立伯明翰中心之际，其主要的诉求就是要扩大文化的定义。这显然与《细察》杂志所标示的精英主义的利维斯文学批评传统背道而驰，相反，它清晰地回应了'愤怒的青年'对于高级文化与特权和阶级之间勾连的抱怨"[④]。

---

① Philip Gaunt, Birmingham Revisited: Cultural Studies in a Post-Soviet World, *Journal of Popular Culture*, 1996, Vol. 30, No. 1., p. 94.

② Philip Gaunt, Birmingham Revisited: Cultural Studies in a Post-Soviet World, *Journal of Popular Culture*, 1996, Vol. 30, No. 1., p. 95.

③ 同上。

④ Philip Gaunt, Birmingham Revisited: Cultural Studies in a Post-Soviet World, *Journal of Popular Culture*, 1996, Vol. 30, No. 1., p. 96.

第二节 “第三条道路”与英国新左派的文化政治学

一、英国新左派：一种历史的耦合

在追溯文化研究的学科史和思想谱系时，“新左派”毫无疑问是指20世纪50年代英国知识界兴起的一场思想运动，但如果从词源学的意义上考察，“新左派”却并非英国本土的发明，“20世纪50年代，我们从法国的‘新左’（novelle gauche）运动借来了这个说法，那是一场带有无党派倾向的法国政治运动，与法兰西《观察家》周报及其编辑克劳德·布尔特（Claude Bourdet）联系在一起，布尔特是战后法兰西复兴计划的核心人物”①。作为一个极具症候性的历史事件或文化事件，新左派在战后英国的出现是一系列社会结构性因素耦合的结果，这在无形中为新左派绘就了一副神秘的面具，平添了几分含混色彩。威廉姆斯在一篇专论英国新左派的著名文章中对新左派作出了详尽的定位，“尽管一些新左派运动的发起者表达了种种意图，但它不是一个有组织的政治团体。新左派运动的部分目的是试图打破英国政治中的多数人效忠与中央集权化状态。但我认为它们从来就不是这场运动的重要性和职责之所在。它力所能为的，也是当前情势下仅仅可为的，就是要挑战英国劳工运动的主导思想，尤其是后者对于功利主义和专制主义的依附关系”②。霍尔则别具意味地指出，“由于新左派经常被标记为一种智识构成，因此，更恰当的做法是要提醒读者——无论第一代新左派多么错误地将自身视为一场运动而非仅仅一个刊物，但是当第二代新左派于20世纪60年代初兴起的时候，这项事业也就被遗弃了”③。

综而论之，威廉姆斯和霍尔触及了英国新左派的几个主要特征：它不是结构严密的党派，也不是井然有序的政治组织，它只是一场为英国劳工运动提供思想资源和文化介入理念的思想运动。此外，如果说英国新左派相对于老左派而言在很大程度上是一种断裂的话，那么，英国新左派自身

---

① Stuart Hall, The “First” New Left: Life and Times, in Robin Archer, et al., *Out of Apathy: Voices of the New Left Thirty Years on*, London and New York: Verso, 1989, p. 14.

② Raymond Williams, The British Left, *New Left Review*, 1965, No. 30., p. 25.

③ Stuart Hall, The “First” New Left: Life and Times, in Robin Archer et al, *Out of Apathy: Voices of the New Left Thirty Years on*, London and New York: Verso, 1989, p. 28.

也同样存在着界限清晰的"代际更替"[①]。

一般认为，早期英国文化研究或伯明翰传统主要受到两大思想流派的影响：一是美国芝加哥社会学派，代表性的理论家和文本有杜威的《大众及其问题》（*The Public and its Problems*）、米德（Mead）的《心灵、自我与社会》（*Mind, Self and Society*）和帕克（Park）的《种族与文化》（*Race and Culture*），这一理论系脉糅合了西美尔、马克思、达尔文与弗洛伊德的核心思想；另一个影响来源就是马克思主义。针对这种传播甚广的提法，菲利普·高尔特的反思性批判显然颇具见地，"我认为这两种途径都是误导性的，在我看来，早期伯明翰学者直接或间接地受到英国本土两个机制的影响：费边社和利维斯/阿诺德颇具保守色彩的文学传统。他们信奉前者的社会主义理论，反驳后者的保守思想"[②]。高尔特的明智之处，在于大胆拨开外来影响的迷雾，清晰地呈现出英国本土思想文化传统的内在勾连，从而获得了更加令人信服的阐释。同样地，英国新左派的出现，也应当置于总体的社会文化场域中加以考量，它既牵系着20世纪50年代一系列社会结构性因素的变迁，也关联着英国本土的思想脉络和知识传统，而1956年的三大政治事件，自然充当了英国新左派浮出地表的催化剂。

讨论英国新左派的一个基本前提，就是要弄清楚英国共产党与工党之间的联系。20世纪初，工党脱胎于费边社和英国工会联盟（Trades Union Congress），曾在1906年的选举中赢得29个议会席位，工党成员后来大多集结在《新政治家》（*New Statesman*）周围，形成了英国左派的智识核心。工党在"二战"后上台执政，直至在1951年的大选中败北。工党在执政期间奉行社会民主主义，实施一系列福利政策并见证了短暂的"富裕社会"。尤其需要注意的是，工党在政治原则上始终与马克思主义背道而驰。相比较而言，英国共产党从未发展成一个强大的政治组织，"与欧洲其他共产党不同，英国共产党不是由从社会民主党分裂出来的多数派形成的，于是，共产党曾力求同工党合并，但遭到拒绝。共产党人对工党的这种态度本来出于矛盾的心情：一方面，他们声称工党的改良主义是对工人阶级

---

① 霍尔在接受陈光兴的访谈时说："我从来没有防范过新左派，但是从更宽泛的政治意义上说，我仍然认同第一代新左派的计划。"参见 Kuan-Hsing Chen, The Formation of a Diasporic Intellectual: An Interview with Stuart Hall, in Stuart Hall, *Critical Dialogues in Cultural Studies*, David Morley and Kuan-Hsing Chen (eds.), London and New York: Routledge, 1996, p. 493.

② Philip Gaunt, Birmingham Revisited: Cultural Studies in a Post-Soviet World, *Journal of Popular Culture*, 1996, Vol. 30, No. 1, p. 92.

的背叛，但同时另一方面又不得不追随莫斯科的统战路线，去充当工党的左翼"[①]。英国共产党以知识分子为其主要构成，这在某种程度上决定了其社会运作空间，"英国共产党率先对政治、文化和科学问题发言，既对英国问题发言也对国际问题发表意见"[②]，英国共产党以《左派评论》（*The Left Review*）和《现代季刊》（*Modern Quarterly*）为主要阵地，通过组织工人阶级教育协会、创建左派图书俱乐部等方式在思想文化领域发声。

英国左派的历史必须与工党联系在一起，事实上，战后的"富裕社会"大大削弱了工党的实力，福利制度所造就的"无阶级感"加剧了左派阵营内部的分化重组，左派已经改头换面，不再是原来的左派了。佩里·安德森认为，英国在走向社会主义的斗争过程中，两个重要的参照因素就是"冷战"与"富裕社会"[③]。在冷战铁幕的笼罩下，英国工党政府很快就趋附美国，加入了北大西洋公约组织；与此同时，英国共产党"在外交政策问题上亦步亦趋地追随苏联，不但认可了苏联在20世纪40年代后期对东欧国家的影响不断增强的事实，还接受了莫斯科对其政策制定的影响"[④]。

1956年的三大政治事件仿佛是威力强大的催化剂，催逼着英国老左派的退场和询唤第一代新左派的登场：首先，1956年经历了共产主义世界的风云变幻，一面是卡斯特罗兄弟与切·格瓦拉在古巴开展武装斗争，一面是苏共召开二十大，赫鲁晓夫在会上作了"秘密报告"[⑤]，报告重点指出了个人崇拜的消极后果，评价并批判了斯大林的错误。其次，苏联的霸权主义愈加显露无遗，苏联坦克部队长驱直入匈牙利首都布达佩斯。如果说赫鲁晓夫的"秘密报告"造成了共产主义的信任危机，那么，苏联入侵匈牙利事件则大大加剧了人们对于共产主义的恐惧。针对英国共产党无原则地支持苏联霸权的行为，霍布斯鲍姆、希尔、希尔顿、基尔南等马克思主义历史学家在重申坚决捍卫马克思主义理论的同时，谴责英国共产党对苏联入侵匈牙利的不加批判是"多年来歪曲事实的恶劣极致，堪称英国共产主

---

① ［英］戴维·麦克莱伦著，李智译：《马克思以后的马克思主义》（第3版），北京：中国人民大学出版社2008年版，第325~326页。

② Lin Chun, *The British New Left*, Edinburgh: Edinburgh University Press, 1993, p.3.

③ Perry Anderson, The Left in the Fifties, *New Left Review*, 1965, No.30, p.4.

④ ［英］迈克尔·肯尼著，李永新、陈剑译：《第一代英国新左派》，南京：江苏人民出版社2010年版，第197页。

⑤ 有关苏共二十大、赫鲁晓夫的"秘密报告"及非斯大林化对于国际共运和冷战格局的影响，可参见沈志华：《苏共二十大、非斯大林化及其对中苏关系的影响——根据俄国最近披露的档案文件》，载李丹慧主编：《国际冷战史研究》（第1辑），上海：华东师范大学出版社2004年版，第28~69页。

义者考虑自身政治问题的败笔"[①]。1956年7月，《理性者》（*Reasoner*）杂志刊出了多丽丝·莱辛、罗德尼·希尔顿（Rodney Hilton）等才华横溢的英共产党员的文章，这些文章精辟而激烈地反驳了乔治·马修斯（George Matthews）的教条主义路线及其对汤普森[②]等人的污名化，"诸多党员对领导的回应愤愤不满，渴望一场改革"[③]。当党内论争与协商被确证毫无效果之后，英共阵营出现了大规模的退党潮，汤普森、萨维尔、多丽丝·莱辛等纷纷退党，"霍布斯鲍姆成了唯一保留党员身份的重要的历史学家"[④]。最后，英国在苏伊士运河事件中遭遇失败，这一方面反映出英国保守政府的新帝国主义本质，社会民主主义被证实只不过是伪饰英国殖民主义野心的社会修辞，另一方面也透露出英帝国国际地位的持续衰落。

1956年的三大政治事件可以看作英国新左派登上历史舞台的特定社会情境。当老左派信奉的斯大林主义和社会民主主义神话遭遇战后复杂的国际国内形势的时候，其光芒顿时丧失殆尽。20世纪50年代英国社会结构的剧变，尤其是"无阶级感"、消费资本主义与大众传媒的影响，在很大程度上挑战了传统的马克思主义信仰。英国新左派出现在这样一个特定的时期，它是多重因素和历史事件耦合的结果：其一，新左派是英国左翼知识分子处于一个"特定狭缝"中的选择，"从匈牙利和苏伊士运河事件得到的重要教训就是最终既拒绝斯大林主义也拒绝西方帝国主义"[⑤]。当老左派在现实情境的催逼下产生内部分化并退出历史舞台之时，英国新左派在20世纪50年代社会情势的询唤下亮相，试图填平那条横亘在老左派与战后一代之间的巨大鸿沟；其二，新左派的出现呼应了20世纪50年代至60年代英国知识界的一个重要诉求，即试图直面战后英国的"富裕社会"并

---

① Eric Hobsbawm, et al., *New Statesman and Nation*, Dec. 1, 1956, p. 701, quoted in Dennis Dworkin, *Cultural Marxism in Postwar Britain: History, the New Left, and the Origins of Cultural Studies*, Durham and London: Duke University Press, 1997, p. 47.

② 出于对1956年政治事件的极端愤怒，汤普森不满英共的教条主义做派，与约翰·萨维尔联手创办了刊物《新理性者》。

③ Dennis Dworkin, *Cultural Marxism in Postwar Britain: History, the New Left, and the Origins of Cultural Studies*, Durham and London: Duke University Press, 1997, p. 49.

④ Dennis Dworkin, *Cultural Marxism in Postwar Britain: History, the New Left, and the Origins of Cultural Studies*, Durham and London: Duke University Press, 1997, p. 50. 霍布斯鲍姆保留党员身份，并不是因为他不同情异见运动，而是因为他深信"尽管共产党存在严重的问题，但它是英国唯一的致力于革命的工人阶级政党，它最终可以重建其政治实力"。同前引。

⑤ Lin Chun, *The British New Left*, Edinburgh: Edinburgh University Press, 1993, p. 2.

弄清楚战时物质匮乏到战后富裕社会之间的转变的深层次原因；其三，英国新左派最为显著的特征，同时也关联着新左派与英国文化研究的同源关系，那就是新左派极力凸显文化的位置，张扬文化的政治意义并且极大地扩展了文化的定义。

二、"第三条道路"与英国新左派的文化政治学

对于战后英国知识分子而言，在1956年的三大政治事件发生之前，他们通常徘徊在马克思主义和利维斯主义之间，难以作出取舍。霍尔曾经自述这段经历：

> 我本人就属于雷蒙德·威廉斯在《文化与社会》中描述的那一部分人——作为学习文学的学生，穿行于利维斯主义和马克思主义批评家之间，最终不得不承认《细察》占据了上风——这不是因为《细察》表达的思想立场是对的（我们总是批评《细察》保守主义的精英主义），而是因为马克思主义的模式太过机械和简单化（那时候我们尚未接触到卢卡契、本雅明、葛兰西或阿多诺）。①

当冷战的"铁幕"将整个世界按照意识形态标准区隔为泾渭分明的两大阵营时，"红色危机"与"红色恐怖"阻滞了英国知识界追随马克思主义的脚步，霍尔回忆说："我第一次冒险参加共产主义小组会议，论争围绕将马克思的阶级概念运用到当代资本主义社会的问题展开。那时候，我感到这是一个极其大胆的行动……"② 每个人都在冷战的政治光谱中拥有自己的明确位置，每一个体的思想都被分门别类地贴上标签。如何在马克思主义社会主义和利维斯主义之间寻找到"第三条道路"，便成为这一时期英国思想文化界的首要问题。伴随着战后英国社会的急剧转型，文化突破了"基础—上层建筑"这一颇具宿命论意味的机械模式，摆脱了长期以来在社会结构中遭受压制的客体位置，开始彰显某种自主性和积极生产功能。至于寻找"第三条道路"，这实际上涉及两方面的问题：一是试图突破经典马克思主义经济决定论和还原论的窠臼，实现现实政治层面的突

---

① Stuart Hall, The "First" New Left: Life and Times, in Robin Archer, et al., *Out of Apathy: Voices of the New Left Thirty Years on*, London and New York: Verso, 1989, p. 16.

② Stuart Hall, The "First" New Left: Life and Times, in Robin Archer, et al., *Out of Apathy: Voices of the New Left Thirty Years on*, London and New York: Verso, 1989, p. 16.

围；二是批判利维斯主义的精英主义论调，试图冲破利维斯主义建构起的"伟大传统"与"少数人文化"，将实用批评的方法转移到社会文化批评，从而实现文化理论的革新。前者导致了英国新左派的出现，后者则促成了以霍加特和威廉姆斯为代表的"左翼文化主义"（Left Culturalism）。

1956年的三大政治事件，充分暴露了西方帝国主义和斯大林主义的暴力侵略本性，使得英国知识界以此为镜，透过福利国家和富裕社会的光鲜外衣，揭示出其中被遮掩的深重剥削和不平等现实。英国新左派的出现，其直接的动力就是试图在北约组织与苏联集权主义之间寻求一个"第三空间"（霍尔语）。由于英国共产党内部对于三大政治事件的回应态度迥然不同，这进一步导致了英共的分化，直至出现大规模的"退党潮"，比如前英共产党员、著名女作家多丽丝·莱辛的《金色笔记》就详细反映了匈牙利事件之后党内人士与退党人士的思想纠葛。上述事件形塑了英国新左派的一个典型特征，即"部分是由忠诚的前共产党员组成的，他们在试图转变党的路线（shift the party line），遭到失败之后遂决定离开，在党外继续为社会主义奋斗"[①]。以E. P. 汤普森为代表的第一代英国新左派，寄希望在共产党的体制框架之外去开辟社会主义事业的新空间，去寻求新的可能性。

如果说，英国新左派耦合了战后英国的特定社会情境，并且在1956年三大政治事件的强大催化下应时登场的话，那么，随后爆发的核裁军运动则进一步加速了新左派运动的进程。核裁军运动是冷战情境下核军备竞赛所激发的社会矛盾，"核裁军运动是英国政治中长期以来道德传统的重要承载者，它与官方政府之间的关系存在争议。基于核裁军运动的性质，它既不会拥戴也不会反对一个工党政府，它只会支持或反对现行的政策"[②]。核裁军运动与当局政府所针锋相对的主要集中于人道主义和道德两方面，这与新左派同时反对冷战结构的任一极，主张一种"积极中立"[③] 的政治立场和宣扬社会主义人道主义的文化姿态达成了呼应。就此而论，新左派运动与核裁军运动极易形成某种紧密的关联，"一方面，年轻的新左派人

---

① Lin Chun, *The British New Left*, Edinburgh: Edinburgh University Press, 1993, p. 4.

② Raymond Williams, The British Left, *New Left Review*, 1965, No. 30, p. 25.

③ E. P. 汤普森在20世纪50年代晚期不断探索"第三条道路"，第一代英国新左派试图超越二项对立的冷战格局，在处理国际关系的策略上选择了"积极中立"，"积极中立也使新左派为推动英国激进主义的发展作出了独特的贡献，因为新左派强调了新出现的后殖民国家具有的重要的道德与政治意义"。参见［英］迈克尔·肯尼著，李永新、陈剑译：《第一代英国新左派》，南京：江苏人民出版社2010年版，第200页。

士很骄傲能为裁军运动贡献力量，进而发展他们自己的社会主义构想；另一方面，核裁军运动的很多参与者并不是社会主义者，他们将新左派看成是与老左派一脉相承、令人期待的更替者”①。一如霍尔的判断，新左派与核裁军运动有着“同舟共济”的命运，新左派给予了核裁军运动强大的支持，核裁军运动则不仅有助于新左派将其自身的道德观念输入现实政治运动，并且激活了新左派参与政治运动的新的活力。当新左派指斥费边传统和工党文化既漠视普通人的生活经验，又深陷于一种“反智主义”（anti-intellectualism）时，核裁军运动为寻找“第三空间”的新左派提供了切切实实的启示，那就是：“如何将这些新形式的社会动力与左派更为传统的阶级政治耦合起来，以及通过这种耦合，左派的事业有可能得到怎样的转变？”② 此外，新左派对于民族身份的追问也与核裁军运动的政治诉求有着内在的契合，“新左派关于民族身份的焦虑在20世纪50年代后期不断被与核裁军运动的政治诉求联系起来，因为核裁军运动试图把握民族精神，并且经常指出英国仍然能够在道德上领导世界”③。

依据雷蒙德·威廉姆斯的概括，英国第一代新左派具有以下几个典型特征：参与者是一群作家和政治思想家，其思想主要受惠于工业资本主义的道德批评，这也是英国工人阶级运动的一个最主要的意识形态因素；对费边社的思想倾向和马克思主义的教条分别发起攻击，同时也影响着工党的某些思想；最为重要的是，新左派对晚期资本主义的文化危机进行具体批判并且开辟了新的政治视角。④ 威廉姆斯的总结性陈述不但触及了“第三条道路”、英国新左派与核裁军运动之间的关联，而且颇为中肯地勾连出英国新左派最为重要的特征——文化政治学。

新左派试图对战后英国特定的社会情境作出应答，那么，与20世纪30年代的英国老左派相比较，为什么新左派将文化分析与文化政治放置到了其斗争诉求和政治理念的中心位置？新左派是在一种什么样的力量的驱

---

① Lin Chun, *The British New Left*, Edinburgh: Edinburgh University Press, 1993, p. 8.

② Stuart Hall, The “First” New Left: Life and Times, in Robin Archer, et al., *Out of Apathy: Voices of the New Left Thirty Years on*, London and New York: Verso, 1989, p. 33. 此处有必要补充一点意见：英国第一代新左派和核裁军运动都在20世纪60年代走向衰落，以中产阶级为主体的核裁军运动道德说教浓重而成熟的政治斗争经验匮乏，因此，以佩里·安德森为代表的第二代新左派对核裁军运动失去了热情。

③［英］迈克尔·肯尼著，李永新、陈剑译：《第一代英国新左派》，南京：江苏人民出版社2010年版，第222页。

④ 笔者总结自 Raymond Williams, The British Left, *New Left Review*, 1965, No. 30.

使下走向了"文化政治学"？英国新左派的文化政治学为后来兴起的英国文化研究留下了什么样的思想遗产？

首先，正如佩里·安德森的评断，新左派的出现是若干因素在战后英国的特定情境中耦合的结果，如果将1956年中欧、近东发生的几次政治危机以及匈牙利事件所引发的退党潮看作新左派出现的直接原因或外在诱因的话，那么，英国自浪漫主义以来的文化与思想批判传统无疑是询唤新左派出场的内在性原因，或者可以说，正是英国的文化前驱和知识传统孕育出了极具英国本土特色的新左派。英国的文化批评传统源于文学领域，从以柯勒律治为代表的英国浪漫主义传统，到以马修·阿诺德、T. S. 艾略特、F. R. 利维斯与"细察派"建构起的"文化—文明"传统，文化都是作为一个有机的能指被赋予具体的批判使命。直至莫里斯将这种文化批评与现实的阶级斗争结合起来，英国文化批评传统始终延续着一种自由人文主义的思想特质，这种置身于文学领域的文化批评传统没有受到经济决定论和还原论的影响，因此充当了新左派浮出历史地表的适宜的思想土壤，而后来E. P. 汤普森、威廉姆斯等人的早期著作，恰好证明了这一点。①

其次，如果说英国老左派的关注点集中在阶级冲突与政治斗争，需要处理的问题集中在社会经济与政治领域，那么，英国新左派则置身于一个复杂的战后情境之中。伴随着福利制度与富裕社会而来的，是传统意义上的工人阶级文化被消费主义和商业化的大众文化重组、收编，消费主义对于战后英国的阶级结构、文化等级与政治观念都产生了重大影响，文化危机作为晚期资本主义的一种症候被凸显出来。英国新左派需要对战后英国社会的复杂变迁作出阐释，具体说来，他们要思考的问题涉及：工人阶级在多大程度上已经中产阶级化？阶级之间的差异究竟能否弥合？大众文化的显影对于社会分层、身份建构的意义是什么？战后工人阶级的阶级文化如何转向？社会主义的前途在哪里？先抛开形而上层面的问题不谈，英国新左派最急于反思的就是老左派思考问题的方式，他们不赞同老左派将关注视域过分拘囿于经济领域而忽略了文化的重要功能。参照战后英国社会

---

① 针对托尼·本内特强调英国文学研究之于英国文化研究的重要意义，霍尔表示赞同，并且特别指出，"与利维斯的论争终究不是关于利维斯对D. H. 劳伦斯的分析，而是利维斯从文学传统出发对广告和流行小说的批评。它关乎作为一个整体的英国文化的特性"。参见 Kuan-Hsing Chen, Cultural Studies and the Politics of Internationalization: An Interview with Stuart Hall, in Stuart Hall, *Critical Dialogues in Cultural Studies*, David Morley and Kuan-Hsing Chen (eds.), London and New York: Routledge, 1996, p. 402.

的急剧转型与文化版图的重塑，新左派认为经济决定论无法解答战后英国的社会现实，老左派的那一套做法在新的语境下已然失效，因此他们的视线开始转向大众消费、文化传播与意识形态问题。霍尔曾坦言第一代新左派关注文化问题的原因，“首先是因为社会变迁在文化和意识形态领域最容易引人注目；其次，文化维度在我们看来并不是附属的、第二性的，而是社会的构成向度（这实际上部分反映出新左派长期以来与经济决定论和还原论之间的论争）；再者，我们认为文化话语对于任何用来重新描述（redescribe）社会主义的语言来说都是必不可少的”①。

最后，英国新左派趋向一种文化政治学的选择，事实上这也是新左派在浮现之旅中不断进行论争的结果。英国第一代新左派主要由历史学家和文学家构成，前者以约翰·萨维尔（John Saville）、多萝西·汤普森（Dorothy Thompson）和 E. P. 汤普森为代表，他们以《新理性者》为阵地，沿袭了英国马克思主义历史学“自下而上”的史学书写方式，重视人的经验和能动性，政治思想上深受人民阵线的影响，倡导一种社会主义的人道主义。后者聚集在《大学与左派评论》（*Universities and Left Review*）周围，该刊由激进的牛津大学学生创办，思想上受马克思主义的影响程度更深，奉行一种独立的社会主义传统。牛津大学的左派构成十分多元复杂，既有共产党员如拉斐尔·萨缪尔（Raphael Samuel）、彼特·塞奇威克（Peter Sedgwick），也有历史学家克里斯托弗·希尔以及一些来自牙买加、威尔士、苏丹等地的移民和流放者。当牛津文学硕士霍尔着手编辑《大学与左派评论》时，参与编辑的尚有查尔斯·泰勒（Charles Taylor）、拉斐尔·萨缪尔、加布里尔·皮尔森等人，这一派系的思想特点是质疑并反思英共领导人对于苏共的教条主义遵循。《新理性者》和《大学与左派评论》②都是在1956年危机事件的促发下形成的，其共同特点都是要反思工党长期

---

① Stuart Hall, The "First" New Left: Life and Times, in Robin Archer, et al., *Out of Apathy: Voices of the New Left Thirty Years on*, London and New York: Verso, 1989, p. 25.

② 《新理性者》是由比霍尔年龄大的一代人编辑的。这批人成长于20世纪三四十年代的人民阵线运动中，以绥靖政治为耻辱，并且毫不妥协地反对法西斯主义。赫鲁晓夫在苏共二十大抛出“秘密报告”以及苏联入侵匈牙利之后，《新理性者》成为共产党内持不同政见者的重要阵地。与《新理性者》相比，《大学与左派评论》产生于20世纪50年代的战后学生运动中，并以牛津—伦敦这一主轴主办发行。这份杂志很少卷入共产党内部的教条主义论争。他们将自己看作独立左派重新振作的起点，并有意回避与政党政治发生各种牵涉和关联。参见［英］詹姆斯·普罗科特著，李永新译：《斯图亚特·霍尔的学术之路》，载张亮编：《英国新左派思想家》，南京：江苏人民出版社2010年版，第207页。

以来的"反智主义"并表达对英共盲从苏共的不满，其目的都是试图在政党体制以外运作，希望寻找到社会主义事业的"第三条道路"。

英国新左派选择了兵分两路的策略：威廉姆斯和霍加特立足于文学领域开始批判利维斯主义，以 E. P. 汤普森为代表的社会历史学向马克思主义的经济决定论展开攻势：一方面，威廉姆斯和霍加特反对利维斯主义的文化精英论，试图扩大文化的内涵，即由高级的精英模式的文化转向一种"整体的生活方式"；另一方面，E. P. 汤普森极力倡导社会主义的人道主义，这种思想倾向在其撰写的传记《威廉·莫里斯》中已现端倪，他认为经典马克思主义过分强调经济的决定作用，"我们不能将社会存在看成是脱离于社会意识与社会规范之外，强调二者之间任何一方的优先性都是毫无意义的"[①]。E. P. 汤普森旗帜鲜明地反对经济决定论，他在思考社会存在与社会意识的关系问题时，日常"经验"是一个很重要的关键词，这一点在后来《理论的贫困》中表述得更加清晰详尽："经验自发地出现在社会存在中，但是如果没有思想，它就不会出现。它的出现是因为芸芸众生（不仅仅是哲学家）都具有理性，他们会思考那些发生在他们身上和他们周边的事情。如果我们使用社会存在决定社会意识的概念，我们又如何解释这种现象？"[②] 文化作为一个社会结构性因素遭到压制，战后的社会情境暴露了经济决定论只不过是一种"神话"，因而要充分重视文化的能动意义，将文化从"基础—上层建筑"的机械模式中解放出来。E. P. 汤普森在《社会主义人道主义：致非利士人的信》（Socialist Humanism: An Epistle to the Philistines）一文中阐述了道德、个体以及手段与目的之间的关系问题[③]，他着重论述了个人主体对于社会的创造性功能以及伦理道德在这个过程中的意义，"提出一种既可普遍运用又不能简化为阶级利益的道德观是非常重要的，因为推动社会主义发展的关键在于提出一种更高的道德标准……社会主义必须要让人们获得更大的解放，而不仅仅是实现所有制与生产关系的社会化。当获得解放的个体从'他'眼前的枷锁中挣脱出来

---

① Richard Johnson, Three Problematics: Elements of a Theory of Working-Class Culture, in John Clarke, Chas Critcher and Richard Johnson (eds.), *Working-Class Culture: Studies in History and Theory*, London: Hutchinson, 1979, p. 220.

② E. P. Thompson, *The Poverty of Theory & Other Essays*, London: Merlin, 1978, p. 8.

③ E. P. Thompson, Socialist Humanism: An Epistle to the Philistines, *New Reasoner*, 1957, No. 1, pp. 105 - 143. 转引自［英］迈克尔·肯尼著，李永新、陈剑译：《第一代英国新左派》，南京：江苏人民出版社 2010 年版，第 83 页。

时，人文主义社会主义就能够引领人类历史发展”①。显然，E. P. 汤普森所要凸显的正是个体在社会结构中的能动性。

《新理性者》和《大学与左派评论》在具体的政治理念上存在偏差，后者在这种此消彼长的竞争过程中占据优势，即便在1989年牛津大学社会主义讨论小组主办的重估新左派社会历史价值的会议上，原属《大学与左派评论》的成员的呼声依旧高于《新理性者》。② 为了在两股思潮之间达成制衡，两个刊物最终合并为《新左派评论》，其剖析对象包括当代资本主义社会、福利国家、劳工政治与大众传媒。《新左派评论》的创刊标志着英国新左派运动达到鼎盛时期，它秉承社会主义人道主义的思想导向和积极中立的政治姿态，展示了战后英国知识分子试图介入社会问题的努力，一如理查德·李的中肯评价，“第一代新左派的文化分析持续性地拥有广泛回响，尤其是在‘基础—上层建筑’模式用来解释当代社会变迁现象遭遇失败之时，人们重新思考、修正英国马克思主义的语境，阶级与意识形态、能动性和决定论被紧密地涵盖进来”③。

三、第一代英国新左派的历史意义

第一代新左派运动由于其内部构成的复杂性和多元性，始终存在理念上的争执，借用威廉姆斯的形象描述，那就是“‘新左派’是被‘聚集’在一起而并非主动走到一起”④。这突出地表现在《新左派评论》编辑队伍中的内部矛盾，E. P. 汤普森与霍尔之间的不和是问题的焦点，“（汤普森）前后回顾了他与办公室同事的糟糕关系的发展历程之后，决定不再让霍尔为缓和他们之间的关系而做出各种努力，因为霍尔在编辑刊物过程中总是含含糊糊、模棱两可……期刊已经编得非常糟糕，并且在漫无目的地发展。霍尔和哈泽之所以遭到抱怨，是因为他们对批评过于敏感，并且确实

---

① E. P. Thompson, Socialist Humanism: An Epistle to the Philistines, *New Reasoner*, 1957, No. 1, pp. 105 – 143. 转引自［英］迈克尔·肯尼著，李永新、陈剑译：《第一代英国新左派》，南京：江苏人民出版社2010年版，第83页。

② Robin Archer, et al., *Out of Apathy: Voices of the New Left Thirty Years on*, London and New York: Verso, 1989, pp. 1 – 10.

③ Richard E. Lee, *Life and Times of Cultural Studies: The Politics and Transformation of the Structures of Knowledge*, Durham and London: Duke University Press, 2003, p. 33.

④［英］雷蒙德·威廉斯著，樊柯、王卫芬译：《政治与文学》，开封：河南大学出版社2010年版，第374页。

未能协调好办公室工作……"[1] 当斯图亚特·霍尔最终退出编辑队伍，以佩里·安德森为代表的第二代新左派全面登台。在第二代新左派看来，第一代新左派显然经验主义色彩过于浓厚，而理论处于绝对的缺席状态，人道主义的马克思主义只不过是一种前社会主义和极富民粹主义色彩的幻象罢了。如果说第一代新左派主要关注英国的本土文化传统，试图与英国知识传统中的自由人文主义思想达成某种呼应，那么，第二代新左派则将视角转向欧陆，大量引入西方马克思主义的理论话语资源，从而大大增强了英国新左派文化政治的理论色彩。

有意味的是，第一代英国新左派的退场，恰恰对应着英国文化研究学院机制化的开场。不管如何，这场战后英国知识界发起的思想运动对重塑战后英国的思想文化版图以及英国文化研究产生了不可忽视的影响：首先，第一代新左派顺应时势地批判了斯大林主义对于马克思主义的歪曲与误读，尝试还原马克思主义的本来面貌，并结合英国的知识传统和社会文化情境，强调人道主义和道德的意义维度，"树立了一种比较科学的马克思主义观，为英国知识分子重新接受马克思主义铺平了道路"[2]；其次，第一代新左派在超越"基础—上层建筑"机械模式的基础上重新派定文化的位置，激活了文化的社会实践意义与介入功能，从某种意义上说，新左派运动其实就是一种介入行为。20 世纪 50 年代的反文化运动为左翼政治提供了关于个人经验的鲜活例证，"愤怒的青年"、爵士音乐等反文化形式倡导存在主义对于个人选择自由的重视，这在一定程度上联系着新左派重视个体生活经验、重塑一种主体间性的"文化政治学"的做法；最后，英国第一代新左派运动既旗帜鲜明地反对建立在实证主义、普世论与客体化基础上的美国霸权主义与文化帝国主义，又真切关注英国本土的民族身份与文化认同，试图将一套清晰而科学的马克思主义本土化、民族化，从而促

---

① ［英］迈克尔·肯尼著，李永新、陈剑译：《第一代英国新左派》，南京：江苏人民出版社 2010 年版，第 46～47 页。

② 张亮编：《英国新左派思想家》，南京：江苏人民出版社 2010 年版，"编者的话"第 3 页。

成了一种别具英国特色的文化马克思主义①。

第三节　战后成人教育与英国文化研究

一、解密英国文化研究的“源起”

一般来说，学界在对文化研究进行系谱学和考古学的追溯时，往往

① 本书涉及了三个容易混淆的术语：“文化主义”（Culturalism）、“文化马克思主义”（Cultural Marxism）与“文化唯物主义”（Cultural Materialism）。笔者在本书的“绪论”部分，已经借助安德鲁·米尔纳的观点，从思想传统和研究范式两个维度对文化主义作出了详细界定。“文化马克思主义”也同样是一个理论新术语，美国学者道格拉斯·凯尔纳在文化研究的知识谱系内对该术语作出了相当宽泛的定义，他认为文化马克思主义的出现，是因为20世纪以来西方马克思主义的众多学者如卢卡契、葛兰西、杰姆逊、伊格尔顿等注重于“分析文化形式与文化发展、社会历史的关系，了解文化形式对大众和社会生活的作用与影响”。凯尔纳从马克思主义开始追溯，指出马克思对资本主义的生产方式和政治斗争都作出了行之有效的分析，唯独没有形成有效的文化分析模式，因此，从20世纪20年代开始，一批马克思主义者将研究视角转向文化现象研究。简言之，文化马克思主义就是在具体的社会历史情境中阐释文化产品的生产、传播和接受，以伯明翰学派为代表的英国文化研究是文化马克思主义最为典型的系脉之一。参见［美］道格拉斯·凯尔纳著，雷保蕊译，张春美校：《文化马克思主义和现代文化研究》，《上海行政学院学报》2006年第5期，第80~85页。笔者认为，英国的“文化马克思主义”对应的是欧陆模式的“结构马克思主义”，它是英国知识界试图将马克思主义本土化、民族化的结果，强调文化的积极生产功能和人的能动性。丹尼斯·德沃金的杰出研究向我们展示了英国文化马克思主义的历史演进及其内在逻辑，参见 Dennis Dworkin, *Cultural Marxism in Postwar Britain: History, the New Left, and the Origins of Cultural Studies*, Durham and London: Duke University Press, 1997. “文化唯物主义”是威廉姆斯开创的一种文化理论，他既反对马克思历史唯物论将文化置于“基础—上层建筑”的结构中加以考量，从而导致文化/物质二元对立的机械模式，也不赞同英国浪漫主义传统将文化过分精神化的做法。威廉姆斯主张文化的“物质化”，认为文化是“一种整体的生活方式”，并在后期著作中有意识地吸取了葛兰西的“霸权”理论，凸显文化的日常生活层面的意义，即要在具体的社会关系和日常实践中估量文化的位置。值得注意的是，威廉姆斯引入一种“民主”的文化观念，有意消解长期以来的精英/大众、高雅/通俗文化之间的二项对立。“文化唯物主义”代表着威廉姆斯本人文化思想的发展趋势，与威廉姆斯关于文化的定义、“情感结构”、“共同文化”等命题有着密切联系。参看威廉姆斯的《文化与社会》、《漫长的革命》和《马克思主义与文学》。

会有意无意地触及文化研究的源起问题。霍尔的《文化研究：两种范式》开篇就指出，"严格说来，批判性的智识工作，既没有绝对的开端，也几乎不存在没有中断的连贯性……文化研究作为一个独特的问题意识(pro-blematic)，出现在20世纪50年代中期，当然，这并不是它首次将带有自身特点的问题摆到桌面上来。恰恰相反，两本有助于探析这个新领域的书——霍加特的《文化知识的用途》和威廉姆斯的《文化与社会》——均系以不同方式切入的再度发现之作（work of recovery）"[①]。霍尔认为文化研究就是福柯意义上的话语形构（discursive formation），并不存在线性脉络的、化约论的起源之说，"文化研究拥有多层面的话语和诸多不同的历史，它是一整套形构"[②]。霍尔一面反对学界挖空心思为文化研究派定一个静止的"起源"，一面又警惕文化研究作为一门学科的过分随意性，强调伯明翰大学当代文化研究中心（CCCS）在学院建制上的意义。

关于英国文化研究的"源起"之说，通常存在三种情况：第一种着眼于文化研究的学科建制，凸显伯明翰中心的创始意义，譬如澳大利亚文化研究学者洪美恩这样描述："伯明翰当代文化研究中心开展的工作通常被认为是文化研究传统的源头，但其影响已经波及发达资本主义社会的批判知识场域。"[③]

大多数学者操持第二种观点，倾向于将文化研究溯源到英国的文学传统，尤其是以霍加特和威廉姆斯早期著作为代表的"左翼利维斯主义"，理查德·约翰逊的说法颇具代表性，"在文化研究的历史中，它最先与文学批评相遇，雷蒙德·威廉姆斯和理查德·霍加特以不同的方式发展了利维斯主义对于'文学—社会'批评的重视，但又将批评由文学

---

① Stuart Hall, Cultural Studies: Two Paradigms, in Jessica Munns and Gita Rajan (eds.), *A Cultural Studies Reader: History, Theory, Practice*, London and New York: Longman, 1995, p. 195.

② Stuart Hall, Cultural Studies and its Theoretical Legacies, in David Morley and Kuan-Hsing Chen (eds.), *Critical Dialogues in Cultural Studies*, London and New York: Routledge, 1996, p. 263.

③ Ien Ang, Culture and Communication: Towards an Ethnographic Critique of Media Consumption in the Transnational Media System, in John Storey (ed.), *What is Cultural Studies? A Reader*, London: Arnold, 1996, p. 238.

转移到了日常生活”[①]。迈克尔·格林（Michael Green）在一篇专门探讨伯明翰中心的文章中指出，“文化研究始于英文系的出现，文化研究的奠基性文本都是雄心勃勃、勇于担当却又孤独寂寞的冒险行为，它们共同的前提很大程度上就是左翼利维斯主义”[②]。科林·斯巴克斯（Colin Sparks）曾试图厘清文化研究的演进轨迹，但他发现要描述清楚这样一个跨学科项目是非常困难的，面对复杂的、复数意义的文化研究，一个学院机构、几本油印刊物、几门本科生课程，远不足以说明问题。因此，斯巴克斯认为，“文化研究源于 20 世纪 50 年代出版的两本书——理查德·霍加特的《文化知识的用途》和雷蒙德·威廉姆斯的《文化与社会》，两位作者都是英语文学研究专业出身，两本书提供了充分的证明，《文化与社会》尤其如此”[③]。

还有一种情况是强调英国工人教育运动和成人教育对于文化研究的特殊意义，西蒙·杜林在述及英国文化研究的历史时说，“英国文化研究发源于工人教育运动”[④]。在理查德·李勾勒的英国文化研究图景中，作为一次智识运动和一项政治事业的文化研究，在 20 世纪 50 年代中期兴起于英国。理查德重点考量了两个因素：一是“奖学金少年”使得步入知识分子行列的工人阶级人数倍增；二是战后成人教育的影响，“1956 年的转折点之前，成人教育工作经历就激发威廉姆斯和汤普森将文化放置于文学和历史相对无明显差别的区域进行仔细考量”[⑤]。在理查德陈列的例证中，E. P. 汤普森回顾自己怎样开始写《威廉·莫里斯》的情况最具说服力，“我教历史，也教文学。当我首次面对一个成人班级，其中大多数人参加了劳工运动，我在想，我应当如何跟他们讨论文学对于他们生活的意义？然后我

---

① Richard Johnson, What is Cultural Studies Anyway, in Jessica Munns and Gita Rajan (eds.), *A Cultural Studies Reader: History, Theory, Practice*, London and New York: Longman, 1995, p. 575.

② Michael Green, The Centre for Contemporary Cultural Studies, in John Storey (ed.), *What is Cultural Studies? A Reader*, London: Arnold, 1996, p. 49.

③ Colin Sparks, The Evolution of Cultural Studies, in John Storey (ed.), *What is Cultural Studies? A Reader*, London: Arnold, 1996, p. 14.

④ Simon During, *Cultural Studies: A Critical Introduction*, London and New York: Routledge, 2005, p. 20.

⑤ Richard E. Lee, *Life and Times of Cultural Studies: The Politics and Transformation of the Structures of Knowledge*, Durham and London: Duke University Press, 2003, p. 18.

便开始阅读莫里斯"[①]。威廉姆斯的著名文章《文化研究的未来》也详细探讨了英国文化研究的起源问题，威廉姆斯并不赞同将文化研究的起源追溯到几个经典文本的出版，"早在20世纪40年代晚期，由于战争期间军队教育的著名先例，而且由于有些先例——尽管它们主要是经济和外交事务方面的——甚至是在20世纪30年代，文化研究在成人教育中十分活跃。只是由于后来的这些著作，它才进入了出版物，才得到了知识界的某种一般认可"[②]。

威廉姆斯之所以愤愤不平，是因为学界在叙述文化研究的演进脉络时过分倚重20世纪50年代出版的几部奠基性文本，而此前就已经为文化研究提供活跃空间的成人教育却未能得到应有的重视。威廉姆斯为这些遭到遗忘的无名前辈深感悲哀，同时强调文化研究是从成人教育领域兴起的，这一观点得到了汤姆·斯蒂尔的呼应，"更贴切地说，文化研究源起于'二战'前后成人教育的实验、跨学科性与政治承诺"，"从独立的工人教育运动的灰烬中诞生了文化研究这只凤凰"[③]。

不论是通过学院建制、经典文本去追溯文化研究的源起，抑或是将视角深入到英国的文学传统与成人教育，都难免受限于单一视角的片面性。正如霍尔的论断，文化研究是一个复杂的问题系，或者说，文化研究既是一种知识范式、一套话语形构，也是一个置身于学院内部的跨学科场域。文化研究是英国的思想知识传统与20世纪50年代特定的社会情境相耦合的结果，在这些多元而复杂的形构因素中，战后英国成人教育显然扮演着非常关键的角色。

二、成人教育与文化论争

英国素称"成人教育之乡"，英国的成人教育历史可以追溯到18世纪晚期，19世纪30—40年代形成了初具规模的函授教育和开放教育模式。与英国高等教育八百多年的悠长历史相比，英国成人教育显然要"年轻"

---

① MARHO, *E. P. Thompson*, *in Visions of History*, New York: Pantheon, 1984, p. 13, quoted in Richard E. Lee, *Life and Times of Cultural Studies*: *The Politics and Transformation of the Structures of Knowledge*, Durham and London: Duke University Press, 2003, p. 18.

② ［英］雷蒙德·威廉斯著，阎嘉译：《现代主义的政治——反对新国教派》，北京：商务印书馆2002年版，第218页。

③ Tom Steele, *The Emergence of Cultural Studies*: *Adult Education*, *Cultural Politics and the English "Question"*, London: Lawrence & Wishart Limited, 1997, p. 9.

得多，但其重要影响力却不容小觑，享誉寰球的开放大学和BBC教育频道就足以说明一切。英国成人教育也是一项现代的“发明”，它顺应工业革命的需求，以开办函授教育与校外教育的方式，为工业生产输送掌握了实用技术的熟练工人。

两次世界大战之前，英国成人教育为那些无法进入正规大学的工人阶级子弟提供了接受继续教育的机会，这个独特的场域也曾为推动英文研究的兴起立下了汗马功劳。威廉姆斯在论述文学研究之于文化研究的意义时指出，“非常值得注意的是，在每一种情况下，文学研究中的各种创新，都出现在各种正规的教育机构之外。19世纪晚期，当事实上根本没有任何有组织的英国文学教学之时，这种要求就在这个社会被忽视的、在某种意义上受到压制的两个文化领域里出现了”①。威廉姆斯所说的两个文化领域，分别对应着被剥夺了教育机会的两大群体——工人阶级和妇女，他们难以分享正规高等教育的成果，只能通过成人教育的途径获得自我提升。可以说，成人教育为英文研究准备了理想的“实验场所”，为后来剑桥、牛津的英国文学教学铺就了基本道路，因为“当这种新的文学研究——处在传统语文学和单纯分类史之外的——最终进入大学时，它的教学大纲，例如在剑桥，几乎就是按照19世纪末和20世纪初的早期阶段所确定的方式写成的”②。令人遗憾的是，伴随着英文研究的学院机制化，曾经在校外教育机构积极推动英文研究的核心人物如F. R. 利维斯，反倒被边缘化了。

两次世界大战期间，尽管“奖学金少年”计划为少许工人阶级子弟提供了接受正规高等教育的机会，但是杯水车薪，远不足以解决问题。这一时期的英国成人教育在重视文本细读、关注文本的道德维度和语境意义等方面与利维斯主义相遇，尤其值得一提的是，利维斯和“细察集团”对布鲁姆斯伯里文学圈的都市趣味的批评，与成人教育自身的边缘处境很容易达成情感上的呼应。20世纪30年代，英国成人教育围绕人文学科的激烈论争，在一定程度上凸显了这一特定领域的文化政治和意识形态色彩，影响了战后的成人教育运动以及英国文化研究的兴起。

作为19世纪以来英国工人运动和政治斗争的重要协商场域，英国成人教育在20世纪30年代迎来了关于人文学科与文化教学问题的论争。参与这次论争的共有三股力量，其中包括英国本土的两股力量——一派为出身

---

① ［英］雷蒙德·威廉斯著，阎嘉译：《现代主义的政治——反对新国教派》，北京：商务印书馆2002年版，第216页。

② 同上。

大都市的现代化支持者，他们试图建构所谓的"民族大众"（national popular），另一派则由地方"好战人士"（class-warrior）构成，他们鼓吹工人教育应当服务于有组织的劳工运动。两股英国本土力量的论争集中在选择"文学"抑或"社会学"的不同路径上，"前者希望纯粹的文本研究（阶级利益调和），后者追寻生活的相关性（阶级斗争）"①。也就是说，两大阵营就英国成人教育应该选择什么样的方法和路径发表不同意见，这场论争曾在许多次会议上展开，两本最重要的成人教育运动杂志《教师公报》（*Tutors' Bulletin*）和《大路》（*Highway*）成为硝烟弥漫的论辩阵地。以W. E. 威廉姆斯为代表的派系强调现代化的都市元素，倾向于将文化看作某种类似于文学艺术的东西，有助于培养人的智性。W. E. 威廉姆斯受到利维斯主义影响，深信实用批评的方法适宜于成人教育，他曾在1933年4月出版的《教师公报》上撰文盛赞F. R. 利维斯与丹尼斯·汤普森合作的《文化与环境》。以乔治·汤普森（George Thompson）为代表的一派出身于工人阶级，他们以隶属于工人教育协会的《大路》为园地，主张超越文本中心主义的视野，充分关注文化文本的社会意义向度和日常生活层面。两派的分歧或可总结为，"W. E. 威廉姆斯和现代化支持者想要提供一种大众教育体系，除了民主参与到'文化'的某种抽象定义之外，没有特定的目标；工人阶级成人教育协会则是目标明确，那就是要释放工人阶级的能量……革新社会和人类关系"②。

还有一股力量是以卡尔·曼海姆、R. H. 托尼（R. H. Tawney）等为代表的欧陆流亡知识分子，他们为逃避纳粹迫害而流亡英伦，这一特殊的群体为20世纪30年代英国成人教育的社会学转向作出了重要贡献，甚至可以说，后来英国文化研究的跨学科特性也要追溯到曼海姆等人的成人教育实践，而这些所谓的外来影响因素，在英国文化研究的学术史追溯中，往往并没有得到足够的重视。曼海姆在流亡英国之前，曾是布达佩斯乔治·卢卡契学术圈中的一员，思想上深受马克思和韦伯的影响，倾向于将一种"总体化"的观念引入文化议题。曼海姆与英国成人教育"结缘"，一方面是因为他的流亡身份使他无法在大学里觅得教职，只能选择校外业余教学机构，这是现实情境使然；另一方面，曼海姆的研究兴趣和取向更容易在成人教育领域赢得发挥空间，"曼海姆视成人教育为新型社会学的潜在先

① Tom Steele, *The Emergence of Cultural Studies: Adult Education, Cultural Politics and the English "Question"*, London: Lawrence & Wishart Limited, 1997, p. 4.

② Tom Steele, *The Emergence of Cultural Studies: Adult Education, Cultural Politics and the English "Question"*, London: Lawrence & Wishart Limited, 1997, p. 80.

驱，他积极鼓励教师协会的成员们引路指导，教师协会是由 R. H. 托尼创建的一个成人教育教师专业组织”①。1936 年，曼海姆的《意识形态与乌托邦》英译本受到英国成人教育界的高度评价，虽然德国社会学与英国经验主义两种传统的差异导致了该书在具体接受过程中的困难，但是曼海姆已经着手将“总体化”的社会观念输入英国成人教育。曼海姆认为，在成人教育领域搭起一个总体性框架较之在传统意义上的学院机构更为迫切，因为成人教育与外界社会不存在“象牙塔”的隔阂，成人教育面向霍尔所说的“肮脏的外部世界”（the dirty outside world），成人教育的接受对象也大多具有涉入社会的经验，更加便于理解曼海姆所设定的教育的核心宗旨——“改造人与社会”②。曼海姆流亡英国的经历是两次世界大战期间英国流亡知识分子群体的缩影，他试图架起一座连接德国社会学传统与英国经验主义传统的桥梁。曼海姆对于社会总体情境的侧重以及有效使用“总体化”的社会学思想，将文学研究、历史学、社会学等成人教育领域已存在的方法充分调动起来，构筑起一种跨学科的研究模式，直接影响到战后英国的成人教育，“战后许多成人教育教师，比如约翰·雷克斯（John Rex），他于 20 世纪 40 年代末就职于利兹大学校外业余教育机构，他任教的‘社会研究’课程就使用了曼海姆的模式”③。

三、战后成人教育与文化研究的兴起

得益于福利制度和 Butler 教育法案的推行，战后英国涌现出大量成人教育机构，除了兴建一批工人学院之外，新成立的大学也纷纷开设“校外教学部”（Extra-Mural Studies），比如在英格兰东北部的约克郡，利兹大学新成立的校外教学部的主任西德尼·雷布尔德（Sidney Raybould）公开宣称，“工人阶级教育协会应当具体涉及大学分校层次的工人教育，大学院系有义务面向范围更广的公众”④。

---

① Tom Steele, *The Emergence of Cultural Studies: Adult Education, Cultural Politics and the English "Question"*, London: Lawrence & Wishart Limited, 1997, p. 99.

② Tom Steele, *The Emergence of Cultural Studies: Adult Education, Cultural Politics and the English "Question"*, London: Lawrence & Wishart Limited, 1997, p. 102.

③ Tom Steele, *The Emergence of Cultural Studies: Adult Education, Cultural Politics and the English "Question"*, London: Lawrence & Wishart Limited, 1997, pp. 105 - 106.

④ Tom Steele, *The Emergence of Cultural Studies: Adult Education, Cultural Politics and the English "Question"*, London: Lawrence & Wishart Limited, 1997, p. 10.

英国工党政府在战后上台执政，为了尽快从战争造成的千疮百孔中恢复过来，工党政府展开实施大规模的改革措施，在教育领域鼓吹一种实用主义的大众教育。大众教育的导向影响了成人教育：一方面，成人教育在课程设置上存在争议，技能型、实用性的课程受到重视，以文学为代表的人文学科遭遇冷落，"工党左派认为人文学科是工人教育中软弱笨拙的科目，蒙上了'女人科目'的污名，顶多可以看成是阶级斗争的转移，或者在最糟糕的意义上说，是披着'精神价值'的蛇皮，成为资产阶级意识形态的载体"①。这种贬低人文学科的做法与英国"文化—文明"传统所持的"有机文化论"显然是背道而驰的，难怪 T. S. 艾略特会专门写下《关于文化定义的笔记》（1948）来为现代文化作出诊断。20 世纪 50 年代初，英国保守党政府赢得大选，威廉姆斯从文化角度深刻反思工党失败的原因，"我仍然认为，面对20 世纪40 年代现成的大众教育和大众文化渠道，没有在文化上资助工人阶级运动是工党地位在 20 世纪 50 年代迅速瓦解的一个关键因素"②。威廉姆斯列举的典型例证就是工党政府拒绝资助英国纪录电影运动。另一方面，战后英国成人教育在是否应当传播阶级立场、表达阶级身份，是否应该避免接触政党政治、保持客观中立等问题上展开争论，这实际上关系到如何处理劳工运动和成人教育之间的关系。G. D. H. 科尔（G. D. H. Cole）不无忧虑地指出，尽管工党在 1951 年落败，劳工运动也暴露出诸多矛盾，但是，"如果工人阶级教育运动任其自身与成人教育运动融合在一起，那不啻是'自杀'行为"③。令科尔忧心忡忡的，正是那些归属现代化支持阵营的论敌们，他们挖空心思，试图弱化工人教育运动的政治介入色彩，使之转变成那种为普通成人开设"通识课程"的教育模式。以威廉姆斯和汤普森为代表的新左派知识分子始终坚持工人阶级教育运动的政治诉求和介入特性，将劳工运动与成人教育恰到好处地结合起来，堪称典范。

战后英国成人教育的一个鲜明特征，就是师资构成的多元化。首先是学术背景和研究旨趣的多元性，有的接受过利维斯文学批评的训练，有的深谙欧洲哲学和马克思的社会历史学，有的专攻语言哲学和文化理

① Tom Steele, *The Emergence of Cultural Studies: Adult Education, Cultural Politics and the English "Question"*, London: Lawrence & Wishart Limited, 1997, pp. 11 – 12.

② ［英］雷蒙德·威廉斯著，樊柯、王卫芬译：《政治与文学》，开封：河南大学出版社 2010 年版，第 57 页。

③ Tom Steele, *The Emergence of Cultural Studies: Adult Education, Cultural Politics and the English "Question"*, London: Lawrence & Wishart Limited, 1997, p. 13.

论，各路人马汇聚在一起，形成成人教育的“多声部”特色。以利兹大学校外教学部为例，当时就吸纳了包括文学批评家瓦尔特·斯泰恩(Walter Stein)、社会历史学家约翰·哈里森(John Harrison)、哲学家J. M. 卡梅伦(J. M. Cameron)等多个领域的翘楚。牛津大学校外教学部也可谓群星璀璨，亨利·科林斯(Henry Collins)、托尼·麦克林(Tony Maclean)等名列其间。这些来自不同学科背景的成人教育教师们，有效地延承了曼海姆等流亡知识分子在两次世界大战期间促成的英国成人教育的“社会学转向”，进一步强化了战后英国成人教育的跨学科特征。更加有意思的是，战后成人教育将一些游离在英国学术圈边缘的知识分子吸纳了进来，在一定程度上重塑了战后英国的知识分子结构。文化研究的几位先驱人物，不约而同地与成人教育结缘：威廉姆斯从剑桥大学毕业后，曾在牛津大学担任长达十五年的成人教育教师；霍加特从利兹大学获得学位，之后进入赫尔大学的校外教学部工作；E. P. 汤普森为了谋生，在利兹大学新成立的校外教学部申请职位；有着牙买加黑人血统的斯图亚特·霍尔在威廉姆斯的鼓励下，“参加了牛津的成人教育运动，并在校外成人教育部工作多年”①。

几位文化研究先驱人物都是以英文教师的身份涉入成人教育领域，这再度印证了我们在讨论“英文研究的兴起”时所提到的成人教育与英文研究之间的密切关联，也在某种意义上形塑着英国文化研究的部分底色：一方面，汤普森、科尔、托尼等著名的历史学家亲自参与成人教育实践，并在与以工人阶级为主体的成人学员的互动中逐渐形成一种自下而上的观照视角，这种独特的历史学视角显然迥异于传统的历史学研究范式，将曾经不可见的边缘群落/社会底层的经验纳入进来，“感受到文化复兴将从‘下’开始，从‘边缘乡村’开始；是威尔士或约克郡，而不是伦敦的精英们”②。另一方面，成人教育与新左派的文化政治学达成契合，课程教学的兴趣由原先占据优势地位的政治和经济学转移至阶级与社会意识领域，即越来越重视具有象征意义的符号价值，“虽然左派教师此前认为，如果他们教文学或人文科目，而不是政治与经济学，他们会觉得低人一等。现如今，他们的同事日益认识到他们所从事工作的

---

① Helen Davis, *Understanding Stuart Hall*, London: SAGE Publications, 2004, p. 7.

② Tom Steele, *The Emergence of Cultural Studies: Adult Education, Cultural Politics and the English "Question"*, London: Lawrence & Wishart Limited, 1997, p. 17.

政治价值"[①]。

在战后激烈的成人教育论争中，霍加特是这场关于"文化"定义和价值论辩的名副其实的积极参与者，他在《成人教育》、《大路》、《教师公报》等刊物发表大量文章，旨在宣扬一种任教文学的有效方法。霍加特于20世纪50年代退出激进的政治场域，在成人教育领域觅得一方天空。霍加特远离大学的英文教育机构，自觉选择孤立于主流学术圈之外，他所从事的文学专业使他从工人阶级社区生活的怀旧中抽离出来，其兴趣转移至文学的符号价值和精神世界。霍加特在教学方法上深受利维斯影响，强调实用批评所推崇的文本细读和道德维度。由于成人教育的接受对象主要是工人阶级子弟，霍加特开始关注工人阶级的生活经验与文化样式，对他们置身其间的大众文化产生了浓厚兴趣，并效仿利维斯在成人教育的课堂上开设大众文化课程，授课内容涉及广播、流行报纸杂志、商业广告等大众传媒。可以说，霍加特本人的成人教育经历既强化了他对于工人阶级日常经验的重视，又促使他在重返伯明翰大学英语系之后，仍然保持着对于当代文化的兴趣，并勇于冲破重重阻碍，最终在伯明翰大学的英文系设立了"当代文化研究中心"，成为文化研究在学科建制意义上的奠基人物。

战后英国成人教育的另一个重要特征，就是校外教学部虽然接受所属大学的监督指导，但由于办学点不在主校区，且多为偏远之所，这样一来，尽管监管严格，但教师在课程安排和教学方式上拥有更多的自主权。威廉姆斯曾经在远离牛津主校区的牛津远程教育机构工作，他在接受《新左派评论》的访谈时评价道："在与课程相关的情况下，教师有权利在课堂上表明自己的立场，不过要保证课程的开放性，教师的立场是可以挑战的，允许反对和讨论。"[②] 威廉姆斯的《文化与社会》就直接受惠于成人教育的课堂教学，"我第一次开始考虑文化这个观念是在一门成人教育课程上"[③]。E. P. 汤普森尽管由于其共产党员的身份在申请成人教育教职时遇到障碍，但当他最终如愿在哈罗盖特和米德尔斯堡的成人课堂讲授文学时，其参与共产党历史学家小组的经历开始发挥"作

---

① Tom Steele, *The Emergence of Cultural Studies: Adult Education, Cultural Politics and the English "Question"*, London: Lawrence & Wishart Limited, 1997, p. 34.

② ［英］雷蒙德·威廉斯著，樊柯、王卫芬译：《政治与文学》，开封：河南大学出版社2010年版，第64页。

③ ［英］雷蒙德·威廉斯著，樊柯、王卫芬译：《政治与文学》，开封：河南大学出版社2010年版，第79页。

用”，他的文学课程并没有沿袭利维斯的文本细读法，而是注重文本与历史语境之间的深层关联，比如将浪漫主义文学放置到工业革命的历史语境中加以读解。霍加特的情况比较特殊，这位生长于汉斯莱特的工人阶级子弟，秉性上缺少威廉姆斯和汤普森那种参与政治的热情，对所谓“共同文化”的宏大叙事也兴趣不大。霍加特倾向于一种具有自我经验色彩的怀旧①，对20世纪30年代的工人阶级社区文化和价值观念恋恋难舍。霍加特并不关注由曼海姆等人输入英国成人教育的理论问题，而对经验具有浓厚兴趣，“成人教育的经验自身产生了重要意义……如果雷蒙德·威廉姆斯是在给一个传统大学的本科生上课的过程中写出了《文化与社会》，那将会是另一面目”②。

霍加特对于经验的强调，实际上反映出另一个层面的问题，即战后成人教育接受对象的特殊性，他们反过来也会影响到参与成人教育的教师及其课程设置，甚至在更深层次的意义上说，为英国文化研究的兴起奠定了部分基调。威廉姆斯认为，成人教育是一个“教学相长”的过程，他本人在教学中读了大量的新作品，真切地感受到了成人教育环境的有利性，“它（成人教育）也是一个自我教育的过程：1948 年以后我学到了广泛的英国文学知识。在剑桥选修的三年课程，特别是我完成这些课程的方式，并没有给我这些知识”③。

20 世纪 50 年代，随着“新英国”国家建构工程对于实用人才的大量需求，英国高等教育推进了系列改革措施，越来越多的工科院校面向工人阶级子弟招生，大学不再是上流社会与“奖学金少年”才能享有的“象牙塔”，而是成为培养技术人才的核心阵地。与此同时，成人教育不再是工人阶级子弟的必选途径，中产阶级妇女取而代之成为成人学生的主要生源。因此，20 世纪 60 年代的成人教育已经失去了在此之前的激进性，这或许也是威廉姆斯等人离开成人教育课堂的重要原因。

英国成人教育源远流长，勾连着极具英国特色的社会文化情境，它形

---

① 在英国文化研究的几位先驱人物当中，霍加特似乎最具怀旧情结，《文化知识的用途》前半部分堪称霍加特本人的童年自传。相比之下，威廉姆斯只是在《边境村庄》（*Border Country*）和访谈《政治与文学》中较详细地谈及自己的出身背景。E. P. 汤普森绝少提起个人经历，霍尔本人也是在后期才谈到自己的“流散”身份。

② Tom Steele, *The Emergence of Cultural Studies*: *Adult Education*, *Cultural Politics and the English* “*Question*”, London: Lawrence & Wishart Limited, 1997, p. 135.

③ ［英］雷蒙德·威廉斯著，樊柯、王卫芬译：《政治与文学》，开封：河南大学出版社 2010 年版，第 67 页。

构了一个独特的社会场域，其间交汇了阶级、种族、性别等多层面议题，为边缘群体文化经验的再度发掘和积极介入当代文化论争提供了可能的空间。以霍加特、威廉姆斯和 E. P. 汤普森为代表的早期英国文化研究，其重视工人阶级文化经验与个体的能动性、反对刻板的经济决定论与还原论、坚持跨学科的研究路径等取向都离不开成人教育这片沃土。可以说，正是战后英国的成人教育，在很大程度上激发、助推了文化研究的学院建制以及作为研究范式的文化主义的塑形。

第六章　英国文化主义：范式转型与思想论争

第一节　理查德·霍加特与工人阶级文化

倘若追溯英国文化研究这一学术思潮的“源起”与系脉，我们会发现其中一个至为关键的议题就是文学研究与文化研究之间的关系问题。准确地说，对英国文化研究产生直接影响的是英国文学批评，而非一般意义上的英国文学，正是英国的文学文化批评传统为战后英国文化研究的兴起提供了重要的原动力并成为其“避风港”。无论是从文化研究的奠基性工作还是从学院建制的意义上说，理查德·霍加特都堪称英国文化研究名副其实的先驱人物。与雷蒙德·威廉姆斯、斯图亚特·霍尔等文化研究早期代表人物的经历颇为相似，霍加特原本也是以研习文学为业，后来视域扩展到当代文化与大众传媒。霍加特虽然以诗人奥登研究专家的身份获得了文学教授席位，但其显赫声名的赢得却应归功于文化研究。

霍加特绝非那种囿于书斋、脱离现实的学者，他始终坚持以公共知识分子的姿态介入当代文化问题与公共政策领域的论争，积极参与社会实践与批判性知识生产，曾先后担任赫尔大学成人教育讲师、莱斯特大学英语讲师、伯明翰大学英文教授与当代文化研究中心主任、联合国教科文组织（UNESCO）副主任、伦敦大学戈德史密斯学院院长等职务。霍加特除了广泛参加公共团体与艺术组织，还涉足英国广播辩论，为企鹅出版社《查泰莱夫人的情人》一案出庭作证，应邀为《社会》（*Society*）等刊物撰写大量公共政策性评论，关注视点始终围绕着当代文化、公民读写能力、公共教育政策和社会民主机制。霍加特敏锐察知战后英国社会文化的巨大变迁，前瞻性地将当代文化列为具有时代转折意义的研究对象，以学术问思的严肃姿态展开对战后工人阶级文化的深度分析，揭示出工人阶级日常生活与个体经验的文化意义，既成功实现了从文学研究到文化研究的视域转移，也在很大程度上积极推进了战后的“文化转向”。

一、文学批评与“利维斯的幽灵”

在英国文化研究的粉红底色中，霍加特或许代表着其中的“另类”色彩，不同于威廉姆斯等文化研究的重要先驱，他从来没有成为真正意义上的马克思主义者。霍加特反对“文化”是由经济或政治等某种社会结构性因素所决定的，批判决定论和还原论的思维方式，极力倡导一种语境化的叙述策略。霍加特与马克思主义始终保持着若即若离的关系，起初，出身于利兹工人阶级社区的霍加特有幸成为“奖学金少年”，其生活轨迹顺应着工人阶级子弟试图凭借高等教育以转变自身“他者”位置的设想，这也决定了霍加特的早期活动空间主要拘囿于家庭内部、学校等有限场域，其个人经验呈现出浓厚的乡土气息与女性色彩，较难与激进的左翼政治建立起亲密关联；此后，由霍加特创立的伯明翰当代文化研究中心在霍尔的率领下经历了最为辉煌的时期，霍尔的流散身份和“他者”境遇决定了其不可能具有霍加特那种工人阶级社群的经验，因此，霍尔时代的伯明翰当代文化研究中心主动吸取了西方马克思主义的思想资源，结构、话语、权力、霸权等舶来的欧陆理论话语占据了主导位置，其研究取向的理论色彩大大增强。从这一意义上说，后来是马克思主义拒绝了霍加特。

霍加特的文化研究是以文学批评为底色的，从其文化分析路径可以看出文学研究的影响印记，利维斯的影子清晰可循。首先，霍加特高度评价文学所负载的社会意义，重视文学文本的内在丰富性和外在辐射性影响力。霍加特曾声情并茂地谈论起自己坚守文学阵地的原因：“我重视文学，是因为它探索、重塑并寻找人的经验的独特方式，因为它探索那种经验的多样性、复杂性与新奇性（包括个体性的人、群体中的人或者与自然相关联的人），因为它重构那种经验的实质，也因为它以一种公允的热情去探寻……”① 与利维斯颇为相似，霍加特强调文学与个体经验和语言之间的关联，语言作为一种人际交往工具，通过语音、语调和词汇来表述和书写个体生活经验，人际交往其实也就是以“经验”为基础、以语言为介质的自我与他人的沟通交流行为。正是因为语言的介质功能，个体经验才变得可以流通，某一群体的自我文化经验才有可能构想出一幅世界图景，“经验是可以交流的……我们的个体经验可以拥有超出个人意义的东西，可以

---

① Richard Hoggart, *Speaking to Each Other*, Vol. 2, New York: Oxford University Press, 1970, p. 11.

分享，可以是典型的、象征性的、意义非凡的”[①]。霍加特对于语言和经验的重视，其内在诉求关联着道德、情感、想象力几个关键词。霍加特将文学分成“传统文学”与“活态文学”，前者反映并传播既定的价值观念，后者影响着我们正在形成中的生活理念。文学不是绝对自律意义上的抽象审美之物，它承载着特定的道德意识形态，但文学与道德观念之间的关系并非如此简单，读者需要潜入语言的迷宫，在文本内部窥探文学作品的道德表述。针对大众社会惯于滥用语言的陋习，霍加特指出，“语言是一个道德工具。避免琐细地使用语言并恢复语言与评判之间的有机联系，这是很重要的”[②]。文学中的道德因素不是干巴巴的家长式说教，也不是虚无缥缈的坊间清谈，它指向一种日常生活的经验维度，“我的意思并非是说我们都应该去阅读最好的书籍，但事实是，这些书被阅读，其中的深刻洞见在某种程度上化为‘常识’，有助于我们去理解日常生活经验”[③]。显然，霍加特所谓的道德维度并不是那种传统意义上的伦理准则，而是意指寻找到一种价值的评判方式，一种借用语言之途细察文本的读解模式。在CCCS成立的演讲报告《英文学院与当代社会》（Schools of English and Contemporary Society）中，霍加特认为英文学院培养人才的重要目标就是“鼓励一种对语言的尊重和热爱”[④]，这不仅仅因为语言是人们表达和传递日常经验不可或缺的交际工具，还因为语言也是一种情感载体，以变动不居的姿态迎接阅读者的解码立场，在复杂幽微的协商过程中实现意蕴的飞跃和提升。文学有利于展示人类经验的多维面向，通过语言与文化的互动，激发出丰富的文学想象力：“通过以其自身独特的方式去探索社会，文学想象力能够告诉我们有关那个社会新颖的一些方面，提供颇具启发意义的假设……”[⑤]一言以蔽之，霍加特讨论文学的社会功能时的切入路径贴近于当时盛行的文化社会学模式，强调文学批评应当逸出文本内部的象牙塔，充分关注文学文本与社会情境之间的关联。

---

① Richard Hoggart, *On Culture and Communication: The B. B. C Reith Lectures 1971*, New York: Oxford University Press, 1972, p. 110.

② Richard Hoggart, *Mass Media in a Mass Society: Myth and Reality*, London and New York: Continuum, 2004, p. 157.

③ Richard Hoggart, *Speaking to Each Other*, Vol. 2, New York: Oxford University Press, 1970, p. 249.

④ Richard Hoggart, *Speaking to Each Other*, Vol. 2, New York: Oxford University Press, 1970, p. 245.

⑤ Richard Hoggart, *Speaking to Each Other*, Vol. 2, New York: Oxford University Press, 1970, p. 261.

其次，霍加特深受“实用批评”和“细察派”文本细读法的影响，不仅在具体教学工作中践行细读技巧，而且极力推崇利维斯主义使用文学批评方法去阐释大众文化的做法。霍加特在日常教学实践中典范性地对诗人奥登的代表作、亨利·米勒小说里的修辞以及乔治·艾略特的小说展开了细致的文本分析，认为这些作品之所以能够成为“伟大的艺术”，根本原因在于它们可以召唤受众的强大艺术力量，“一种定义伟大艺术的方式就是艺术超越了其得以产生的社会状况，能够穿入人类经验的纵深处，比外在条件所规限的要看得更多”①。这种仿照瑞恰兹、燕卜逊新批评方法的教学模式不仅体现在霍加特的早期成人教育课堂教学中，也是 CCCS 学术训练的核心内容。据有着“伯明翰的美国人”之称的劳伦斯·格罗斯伯格回忆，CCCS 采取每周一次的工作坊形式进行文学批评训练，供解读的文本首先是从高雅文学里选择，后来也在通俗文学和印刷读物中摘选章节，“刚开始摘印的篇章都有清晰的标注，但随着时间的推进，作品不再标注，而是让我们自己去思考其出处”，“有时候我们被要求对文章作出比较，通过细读判定哪些是高雅文学，哪些是通俗文学，哪些是大众传媒”②。

霍加特作为工人阶级子弟，虽然有幸成为“奖学金少年”，接受了正规的高等教育，但刚开始只在大学的校外教学部或成教机构觅得教职，再加上战后英国的主导教育思想以实用主义为根本宗旨，科学主义在与人文精神的论争中占据了上风，如此一来，文学课程对于成人教育的意义，除了要提升学生的读写能力等基本文化素养、为他们接受专业技能培训奠定基础以外，另一个重要的任务就是要兼顾这一特殊群体的接受心理及其内在的复杂微妙的感知力，贴近其生活经验，将文学批评与他们的现实境遇勾连起来。正是因为参与成人教育，并尝试解答成人教育学生关于文学与日常生活之间关系的疑问，霍加特的视角开始转向当代文化，大众文化作为日常生活的重要议题由此被纳入学术研究的对象范围。在现代社会，鉴于商业化的大众传媒汹涌侵入文学艺术领域，传统的课堂教学内容已经无法满足现实的需求，霍加特转而支持一种将历史、政治、美学与大众趣味关联起来的模式——这一研究路径后来被命名为“文学与当代文化研究”。

霍加特所摹绘的研究路径包含了几个层面的意思：其一是思考我们应

---

① Richard Hoggart, *Speaking to Each Other*, Vol. 2, New York: Oxford University Press, 1970, p. 38.

② Lawrence Grossberg, Richard Hoggart, Cultural Studies and the Demands of the Present, in Sue Owen (ed.), *Richard Hoggart and Cultural Studies*, Hampshire: Palgrave Macmillan, 2008, p. 59.

当如何应对现代社会的大众文化，“除非我们对现代艺术的丰富想象力有着亲密的感知力，否则我们就不可能像一些社会科学家那样信心十足地谈论这些艺术的影响；我们必须了解诸多大众艺术的意义”①。这也就是说，如果要弄清楚大众文化的内在实质，就不能仰仗毫无用处的泛泛空谈，必须像对待高雅艺术的经典文本那样，对大众文化文本进行剖析细读。其二，霍加特从文学批评的角度出发，认为大众文化也为文学批评提供了“演武场”，“我们对大众文化疏于了解，这仍然为成熟的批评实践保留了空间，包括：电影批评、电视和广播评论、电视剧（常常被忽视或者过高估计），以及各种各样的大众读物——犯罪小说、西部小说、浪漫小说、科幻小说、侦探小说”②。

霍加特在规划 CCCS 的研究计划时总结出当代文化研究的三条主要路径，“一是粗略的历史和哲学意义上的，一是粗略社会学意义上的，还有一个最重要的就是文学批评”③。尽管文化研究之中的文学批评方法常常遭到忽略，但是霍加特坚持用文学批评的方法去理解大众艺术、通俗艺术以及其他的传播样式，比如他认为切入大众文化文本的阐释路径包括“对修辞的详尽分析；研究更加宽泛的意义，如神话、原型、类型、主题等”④。这实际上联系着霍加特试图以“品质阅读”和“价值阅读”来处理大众文本的策略，与利维斯主义的大众文本阐释路径在此相遇。事实上，霍加特不仅充分肯定利维斯派对于大众文化的分析模式，详细回溯利维斯主义关于民间/大众/通俗、少数人/精英、高眉/齐眉/低眉等关键思想之间的关联，并且承认《文化知识的用途》受到了利维斯主义的深刻影响：

> 当我开始写作《文化知识的用途》时，我受 F. R. 利维斯与 Q. D. 利维斯的影响很深。我从写一本书开始，这本书用作成人教育教师的入门书，涉及报纸、通俗小说等（还没有电视）。我的确写了那些章节，但越写越难受，特别是写到 Q. D. 利维斯《小说与阅读群》时。她机智地谈论

---

① Richard Hoggart, *Speaking to Each Other*, Vol. 2, New York: Oxford University Press, 1970, p. 259.

② Richard Hoggart, *Speaking to Each Other*, Vol. 2, New York: Oxford University Press, 1970, p. 257.

③ Richard Hoggart, *Speaking to Each Other*, Vol. 2, New York: Oxford University Press, 1970, p. 255.

④ Richard Hoggart, *Speaking to Each Other*, Vol. 2, New York: Oxford University Press, 1970, p. 31.

通俗小说，但通俗小说总是离她远远的，好像她的鼻子上顶了一根撑碟杆，所以我对此书不满意。随后我开始描述我已熟知的工人阶级及其阶级文化的背景。那成了我这本书的前半部。所以，这本书的第二部分才是开头，前半只是容纳这些事情的背景。许多人没有注意到其中的连接，尽管它们确实存在。①

霍加特与利维斯夫妇同是文学批评家出身，并且从客观的意义上说都把大众文化引入了学术研究视野，前者在大众文本的批评方法上受到了后者的影响和启发；但是另一方面，基于他们不同的社会阶级立场和人生境遇，尤其是对工人阶级的个人情感上的巨大差异，霍加特对于工人阶级文化有着利维斯派所不具备的切近体察和情感认同。可以说，在霍加特由文学批评到文化研究的学术视域转移过程中，“利维斯的幽灵”一直萦绕左右，在批评方法上产生了不容忽视的影响。

最后，从文化研究学院建制的意义上说，英国文化研究是从文学研究的内部脱胎而来，二者之间的张力关系充分反映了CCCS初创时的社会文化情境。尽管霍加特的《文化知识的用途》在20世纪50年代后期就已经出版，但他却是以诗人奥登研究专家的身份被伯明翰大学英文系聘为教授。20世纪60年代，英国高等教育处于自然科学占据主导位置的学术生态，冷战结构中的“文化”被置于一种极端僵化的、被政治意识形态所禁锢的状态。霍加特试图在英文系成立当代文化研究中心，其根本诉求即在于占领冷战结构的中间位置，使文化摆脱附庸的奴婢地位，尝试突破重重现实困难，创造新的可能性。霍加特这样回顾中心成立时的状况：“文化研究在当时的英国大学中处境不佳。我被任命为伯明翰大学英语系的教授。我是第二位，第一位是个莎士比亚专家。当我接受任职时，我告诉副校长，我想成立一个新的中心，并不在如现代诗歌这样的一般文学领域接受研究生。他说：‘行，你说了算！可以做你想做的。’”②

此外，大多数书写文化研究学术史的著作都会津津乐道于CCCS的成立与企鹅出版社之间的关系，企鹅出版社出版的《查泰莱夫人的情人》被指控为有伤风化的淫秽读物，这个轰动一时的图书案件堪称一个重要的文

① ［英］马克·吉普森、约翰·哈特雷著，胡谱中译：《文化研究四十年——理查·霍加特访谈录》，《现代传播》2002年第5期，第83页。

② ［英］马克·吉普森、约翰·哈特雷著，胡谱中译：《文化研究四十年——理查·霍加特访谈录》，《现代传播》2002年第5期，第84页。

化事件，因为它关系到“文学语言道德与普通人的民主选择问题”①。霍加特公开声援企鹅出版社，并出庭为之辩护，作为回报，企鹅出版社的负责人艾伦·雷恩（Allen Lane）为CCCS赞助了一笔资金。有关CCCS成立的故事大多是这样讲述的。② 但霍加特澄清二者之间的关系并不如此直接，真正的原因在于“艾伦·雷恩对当代文化研究中心所列的计划很感兴趣”③。不管如何，伯明翰当代文化研究中心的成立与这桩影响深远的文学诉讼案被牵扯上了某种联系，或可视为文化研究与文学研究的又一机缘吧！

霍加特在CCCS初创时期遭遇了诸多困难，由于文化研究的对象定位在以电视、大众传媒和通俗艺术为重要表征形式的“当代文化”，研究主题并没有明晰的框限，且容易跨越传统意义上的学科疆界，这种“越界”的潜在危险招致了社会学系与英语系教授的讥讽和敌视，后者讽刺其授予学位是一种“价廉物美”的行为。④ 在CCCS成立初期的研究取向中，利维斯的影响清晰可循，除却霍加特在就任CCCS主任的演讲报告中专门评价了利维斯夫妇和“细察派”的成就之外，CCCS中心还受F. R. 利维斯与丹尼斯·汤普森在《文化与环境》中所展开的研究的影响，制订出早期工作的七项计划，“奥威尔与三十年代的思潮；地方媒体的发展与变化；流行音乐中的民间歌谣与民间习语；各类小说与当代社会的变迁；民间艺术与图像研究；流行音乐与青少年文化；体育的意义及其表征”⑤。

霍加特领导下的伯明翰大学当代文化研究中心顺应了战后英国的社会历史情境，堪称人文学科领域的一次范式革命，尽管中心采取了有别于传统课堂教学的工作坊研讨和训练模式，将关注视角投向了战后的日常文化

---

① John Hartley, *A Short History of Cultural Studies*, London: SAGE Publications, 2003, p. 27.

② 比如理查德·李的《文化研究的生命与时代》认为CCCS的资金“主要来源于企鹅出版社的艾伦·雷恩，一小部分来源于Chatto和《观察者》（*Observer*）”。参见Richard E. Lee, *Life and Times of Cultural Studies*, Durham and London: Duke University Press, 2003, p. 75.

③ John Hartley, *A Short History of Cultural Studies*, London: SAGE Publications, 2003, p. 26.

④ ［英］马克·吉普森、约翰·哈特雷著，胡谱中译：《文化研究四十年——理查·霍加特访谈录》，《现代传播》2002年第5期，第84页。

⑤ Jessica Munns, Gita Rajan, *A Cultural Studies Reader: History, Theory, Practice*, London and New York: Longman, 1995, p. 154.

实践，但其切入的阐释路径始终铭刻着文学批评的印记①，以至于反对者这样批评伯明翰当代文化研究中心的工作，“一是中心学生在他们的论文里太喜欢用抽象的多音节的复杂语言；另外一点是中心的许多研究生论文都是集体写作”②。

二、“文化转向”与战后工人阶级文化

战后英国的社会政治经济结构急剧转型，福利制度与短暂的“富裕社会”造就了一种“无阶级”的社会表象，政治经济领域的尖锐矛盾暂时让位于大众文化与消费主义意识形态的强势冲击，文化的位置日益凸显，以大众传媒为载体的商业化大众文化主导着人们的日常生活实践，成为各种社会组织力量与意识形态因素周旋、协商的核心场域。文化不再是经典马克思主义所谓的政治、经济的反映，其所指由文学文化进一步扩展到日常生活实践与社会进程本身。这场涉及文化观念变迁的思想知识的范式转移被称为“文化转向”。“文化转向”不仅是战后资本主义在大众消费与商业传媒裹挟下的普遍症候，也是左派阵营试图回应新的历史情境的自觉选择。

如果说，威廉姆斯反对伯克、T. S. 艾略特等保守派所坚守的阶级等级制，试图建构起一种超阶级的共同文化，那么，霍加特则注重英国本土的知识传统，试图以微观叙事和自身生活经验为基础，揭开“无阶级”社会的神秘面纱，发掘出工人阶级的文化特性。霍加特的《文化知识的用途》被霍尔誉为“文化研究的奠基性文本”③，该书率先关注商业广告与通俗文化对于战后英国社会阶级区隔的消解作用，明确提出了“无阶级感”的概念。“无阶级感”作为勾画战后英国社会情境的关键词，牵系着诸多的结构性问题：战后英国工人阶级是否真的已经消失？新左派关于战后英国阶

① 事实上，霍加特坚持认为自己的学术专长集中在文学领域，因此在对大众文化问题发言时显得十分谨慎。即便是在后期，霍加特依然自觉以文学批评家的身份发表关于公共文化政策方面的言论。可参见 Richard Hoggart, High Arts and General Culture, *Society*, 2004, Vol. 11 – 12, pp. 79 – 81.

② ［英］马克·吉普森. 约翰·哈特雷著，胡谱中译：《文化研究四十年——理查·霍加特访谈录》，《现代传播》2002 年第 5 期，第 84 页。

③ Stuart Hall, Cultural Studies and the Centre: Some Problematics and Problems, in Stuart Hall, Dorothy Hobson, Andrew Lowe and Paul Willis (eds.), *Culture, Media, Language: Working Papers in Cultural Studies 1972 – 1979*, London: Routledge, 1980, p. 3.

级文化消弭的论争的背后实质究竟为何？在战后英国的社会变迁中，文化到底起着一种什么样的作用，它与政治、经济之间的关联是什么？如果说福利制度与富裕社会导致了一种新的断裂，那么，文化在何种意义上有望充当其有效的填充剂？战后英国工人阶级的日常生活实践与政治之间的关系是什么？工人阶级的激进政治传统是否有可能接合新消费主义意识形态，生产出一种别具地方性的工人阶级文化政治？此类追问不仅代表着这一特定历史时期的核心问题意识，也不言而喻地表明文化逐步摆脱了附庸于政治、经济的消极被动地位，确切地成为战后英国社会的中心议题。

首先，英国工人阶级本身就是一个历史化的指称，存在着基于年龄、性别、地域和具体的历史情境等外在差异性因素所导致的内在复杂性。约翰·克拉克（John Clarke）通过对战后工人阶级生活实践的系统研究，认为战后工人阶级作为一个阶级范畴并没有消失，但是其构成与生存状况均发生了变化。[①] 霍加特则努力追寻工人阶级生活的质素，试图回应“谁是工人阶级”的时代命题。在霍加特看来，那种鼓吹工人阶级在战后英国已然消亡的论调显然失之偏颇，且未能以新的社会情境为参照系去考量工人阶级自身的变化，主要原因可归结为：其一，浪漫主义者过分推崇和追怀早期工人阶级文化的美好品格，却以挽歌式的调子哀叹当下工人阶级文化的衰败颓废；其二，教育改革与地域流动促使英国工人阶级的个体属性明显超出了其阶级属性；其三，以乔治·艾略特、托马斯·哈代为代表的创作者带有一种固有的偏见，极易过度渲染工人阶级的粗俗特征；其四，历史学家过于抬高政治活动在工人阶级生活中的地位。[②] 霍加特一方面持与克拉克相似的观点，认为战后英国的工人阶级并没有消亡；另一方面，霍加特反对采用社会学调查法来研究工人阶级文化，而是强调一种日常生活的经验参与，一种鲜活的现实介入，他这样表明自己与工人阶级之间的关联，“我出身于工人阶级家庭，即便是现在，我也感觉到既贴近他们又疏离于其外”[③]。这种若即若离的位置融汇了近距离的密切接触与远距离的冷静思考，可谓恰到好处，为霍加特理解工人阶级文化提供了理想的坐标。

---

① John Clarke, Capital and Culture: the Post-War Working Class Revisited, in John Clarke, Chas Critcher and Richard Johnson (eds.), *Working-Class Culture: Studies in History and Theory*, London: Hutchinson, 1979, p. 240.

② Richard Hoggart, *The Uses of Literacy*, New York: Oxford University Press, 1970, pp. 15–17.

③ Richard Hoggart, *The Uses of Literacy*, New York: Oxford University Press, 1970, p. 18.

霍加特倾向于以日常生活经验与文化趣味来判定个体的阶级归属，“大商场的办公室职员尽管也居住在工人阶级社区，但从总体上看，他们更应归属于中产阶级下层”①。

其次，霍加特以饱含深情的怀旧笔触，充分调动儿时记忆来追述 20 世纪 30 年代的英国工人阶级生活：一方面，他绘声绘色地勾描出工人阶级的日常生活地形图，其间阡陌纵横，汇聚了口头传统、迷信习俗、奇闻轶事、神话传说与现实境遇，诸种表征形式构筑起工人阶级文化的鲜明特征——“个人性、具体性、地方性”②，这些特征主要体现在工人阶级的家庭观念与邻里关系上，“从很多方面讲，家庭意味着一种好的融洽生活，它建立在关爱小集体的基础之上，这样的生活颇为精细、不循规蹈矩，却又稳固牢靠”③。工人阶级家庭既是维系传统的重要纽带，也是规范性别秩序的核心场域④。相比之下，亲密融洽的邻里关系成为工人阶级社群更为突出的特性，工人阶级社区存在一种地方色彩浓厚的邻里关系，大家相互了解对方的家庭情况及其各种变化，邻里关系决定着生意成败与家族口碑，人们不以收入高低论出身，真正看重的是生活习惯与日常趣味。霍加特就像埃利亚斯一样，不惜笔墨大量描写工人阶级社群的婚嫁丧娶、宠物饲养，甚至丰富多彩的游戏生活。

必须注意的是，霍加特对于工人阶级社群日常生活的精细勾勒，其根本诉求并非像埃利亚斯一样书写出一部工人阶级日常生活史或文化史，他的真正目的在于再度发掘工人阶级日常经验，对工人阶级文化作出明确的定位。一方面，霍加特对于工人阶级文化的追溯，其立场和视角显然迥异

---

① Richard Hoggart, *The Uses of Literacy*, New York: Oxford University Press, 1970, p. 21.

② Richard Hoggart, *The Uses of Literacy*, New York: Oxford University Press, 1970, p. 32.

③ Richard Hoggart, *The Uses of Literacy*, New York: Oxford University Press, 1970, p. 37.

④ 霍加特以书写文化史和日常生活史的风俗素描手法，摹绘出工人阶级父亲与母亲在家庭生活中的位置：对工人阶级父亲的描述充满着身体记忆，其特征表现为身材矮小、皮肤黝黑。他们在家庭中居于主导地位，“是与外界联系的主要渠道，并且负责把钱赚回家”，他们粗俗、不做家务以免被认为“女人气”，他们掌管财政大权，口袋里总是装有零花钱，用于购买香烟、啤酒。工人阶级母亲则充当着家庭关系的枢纽，她们承担繁重的家务，负责调剂家庭开销与日常运转，对男人恭顺谦卑，唯唯诺诺。参见 Richard Hoggart, *The Uses of Literacy*, New York: Oxford University Press, 1970, pp. 38 – 51.

于哈孟德夫妇的“悲观论调”，霍加特以民族志的经验参与，发现并描述出工人阶级文化的活力。有意味的是，霍加特在写作《文化知识的用途》时并没有过多阐释“何为文化”，反倒是在后期的一篇短论中详细探讨了这一重要问题：通过比较以 T. S. 艾略特、奥威尔为代表的人类学文化定义与阿诺德的文化定义，霍加特指出，“后者太过拘限，前者又过于宽泛，文化最好被看作二者兼而有之，相互交织”①。霍加特试图弥合两种文化定义之间的巨大鸿沟，将文化区分为“基础性文化”与“功用性文化”，前者专指读写能力，潜在对象指向未接受过足够多教育的成年人；后者的意味则更具现代气息，即要提高文化水平，以抵抗日常生活中的低俗无聊，增强应对社会挑战的能力。霍加特注重将工人阶级的言说和行为方式涵括到文化的定义中来：

有一种“文化”概念在这里起着作用，它很不同于激励了文化批评传统的那种文化概念。对于“文化”，霍加特意指工人阶级如何言说和思考，他们在谈话和行动中分享着有关生活的何种语言和一般性假设，怎样的社会态度提供了他们日常实践的信息，他们使用了什么道德范畴，从而对他们的自身行为及他人行为做出评判——当然，这包括了他们如何把这一切用到他们阅读什么、看什么和唱什么上去，即使只是格言式的。②

正是在这样一种视角的观照下，霍加特以大众审美与个人怀旧的姿态摹绘出 20 世纪 30 年代工人阶级文化的有机性，它既延承了口头传统与民间文化的影响，又在现代性进程中凸显出新的价值观念与道德模式。一如霍加特对奥威尔的著名评价——对工人阶级日常生活的浪漫化或许不符合学术研究的严谨要求，但不失为一个“有益的错误”，霍加特本人就延续了这种“有益的错误”，他以个人经验的直接卷入建构起一个重视家庭内部空间与社区关系的、以女性为中心的工人阶级文化场域，“我并不是在写工人阶级的总体图景：我在重塑我所了解的工人阶级生活，那是一种以妇女为中心的生活，一个由六口人组成的不幸家庭，包括四位女士——祖

① Richard Hoggart, Culture and State, *Society*, 1999, Vol. 11 - 12, p. 95.

② ［英］斯图亚特·霍尔著：《理查德·霍加特、〈识字的用途〉及文化转向》，载张亮编：《英国新左派思想家》，南京：江苏人民出版社 2010 年版，第 43 页。

母，两位未婚的姑姑，一个未出阁的侄女，还有一位从事白领工作的叔叔”①。

最后，霍加特别具意味地构筑起“他们”（them）/“我们”（us）之间的区隔，通过爬梳横亘于工人阶级与中产阶级间的巨大鸿沟，尝试对工人阶级文化作出明确的意识形态定位。生活的世界被泾渭分明地划分为“他们”和“我们”，“一般情况下，‘他们’可以指工人阶级群体以外的任何人，工人阶级认可的个别人除外，比如医疗工作者、牧师以及公共服务官员”②。“他们”身居社会金字塔层级结构的中上层，平时颐指气使，是社会不平等和暴虐之源。“我们”则携带着更加浓厚的理想化色彩，既反映了工人阶级与官僚和中产阶级之间由来已久的积怨，也试图强化工人阶级的类群特性，以便更加顺畅地以“阶级文化”来取代“阶级意识”，“工人阶级拥有强烈的群体归属感，这种感觉联系着一种观念，即认为友好、合作、邻里互助是非常重要的”③。工人阶级的“文化光谱”呈现出趋同的底色，顺从、容忍、近乎陈规的性别秩序与青少年亚文化，勾勒出工人阶级文化的“真实世界”：工人阶级坚守个人化和地方性的传统，“大多工人阶级的世界观都是非政治化、反形而上学的”④。尽管受到种种来自“他们的世界”关于“国家责任”、“社会义务”与“良好公民”的召唤，但工人阶级并不屈从于这些宏大的思想主题，他们执拗地坚持自身的文化特色，与现代性和都市化形成显著的张力关系：“（他们）对理论或运动兴趣不大，并非总是认为生活就是为了地位升迁或者获得金钱，他们最感兴

---

① Sue Owen, Hoggart and Women, in Sue Owen (ed.), *Richard Hoggart and Cultural Studies*, Hampshire: Palgrave Macmillan, 2008, p. 229. 霍加特重视工人阶级的生活经验，尤其是女性经验对于“奖学金少年”或者工人阶级知识分子成长过程的意义，霍加特对于女性经验的依赖招致了两个方面的批评：一是以卡洛琳·斯蒂德曼（Carolyn Steedman）为代表的研究者埋怨他过分简化了女性的心理描写，对于女性经验的阐述存在同质化倾向；二是一些女性主义学者没有充分认识到霍加特描述的女性经验的对象是指20世纪20年代至30年代的工人阶级妇女，故而引发诸多误读。参见上书第233、240页。

② Richard Hoggart, *The Uses of Literacy*, New York: Oxford University Press, 1970, p. 62.

③ Richard Hoggart, *The Uses of Literacy*, New York: Oxford University Press, 1970, p. 68.

④ Richard Hoggart, *The Uses of Literacy*, New York: Oxford University Press, 1970, p. 86.

趣的是人：他们对个人行为举止充满新奇好感，关心人际关系……”[①] 于是，“我们的世界” 被书写为“国家认同意识薄弱”、“对公共政治少有兴趣”，日常处事态度既不狂热，也不会陷入浪漫幻想，一切遵循自我的经验主义方法。

霍加特书写工人阶级的日常生活——“我们的世界”，一方面顺应其自身的立场和叙述策略，有意忽略了工人阶级的“政治性”以及工人队伍中的政治人物，以现代牧歌式手法建构起社会阶级区隔背景下工人阶级内在的同质性，这种同质化的描述固然有抹杀工人阶级自身的丰富性和复杂性之嫌，却以颇具感染力的笔触再现了20世纪30年代英国工人阶级社区的日常经验与大众美学，从根本上服务于一种文化分析的“意识形态诉求”[②]。

三、大众文化的“雅努斯神话”

作为“首位认真对待电视和广播的英国批评家”[③]，霍加特十分重视大众传播对于工人阶级传统价值观念的影响，试图追问新兴的商业化传媒在什么意义上改变着工人阶级旧的道德和价值观念，工人阶级文化与大众传播是在怎样的语境下践行着相互形构的过程。可以说，出版物、商业电视、广播等大众媒介构成了霍加特察析工人阶级文化不可或缺的外在参照系。

《文化知识的用途》前半部分凸显出版物与工人阶级受众之间的关联，此处的工人阶级文化可以“交替地运用于典型态度、价值观、战前数十年中工人的生活方式，以及在他们之间流行的出版、娱乐和通俗文化的各种形式”[④]。也就是说，霍加特尝试借助童年怀旧的经验描述，重新将20世纪30年代的英国工人阶级日常生活实践、价值观念与出版物之间的关系语境化。

---

① Richard Hoggart, *The Uses of Literacy*, New York: Oxford University Press, 1970, p. 89.

② Melissa Gregg, The Importance of Being Ordinary, in Sue Owen (ed.), *Richard Hoggart and Cultural Studies*, Hampshire: Palgrave Macmillan, 2008, p. 174.

③ Sue Owen, *Richard Hoggart and Cultural Studies*, Hampshire: Palgrave Macmillan, 2008, p. 10.

④ [英] 斯图亚特·霍尔著：《理查德·霍加特、〈识字的用途〉及文化转向》，载张亮编：《英国新左派思想家》，南京：江苏人民出版社2010年版，第38页。

有意味的是，《文化知识的用途》一书的副标题即为“从出版物和娱乐谈工人阶级生活的方方面面”，不言而喻地表明了其宗旨在于从大众传播角度考察工人阶级生活的变迁。尽管社会生产方式的转变对工人阶级传统价值观念形成了很大威胁，但工人阶级强烈的家庭观念与牢固的社群感情对此起到了有效的抵制作用。霍加特以“科学家告诉我们”、“吉普赛人如是说”的溢满经验之谈的口吻强调，寄望成功的大众艺术应当展示普通人的日常生活，“未必达到专业艺术水准，只要是平常的、家庭的，就将有趣而流行”①。

不妨以工人阶级妇女杂志为例，这种刊物登载的故事既有别于中产阶级的审美趣味，也迥异于现代气息浓郁的星期天报纸，它以日常生活化的手法勾连起故事情节与现实生活的道德相通感，创造出与严肃文学大相径庭的大众文化产品，“倘若我们将它们看作真诚的，只不过以夸张渲染的方式再现生活，其形式和价值都是可以认知的；我们就会发现这样更有利于追问它们所负载的价值”②。旧的刊物在新的社会情境下举步维艰，其可能的出路就是转向再现工人阶级的日常生活。与此同时，作为接受对象的工人阶级疏于规划未来，更注重寻求当下的快乐：一方面，工人阶级耽于物质生活资料的享受，喜欢一种集体式的、喧嚣闹腾的娱乐方式，家庭电视赋予他们“一种共同分享的愉悦，这种快乐仅仅缘于分享同一事物，而并非对象自身”③。俱乐部和酒吧成为工人阶级常常光顾的场所，“工人去俱乐部喝酒，在那里通常可以喝到比酒吧更便宜的酒，但这并不是唯一吸引人的因素：他常常在那里度过傍晚，工作日很少熬在那里。他参与谈话，玩飞镖、台球、扑克、多米诺骨牌。周末玩得兴致更高，妇女也加入进来”④。这些俱乐部不以赢利为目的，旨在为工人阶级（准确地说，是年长一辈的工人阶级）提供社交聚集地，他们在传统的歌曲演唱和游戏中感悟团结与友情。另一方面，尽管工人阶级疏于书信往来，但邻里关系处理得颇为得当，其阶级连续性被很好地延续下来，这种悠长的传统可以上溯

---

① Richard Hoggart, *The Uses of Literacy*, New York: Oxford University Press, 1970, p. 101.

② Richard Hoggart, *The Uses of Literacy*, New York: Oxford University Press, 1970, p. 107.

③ Richard Hoggart, *The Uses of Literacy*, New York: Oxford University Press, 1970, p. 157.

④ Richard Hoggart, *The Uses of Literacy*, New York: Oxford University Press, 1970, pp. 125 – 126.

到乔叟笔下的巴斯妇、莎士比亚戏剧里的小丑、笛福小说中的摩尔·弗兰德斯，他们乐观淳朴，简单快乐，对东方充满了美好的想象，“（他们）爱东方，因为东方的瑰丽奇异，香水来自东方……电影院有时候仿效剧院，名字起得隐约带有东方色彩”[①]。

霍加特对于20世纪30年代工人阶级文化的怀旧，与F. R. 利维斯深情缅怀17世纪的有机社会可谓不谋而合，只不过在时间上形成了明显的错位，利维斯树立的批判标靶恰恰成为霍加特所认同的对象，可以说，霍加特关于20世纪30年代工人阶级文化的摹绘，在很大程度上超越了利维斯主义的影响。简言之，《文化知识的用途》前半部分的内容既是霍加特自身经验的一种回忆与总结，也不无症候性地表明了英国工人阶级有其自身的文化，这种文化既在很大程度上联系着绵延已久的传统，也自觉树立起一道藩篱，对汹涌而来的商业化大众传媒形成有效的抵制，充分印证了工人阶级文化的“合法性”与“自主性”。

正如林春的判断，“《文化知识的用途》揭示了有关社会巨变的深刻事实，尤其是阶级意识的衰退，这一点常常为许多马克思主义批评家所忽略”[②]。伴随着战后英国社会的急剧转型，消费主义意识形态与商业文化迅速扩散，一种试图消弭阶级之间区隔界限的通俗文化（mass culture）[③]四处蔓延。一方面，蓝领工人白领化越发成为一种经济事实，奖学金计划与教育制度改革使得部分工人阶级子弟实现了跨阶级流动，流动之后导致的身份认同困境在更深层次上联系着一个基本的事实，即战后工人阶级的物质生活与文化发展处于不同步状态；另一方面，霍加特以诉诸大众审美的视角经验性地切入20世纪30年代的文化怀旧，与此形成鲜明对照的是，他以学术研究的姿态涉入20世纪50年代的文化图绘，其视角偏离了之前的经验性回忆，更多地诉诸一种文化工业批判论。

《文化知识的用途》前后两部分切入路径的差异往往招致质疑，有论

① Richard Hoggart, *The Uses of Literacy*, New York: Oxford University Press, 1970, p. 119.

② Lin Chun, *The British New Left*, Edinburgh: Edinburgh University Press, 1993, p. 38.

③ “mass culture”对应着“大众文化”、“通俗文化”、“群氓文化”等多种译法，很多文化研究著作并没有清晰地区分“mass culture”与“popular culture”，译名也存在混用的情况。考虑到霍加特对于20世纪50年代的大众文化（尤其是美国大众文化）的批判态度，本节有意识地将“mass culture”译成“通俗文化”，以便与20世纪30年代的“大众文化”区别开来。

者认为霍加特在前半部分有效摆脱了利维斯主义的阴影，后半部分却又重新滑入悲观主义的泥淖，再度呼应了法兰克福学派（“社会水泥论”）与利维斯主义。笔者认为这种看法显然过于武断，与其说霍加特前后叙述视角的差异构成一对矛盾，不如说其间布满了张力，这种张力不仅是对战后英国社会文化情境的迅捷反应，也直接服务于霍加特文化理论中一个从未缺席的批判对象——美国的商业文化。

首先，在战后英国的文化版图中，青年文化占据着极其重要的位置，这不仅仅因为青年通常是大众文化最为直接、广泛的消费群体，还因为成人教育的兴起为霍加特等文化研究先驱接触青年文化提供了场域。霍加特的成人教育经历以及他本人对 20 世纪 50 年代“街头混混”（Teddy Boys）与 20 世纪 60 年代晚期学生运动的关注就能说明问题。从发生学的意义上说，作为一种观念形态的青年文化于 20 世纪 20 年代初发端于英国的大学校园，“到了霍加特在 20 世纪 50 年代末 20 世纪 60 年代初写作的时候，青年文化已经丧失了与大学的联系，也不再是 20 世纪 20 年代兴起时的那种有组织的运动”[①]。战后英国遭遇了美国商业文化的大举入侵，流行音乐、好莱坞电影等汹涌而来，一种被霍加特斥为“美国化”（Americanization）[②]的“拜物情结”席卷英伦岛国。年轻一代的工人阶级沉湎在五花八门的犯罪小说、连环画、黑帮故事、科幻杂志所绘就的白日梦幻境之中，他们青睐美国之“音”并乐此不疲，急于追赶美国化生活的时尚潮流，霍加特笔下的“电唱机男孩”（Juke-Box Boys）就是这种“哈美族”的典型代表，“他们一袭带褶裥的套装，系花里胡哨的领带，一副美国人的没精打采模样。他们大多数人买不起奶昔，靠喝茶打发一两个小时，反复往自动唱机里投入铜币——这也是他们光顾这里的主要原因”，“其服饰、发型、面部表情都表明他们很大程度上生活在一个虚拟世界里，这个世界由他们所以

---

① David Fowler, From the Juke Box Boys to Revolting Students: Richard Hoggart and the Study of British Youth Culture, in Sue Owen (ed.), *Richard Hoggart and Cultural Studies*, Hampshire: Palgrave Macmillan, 2008, p. 107.

② “美国商业文化”始终是霍加特文化理论的一个外在参照系，也是考察霍加特文化批判思想必不可少的坐标。在英国广播公司的瑞斯（Reith）系列讲座中，霍加特将个人的法美异国旅行经验与英伦岛国的习俗进行对比，详细描述了美国人的消费主义与“拜物情结”，试图以英国文化的编码系统去读解美国文化，阐明异文化经历与大众传媒之间的关系。参见 Richard Hoggart, *On Culture and Communication: The B. B. C Reith Lectures 1971*, New York: Oxford University Press, 1972.

为的美国式生活的简单元素掺和而成”。[①] 此外，鼓吹色欲和暴力的涉性小说也大多是20世纪30年代中期自美国引入，詹姆斯·M. 凯恩（James M. Cain）的《邮差总按两次铃》（*The Postman Always Rings Twice*，1934）和米奇·斯皮兰（Mickey Spillane）的犯罪小说就是其中的典型代表。

其次，霍加特对战后通俗文化大加鞭挞，他的这种悲观情绪根源于新型通俗艺术与商业文化的标准化与碎片化。名目繁杂的消遣娱乐读物被批量生产出来，“机械复制时代”的通俗艺术耽于制造虚无缥缈的白日梦，但想象力枯竭，道德观念急剧滑坡。商业化竞争导致通俗读物和流行期刊屈从于视觉感官欲望，缺乏社会关切与人文关怀，以明星效应、广告、低俗内容等吸引年轻人的眼球，“我清楚地发现，大部分流行期刊在过去15到20年之内变得比它们在50年之前要糟糕得多”[②]。通俗文化泛滥成灾，由此招致了单向度的、标准化的社会文化生态危机，“我们面对一种通俗艺术，数百万人每星期、每一天都在读同样的报纸，很少看到其他出版物”[③]。那些聚集在奶吧（milk bar）、无所事事的少年就是通俗文化的受害者，他们对美国式生活的时尚风潮充满幻想，向往、追逐“娱乐至死”的通俗文化，如此一来，他们缺乏目标、壮志、信仰和安全感，个人的理想、未来与应尽的责任全都消弭在鼓噪的摇滚乐声中。

当然，霍加特认为那些逗留在奶吧的电唱机男孩并非新一代工人阶级的典型代表，昔日文化和旧的传统在工人阶级当中并未消失殆尽，尽管工人阶级的行为方式受到了外界社会变迁的影响，但自身教育程度的提升以及工人阶级文化传统的强大延续性使得他们有望重新改装、利用故事内容，将通俗文化中的白日梦幻境与日常生活桥接起来，从而有效抵挡通俗文化的意识形态阴谋与道德缺陷，一如斯道雷所言，“霍加特关于‘文化’问题的规划常常遭到误解，这一点理当引起关注。他所攻击的并非工人阶级的道德衰颓，而是认为社会给工人阶级提供的文化发生了道德严肃性的衰落”[④]。

---

① Richard Hoggart, *The Uses of Literacy*, New York: Oxford University Press, 1970, pp. 203 – 204.

② Richard Hoggart, *The Uses of Literacy*, New York: Oxford University Press, 1970, p. 175.

③ Richard Hoggart, *The Uses of Literacy*, New York: Oxford University Press, 1970, p. 201.

④ John Storey, *Cultural Theory and Popular Culture: An Introduction* (the third edition), Beijing: Peking University Press, 2004, p. 38.

四、霍加特的回声

作为英国文化研究学院建制意义上的奠基人，霍加特以其对工人阶级文化经验的再度发掘，将英国“文化—文明”传统所凸显的（精英主义的）文学文化与（低俗的）大众文化之间的对立，转变为对大多数人日常生活经验的体察和关注。作为“文化转向”进程中的关键文本，《文化知识的用途》所体现出的重视经验、能动性、民族志方法以及包含文本细读在内的跨学科资源的交叉运用，铺就了文化主义作为一种研究范式的部分底色。

应当说，霍加特的文化思想阐明了工人阶级文化的自主性与选择性①，他之所以对20世纪50年代的通俗文化充满悲观情调，原因在于要揭示“伴随社会变迁而来的并不总是文化的进步，很多情况下反倒是愈发糟糕”②。此外，尽管霍加特辩称以工人阶级这一群体中的绝大多数为研究对象，这种辩驳或许适用于20世纪30年代的工人阶级文化，“19世纪80年代到20世纪30年代之间的工人阶级文化可能比此前或之后都更具同质性，更加清晰”③，但霍加特对20世纪50年代的工人阶级也同样作出了几近“同质化”的处理，这种处理方式虽然有可能帮助霍加特更自然地建构起战后英国工人阶级的文化特质，但令人遗憾地忽略了这一群体内在的差异性。

此外，《文化知识的用途》既产生于“文化转向”的历史语境中，又在很大程度上推动了“文化转向”的进程，其焦点完全聚集于工人阶级的日常文化经验，在忽略英国工人阶级政治斗争传统的同时，也明显缺失了社会生产的经济维度。

最后，霍加特的文化思想携带着浓厚的英伦地域气息，与利维斯的境

① 霍尔指出，《文化知识的用途》暗含这样一个主张，“工人阶级受众并非中产阶级与大众媒介可以加以规划的空洞容器——一张白纸——无论他们想要什么”。参见［英］斯图亚特·霍尔：《理查德·霍加特、〈识字的用途〉及文化转向》，载张亮编：《英国新左派思想家》，南京：江苏人民出版社2010年版，第42页。

② Richard Hoggart, *The Uses of Literacy*, New York: Oxford University Press, 1970, p. 260.

③ Richard Johnson, Three Problematics: Eements of a Theory of Working-Class Culture, in John Clarke, Chas Critcher and Richard Johnson (eds.), *Working-Class Culture: Studies in History and Theory*, London: Hutchinson, 1979, p. 235.

遇颇为相似，霍加特也常常被指责为经验有余而理论不足。格罗斯伯格反对人们随意给霍加特贴上“反理论”或者“非理论”的标签，“霍加特没有将自己看成是理论家，他不喜欢某些类型的理论，鄙视‘为理论而理论’尤其是‘理论先行’的做法”①。格罗斯伯格的辩解固然不无道理，但只要联系到霍尔执掌 CCCS 后的“理论化”风潮以及 E. P. 汤普森与佩里·安德森之间有关理论/经验的论争，就不难发现，早期英国文化研究的经验主义取向和跨学科路径，很大程度上承袭了霍加特的风格。

第二节　雷蒙德·威廉姆斯与“文化革命”

如果要勾勒英国文化研究的知识谱系，雷蒙德·威廉姆斯毫无疑问是其最重要的奠基者之一。从学院建制的意义上说，威廉姆斯不可能像霍加特、霍尔那样被名正言顺地收录进伯明翰大学当代文化研究中心的“家谱”，他和格拉姆·哈夫（Graham Hough）都是中心早期的外聘顾问，成为霍加特所称“‘和我们在一起’的人”②。格雷姆·特纳将英国文化研究的源起事件归结为三本书的出版，分别是：《文化知识的用途》（1958）、《文化与社会：1780—1950》（1958）、《长期革命》（1961），其中威廉姆斯占据了两席，他与霍加特一起，成为英国文化研究文学批评传统的代表人物，“威廉姆斯所从事的意义重大的研究，是伯明翰大学当代文化研究中心智识和灵感上的重要来源”③。

威廉姆斯出生于威尔士边境一个铁路信号员家庭，通过获得奖学金入读文法学校，后来被剑桥大学免试录取。作为一位极其多产且关注领域十分广泛的学者，他不仅创作小说、电影脚本、戏剧评论，还发表了大量影响深远的文化理论著作。尽管威廉姆斯的学院身份是剑桥戏剧教授，但他的文化理论著作为其赢得了同等甚至更大的声誉。威廉姆斯在与利维斯主义和马克思主义的批判性对话中建构起“文化”的定义，这种为后来英国

---

① Lawrence Grossberg, Richard Hoggart, Cultural Studies and the Demands of the Present, in Sue Owen (ed.), *Richard Hoggart and Cultural Studies*, Hampshire: Palgrave Macmillan, 2008, p. 60.

② ［英］马克·吉普森、约翰·哈特雷著，胡谱中译：《文化研究四十年——理查德·霍加特访谈录》，《现代传播》2002 年第 5 期，第 84 页。

③ Richard Hoggart, *Speaking to Each Other*, Vol. 2, London: Chatto & Windus, 1970, p. 255. 转引自 Andrew Milner, *Contemporary Cultural Theory*, London: UCL Press, 1994, p. 40.

文化研究奠定思想基础和话语框架的独特定义，既是一个观念史层面的历史化叙事，也在不断变化的现实世界的参照下实现自我修正，演绎出“共同文化”、“情感结构”、“文化唯物主义”等一系列文化研究关键词。

一、文化是一种整体的生活方式

威廉姆斯关于“文化”议题的思考滥觞于早期的成人教育实践，面对那些已然走向社会、对日常文化有着更多切身体验的成人教育学员，威廉姆斯尝试探寻一种历史化的文化观念，期望建构起一个能够阐释当代文化现象的话语场域，这种探寻的冲动后来促成了《文化与社会》、《关键词》的诞生。不容忽视的是，威廉姆斯的“文化”定义一边为学界津津乐道、引为正典，一边却又遭遇着断章取义、不求甚解的粗暴误读。因此，我们有必要重新回顾20世纪50年代后期英国的社会历史情境，在多重结构性因素的参照之下，读解并勾连起威廉姆斯早期文本中的“文化”思想。

从1946到1948年，威廉姆斯与克利福德·科林斯（Clifford Collins）、沃尔夫·曼科维茨（Wolf Mankowitz）共同编辑《政治与文学》杂志，这份刊物尽管持续的时间不长，却践行着一个立足当代人经验，追溯并重新诠释“文化”传统的宏大理想。如果说，成人教育课堂教学和《政治与文学》的编辑经历促发威廉姆斯从经验的角度去思考文化，那么，对T. S. 艾略特的回应则成为其写作《文化与社会》的直接动机，“最初的动力要回溯到1948年，当时艾略特出版的《关于文化定义的笔记》支持了我已经关注的做法：围绕以前似乎还不特别重要的这个词，把某种社会思想集中起来”[①]。这也就是说，威廉姆斯最初建构的“文化”定义其实就是对艾略特“文化”定义的回应和深化，其具体的切入路径则如威廉姆斯本人的写作前言所称，“文化观念和现代各种常用的文化一词，是在被称为工业革命的时期进入英国思想的。本书即以此发现作为本书结构的原则。本书试图说明文化观念及其各种现代用法是如何及为何进入英国思想的，同时探讨文化观念从开始到当代的演变过程。因此，本书旨在说明并诠释我们在思想和感觉上对19世纪后期以来英国社会变迁的反应”[②]。

通过爬梳英国的文化观念史，威廉姆斯概括出文化的四个义项：心灵

---

① ［英］雷蒙德·威廉斯著，樊柯、王卫芬译：《政治与文学》，开封：河南大学出版社2010年版，第79页。

② ［英］雷蒙德·威廉斯著，吴松江、张文定译：《文化与社会》，北京：北京大学出版社1991年版，第13页。

的普遍状态或习惯；整个社会里知识发展的普遍状态；各种艺术的普遍状态；文化是一种物质、知识与精神构成的整个生活方式。① 前三个义项基本没有跃出既定概念的范畴，最后一个义项颇具冒犯性，既毫不隐讳地挑战了庸俗马克思主义的机械决定论模式，也是对艾略特关于“文化是整个生活方式”的一种再度强化与修正，这种双向出招的凌厉态势招致了如潮的批评，“持右翼观点的人把这本书看做是 1930 年代以后他们已经告别的对文化思想与社会思想进行结合的一种尝试”②。

首先，威廉姆斯将文化看成是涵盖物质、知识和精神三部分在内的整体构成，具体地说，这种“整体的生活方式”既指向那些有意识的知识形态与艺术样式，也包含了未曾直接言明的无意识范域，比如共有的习惯和信仰。此外，“整体的生活方式”建立在日常经验的基础之上，涉及各种各样的关系网络与社会机制。威廉姆斯的观照视域无疑带有明显的马克思主义色彩，同时也旗帜鲜明地批判了庸俗歪曲的“经济决定论”，“即使我们接受‘基础和上层建筑’的公式，马克思仍为我们说过这样的话：后者的改变必须要用一种不同的、不那么精确的公式来加以探讨”③。一方面，威廉姆斯并不否认经济的重要性，但是强调要重视上层建筑的丰富性、复杂性与历史性，也就是说，在所有影响上层建筑的因素当中，经济处于“首要”而非“最终决定”的地位：

> 一种马克思主义的文化理论应充分估计多样性和复杂性，应考虑到变革的延续性，应考虑到或然性以及某些有限的自律领域，但尽管有了这些有限的限定条件，它还是以为经济结构的事实以及由经济结构而来的社会关系是由一种导线，文化在这条导线上编织起来，而且可以沿着这条导线去理解一种文化。④

另一方面，由于马克思主义理论在英国的传播和接受相当滞后，知识

① ［英］雷蒙德·威廉斯著，吴松江、张文定译：《文化与社会》，北京：北京大学出版社 1991 年版，第 18 ~ 19 页。

② ［英］雷蒙德·威廉斯著，樊柯、王卫芬译：《政治与文学》，开封：河南大学出版社 2010 年版，第 119 页。

③ ［英］雷蒙德·威廉斯著，吴松江、张文定译：《文化与社会》，北京：北京大学出版社 1991 年版，第 340 页。

④ ［英］雷蒙德·威廉斯著，吴松江、张文定译：《文化与社会》，北京：北京大学出版社 1991 年版，第 343 页。

界对马克思主义基本原理存在普遍误读，威廉姆斯以考德威尔的艺术理论为批判对象，并由此延伸拓展，梳理出马克思主义被消极误读的几类情况：第一类是从经济视角出发，将社会文化命题同质化、简约化；第二类是貌似“发展”和修正马克思主义，实际上却否定或背离了马克思主义关于“基础/上层建筑”、“存在/意识”关系的基本命题；还有一类情况就是以政治倾向作为界定文学的唯一要素。威廉姆斯还指出，马克思主义由于凸显基础的重要性，难免会低估想象性和创造性作品的地位，“马克思主义后来在文化理论方面的发展在很大程度上取决于这种态度。马克思主义者给予文化一种很高的价值，虽然这种对文化重要性的证明至少对另一些思想家来说是不必要作这种证明的”①。尽管英伦的马克思主义理论未能形成欧陆马克思主义的蓬勃态势，但马克思主义为英国知识界考量文化的位置、探析文化的观念提供了新颖的思想动力和理论资源，确切地说，英国的马克思主义文化理论总是在与英国本土思想文化传统形成的张力关系中行进的，“当我们看到英国人在马克思主义文化理论方面所作的尝试时，我们看到的是浪漫主义与马克思主义之间的相互作用以及属于英国主要传统的文化观念和马克思主义对它所作的精彩的重新评价之间的相互作用”②。

威廉姆斯反对将基础与上层建筑的关系僵硬化、绝对化，他重新拨开马克思主义的迷雾，通过几个社会文化史的侧面，追溯文化观念在英国的兴起。与霍加特相比较，威廉姆斯和马克思主义之间的“缘分”显得亲近而直接，颇具个人化自传色彩：威廉姆斯从小生活在高度政治化、有着“社会主义大本营”之称的矿工聚居区，这个威尔士边境村庄尽管处于英格兰的语言霸权和政治压力之下，但威廉姆斯从文法学校感受到了威尔士文化传统带来的自信，他在回顾自己与霍加特童年生活环境的差异时说，“多年以后在谈话的时候，霍加特谈到自己童年的感受，人们说他‘聪明’，带有某种奇怪的含义。我的经验则完全不同。聪明，赢得奖学金或者写书，这些都没有什么错。我想这与文化传统有关。我所在的边境地区虽然英国化了，但还依然处于威尔士文化传统之中”③。威廉姆斯后来在剑

① ［英］雷蒙德·威廉斯著，吴松江、张文定译：《文化与社会》，北京：北京大学出版社 1991 年版，第 350 页。

② ［英］雷蒙德·威廉斯著，吴松江、张文定译：《文化与社会》，北京：北京大学出版社 1991 年版，第 356 页。

③ ［英］雷蒙德·威廉斯著，樊柯、王卫芬译：《政治与文学》，开封：河南大学出版社 2010 年版，第 10 页。

桥参加社会主义俱乐部，接触到马克思、恩格斯、列宁等人的思想，阅读了《资本论》、《反杜林论》、《国家与革命》等理论著作，也通过埃德加·斯诺（Edgar Snow）的《红星照耀中国》（又译《西行漫记》）了解到“红色中国”。这种独特的个人经历为威廉姆斯思考文化议题提供了观照视角，比如他早期从语言变迁与文学分析切入文化观念的思考，但真正的内在诉求却是由“左翼利维斯主义”转向马克思主义（伊格尔顿语）。这种转向始终伴随着威廉姆斯的思想轨迹，以至于后来大幅度修改早期的文化思想，他在接受《新左派评论》的访谈中这样评述《文化与社会》，“现在我读这本书的时候，就像是在读其他人写的书。它是与我现在的思想差距甚远的一本书”①。

其次，威廉姆斯关于“一种整体生活方式”的文化定义既是对艾略特的直接回应，也在更深层次上联系着对保守主义和精英主义传统的批判。事实上，“整体生活方式”的表述既非威廉姆斯首创也非艾略特率先论及，“在20世纪的人类学和社会学中，‘文化’作为‘整个生活方式’的含义极受瞩目，艾略特和我们一样，至少也曾偶然受到这些学科的影响”，“文化的这种含义取决于这个文学传统。社会人类学的发展已走向是继承和充实由普遍的工业主义经验较早时所产生的对一个社会和一种共同生活的看法的路上去了”。② 这两段论述颇为中肯地勾描出文化作为一个术语在人类学与文学之中的运用，自维多利亚时期以来，文化作为一个社会智识领域的关键词浮出历史地表，并在两个系脉形成自己的谱系：一脉是以泰勒、马林诺夫斯基、克利福德为代表，秉承泰勒关于“文化作为一个复杂整体”的人类学概念；另一脉是以阿诺德为代表的人文主义式文化定义，其对“最优秀自我”的追寻和文学文化的高度重视，颇具精英主义意味。

艾略特处于两条脉络并进的情境中，并试图填平文化的人类学定义与人文主义定义之间的裂隙，所谓“整体性”与艾略特的“有机整体”和“非个人化”诗学观念达成了呼应与共振。威廉姆斯受到艾略特文化定义的影响并试图对之加以批判，其“文化”定义的言说语境关涉多个对话对象：其一，驳斥维多利亚人文主义话语体系里的精英化“文化”定义；其二，所谓“有机整体性”是对艾略特诗学思想的承继与改造，继而建构起一种兼及“传统”与“当下”、“关系”与“方式”的纵聚合/横组合模

---

① ［英］雷蒙德·威廉斯著，樊柯、王卫芬译：《政治与文学》，开封：河南大学出版社2010年版，第90页。

② ［英］雷蒙德·威廉斯著，吴松江、张文定译：《文化与社会》，北京：北京大学出版社1991年版，第302页。

式；其三，在批判“文化—文明”传统的同时，积极羼入个体经验与日常生活，呈现出明显的人类学取向。英国学者马克·曼加纳若（Marc Manganaro）通过细察20世纪初叶文化论战的若干背景，结合艾略特本人由文艺家到社会批评家的学术踪迹，发现艾略特的文化定义深受人类学学院信条与实践之影响，“任何研究艾略特的学者都知道他是人类学著作如饥似渴的阅读者，这种倾注于人类学的兴趣出现在他职业生涯的不同阶段”[①]。这一重要的事实也影响到威廉姆斯后来的人类学意义上的“文化”定义，在很大程度上形塑了文化研究吸收跨学科理论资源、提倡跨学科研究方法的特质。

最后，威廉姆斯认为，《关于文化定义的笔记》一书不无可取之处，其介入文化观念的论争显然意义重大，比如艾略特的思想触及了整个生活方式的“层次感”，察析并精彩论述了“精英/阶级”的群属。尤其值得注意的是，艾略特并没有全盘接受“文化是整体生活方式”的表述，“而是在论证中把‘文化’（艺术、哲学）较旧的专门化含义转化为‘通俗文化’”[②]。这里所谓的“通俗文化”包括运动、食物、哥特式教堂等。但威廉姆斯更多地发表了批评性意见，不仅指责这本小册子的文风过于跳跃，缺乏艾略特一贯具备的清晰性特征，还从以下几个维度对其展开具体批评：其一，艾略特在考察阶级发展时未能充分关注经济因素，将社会想当然地理想化为一个“稳定的组织”，但实际上，“试图在阶级与功能之间划等号，甚至在这两者之间设想有任何一致的关系，都只会引起人们的误解”[③]。其二，艾略特质疑了精英社会的若干特点，诸如贫乏的“共同文化”、精英人物更替延续了专业技术，但不是以阶级名义所能确保的广泛的延续性。在艾略特看来，社会延续性的理想状态就是要承袭精英统治的模式。针对这种典型的保守主义论调，威廉姆斯批评道：“他所推崇的实质上是社会现存的事物。这种立场当然会导致他对那些迫切要求一个无阶级社会和国有教育制度观念进行谴责”[④]。诚然，威廉姆斯从艾略特那里吸

① Marc Manganaro, *Culture, 1922: The Emergence of a Concept*, Princeton and Oxford: Princeton University Press, 2002, p. 18.

② ［英］雷蒙德·威廉斯著，吴松江、张文定译：《文化与社会》，北京：北京大学出版社1991年版，第303页。

③ ［英］雷蒙德·威廉斯著，吴松江、张文定译：《文化与社会》，北京：北京大学出版社1991年版，第306页。

④ ［英］雷蒙德·威廉斯著，吴松江、张文定译：《文化与社会》，北京：北京大学出版社1991年版，第311页。

取了很多东西，其中最关键的就是文化意涵的延扩，即反驳那种将“整个生活方式”与“有意识的文化”划等号的做法，强调生活方式的大部分组成都是无意识的，“如果能在有意识的文化和一个整个生活方式的概括的、理论的关系与任何时候都存在于社会中的实质关系这两者之间进行区别，那我们将是明智的”①。这样一来，文化意涵的延扩就需要更改那种专业化的文化定义，将视域移向更加广阔的日常生活实践。

综而论之，威廉姆斯受启发于艾略特的文化定义，尤其是文化意涵的延扩及其人类学意义向度；但另一方面，威廉姆斯反对艾略特的精英统治论，“我与他的分歧之处（根本的分歧）主要不在于他对这种‘自由主义’的批评，而在于将文化看成是‘整个生活方式’所带来的另外的意义”②。因此，艾略特对于工业社会的批判是苍白乏力的，其文化定义的实质不过是一种相当表面化的、极不彻底的对于整体性的把握，一如威廉姆斯所论，“这种新的保守主义对一种‘原子化’的、个人主义的社会的原则和影响提出了一个真正的理论上的异议，这个异议却不得不与一个正是以这种‘原子化’的、个人主义的观点为基础的经济制度的原则相结合（这种结合使这种新的个人主义不同于甚至远远不如柯勒律治或伯克式的保守主义）”③。

二、文化是平常的

同样是在1958年，威廉姆斯的《文化是平常的》（*Culture is Ordinary*）刊发于《信念》（*Convictions*）杂志。这篇文章以典型的个体经验角度切入，伴随着“我”的都市漫游体验，车站、教堂、图书馆、牧师、影院、广告、漫画等现代都市意象，蒙太奇般呈现出来。威廉姆斯接着以自叙手法回顾人生经历，并在此基础上得出结论，“文化是平常的，是我们必须开始的地方”，“文化是平常的：这是首要的事实。每一人类社会都有它自

① ［英］雷蒙德·威廉斯著，吴松江、张文定译：《文化与社会》，北京：北京大学出版社1991年版，第307页。

② ［英］雷蒙德·威廉斯著，吴松江、张文定译：《文化与社会》，北京：北京大学出版社1991年版，第312页。

③ 同上。

己的形态、目的和意义，他们用机构、艺术和学问来表达这些东西”[1]。

文化的塑形无法孤立于外在生活环境及其变迁过程，个体的日常交际用语、思维习惯以及应对各类关系的方法都可以追溯到家庭背景的影响。只有充分了解社会形态、目的与意义，观察和交流才变得可能，思想观念也正是在此基础上得以形成。这样一来，文化的两个面向即为：以训练的方式去攫取已知的意义和目的；以探测的方式去寻求新的观察和意义。通过上述分析，威廉姆斯总结出文化的性质：其一，文化既是传统的又具有创造性，既是最平常的共同意义（the most ordinary common meanings）也是最优秀的个人意义（the finest individual meanings）。人们通常从两个意义维度使用“文化”一词，最常见的意义是指向一种整体的生活方式，此外也包括艺术与知识等创造性活动的特殊过程。这两个义项不宜孤立起来，应当相互参照、结合在一起。其二，威廉姆斯批判克莱夫·贝尔（Clive Bell）的“为艺术而艺术”论调，反对将艺术形式与内容割裂开来的做法，他进一步根据日常经验演绎出文化的定义：“文化是平常的，它通过每一次变迁让我们把握住它”[2]。文化可以忽略生活方式之间的细微差异，却决然不能脱离社会生活内容。其三，我们当代文化的确出了很多问题，诸多症候都可以归结为受“等级制”观念的消极影响。威廉姆斯不无幽默地列举了与“文化”（culture）押韵方式相同的两个词——“坟墓”（sepulture）、“秃鹫、贪婪者”（vulture），“我们未曾把博物馆、画廊甚至大学叫做‘文化坟墓’（culture-sepulture），但最近我听到很多关于‘文化狂热分子’（culture-vulture）的叫法”[3]。

具体地说，威廉姆斯反对机械唯物主义的生产决定论僵硬信条，他认为文化不仅与生产相关，而且与接受教育程度以及教育影响下的个体观察力等密切关联，文化与个体的生活经验并不存在决定论或反映论意义上的关系，而是一种互动的、相互塑形的交往模式。资产阶级拥有一套道德价值与象征符号，它们无疑是有意义的，但这不等于说当代文化就是资产阶级文化。威廉姆斯像霍加特那样总结自身生活经历，认为确切地存在一种

---

① Raymond Williams, Culture is Ordinary, 1958, in Raymond Williams, *Resources of Hope*: *Culture*, *Democracy*, *Socialism*, edited by Robin Gable, London and New York: Verso, 1989, p. 4.

② Raymond Williams, Culture is Ordinary, 1958, in Raymond Williams, *Resources of Hope*: *Culture*, *Democracy*, *Socialism*, edited by Robin Gable, London and New York: Verso, 1989, p. 6.

③ 同上。

工人阶级生活方式，这种生活方式或曰“文化”的核心内容就是“邻里关系”、“共有义务”和“共享福祉”，并且工人阶级也享有艺术和学问的遗产。威廉姆斯批评考德威尔所宣称的“垂死的文化”（dying culture）以及马克思主义视大众为愚昧无知之辈的偏见，他以论战式姿态反诘，“我不得不质问他们，就像我曾经质问过他们一样，他们到底生活在何处？对于一种‘垂死的文化’和‘愚昧的大众’，我从未耳闻目睹过”①。

尽管马克思主义和利维斯都对威廉姆斯产生了直接的影响，但是在洞悉艺术与经验之间的关系方面，威廉姆斯更加认同利维斯而非马克思主义。一方面，利维斯细察工业化所造成的文化危机，从语言和道德角度替英国文化把脉，希望凭借学校教育以及“伟大正典”的教化功能以延续和培养人们对于外部世界的丰富情感与认知能力；另一方面，威廉姆斯也对利维斯的文化观念进行了条分缕析的批评：其一，反对将大众教育与新兴商业文化等同起来，因为“大众”本身就不过是一个“命名”的结果而已，“其实不存在所谓大众，只存在将人们看作大众的方式”②。随着大众娱乐与传播媒介的兴起，由于制媒者的“编码”与受众的“解码”之间存在不可桥接甚至难以沟通的裂隙，受众再度被媒介塑形为“无名的大众”。作为工业化社会衍生出的消极后果，一些机构或群体偏好武断地命名自己并不熟悉的对象。威廉姆斯拒绝这种荒谬的命名与描述，强调作为大众的人民是身体意义上的，这个群体拥有自身的能动性与“解码机制”，从而避免了法兰克福学派或者英国“文化—文明”传统的“消极受众”观。此外，从历史的维度出发，大众教育与商业文化并不存在必然的因果对应关系。有唱反调的观点认为，随着19世纪70年代教育法案的颁布，全社会的基本读写能力得到了普遍提升，这也导致了廉价出版物和低俗小报泛滥成灾。在威廉姆斯看来，这种妄加评判的断言显示出了对出版业发展史的极度无知，低俗的商业文化事实上是工业化的孳生物，它们在教育法案颁

---

① Raymond Williams, Culture is Ordinary, 1958, in Raymond Williams, *Resources of Hope*: *Culture*, *Democracy*, *Socialism*, edited by Robin Gable, London and New York: Verso, 1989, p. 8.

② Raymond Williams, Culture is Ordinary, 1958, in Raymond Williams, *Resources of Hope*: *Culture*, *Democracy*, *Socialism*, edited by Robin Gable, London and New York: Verso, 1989, p. 11.

布之前业已存在，“每个人都更愿意相信诺斯克里夫（Northcliffe）[①]，但没有人甚至包括皇家调查委员去阅读最通俗易懂的报业史”[②]。其二，从自身的阅听经验出发，反对将大众文化妖魔化为洪水猛兽，大众文化批量生产、席卷而来，固然有种种弊病，但“人们阅读、观看大众文化，有人吹毛求疵，有人却乐此不疲”[③]。其三，明确反对用格雷欣法则（Gresham's Law）[④] 来类比文化的现状，大众文化的流行并不会鸠占鹊巢，传统意义上的高雅文化仍将稳稳把持自己的位置。威廉姆斯充满乐观地设想，读好书、听好音乐、欣赏有益视觉艺术的人会越来越多，因此可以说，“我们身处一种扩张的文化之中，这种文化自身的所有要素都在扩展”[⑤]。

总之，威廉姆斯提出“文化是平常的”，希望文化可以跨越等级制的藩篱，借助于通识教育与民主的传播机制，加强对纯粹商业广告的监管，以使得大众文化由商业用途向公共职能转变。威廉姆斯赞赏民主方式的传播途径，后来又进一步修正了其在20世纪50年代的若干说法，比如断言出版物将走向衰落，大型报业集团会面临倒闭的危险。有意味的是，针对人们对于媒介的种种批评和非难，威廉姆斯强调有关文化与传播的讨论必须放置到权力中进行，“在我们的社会里，如果谈论传播或者文化，就不

---

① 诺斯克里夫爵士（Lord Northcliffe）是英国新闻与出版史上的显赫人物，他出身于平民家庭，靠创办廉价小报发家。1896年在伦敦创办《每日邮报》，这份报纸可以看成是英国现代报业的开端，随后又相继并吞了《每日镜报》、《观察家报》乃至《泰晤士报》，成功构建起一个强大的“传媒帝国”。诺斯克里夫的名言——“一天给我一桩谋杀案”——其实也是他的办报原则，他以暴力、性、丑闻等吸引读者眼球，直击大众心理，从而赢得巨大的商业利益，成为伦敦舰队街名副其实的“掌门人”。

② Raymond Williams, Culture is Ordinary, 1958, in Raymond Williams, *Resources of Hope: Culture, Democracy, Socialism*, edited by Robin Gable, London and New York: Verso, 1989, p. 12.

③ 同上。

④ “格雷欣法则”是一个经济学术语，其核心内容可概括为“劣币驱逐良币”(bad money drives good money out of circulation)，也就是说，在相同面值的情况下，人们往往在流通中使用含金量低的货币，而含金量高的货币则被储存起来，久而久之，良币就退出了流通市场。

⑤ Raymond Williams, Culture is Ordinary, 1958, in Raymond Williams, *Resources of Hope: Culture, Democracy, Socialism*, edited by Robin Gable, London and New York: Verso, 1989, p. 13.

可能不触及权力”[①]。这些权力既有可能来自既定的机制，也可能来自金钱。除此以外，威廉姆斯对于人们普遍拒斥理论的现实文化情境表示担忧，认为要解决当下大众文化与大众传播的棘手问题，就必须依赖理论，因为传播不是一种机械的记录，它牵涉到主体的积极卷入与参与，故而呼唤一种传播理论去研究和解决传播与社会之间的关联问题。在这个意义上说，媒介批评也就成为一种社会批评。

三、文化是一种特殊的生活方式

1960 年，英国召开全国教师联合会（NUT），会议主题是“大众文化与个人义务”，与会人士商讨怎样应对大众文化，如何看待大众文化在中小学生日常生活中的意义，尽管“它仍然残余以高雅文化的观点来看待大众文化，对美学而不是社会交往的愉悦和意义感兴趣”[②]，但这次会议不仅印证了大众文化勃兴的现实情境，会议精神还直接催生了三部讨论文化与传媒论争的重要著作——威廉姆斯的《传播》、霍尔与沃内尔的《大众艺术》、丹尼斯·汤普森的《辨别力与大众文化》（*Discrimination and Popular Culture*）。威廉姆斯的《长期革命》在 NUT 会议召开的次年发表，书中进一步修正了此前的“文化”定义，主要论题与潜在的对话对象并没有脱离 NUT 会议阐释的社会文化情境。从创作意图和文本自身侧重的面向上看，《长期革命》既是对 E. P. 汤普森批评威廉姆斯关于大众出版的论述的应答，也是对《文化与社会》关于文化“生产过程”的延展；从社会历史情境的角度看，该书回应了 1956 年左派阵营大分化之后新的社会情势，试图对英国社会现状与当代文化作出整体性评估。

首先，威廉姆斯勾勒出社会发展进程中的“三大革命”，即政治领域的“民主革命”、科技与经济领域的“工业革命”及教育与传播领域的“文化革命”。较之“民主革命”和“工业革命”，“文化革命”才刚刚开始，但三个领域必须结合起来考虑，“我们整个的生活方式，从社区构成到教育机构、内容，从家庭结构到艺术和娱乐的状况，正受到民主和工业

---

① Raymond Williams, Communications and Community, 1961, in Raymond Williams, *Resources of Hope*: *Culture*, *Democracy*, *Socialism*, edited by Robin Gable, London and New York: Verso, 1989, p. 19.

② Graeme Turner, *British Cultural Studies*: *An introduction* (the third edition), London and New York: Routledge, 2003, p. 37.

的进步以及它们之间相互作用的深刻影响，同时还受到传播延伸的影响”①。以“创造性思想”为例，威廉姆斯认为“创造性思想”可以追溯到文艺复兴，人的创造性力量在艺术理论中的呈现，其实就是将已知的经验具象化，传播则可以将个体的私人经验转化为日常经验，人的肉身不复存在，但创造性思想却能凭借文化符号得以延续下来。审美必须以现实生活为基础，艺术作为“创造性活动”与“整体生活方式”之间并不冲突，“传统上将艺术定义为‘创造性的’是非常重要的，但如果把它扩展到艺术与日常经验的对立，那后果将是破坏性的”②。

其次，威廉姆斯提出“文化”的三种定义，“第一种是‘理想的’定义，在这种定义中，文化是根据某种绝对或普遍价值而言的人类完善的状态或过程。倘若这样一种定义被接受的话，文化分析在本质上说就是对生活与作品中那种可以被看作构筑起永恒秩序或与普遍的人类状况有长久关联的价值的发现和描述。第二种是‘文献式’定义，据此而论，文化是智识和想象力作品的整体，详细记载了人类丰富的思想和经验，从这一定义出发，文化分析就是一项批评工作……第三种定义是文化的‘社会’定义，即文化是对一种特定生活方式的描述，不仅仅表现艺术和学问中的某些意义和价值，也表现机制与日常行为的意义和价值”③。威廉姆斯开宗明义地表态，上述诉诸不同角度的三种定义说明了文化定义的复杂性，这些定义都有价值，但也存在不足。“理想的”文化定义将人类的完善状态或过程从特定的社会塑形中抽离出来，想当然地将人类的理想状态与现实物质需求截然分开；文化的“文献式”定义拘囿于书写和图绘的印刷记录，有意识地在社会生活与记录材料之间筑起一道壁垒；文化的“社会”定义将艺术或学问仅仅看成是社会现实的被动反应，是一种退居次位的副产品。威廉姆斯以《安提戈涅》为例，说明每一种定义都有一定的道理，但都不够全面，主张在一种变化的机制内去探寻各种特殊活动，“我们要去寻找的对象很少是有简单变化的。持续、调整、无意识吸收、积极抵抗、

---

① Raymond Williams, *The Long Revolution*, New York: Columbia University Press, 1961, p. 11.

② Raymond Williams, *The Long Revolution*, New York: Columbia University Press, 1961, p. 37.

③ Raymond Williams, *The Long Revolution*, New York: Columbia University Press, 1961, p. 41.

别样的尝试等都将显现在特定的活动与整体机制之中”[1]。受露丝·本尼迪克特的“文化模式”和埃里希·弗洛姆(Erich Fromm) 的“社会特征”的影响，威廉姆斯将“模式”（pattern）凸显为文化分析的关键词，“我愿意将文化理论定义为对一种整体生活方式中诸因素关系的研究”，“任何有用的文化分析都开始于对一种独特模式的发现……总体的文化分析关注的就是这些模式间的相互关系”[2]。

最后，威廉姆斯的文化分析试图重构一种生活方式，一个时期的基于结构与关系之上的文化，这也就是他在《长期革命》中进一步明确和深化的概念——“情感结构”[3]，“它有着结构那般的稳固明晰，却在我们行动最微妙、最难以触及的部分运作。从某种意义上说，这种情感结构就是一段时期的文化：它是一般组织的各种要素的特定现存结果”[4]。这种情感结构虽然不是以同样的方式为社群中的大多数个体所占用，但它起码是一种波及范围甚广、占据支配地位的社会心理。情感结构并不存在代际传承的现象，一代人有一代人之情感结构，“新的一代人会以自己的方式对他们所继承的世界作出反应，他们吸纳许许多多可以追根溯源的传承，再生产可以被单独描述的组织的诸多内容，然而却以不同的方式感受他们的整体生活，将其创造性反应塑形为一种新的情感结构”[5]。

威廉姆斯从文学分析的经验角度阐释“情感结构”，通过详细追溯 19 世纪的欧洲文学尤其是英国文学，尝试勾勒出文学创作领域代际思想感觉

---

① Raymond Williams, *The Long Revolution*, New York: Columbia University Press, 1961, p. 46.

② Raymond Williams, *The Long Revolution*, New York: Columbia University Press, 1961, pp. 46 – 47.

③ “structure of feeling” 通常译为“情感结构”或“感觉结构”。1954 年，威廉姆斯在与友人迈克尔·奥罗姆（Michael Orrom）合作的《电影导论》（*Preface to Film*）中首次使用这个概念；1958 年出版的《文化与社会》也确切提到了“情感结构”，威廉姆斯在追溯“模仿”一词的变迁时说，“改变的程度如果超出习俗的改变——习俗的改变只出现于普遍的感觉结构（structure of feeling）发生根本改变的时候”，后面涉及工业小说细读的章节中多次出现这个术语（参见［英］雷蒙德·威廉斯著，吴松江、张文定译：《文化与社会》，北京：北京大学出版社 1991 年版，第 69 页）。威廉姆斯的后期著作《马克思主义与文学》引入意识形态、霸权等理论，进一步深化了“情感结构”的意涵。

④ Raymond Williams, *The Long Revolution*, New York: Columbia University Press, 1961, p. 48.

⑤ Raymond Williams, *The Long Revolution*, New York: Columbia University Press, 1961, p. 49.

的形成，并试图揭示19世纪40年代至20世纪60年代的英国社会心理。在威廉姆斯看来，文化分析就是要去重塑一种生活方式与“情感结构”，而“情感结构”则是用来分析一个时期的文化的路径，可以说，“情感结构”成为威廉姆斯创造的一种用来阐释文化与社会的方法论，他希望以此来替代露丝·本尼迪克特的“文化模式”或者弗洛姆的“社会特征”。

在威廉姆斯的整个文化理论架构中，“情感结构”就如其自身指涉的内容那样，是一个与社会情境变迁不断对话并反复被修正的过程。回到20世纪50年代的社会语境，威廉姆斯对当时的新兴元素与当代文化展开了总体评估，一方面试图积极应答社会转型所带来的种种问题，一方面仍延续了个人情感之于工人阶级面对现代性问题的急切关注，再度强调工人阶级日常经验的意义。威廉姆斯启用“情感结构”这一术语，在很大意义上并非学术话语的操演，而是要设法确保经验在文化分析中的位置。文化分析就是要重建特定的“情感结构”，这不仅将工人阶级日常生活纳入了考量的范畴，也再度确证了威廉姆斯关于“文化”定义的一个侧重面向：文化不是被动的、消极的反映，它本身就是一个无限生产、不断变化的过程。

四、“共同文化”的神话

威廉姆斯密切关注英国当代社会情境的变迁，并及时修正自己关于“文化”的定义。然而，威廉姆斯本人的思想情感结构却从未彻底摆脱两难选择的困境：一方面，他赞赏利维斯主义用于分析通俗文化和大众传媒的“实用批评”与文本细读法，以至于其早期的文化思想被伊格尔顿冠以“左翼利维斯主义”的帽子，但威廉姆斯又反对利维斯的个体自由主义立场与精英主义文化观；另一方面，威廉姆斯虽然深悟马克思主义尤其是苏联马克思主义在面对当代社会复杂情境时的有限甚至消极的阐释效应，但出于对工人运动与社会主义事业的满腔热忱，他在个人情感上始终偏向马克思主义，其文化思想在不同的阶段保持着与马克思主义的相遇。

威廉姆斯希望英国能够出现一种民主化的、大众参与的文化政治，期盼一种真正意义上的共同文化（common culture）。威廉姆斯关于一种“共同文化”的想象和建构，既是对战后特定社会文化情境的积极应答，也是对19世纪以来英国“文化与社会”传统的批判性反思与超越。首先，随着教育制度改革与大众传媒的兴盛，那种区隔高雅文化与大众文化的界限渐趋消解，高雅文化也必须贴近日常经验、进入大众消费视野，才能彰显其意义和价值。威廉姆斯不仅对饱受贬抑的“大众”群体充满期待，并且透过冷战意识形态的重重雾障，无限乐观地想象民主政治与社会主义事业的未来。其次，"共同文化"是一个历史化的指称，联系着那种将日常生活经验与社会变革结合起来的"文化与社会"传统。英国思想界在批判浪漫主义的基础上，形成了考察文化与社会关系的三条脉络：其一是 F. R. 利维斯的自由主义立场，利维斯认为艺术与生活在 17 世纪的有机社会是和谐融洽的，但二者在当下社会情境中属于敌对关系，因此，利维斯秉承阿诺德式的自由人文主义信条，将"共同文化"的诉求寄托在少数人/精英身上，"注入了自由个体主义精神，一心想在这个兽性的、非个人的、无望的社会里探寻个人生活的可能性，而不是将这些价值与可以确保可能性变成现实性的社会政治力量结合起来"[①]。另一脉是 T. S. 艾略特的保守主义立场，艾略特"并不相信在自觉自省的精英人物与唯利是图的大众之间存在着不断的、无法消除的紧张对立"[②]。虽然艾略特相信存在一种"共同文化"，但是他坚称大多数人并不具备享有这种文化的自觉意识和能力，事实上只存在等级制格局下的"共同文化"。这种执拗的政治保守主义思想与艾略特关于"精英"的论述如出一辙，不可能导向一种民主平等的有机文化观念。剩下的一脉就是威廉姆斯的激进社会主义的"共同文化"观。

在威廉姆斯的设想中，"共同体"显然是以秩序对抗个人主义的理想路径，"用'共同体'一词而不是用'国家'一词所概括的思路，至今仍然是我们的传统中的本质成分。这种思路对 19 世纪文化思想的依赖是显而易见而且十分重要（的）"[③]。在一种探寻整体性"共同文化"的观照视野下，威廉姆斯从佩特那里管窥到整个浪漫主义传统的崩塌，从王尔德那里感悟到"普遍人性"的现存意义，从大众教育与日常消费角度看到了日益频繁的跨阶级流动，诸种因素都为"共同文化"提供了现实基础，"某一特定时期，一个民族的独特生活方式来自于他们整体的共同经验及其复杂的耦合关联"[④]。也就是说，"共同文化"要求某个特定历史阶段的社群分

---

① ［英］特里·伊格尔顿著，马海良译：《历史中的政治、哲学、爱欲》，北京：中国社会科学出版社 1999 年版，第 138 页。

② 同上。

③ ［英］雷蒙德·威廉斯著，吴松江、张文定译：《文化与社会》，北京：北京大学出版社 1991 年版，第 250 页。

④ Raymond Williams, The Idea of a Common Culture, 1968, in Raymond Williams, *Resources of Hope: Culture, Democracy, Socialism*, edited by Robin Gable, London and New York: Verso, 1989, p. 35.

享共有经验，这种分享是一种民主社会的参与能力，而不是少数特殊群体或者统治者由上而下的价值观念灌输。基于“共同”一词容易引起庸俗化的简单理解，威廉姆斯忠告说，“有一种危险就是认为共同文化即所有人想要相同的东西，珍视同样的事物，或者说……拥有同样多的文化财产(cultural property)”①。为了避免上述误读，威廉姆斯提倡用“一种共有的文化”（a culture in common）来代替“共同文化”，简言之，“共同文化”的观念并不意味着简单化的趋同或一个整齐划一的社会，其真正含义为“一种参与意义和价值创造的自由、有益、共享的过程”②。

如果要透彻理解威廉姆斯的“共同文化”观念，就必须重新回到他关于文化的定义：文化作为一种整体性生活方式，涵括了有意识和无意识两个构成层面；文化是平常的，为普通人所享有；文化自身又是一个开放的概念，永远随着社会情境的变迁而变动。如此一来，威廉姆斯的“共同文化”便指向三个方面的意义，“不仅被共同地享有，而且被共同地创造：通过合力参与得到共同享有”③。应当说，威廉姆斯对于“共同文化”的想象和构建，从一个侧面反映出其介入现实生活、关心社会革命的政治理念。笔者认为，全民参与、分享并掌控整个生活方式的运作虽然颇具激进社会主义的思想热情，但如果联系到社会阶级分化和权力不平等关系存在的现实语境，“共同文化”无疑是又一种形式的乌托邦，一如威廉姆斯本人后期对“共同体”的反思和警惕：

然而到了20世纪60年代，我开始不断地听到把共同体的利益置于一小群人——比如说罢工者——的利益之上，置于其对立面。这引起了我的反思，这个词是不寻常的，它使人能够进行社群区分：一个人从来不确定属于这个观念所指的某个群体的组合。我忽然意识到，没有人曾经在敌对的意义上使用“共同体”这个词，就是在那个时候，我看到了它是多么危险。④

---

① Raymond Williams, The Idea of a Common Culture, 1968, in Raymond Williams, *Resources of Hope*: *Culture*, *Democracy*, *Socialism*, edited by Robin Gable, London and New York: Verso, 1989, p. 37.

② Raymond Williams, The Idea of a Common Culture, 1968, in Raymond Williams, *Resources of Hope*: *Culture*, *Democracy*, *Socialism*, edited by Robin Gable, London and New York: Verso, 1989, p. 38.

③ ［英］特里·伊格尔顿著，马海良译：《历史中的政治、哲学、爱欲》，北京：中国社会科学出版社1999年版，第140页。

④ ［英］雷蒙德·威廉斯著，樊柯、王卫芬译：《政治与文学》，开封：河南大学出版社2010年版，第104页。

五、威廉姆斯的影响

如果说，霍加特对童年亲历的工人社区生活始终保持一种不无浪漫色彩的怀旧和眷恋，执着于发掘工人阶级的日常文化经验，甚至常常将工人阶级文化直接等同于大众文化，但不管如何，霍加特的观照视角和切入文化思考的主体身份终究是明晰的，契合于追求所谓“英国性”的历史语境；那么相比较而言，威廉姆斯则在更大意义上处于一种游移的位置，这位来自威尔士边远乡村的“奖学金少年”难以融入剑桥的氛围，成为一个实实在在的文化“他者”①，这种文化冲撞造就了一种既内置其间又出乎其外的特殊视角，也正是这种特殊视角赋予了威廉姆斯切入文化分析的有利位置。

威廉姆斯这样界定自我的社会位置：“更愿意将自己看作革命的社会主义者、共产主义者、历史唯物论者，而不是马克思主义者。”② 他身处学院之中，却又积极介入现实；亲历社会政治风云，却又拒绝与权力合谋；勇敢跨越学科边界，但又绝不沦为媚俗的“学术明星”。正如伊格尔顿的中肯评价，“他几乎是单枪匹马地把文化研究从他发现的比较粗糙的状态改造成异常丰富、资源雄厚的研究领域，因此而不可逆转地改变了英国的思想和政治图景，使成千上万的学生和同行和读者长久地得到他的思想赐与”③。

---

① 据伊格尔顿谈其对威廉姆斯的印象，“威廉姆斯经过长途跋涉才从威尔士的农村工人阶级社区来到这个学院，而这个学院似乎是根据人们在贵宾桌上用餐次数的多少来判断人的……他的长相和说话不像一个大学教师，更像乡下人，热情而质朴，与上流中产阶级一贯的那种乖巧而简慢的作风形成很大反差”。威廉姆斯甚至在利维斯的讣告中写道：“剑桥是‘世界上最粗野的地方之一……到处听到冷酷、卑鄙、残忍的语言’。”此外，剑桥当时对威廉姆斯的研究路径持敌视态度，“英文系的其他人似乎大都把他看作社会学家，走错了院系的门槛，不小心和玄学派诗人搅在了一起”。参见［英］特里·伊格尔顿著，马海良译：《历史中的政治、哲学、爱欲》，北京：中国社会科学出版社 1999 年版，第 255 ~257 页。

② Raymond Williams, *Resources of Hope*: *Culture*, *Democracy*, *Socialism*, edited by Robin Gable, London and New York: Verso, 1989, p. 20.

③ ［英］特里·伊格尔顿著，马海良译：《历史中的政治、哲学、爱欲》，北京：中国社会科学出版社 1999 年版，第 266 页。

第三节　文化主义：范式与论争

一、E. P. 汤普森与“文化论争”

作为同时被霍尔归入文化主义研究范式的核心人物，霍加特与威廉姆斯代表了早期英国新左派从文学领域介入社会批评的文化政治学路径。霍加特承继“细察派”的实用批评传统，将工人阶级文化当作一组“文本簇”加以细读分析，同时潜入大众社会的语码谜局，力图消解文化等级制的森严壁垒；威廉姆斯通过追溯、复活并重构一个“文化与社会”传统，摈弃了那种霍加特式过分浪漫化工人阶级文化经验的做法，适时引入一种“民主机制”的考量维度。尽管二人被伊格尔顿戏谑性地归为“左翼利维斯主义者”，但他们与“文化—文明”传统间的关联显然更为复杂，“回顾地看，他们和他们置身其间的思想传统的‘断裂’与二者间的连续性相比较，即便不能说更多，也至少是旗鼓相当”①。

作为一个指称，英国文化研究从来就是差异丛生、众声喧哗的“复调合声”，即使是名声显赫的伯明翰学派（“伯明翰传统”或许是更贴切的称谓），其内在的分歧与论争也几乎从未消停过。可以说，不同思想观念间的论辩、交锋、对话，恰恰构成了文化研究保持活力的源泉，并激发愈来愈多的思想话语进入公共场域，为文化研究的理论与实践奠定了基础。在英国文化研究早期被称为“文化主义”的研究范式中，E. P. 汤普森以社会历史学家的身份从马克思主义内部发声，对威廉姆斯的“文化”定义展开批判质疑，并结合英国工人阶级的“形成”过程，进一步丰富了“文化”定义的多重面向。

威廉姆斯的《文化与社会》和《长期革命》出版后，英国知识界反响强烈，批判的矛头主要指向《长期革命》，威廉姆斯尝试在该书中将文化分析“理论化”的意图尤其遭到诟病，被指责的症状还包括“社会学色彩太浓”、“故弄玄虚的理论滥用”、“欠缺恰当的批评方法”等。在这些批评声中，汤普森显得格外引人注目，他撰写了一篇言辞激愤的文化“批判

---

① Stuart Hall, Cultural Studies: Two Paradigms, 1980, in Jessica Munns and Gita Rajan, *A Cultural Studies Reader: History, Theory, Practice*, London and New York: Longman, 1995, p. 195.

书”，由于顾忌新左派内部的团结问题，所以一直犹豫是否公开发表，后来在霍尔的鼓励下刊登于1961年的《新左派评论》（第9、10期）。这篇论战檄文被奉为经典文献，至今仍然对文化研究有着重要影响。

汤普森的批评主要涉及以下几个方面：其一，威廉姆斯的《长期革命》在论述大众出版物时忽略了工人阶级运动研究史家最为关心的问题——“特性，出版物与民众运动的关系，所有权与政治权力的关系”①。考察对象多有纰漏，在分析19世纪40年代的文化时，完全没有涉及颇具影响力的工人阶级报纸《北方之星》（*Northern Star*）；择取的视角和对象也比较武断，并且用主导/从属的情感结构概念“遮蔽了冲突之所在，最大可能地缩小了缺陷和失败”②。主导的社会特征和日常经验的丰富性被一系列因素伪饰起来，“整体的生活方式”在很大程度上忽略了研究对象自身的丰富性和差异性，比如威廉姆斯对“阅读大众”（reading publics）的表述就陷入了同质化的陷阱，因为“总会存在许多种阅读公众群，他们之间的区分不仅根据受教育程度与社会地位的差异，而且十分关键的是，还依据生产方式、产品的分配方式以及作者与读者之间的关系来划分”③。其二，威廉姆斯忽略了欧陆理论，特别是“从维柯经由马克思到韦伯和曼海姆”④的传统，即便是就英国本土而言，其视野也显得过于狭隘，而文化的人类学定义需要参照多个领域的理论资源。其三，威廉姆斯忽略了社会主义的激进传统，在谈及“工业”和“民主”时，未能和马克思主义的“异化”概念有机结合起来。从表面看，威廉姆斯仿佛同马克思主义处于持续性的论争中，但他“从未直接面对马克思”⑤。在考量英国马克思主义的时候，威廉姆斯规避了一点，即“马克思提供的不是一种艺术理论、政

---

① E. P. Thompson, The Long Revolution, 1961, in Jessica Munns and Gita Rajan, *A Cultural Studies Reader*: *History*, *Theory*, *Practice*, London and New York: Longman, 1995, p. 176.

② E. P. Thompson, The Long Revolution, 1961, in Jessica Munns and Gita Rajan, *A Cultural Studies Reader*: *History*, *Theory*, *Practice*, London and New York: Longman, 1995, p. 177.

③ E. P. Thompson, The Long Revolution, 1961, in Jessica Munns and Gita Rajan, *A Cultural Studies Reader*: *History*, *Theory*, *Practice*, London and New York: Longman, 1995, p. 178.

④ E. P. Thompson, The Long Revolution, 1961, in Jessica Munns and Gita Rajan, *A Cultural Studies Reader*: *History*, *Theory*, *Practice*, London and New York: Longman, 1995, p. 179.

⑤ 同上。

治理论或经济理论，而是一种有关历史变迁过程的历史理论”[①]。威廉姆斯批评了马克思主义的经济和技术还原论，汤普森也同意“基础—上层建筑”模式过于机械，但认为批判必须建立在充分论证的基础之上。此外，威廉姆斯对工人阶级激进读物，尤其是知识分子在工人运动中履行的职责关注不够，这既是他的“文化”定义缺少斗争维度的原因之一，也体现出威廉姆斯前期思想中的某些保守主义之处（丹尼斯·德沃金语）。最后一点也是问题的核心所在，汤普森认为威廉姆斯一面批判了利维斯与艾略特，一面又受到他们的影响，“文化定义中都没有涉及权力与冲突”[②]。汤普森继而设想，“如果我们变动威廉姆斯定义中的一个词，从‘生活方式’变为‘生长方式’（way of growth），我们就能从一种消极的、非个人的定义转向一种积极的、能动性的定义。如果我们再次变更这个词，祛除‘生长’所暗含的‘发展’（progress）之意，我们就可能得到这样一种定义：对一种整体冲突方式各因素之间关系的研究。一种冲突方式就是一种斗争方式，这样我们又重新回到了马克思”[③]。可以说，汤普森正是在批判威廉姆斯两本前期著作的基础上阐发了自己的文化观念，简言之，他认为文化应该是不同生活方式之间的斗争，只有这样才能将总体性理论与阶级政治妥帖地联系起来。

在德沃金看来，汤普森之所以对威廉姆斯的“文化”定义颇为不满，其内在根由要追溯到二者家庭成长背景的差异：作为中产阶级知识分子的典范，汤普森事实上与工人阶级运动存在较远的距离，但正是这种距离感造成了其对工人运动的理想化描述。[④] 威廉姆斯则不然，他对工人阶级日常生活有着切身体验，这种近距离的观照反倒容易使他“遗漏”或“忽视”一些东西。这种解释当然不够充分，甚至有牵强之嫌，但也提供了某

---

① E. P. Thompson, The Long Revolution, 1961, in Jessica Munns and Gita Rajan, *A Cultural Studies Reader*: *History*, *Theory*, *Practice*, London and New York: Longman, 1995, p. 180.

② E. P. Thompson, The Long Revolution, 1961, in Jessica Munns and Gita Rajan, *A Cultural Studies Reader*: *History*, *Theory*, *Practice*, London and New York: Longman, 1995, p. 184.

③ E. P. Thompson, The Long Revolution, 1961, in Jessica Munns and Gita Rajan, *A Cultural Studies Reader*: *History*, *Theory*, *Practice*, London and New York: Longman, 1995, p. 185.

④ Dennis Dworkin, *Cultural Marxism in Postwar Britain*: *History*, *the New Left*, *and the Origins of Cultural Studies*, Durham and London: Duke University Press, 1997, pp. 182 - 218.

些有益的参照。尽管威廉姆斯没有立即回应汤普森的批评，只是在后期接受访谈时才略作澄清①，但只要联系到威廉姆斯的后期著作，尤其是《马克思主义与文学》，其间呈现出的葛兰西“霸权”理论踪迹及其对主导文化、残余文化、新兴文化的区分②，表明威廉姆斯在一定程度上接受了汤普森的批评意见。

汤普森对威廉姆斯的严厉批评在一定程度上反映出第一代英国新左派的文化政治生态，即霍尔所主张的支持在新左派内部发表不同的声音。汤普森既反对利维斯主义的精英式文化定义，也无法接受威廉姆斯那种定义文化的“进化论方法”（evolutionary approach），他“坚决捍卫文化的历史独特性（specificity），复数性而不是单数性，是 cultures 而不是 culture。最关键的是，他坚持不同文化间的斗争、张力和冲突以及它们与阶级文化、阶级结构、阶级斗争之间的关联”③。汤普森反对将工人阶级文化的经验同质化、浪漫化、理想化，希望引入阶级政治的维度，引导新左派由一种文化政治走向现实的政治斗争。

作为社会历史学家、印度独立运动的支持者和冷战格局的坚定批判者，汤普森继承了英国马克思主义史学传统，重视阶级斗争，强调以自下而上的视角书写普通人的日常经验，呈现工人阶级的主体性与能动性。汤普森的《英国工人阶级的形成》别具意味地采用了单数概念的“工人阶级”和动态词汇“形成”（make），前者表明工人阶级尽管存在着基于文化程度、技术水平、生活境况等因素造成的内在差异性，但这个历史化的指称更加强调工人阶级在阶级斗争与日常实践中形成的共同阶级意识；后者则凸显出阶级是一个由主、客观因素共同推进的动态形成过程。汤普森在经历 1956 年匈牙利事件后选择了退出英国共产党，但仍然坚守马克思主

---

① 威廉姆斯在后来接受《新左派评论》访谈时回应汤普森，认为不能混同“阶级斗争”与“阶级冲突”两个概念；“在爱德华的作品中，我感受到一种对历史中英勇斗争时期的强烈情感，那种情感是可以理解的，但是它的表达特别不适合我们刚刚度过的并不英勇的 10 年”（第 123 页）。“使用与‘生活方式’对立的‘斗争方式’措辞可能会妨碍一个人理解后来的发展——现在我会把这种发展定义为收编”（第 123 页）。以上均参见［英］雷蒙德·威廉斯著，樊柯、王卫芬译：《政治与文学》，开封：河南大学出版社 2010 年版。

② ［英］雷蒙德·威廉斯著，王尔勃、周莉译：《马克思主义与文学》，开封：河南大学出版社 2008 年版，第 129 ~ 136 页。

③ Stuart Hall, Cultural Studies and the Centre: Some Problematics and Problems, in Stuart Hall, Dorothy Hobson, Andrew Lowe and Paul Willis (eds.), *Culture, Media, Language: Working Papers in Cultural Studies 1972 - 1979*, London: Routledge, 1980, p. 20.

义阵地，试图以人道主义的马克思主义去挑战经典马克思主义，他拒绝接受经济决定论与传统意义上的“基础—上层建筑”模式，彰显“社会存在”与“社会意识”的辩证关系。通过爬梳1790—1830年间英国工人阶级的日常生活与斗争经验，汤普森发现工人阶级对社会的不满是超越物质层面的：“引起最强烈的感情的往往不是‘面包和黄油’的简单问题，而是价值观念的问题，例如传统习惯，‘公正’、‘独立’、安全保障、家庭经济等等。”① 因此，“我们决不能认为经济增长的动力与社会或文化生活的动力之间存在着某种自动的或过分直接的因果关系”②。汤普森认为马克思、汤因比、韦伯、哈孟德夫妇在阐释工人阶级形成时的观照视角过分拘囿于社会生产方式，忽略了“工人阶级的形成不仅是经济史上，而且是政治史和文化史上的事实”③。

汤普森的特别之处还表现在逆反正统史学的研究模式，从底层的日常生活与斗争经验中考察工人阶级意识的塑形。传统研究视野下的工人阶级往往处于社会结构的消极被动层面，是一个被遮蔽、被压抑的不可见的群体，汤普森关注织袜工、剪绒工、手艺人等社会底层群体，试图改变“有产阶层”形成的关于“下层社会”道德败坏、粗俗无聊的定型化想象，凸显出工人阶级的主观能动性及其对历史发展进程作出的贡献，“如果我们对历史的变革感兴趣，那么我们须考查这清晰的少数。但这个少数是从不那么清晰的多数中浮现的，这些多数的意识在此时可说是‘亚政治的’，即由迷信或不自主的非宗教状态、偏见和爱国主义所构成”④。有意味的是，汤普森关注到手工工人才是劳工运动的主要参与者和推动者，作为社会激进力量的核心场域，棉纺织工厂“不仅是工业革命的推动者，也是社会革命的推动者，不仅生产了更多的产品，而且生产了‘劳工运动’。工业革命最初只要求人们去描述，现在却要求人们来解释”⑤。

此外，汤普森将日常经验、阶级意识与激进主义政治勾连起来，一方

---

① ［英］E. P. 汤普森著，钱乘旦译：《英国工人阶级的形成》（上），南京：译林出版社2001年版，第221～222页。

② ［英］E. P. 汤普森著，钱乘旦译：《英国工人阶级的形成》（上），南京：译林出版社2001年版，第193页。

③ ［英］E. P. 汤普森著，钱乘旦译：《英国工人阶级的形成》（上），南京：译林出版社2001年版，第211页

④ ［英］E. P. 汤普森著，钱乘旦译：《英国工人阶级的形成》（上），南京：译林出版社2001年版，第55页。

⑤ ［英］E. P. 汤普森著，钱乘旦译：《英国工人阶级的形成》（上），南京：译林出版社2001年版，第192页。

面强调大众出版物对于激进主义政治的意义，另一方面重绘工人阶级大众文化的地形图，赋予文化一种抵抗霸权的量能。汤普森综合调用历史学、社会学、民族志等方法，从档案、会议记录、手稿、通信、报刊、政治宣传手册等多元渠道广泛搜集材料，具体论述涉及农业工人、手工工人的饮食、住家、健康、宗教道德、闲暇娱乐等方方面面，试图从宗教意识形态、日常生活、阶级斗争、法国革命等主、客观因素探析工人阶级阶级道德情感和阶级意识的形成过程，揭示出“工人阶级被别人形成，同时也在形成自己”①。在工人阶级意识的形成过程中，以大众出版物为载体的激进主义文化扮演着十分关键的角色：卡莱尔呼吁出版自由，欧文将工业革命的经历与大众的激进主义提升为理论，再加上工人读写能力的明显改善，《黑矮人报》、《人民之声报》、《挑战者》、《毁灭》等刊物“尽管……并不宣称自己是‘激进的’，但迎合了广大激进派公众的需要”②。最后，汤普森绘声绘色地勾描活跃在各个领域的手工工人的民间文化习俗，诸如集市、节庆、独特的民间仪式等，他们继承了传统，并在传统的基础上有所创造，这些被汤普森认为是英国最引人注目的大众文化以匿名信、焚烧模拟道具、迅速行动等表征方式绘就了一幅“道德经济学”图景。同样是面对工业革命，工人阶级正是凭借这些丰富的日常经验、大众文化与激进主义政治，书写出一种截然不同于浪漫主义批判的“激进抵抗”模式。

三、范式转型与思想论争

如果说，以霍加特、威廉姆斯和汤普森为代表的英国第一代新左派通过重构一种“文化与社会”或马克思主义史学传统，再度发掘工人阶级文化的意义和价值，有效消解了文化的等级制度，并且在这个意义上与英国“文化—文明”传统形成明显的“断裂”，那么，以佩里·安德森为代表的第二代新左派积极从欧陆寻求理论资源，欧陆理论的涌入与英国本土以经验为特色的文化马克思主义形成剧烈的张力关系，由此引发一系列影响深远的论争，这显然构成了又一次“断裂”。

两代新左派的“宿怨”可以追溯到20世纪50年代后期的“人道主义”论争，佩里·安德森尤其反感第一代新左派所鼓吹的人道主义与“积极中

---

① ［英］E. P. 汤普森著，钱乘旦译：《英国工人阶级的形成》（上），南京：译林出版社2001年版，第212页。

② ［英］E. P. 汤普森著，钱乘旦译：《英国工人阶级的形成》（下），南京：译林出版社2001年版，第845页。

立”原则，认为其经验主义色彩过浓，理论极端贫乏，无法对20世纪60年代勃兴的消费文化与大众传媒作出有效阐释。此外，国际共产主义阵营的大分化——中苏关系破裂、古巴革命兴起、英国核裁军运动式微、越南战争等——使得安德森愈发感到英国文化马克思主义的褊狭无力，希望从欧陆引进另类马克思主义理论资源，从而改变新左派“理论贫困”的现状。

尽管英国左翼知识界在20世纪30年代就接触了经典马克思主义，但是直到20世纪60年代初，英国学界对法兰克福学派仍然相当陌生，仅有的一点了解也是源于美国的大众社会理论家对于阿多诺文化工业悲观论的批评。1962年，安德森接替霍尔担任《新左派评论》主编，从此开始大量译介欧陆马克思主义理论（安德森将其命名为“西方马克思主义”），“《新左派评论》开始了一个雄心勃勃的计划：翻译和出版大陆思想家的作品，他们坚信在政治进步成为可能之前，英国褊狭的和经验主义的知识文化必须先被改变。从1963年开始一直到70年代中期，它出版并讨论了许多欧洲马克思主义者的作品，包括萨特、葛兰西、卢卡奇、马尔库塞、阿尔都塞、本雅明……”[①] 在这种风潮的影响下，“伦敦新左派丛书”（New Left Books）和梅林出版社（Merlin Press）译介了卢卡奇的《历史小说》、戈德曼的《隐蔽的上帝》和萨特的《方法问题》，萨特的重要著作《辩证理性批判》尽管尚未翻译，但已被学者频频援引。大规模的理论引介迫使英国文化研究“首次必须面对马克思主义内部的另类理论资源……这些文本标志着文化研究的又一次关键的‘断裂’：走向一种复合体的马克思主义”[②]。

此外，安德森专门撰文分析英国陷入当下危机的根源，试图从历史与社会结构层面证实英国欠缺产生本土马克思主义的合适土壤，进而为引介欧陆理论资源提供合法性。这篇引发安德森与汤普森长达二十余年论战的文章名为“当前危机的根源”（Origins of the Present Crisis），刊发于1964年的《新左派评论》，其中提到几点重要看法：首先，英国经历了最不彻底的资产阶级革命，英国工人阶级在社会革命与接受马克思主义理论方面都落后于欧陆国家。通过与欧陆国家作比较，安德森认为英国的当下危机表现为几种消极因素的纠结，“往昔的创伤，当下的不自信，过去和现在

① 张亮编：《英国新左派思想家》，南京：江苏人民出版社2010年版，第21页。

② Stuart Hall, Cultural Studies and the Centre: Some Problematics and Problems, in Stuart Hall, Dorothy Hobson, Andrew Lowe and Paul Willis (eds.), *Culture, Media, Language: Working Papers in Cultural Studies 1972 - 1979*, London: Routledge, 1980, p. 25.

的民族文化”[①]。从更深层次意义上说，英国当下面临的危机是社会结构持续性衰落的结果，具体症状表现为“毫无生气的经济，病态且衰退的教育，了无生机的都市环境，士气低沉的统治阶级，恶劣的文化乡土气”[②]。安德森进而批判了阻碍英国思想文化进步的“传统主义”与“经验主义”，指出早期新左派运动恰恰欠缺的就是未能对英国社会结构作出全方位认知，因此陷入了人道主义与经验主义的窠臼。其次，安德森将英国资产阶级革命不彻底的原因归结为英国农业资本主义的早熟，这种独特模式的社会结构不符合马克思的思想预设，也不适宜培植出本土化的马克思主义。

安德森关于英国社会历史的判断及其对第一代新左派运动的批评，一方面公开否决了后者认为能够依靠自身力量完成英国社会主义革命的乐观基调，一方面开启了吸纳西方马克思主义思想资源的“理论转向”，形成了针对文化主义、经验主义和历史主义的全方位挑战。这种发自英国新左派内部的“反叛行为”自然会遭到“文化主义”和“历史学”支持阵营的声讨，汤普森于次年发表回应文章——《英国的特殊性》（The Peculiarities of the English），严厉批评第二代新左派对于欧陆理论的空前热情。

汤普森的批判锋芒直指安德森接任下的《新左派评论》，认为此时的新左派已经偏离了原先的轨道，是一种“新”新左派，其主要活跃领域表现为“第三世界分析”、“马克思主义理论阐释”以及安德森和汤姆·奈恩那些分析英国历史与社会结构的宏大计划。汤普森首先批评“安德森—奈恩模式”[③] 机械地照搬了法国的情况，既不切合英国的实际经验，也不熟悉英国的社会思潮，“18 世纪晚期英国思想意识的独特贡献并非传统主义

---

① Perry Anderson, Origins of the Present Crisis, *New Left Review*, 1964, No. 23., p. 36.

② Perry Anderson, Origins of the Present Crisis, *New Left Review*, 1964, No. 23., p. 50.

③ “安德森—奈恩模式”是指 20 世纪 60 年代初，安德森与奈恩以《新左派评论》为阵地，撰文反思英国的历史与社会主义传统、马克思主义与民族文化，批判第一代新左派运动的知识分子实践，主要观点涉及：①工党主义导致工党未能形成一种“领导权”概念，包括与其他阶级结盟，创造出一支可以取代保守党的“民族—大众”；②作为社会主义理论的最高级形式，马克思主义理论没有在英国文化的土壤中扎根。工党欠缺学术和理论上的领导能力，致使英国走向社会主义的进程要落后于欧洲其他国家；③以法国为“模型”，凸显英国的例外性，英国的进步政治需要与以往的知识分子实践和文化习语决裂。参见［英］迈克尔·肯尼著，王晓曼译，孙乐强校：《社会主义和民族性问题：英国新左派的经验教训》，《学海》2011 年第 2 期，第 134 ~ 140 页。

或者经验主义，而是一种自然主义的政治经济学，以亚当·斯密最为知名”[①]。汤普森替当时的英国社会把脉，认为其最主要的困难在于“如何将18世纪的农业资本主义和商业资本主义转化为19世纪的工业资本主义”[②]。英国特定的历史背景与知识传统虽然没有产生马克思，但照样培养出了达尔文；英国资产阶级与启蒙思想的兴起与自然科学的发展紧密相关，亚当·斯密的理论建构并非“盲目的经验主义”的结果。其次，汤普森认为英国工人阶级运动所需要的理论资源应当源于马克思主义传统，“假如安德森和奈恩想在近期以一种过于自信的马克思主义体系来颠覆‘经验主义’，即便这种体系经过了一些新鲜词汇的粉饰，他们也犯下了可悲的错误。我们决不允许他们以这样的方式磨蚀马克思主义传统的创造性冲动。他们的计划无法驾驭宏大的现实问题，除非有一种可以用英语习语进行对话的马克思主义，否则英国不太可能‘俯首称臣’”[③]。再者，汤普森指责“安德森—奈恩模式”对英国工人阶级的历史叙述存在诸多不足，“不能理解观念与选择的政治语境；分析中欠缺严肃的社会学维度；对葛兰西‘霸权’概念的极端庸俗化理解；忽略了共产主义对于英国劳工运动的重大影响”[④]。导致上述不足的根本原因是对英国的特殊性重视不够。最后，汤普森总结出走向社会主义的三种模式：“一是革命模式，用阶级制度取代国家机器……这种可能性在西方已经消失了。二是带有社会主义战略的政党，通过改革的累积达到革命性的过渡。三是通过历史性阶级更为广泛的社会构成的变化，带动旧有阶级制度和价值体系的突破。”[⑤]

汤普森与安德森之间这场著名的思想论争既是两代新左派内在分歧的激化，也是本土文化马克思主义与欧陆马克思主义的首次正面交锋，论争的议题聚焦于如何重估英国的社会历史与社会结构，如何考量马克思主义与英国民族文化传统间的关联，如何规划英国工人运动与社会主义的未来。应当说，安德森明显忽略了20世纪30年代英国马克思主义的理论意义，对人道主义与经验主义怀有一种紧张不安的“俄狄浦斯焦虑”，认为文化问题不可能在经验层面得到妥善解答，而必须放置到社会权力结构中加以观照。与之相对的是，汤普森始终坚持一位英国历史学家的本土立

---

① E. P. Thompson, *The Poverty of Theory & Other Essays*, London: Merlin, 1978, p. 254.

② E. P. Thompson, *The Poverty of Theory & Other Essays*, London: Merlin, 1978, p. 255.

③ E. P. Thompson, *The Poverty of Theory & Other Essays*, London: Merlin, 1978, p. 274.

④ E. P. Thompson, *The Poverty of Theory & Other Essays*, London: Merlin, 1978, p. 275.

⑤ 张文涛：《析E. P. 汤普森与佩里·安德森之间的争论》，《山东社会科学》2008年第11期，第56页。

场，主张在充分重视英国社会历史独特性的基础上考量文化的日常实践意义与个体在历史中扮演的能动角色。汤普森后来回顾了自己与安德森论争的原因，这或许可以提供更加明晰的解释，“我很看重文化，而安德森看重权力。我想，这就是问题的核心。我不认为与历史有关，而是不同类型的历史意识。如果你读他的著作，你会发现，安德森很关注权力与结构，很少关心文化与经验的内在性质”①。

在20世纪60年代至70年代的理论引介浪潮中，阿尔都塞受到了英国思想界的极力推举，无论是新左派着重关注小圈子内部知识分子的文化，抑或是伯明翰大学当代文化研究中心对于大众文化的剖析，阿尔都塞的理论都提供了适时且可用的理论资源。作为人道主义马克思主义的挑战者与替代者，阿尔都塞通过重读马克思经典论著发现：运用语言论转向过程中携生的结构主义方法展开对马克思的“症候阅读”，不仅可以阐释马克思论著文本层面的意义，还可以深究那些“裂隙”、“空白”和无意识层面的涵指。阿尔都塞主张以科学性概念去重新发掘马克思理论中的“认识论断裂”，这种断裂发生在《德意志意识形态》中，所以说，《关于费尔巴哈的提纲》和《德意志意识形态》都可以归为马克思“断裂时期”的著作。这种划分有助于纠偏学界长期以来对于马克思主义的误读，也就是说，我们不能唐突地将青年马克思纳入马克思主义范畴，合理的做法应当是细察马克思前后思想产生的复杂历史情境及其内在差异。阿尔都塞一面反思学界对于马克思本人理论的误读，一面援引恩格斯对“基础—上层建筑”之间关系的特别澄清，阐明一种“多元决定论”与“相对自主性”思想：经济因素虽然起最终决定作用，但它并非单独起作用，而是必须和上层建筑联系在一起。所谓“多元决定论”，其特征表现为：

①社会经济结构的革命不能闪电般地一下改变现存的上层建筑和意识形态（假如经济因素是唯一的决定因素，革命就会引起这样的改变），因为上层建筑（特别是意识形态）具有相当大的稳固性，因而能够在其直接生存环境之外保持自己的生存，甚至重新创造出或暂时“分泌”出替代的生存条件；②由革命所产生的新社会，通过其新的上层建筑形式或特殊的环境（国内外环境），可促使旧因素保持下去或死而复生，这种死而复生

---

① Henry Abelove, et al (eds.), *Visions of History*, Manchester University Press, 1983, p. 16. 转引自张文涛：《析 E. P. 汤普森与佩里·安德森之间的争论》，《山东社会科学》2008年第11期，第59页。

在没有多元决定的辩证法中将完全是不可想象的。[①]

阿尔都塞对“社会主义人道主义”也展开了深入批判，他认为，“社会主义”作为马克思主义思想中的科学概念与纯属意识形态范畴的“人道主义”并置在一起，不言自明地呈现出理论上的不平衡性。人道主义的本质是意识形态，而阿尔都塞对于当代文化研究与文化理论的突出贡献就在于他创造性地发展了意识形态理论。阿尔都塞指出，“意识形态是人类依附于人类世界的表现，就是说，是人类对人类真实生存条件的真实关系和想象关系的多元决定的统一”[②]。鉴于意识形态的独特性，阿尔都塞无情地嘲笑了那种过分鼓吹主体性以及个体在历史中的能动作用的观点，“把意识形态作为一种行为手段或一种工具使用的人们，在其使用过程中，陷进了意识形态之中并被它所包围，而人们还自以为是意识形态的无条件的主人”[③]。意识形态具有能动和建构潜能，可以将个体询唤为主体，这样一来，“虽然社会主义人道主义已被提上了议事日程，但是这一意识形态存在的正当理由不能为不恰当的理由作挡箭牌，否则我们就会把意识形态和科学理论混淆起来”[④]。

阿尔都塞以其“症候阅读”、多元决定论、意识形态概念和反马克思主义人道主义立场，为英国思想界带来了新颖的思想资源。对英国新左派而言，“阿尔都塞的‘科学主义的’马克思主义所提供的是对并没有陷入经济还原论的马克思主义人道主义的一种非斯大林主义的替代物。它在某种程度上也使得后期新左派对理论工作的关注合法化了”[⑤]。对于伯明翰大学当代文化研究中心来说，阿尔都塞以非还原论的方式重构“决定模式”，使得文化问题由“基础—上层建筑”体系的观照转向意识形态视角，这种阐释路径重视文化意识层面的相对自主性，将文化置于一个复杂的总体结构中加以考量，发掘其中的结构性张力与意指实践，为读解当代社会的大

① ［法］路易·阿尔都塞著，顾良译：《保卫马克思》，北京：商务印书馆2007年版，第106页。

② ［法］路易·阿尔都塞著，顾良译：《保卫马克思》，北京：商务印书馆2007年版，第230页。

③ ［法］路易·阿尔都塞著，顾良译：《保卫马克思》，北京：商务印书馆2007年版，第231页。

④ ［法］路易·阿尔都塞著，顾良译：《保卫马克思》，北京：商务印书馆2007年版，第239页。

⑤ 张亮编：《英国新左派思想家》，南京：江苏人民出版社2010年版，第24页。

众文化、媒介文本、青年亚文化、少数族裔文化、性别政治等提供了有效的话语资源。霍尔本人就深受其影响，1971 年，他向英国社会学联合会提交了名为“异常行为、政治与媒体”（Deviancy，Politics and the Media）的论文，其间结构主义和符号学的痕迹清晰可循，该文尝试运用巴尔特、阿尔都塞、葛兰西的理论建构一套不同于美国实证主义模式的媒介批判路径。1978 年，霍尔领衔下的当代文化研究中心出版了《监控危机》（*Policing the Crisis*：*Mugging*，*the State*，*and Law and Order*），这本重要的集体著作堪称阿尔都塞理论影响下的一次有效实践。阿尔都塞理论的介入推进了伯明翰大学当代文化研究中心的结构主义转向，“理论家们都逃离文化主义潜在的排他性和倒退倾向，因为它赋予某一种预先确定的工人阶级文化以特权，也因为它不能解决媒介化和消费主义对阶级认同观念的冲击”①。

应当说，结构马克思主义作为一种强势理论话语，在很大程度上是 1968 年学生运动和社会革命②在文化和思想上产生的结果。1968 年欧洲革命的源发语境迥异于 1848 年革命，激进左派的动力源自古巴、越南和中国，当这场以行动实践为特色的反战后资本主义体制的社会革命在欧陆和美国进行得如火如荼之时，英伦却是截然不同的另一番景象，左翼知识分子在这场革命中疏离于社会运动之外。即便是威廉姆斯以第一代新左派的身份出面，试图联合两代新左派的力量共同签署《五一宣言》（May Day Manifesto），借此缓和彼此间的矛盾，但因为与激进学生组织之间存在隔阂，终究未能取得预期效果。当 1968 学生运动失败后，左派阵营开始对马克思主义展开批判，认为萨特式的存在主义马克思主义不适宜当下的社会情势，结构马克思主义迎来了发展契机，“随着 20 世纪 70 年代向前迈进，结构主义方法的信徒们预示了

---

① 张亮编：《英国新左派思想家》，南京：江苏人民出版社 2010 年版，第 22～23 页。

② 1968 年常常被标识为“历史/文化断裂”的一个重要坐标，对当代马克思主义与左翼政治有着十分独特的意义。1968 学生运动和社会革命既是重大的历史事件，也是意义深远的文化事件，相关论著可参阅：［英］塔里克·阿里、苏珊·沃特金斯著，范昌龙等译：《1968：反叛的年代》，济南：山东画报出版社 2003 年版；王逢振主编：《六十年代》，天津：天津社会科学院出版社 2000 年版；［美］戴维·斯泰格沃德著，周朗等译：《六十年代与现代美国的终结》，北京：商务印书馆 2002 年版；［法］安琪楼·夸特罗其、［英］汤姆·奈仁著，赵刚译：《法国 1968：终结的开始》，北京：生活·读书·新知三联书店 2007 年版；［英］艾瑞克·霍布斯鲍姆著，马凡等译：《极端的年代》，南京：江苏人民出版社 2011 年版。

马克思主义理论化更少地卷入政治事件的形态来临了”[①]，在这种情势下，阿尔都塞的影响力急剧上升，“阿尔都塞趁势利用了当时的结构主义的语言学、心理学和人类学的声望，旨在‘恢复’马克思的地位，即恢复在他的那个时期之前的作为一个结构主义者的马克思的地位”[②]。

阿尔都塞的结构马克思主义尤其重视马克思成熟时期的论著，在反经验主义、道德主义和民粹主义的基础上，重新羼入经济分析的维度，这也标志着西方马克思主义顺应社会情势，关注视角由早期的文学和美学转向经济与政治制度改革，其地理位置也发生了重大转移，从德语或拉丁语民族的欧洲移向说英语的地区，以至于在20世纪70年代，“英国或北美的马克思主义左派对经济、政治、社会学和文化研究兴趣的绝对浓厚程度，及其衍生出来的刊物和论述，使西方马克思主义传统本身原有领地上的研究程度黯然失色”[③]。

阿尔都塞的理论主张一方面受到青睐，一方面也遭受文化主义者的诟病，并最终招致了汤普森的激烈批评。有意味的是，当威廉姆斯日益靠近马克思主义之际，汤普森却逐渐偏离马克思主义，重新返归社会历史学，这种转向可以视为汤普森撰写《理论的贫困》的深层原因，更为直接的诱发动机应当追溯到约翰逊。约翰逊在《历史学家工作坊》发表文章，声称结构主义有利于历史学家的工作，倡导马克思主义史学家重视莫里斯·多布（Maurice Herbert Dobb）的“复杂的经济主义”，“更年轻的英国共产党历史学家忽略了多布著作的关键方面；他们因为偏爱经验和文化而放弃了多布对经济关系和经济抽象的强调，这使得他们接受了一场并没有被充分证明的‘冲入文化’运动”[④]。约翰逊还指责汤普森“偏爱经验而忽视理论”，这种挑衅很快就激起了文化主义阵营的强烈反驳，“大家纷纷指责约翰逊历史知识匮乏，是一个卑屈的阿尔都塞主义者，一个苍白空洞的理论主义者”[⑤]。作为对约翰逊的回应，尤其是对理论主义和结构主义转向的忧

---

① ［英］D. 麦克莱伦著，陈亚军译：《历史与现在：马克思和马克思主义》，《世界哲学》2005年第1期，第7页。

② 同上。

③ ［英］佩里·安德森著，余文烈译：《当代西方马克思主义》，北京：东方出版社1989年版，第24页。

④ Richard Johnson, Edward Thompson, Eugene Genovese and Socialist Humanist History, *History Workshop Journal*, 1978, No. 6., p. 97. 转引自张亮编：《英国新左派思想家》，南京：江苏人民出版社2010年版，第25页。

⑤ Graeme Turner, *British Cultural Studies: An introduction* (the third edition), London and New York: Routledge, 2003, p. 58.

虑，汤普森撰写长文，全面批判了阿尔都塞的结构马克思主义。

1978 年，汤普森发表《理论的贫困或太阳系仪的错误》（The Poverty of Theory or An Orrery of Errors），以斯威夫特式口吻批判已然成为时尚的阿尔都塞理论。汤普森首先批评阿尔都塞未能在“历史主义”、“人道主义”和“经验主义”之间作出任何调和，阿尔都塞试图以非历史主义的理论主义来取代历史唯物主义，这种尝试“在首度检验中就透露出其唯心主义性质……倘若阿尔都塞马克思主义不仅是唯心主义，而且带有许多神学的属性，那么，马克思主义传统内部的当务之急就是要捍卫理性本身”①。汤普森接下来将关注重心聚焦于阿尔都塞的《保卫马克思》和《阅读〈资本论〉》，从四个方面展开批评攻势：①阿尔都塞的认识论拘限在极为有限的学术领域，不具有普遍的有效性；②阿尔都塞的理论框架没有给“经验”留出位置，假装与知识生产内在的以及马克思本人实践中的经验性证据进行对话的样子，故而不断陷入马克思主义传统所派定的唯心主义思维模式；③未能很好地与经验主义展开合理的对话，以荒谬可笑的方式误传历史唯物主义；④对历史主义的批评在某些方面与反马克思主义者的批评态度如出一辙，尽管结论不同。② 因此，“有关其他重要范畴如‘经济的’和‘需求’时，阿尔都塞只能缄默不语了……只能以最抽象和理论的方式应付有关价值、文化与政治理论的问题”③。汤普森对阿尔都塞的总体性评价则无异于谩骂：“简言之，阿尔都塞主义就是降低到理论范式的斯大林主义，它最终就是被理论化为意识形态的斯大林主义”④。

汤普森的《理论的贫困》捍卫英国本土的文化主义，反对唯理主义和结构马克思主义的全方位转向，这一方面反映了汤普森本人后期的思想倾向，另一方面折射出英国反智主义传统的当代影响。显然，汤普森的执着与 20 世纪 70 年代当代文化研究中心的旨趣形成鲜明反差，霍尔和约翰逊同时出面批评汤普森的激烈言辞，由此可窥结构主义范式已经在当代文化研究中心占据了强势话语权。1980 年，安德森发表《英国马克思主义内部的论争》（Arguments within English Marxism），针对“历史学家工作坊”的论争以及汤普森批判阿尔都塞的激烈言辞作出了总体上的回应，议题关涉“历史编撰”、“能动性”、“马克思主义”、“斯大林主义”、“国际主义”

---

① E. P. Thompson, *The Poverty of Theory & Other Essays*, London: Merlin, 1978, p. 4.

② E. P. Thompson, *The Poverty of Theory & Other Essays*, London: Merlin, 1978, pp. 4 – 5.

③ E. P. Thompson, *The Poverty of Theory & Other Essays*, London: Merlin, 1978, p. 5.

④ E. P. Thompson, *The Poverty of Theory & Other Essays*, London: Merlin, 1978, p. 182.

等，反思英国思想界当时面临的究竟是“理论的贫困”还是“战略的贫困”，可谓对前述论争的一次全面总结。此后，伴随着撒切尔夫人执政，新自由主义在英国兴起，左翼知识界和伯明翰大学当代文化研究中心都将批判的对象转向“撒切尔主义”。至此，汤普森与安德森长达二十余年的论争终于偃旗息鼓。

四、斯图亚特·霍尔论“两种范式”

对于英国文化研究而言，斯图亚特·霍尔的重要地位怎么高估都不为过，“霍尔的名字已经成为文化研究的代名词”①。霍尔接替霍加特成为伯明翰大学当代文化研究中心主任，任职期间率领中心成员关注大众文化、青年亚文化、族裔政治、媒介受众研究、身份认同、阶级与性别议题、文本与权力话语、全球化、多元文化主义等社会问题，以工作坊式学术研讨与小组社会实践相结合的教学模式，培养出了一批叱咤风云的国际文化研究学者。② 公允地说，霍尔主持下的当代文化研究中心经历了最为辉煌的时期，文化研究蔚成一大思想潮流并向海外播撒，成为国际人文社科学界的显要领域。霍尔率领下的当代文化研究中心将关注视域由文学批评移向更为广阔的社会议题，研究路径也突破了文本细读或社会历史学范域，吸纳了语言论转向的理论成果。从一定意义上说，霍尔和曼海姆一样，充当着将欧陆理论传入英伦的中介。无论从个人经历还是研究取向上着眼，霍尔都很难与文化主义相遇，其贡献在于论“文化主义”，而并非文化主义范式的建构者和践行者。

---

① Helen Davis, *Understanding Stuart Hall*, London: SAGE Publications, 2004, p. 1.

② 时至今日，“伯明翰学派”已然成为学界通称。事实上，伯明翰当代文化研究中心的学术谱系和成员构成比较复杂，一般认为，所谓“伯明翰学派”至少应当包括两个层面上的指谓：一类是在中心主持过工作的成员，如理查德·霍加特、斯图亚特·霍尔、理查德·约翰逊、乔治·拉朗；另一类曾在中心获得过学位，如托尼·杰斐逊、保罗·威利斯、迪克·赫伯迪格、安吉拉·麦克罗比、约翰·克拉克、戴维·莫利、保罗·吉尔罗伊。笔者认为，雷蒙德·威廉斯尽管曾作为外聘顾问影响过中心的早期发展，但不应当算作严格意义上的伯明翰学派。同样不适宜纳入的还包括那些与中心有过密切学术交往的学者，如格雷汉姆·默多克、西蒙·弗里斯、约翰·费斯克和托尼·本内特。

霍尔本人就是文化混杂的典型，他一方面遭遇了家庭内部的种族政治学①，另一方面在走向文学研究的学术旅程中沦为“文化他者”——原本打算以亨利·詹姆斯为其博士学位论文的考察对象，旨在探寻美国与欧洲之间的文化冲突，但因为自身特殊的文化身份而被隔离在英国文学研究的主流圈层之外，“我们需要做的就是在英语科目获得最优等成绩，只有遗传天赋才能达到……我对此深恶痛绝，我无法取得这样的成绩，我也没有这样的遗传天赋。我找不到‘英国性’”②。这种身处“家国以外”③的独特境遇赋予了霍尔一个观照社会文化问题的理想位置，尽管常常感受到“身份撕裂”和认同危机带来的创伤情绪，但容易摆脱英国经验主义和功利主义强大思想文化壁垒的“影响焦虑”，游离在英伦和欧陆之间，充当着经验/理论、能动性/结构、历史主义/非历史化等观念交流碰撞的介质。

霍尔早期曾在牛津大学校外教学部从事成人教育工作，同时兼职于英国电影研究所，这段经历进一步激发了他研究大众传媒的兴趣。作为伦敦大学切尔西学院首位全职从事电影与媒体研究的学者，霍尔将关注重心由文学移向大众文化与媒体。1964 年，霍尔与沃内尔合著的《大众艺术》出版面世，该书试图探讨大众文化与学校教育之间的关联。在这部被斯道雷归为“文化主义”的典范文本中，霍尔与沃内尔主要提出下述重要问题：其一，为大众文化正名，反对将大众文化任意污名化或者全盘否决的做法。大众文化的“好/坏”、“精/次”并非天然如此，它取决于大众的分辨和认知能力。霍尔和沃内尔的见解与威廉姆斯论“大众”的名言——“其实不存在什么‘大众’，只存在把人们看成‘大众’的方式”——可谓如

---

① 霍尔出生在牙买加一个下层中产阶级家庭，母亲出身贫寒，但后来被一户有白人血统、与英国有所渊源的亲戚收养，父亲来自偏远乡村，肤色较黑，但就职于一家气派的大公司。牙买加当时的种族等级制阴影，加上父母不同的出身背景与观念，使得霍尔的童年被一种微妙复杂的文化张力笼罩。更为不幸的是，霍尔是全家人中肤色最黑的，以至于他多年以后仍然记得这样一个“家庭故事”：他姐姐迷惑不解地问父母，“你们从哪里领来这么个可怜的黑孩子”？霍尔从小就经历了家庭内部的种族政治，直至他十八岁时赴英国留学，“我知道我彻底摆脱了这种让我无法忍受的紧张不安”。参见 Roger Bromley, Interview with Professor Stuart Hall, in Jessica Munns and Gita Rajan, *A Cultural Studies Reader*: *History*, *Theory*, *Practice*, London and New York: Longman, 1995, p. 660.

② Roger Bromley, Interview with Professor Stuart Hall, in Jessica Munns and Gita Rajan, *A Cultural Studies Reader*: *History*, *Theory*, *Practice*, London and New York: Longman, 1995, p. 663.

③ “diaspora”又译“流散”，笔者此处借用旅美华裔学者周蕾（Rey Chow）的译法——“家国以外”。

出一辙。因此，学校教育的当务之急就是要提高大众的鉴赏能力，担负起合格的“守门人”角色。其二，承认高雅文化与大众文化分属不同的范畴，但拒绝进行优劣等级划分，强调不同类型文化对应不同层面的趣味，满足不同群体的需要，“当人们提到艾拉·菲茨杰拉德（Ella Fitzgerald）的演唱，雷蒙德·钱德勒（Raymond Chandler）的小说或斯坦利·多南（Stanley Donen）的歌舞片时，我们发现：传统文化与大众文化之间的严格区分开始崩塌”①。再者，当前学校教育对大众文化的处理策略有两点不妥，一是过分防御，“这根源于人们普遍相信我们对艺术的反应方式与我们对生活情景的反应方式有着明显差别”②，由此导致的后果是将艺术与生活分离。另一种策略当属机会主义，这种观点认为“新兴媒介提供的艺术和娱乐对传统文化造成了威胁”③，应对的办法则是试图通过大众文化引导学生提高品位，这种做法显然存在理想与现实的矛盾，甚至可以说颠倒了主次，值得推举的应当是率先提高阅听受众的鉴赏力，“我们要质询这些新兴传播形式的不是它们可能带来什么危害，而是怎样可以更具创造性地付诸应用”④。最后，霍尔和沃内尔在大众文化内部进行细部区分，来自民间的“大众艺术”（popular art）是“好”的大众文化，与之相对的是并非来自民间的“通俗艺术”（mass art），“媒体要以开放有效的方式传播严肃并且有意义的内容，被传播的应当是品质优良的大众艺术而非通俗艺术”⑤。

正如斯道雷的批评，霍尔和沃内尔对于大众艺术的区分是颇成问题的，他们所说的艺术的“震惊”体验是一个现代主义的概念，“在艺术的现代主义革命发生之前，这里提到的大众艺术其实就是通常意义上的艺

① Stuart Hall , Paddy Whannel, *The Popular Arts*, New York: Pantheon Books, 1965, p. 27. 艾拉·菲茨杰拉德：美国著名爵士乐歌手，号称“爵士乐第一夫人”；雷蒙德·钱德勒：载入文学史的美国侦探小说家，著名的“黑色电影”编剧；斯坦利·多南：好莱坞顶级歌舞片导演，曾执导《雨中曲》、《锦城春色》等经典之作。

② Stuart Hall , Paddy Whannel, *The Popular Arts*, New York: Pantheon Books, 1965, p. 28.

③ Stuart Hall , Paddy Whannel, *The Popular Arts*, New York: Pantheon Books, 1965, p. 30.

④ Stuart Hall , Paddy Whannel, *The Popular Arts*, New York: Pantheon Books, 1965, p. 35.

⑤ Stuart Hall, Paddy Whannel, *The Popular Arts*, New York: Pantheon Books, 1965, p. 75.

术”[1]。应当说，《大众艺术》一方面摈弃了追怀前工业革命时期有机文化的浪漫设想，其观照大众文化的基本立场也明显区别于利维斯主义；但另一方面，该书作为霍尔前期触电传媒的初试牛刀之作，存在很多问题，甚至是内在逻辑的前后矛盾：比如对通俗艺术的指责，显示出他们在区分高雅文化/大众文化、大众艺术/通俗艺术时存在标准的混乱，表现出一种告别利维斯主义不久后的“犹抱琵琶半遮面”的游离状态。此外，《大众艺术》的关注点聚集在大众艺术的文本层面，方法论明显拘限于利维斯主义的文本细读法，该书后面部分又隐约浮现出受众的接受维度，显露出一种对民族志和实证研究抱有怀疑的游移姿态。

1979 年，霍尔从当代文化研究中心离任，移师英国开放大学，并在次年撰写了具有地标意义的著名文章——《文化研究：两种范式》，该文既是对中心十几年来工作的回望性总结，也试图应答理论之潮涌入后的范式转型与思想论争。

霍尔强调“断裂”之于文化研究的意义：正是社会史或思想史层面的一次次“断裂”，为文化介入提供了弥足珍贵的空间。霍加特、威廉姆斯和汤普森接合时代的文化语境，重新发掘并复活一种传统，他们与传统思想文化保持着某种连续，但断裂的现象同样清晰可辨。文化研究的几部奠基性文本全都被霍尔归为“断裂式”著作，它们一面与此前的传统断裂，一面为文化研究的演进提供新的“预设性断裂”。霍尔认为，霍加特的《文化知识的用途》接续了“文化论争”、“大众社会”与《细察》的批评传统，但同时又在几个明显的层面与传统形成“断裂”，比如霍加特将工人阶级文化作为实用批评的阅读文本，摈弃了“文化论争”对于文化等级制的设定；威廉姆斯的《文化与社会》复活并凸显了一个“文化与社会”传统，但又充分重视文化的真正研究对象是一种整体生活方式各要素之间的关系，《长期革命》的对话对象既包括观念形态的精英主义文化和“文明”的文化，也指向庸俗唯物论与经济决定论，表现出一种“理论化”的努力，“一定意义上说，《长期革命》的优点和缺点都缘于它作为‘断裂性’著作的地位”[2]。汤普森的《英国工人阶级的形成》尽管属于英国马克思主义史学传统，但“这本书凸显文化、意识与经验、能动性，同样也

---

① John Storey, *Cultural Theory and Popular Culture*: *An Introduction*, Beijing: Peking University Press, 2004, p. 53.

② Stuart Hall, Cultural Studies: Two Paradigms, in Jessica Munns and Gita Rajan, *A Cultural Studies Reader*: *History*, *Theory*, *Practice*, London and New York: Longman, 1995, p. 196.

构成了一种重要的断裂：具有某种技术进化论、经济还原论和组织决定论色彩”①。霍尔在评析三位文化研究先驱及其早期代表作与思想文化传统之间的“连续性/断裂”的基础上，总结出文化主义作为研究范式的特征：重视社会存在与社会意识的辩证关联；强调文化既是意义，又是活生生的实践；重视创造力与个体的能动作用；凸显出日常经验与人道主义色彩。

“文化主义”的发展主线被结构主义扰乱，“结构主义者的介入很大程度上是在关于意识形态的概念方面发表声音，由于坚持走更为‘纯正’（impeccably）的马克思主义路线，所以文化显得并不如此醒目”②。霍尔对“文化主义”与“结构主义”两种范式进行了综合比较与评价：

首先，学界对于文化研究的结构主义范式的误解必须加以厘清，即英国文化研究在引介阿尔都塞理论之前，列维·斯特劳斯（Claude Lévi-Strauss）的结构人类学和罗兰·巴尔特（Roland Barthes）的符号学理论③

---

① Stuart Hall, Cultural Studies: Two Paradigms, in Jessica Munns and Gita Rajan, *A Cultural Studies Reader*: *History*, *Theory*, *Practice*, London and New York: Longman, 1995, p. 196.

② Stuart Hall, Cultural Studies: Two Paradigms, in Jessica Munns and Gita Rajan, *A Cultural Studies Reader*: *History*, *Theory*, *Practice*, London and New York: Longman, 1995, p. 199.

③ 斯特劳斯从人类学角度阐释“文化”的定义，认为文化是一套观念、语言、架构以及通过这些介质搭建起来的人与自然的关系。文化是以语言为传播媒介的“指意实践”和“意义生产”，“很大程度上说，斯特劳斯放弃了指意实践和非指意实践——换用别的术语，也就是‘文化’与‘非文化’——之间关系的问题，旨在集中考量指意实践内部生产意义的范畴方式内在关联。如此一来，决定论和总体性问题就大体上搁置了”。参见 Stuart Hall, Cultural Studies: Two Paradigms, in Jessica Munns and Gita Rajan, *A Cultural Studies Reader*: *History*, *Theory*, *Practice*, London and New York: Longman, 1995, p. 200. 巴特的符号学理论吸收了结构主义语言学的研究成果，进一步发展了历时/共时、能指/所指、直指/涵指等思想，“符号学的研究目的在于，按照一切结构主义活动的方案……建立不同于语言结构的意指系统之功能作用”。参见［法］罗兰·巴特著，李幼蒸译：《符号学原理》，北京：中国人民大学出版社 2008 年版，第 73 页。事实上，在 20 世纪 50 年代的“前符号学时期”，巴尔特就开始解读消费社会与大众文化，通过阐释大众文本的象征与记号，去揭秘种种现代“神话”的内在本质，比如巴尔特对复制艺术品的揶揄，“复制品对中产阶级艺术而言很怪异：在理智与五脏六腑的象征之间，虚伪地插入了一个混血品，既精简却又虚伪无比，华而不实地被命名为‘自然’”（第 22 页）。巴尔特对一位黑人士兵向法国国旗敬礼的分析，更是成为文化分析与再现研究的典型范例。以上参见［法］罗兰·巴特著，许蔷蔷、许绮玲译：《神话——大众文化诠释》，上海：上海人民出版社 1999 年版。

就已经产生了重要影响。阿尔都塞在斯特劳斯和巴尔特的基础上作了发挥，即用结构主义语言学去读解马克思的经典著作，从而衍生出一种侧重共时维度的研究。

其次，尽管文化主义与结构主义在反还原论和决定论方面达成一致，但二者之间的显著差异呈现为“经验”的重要性和位置不同。对文化主义者而言，“经验是基础——活生生的领域，是意识和生存条件的交集之处”①。在结构主义者看来，经验不可能作为任何事物的基础，“因为一个人只能存在于文化范畴、种类和框架之中，并通过这些因素才能去生活和体验……但这些范畴并非来自于经验，与此相反，经验是它们的‘结果’”②。文化主义者更倾向一种集体视角的意识或文化，结构主义者则将“建构”作为关键词，强调日常经验不是现实的真实反映，而是一种诉诸“无意识结构”的想象性再现，这样一来，“主体就陷落在结构之中了”。

再次，霍尔具体论述了两种范式各自的“活力”和局限所在，借此表现出一种试图对二者加以调和的努力。有意味的是，霍尔作为英国文化研究最重要的组织者、参与者和推动者，并没有表现出厚此薄彼的态势，“从当前的状况看，‘文化主义’和‘结构主义’都不足以将文化研究构建为一种概念明晰、颇具理论色彩的研究领域，但是粗略比较它们各自的优势和局限，仍可窥知文化研究的某些根本原理”③。霍尔条分缕析地归纳出结构主义范式的三大优势：①结构主义对“决定性条件”的强调，有效避免了过于天真的人道主义和民粹主义。尽管个体的政治实践具有重要的社会历史意义，但如果从社会结构中去发掘个体的位置，会发现个体被资本主义生产关系转化为“中介/代理人”角色。②结构主义强调抽象力、概念和理论，“思想并不反映现实，却是对现实的阐释并挪用现实”④，此外，较之文化主义从“基础—上层建筑”范畴以内论及整体生活，结构主义更多地引入结构的复杂性、差异性维度，为文化主义介入问题分析时的

---

① Stuart Hall, Cultural Studies: Two Paradigms, in Jessica Munns and Gita Rajan, *A Cultural Studies Reader: History, Theory, Practice*, London and New York: Longman, 1995, p. 201.

② 同上。

③ Stuart Hall, Cultural Studies: Two Paradigms, in Jessica Munns and Gita Rajan, *A Cultural Studies Reader: History, Theory, Practice*, London and New York: Longman, 1995, p. 202.

④ Stuart Hall, Cultural Studies: Two Paradigms, in Jessica Munns and Gita Rajan, *A Cultural Studies Reader: History, Theory, Practice*, London and New York: Longman, 1995, p. 203.

理论匮乏提供了有效的补给，“结构主义在概念方面呈现出相对于文化主义的优势……它有能力去思考一种由差异性实践和同质性实践构成的统一体”①。③对经验的“去中心化”，发掘并阐释“意识形态”概念。这一点对于文化研究来说意义尤其重大，即便是在葛兰西或后马克思主义者拉克劳（Ernesto Laclau）的思想中，意识形态都可以概念化为“文化”的斗争场域，贴近结构主义者的阐释。当然，文化主义的优势“源于结构主义的策略性缺失和不在场，它恰如其分地指出，某个确定时刻的意识斗争和组织发展是分析历史、意识形态和意识的不可或缺的要素”②。

尽管霍尔并没有判定两种范式孰优孰劣，也没有试图以“结构主义”取代“文化主义”，但如果结合当时的文化语境以及当代文化研究中心发表的系列成果来看，霍尔就职中心主任期间，客观上促进了中心的理论化和政治化倾向。③

霍尔尝试突破“文化主义”和“结构主义”各自的局限，从中寻找某种调和的“结点”，“对我来说，阿尔都塞的结构主义色彩过于浓厚，所以我成了葛兰西派而非阿尔都塞主义者。正是葛兰西提出的文化问题取代了

---

① Stuart Hall, Cultural Studies: Two Paradigms, in Jessica Munns and Gita Rajan, *A Cultural Studies Reader: History, Theory, Practice*, London and New York: Longman, 1995, p. 203.

② Stuart Hall, Cultural Studies: Two Paradigms, in Jessica Munns and Gita Rajan, *A Cultural Studies Reader: History, Theory, Practice*, London and New York: Longman, 1995, p. 204.

③ 霍尔本人明显受到结构主义、后结构主义理论的影响，如有关电视、广播、媒体图片的批评文章《应对英国电视文化的创新与衰退》（Innovation and Decline in the Treatment of Culture on British Televison, 1971）、《广播的局限性》（The Limitations of Broadcasting, 1972）、《新闻图片的测定》（The Determination of News Photographs, 1972）、《媒介话语的编码和解码》（Encoding and Decoding in the Media Discourse, 1973）、《文化、传媒与意识形态效果》（Culture, the Media and the Ideological Effect, 1977）等。此外，霍尔主持下的当代文化研究中心引入性别、种族、青年亚文化、媒介意识形态等议题，以小组研讨的模式刊发系列油印文集，其中部分文章被哈钦森（Hutchinson）出版社结集出版，如《仪式的抵抗》（Resistance Through Rituals）、《意识形态》（On Ideology）、《工人阶级文化》（Working Class Culture）等，这些文章的分析视角融汇了民族志方法、文本细读与理论阐释，其理论色彩较之霍加特时代而言，尤为显著。

马克思主义关于文化问题的不合理论述”①。葛兰西理论由于其灵活性，自传入英伦以来，几乎未曾受到批评，成为协商各种思想话语和理论派别的“黏合剂”，以至于托尼·本内特用“葛兰西转向”来描述葛兰西理论对于文化研究的重要意义。

紧随“葛兰西转向”而来的，是借美国之道回流英国的欧陆理论，诸如福柯的话语分析和权力理论、女性主义、后结构主义、后殖民主义等，汇成了色彩纷呈的复调理论景观，由此引发了后续系列论争，比如霍尔批评“《银幕》理论”在拉康影响下的“文本转向”策略②，霍尔对于“理

① Roger Bromley, Interview with Professor Stuart Hall, in Jessica Munns and Gita Rajan, *A Cultural Studies Reader: History, Theory, Practice*, London and New York: Longman, 1995, pp. 667 – 668.

② 20 世纪 70 年代，英国的文化研究系脉除了伯明翰当代文化研究中心以外，主要还包括默多克、戈尔丁的传播政治经济学派和以《银幕》（*Screen*）为中心的批判性研究。《银幕》由英国电影协会赞助，理论上受到新马克思主义、结构主义和符号学的影响，关注重心由意识形态内容转向意识形态形式，擅长用阿尔都塞、拉康和巴尔特的理论阐释电影作为意指实践的意义生产过程。1975 年，劳拉·穆尔维发表著名文章《视觉快感与叙事电影》，从精神分析角度解读出“看”与“被看”的权力关系以及视觉文化中的性别政治。1977 年，原伯明翰中心的学生罗塞林德·科沃德（Rosalind Coward）在《银幕》发表题为“阶级、文化和社会形构”的文章，公开质疑伯明翰中心的研究工作，伊恩·钱伯斯、约翰·克拉克、斯图亚特·霍尔等人撰写《马克思主义与文化》予以回应，由此引发争鸣。重要的分歧表现为：其一，科沃德认为“伯明翰中心未能理解《银幕》杂志对拉康关于意义和主体的理解的意涵，即意指实践不是以阶级实践为基础的，但它铭刻上了意识形态的印痕”。伯明翰中心则认为“科沃德的意义概念不在马克思主义的限域之内，因为它暗示出意识形态是完全脱离于物质实践的”。其二，科沃德批评伯明翰中心致力于捍卫传统马克思主义，“从她的女性主义视角出发，传统马克思主义建立在阶级关系的重要性基础之上，并且使性别屈居次位”。其三，关于人的能动性（human agency）的看法不同，《银幕》强调意识形态将个体询唤为主体，伯明翰中心则认为文化生产者的编码与接受者的解码之间并不一一对应，霍尔的《编码，解码》详细分析了解码的三种可能情况，其中“协商式”和“反抗式”解码模式就是对《银幕》理论的强有力回击。以上参见：Dennis Dworkin, *Cultural Marxism in Postwar Britain: History, the New Left, and the Origins of Cultural Studies*, Durham and London: Duke University Press, 1997, pp. 145 – 148.

论主义”的反思①，劳伦斯·格罗斯伯格和尼古拉斯·加恩海姆（Nicholas Garnham）关于文化研究与政治经济学的论争②等。

五、文化主义的余音

当霍尔移师开放大学担任社会学教授，着手开创英国文化研究的又一重要领地时，约翰逊执掌伯明翰大学当代文化研究中心的“帅印”，研究重心由文本分析和媒介意识形态转向日常生活与主体性的历史建构。20世纪80年代，中心在乔治·拉朗（Jorge Larrain）的领导下为生存而战，中心抵制住了伯明翰大学试图将其重新并入英语系的压力，“当代文化研究中心成了文化研究系，首次招收本科生”③。通过鼓励发表成果与成立阅读/研究小组的教研模式，中心赢得了世界性的声誉，并乘着“语言论转向”与“文化转向”的余波向外播撒，影响了许许多多不同版本的、别样的文化研究理论与实践。

作为最具英国本土性的，在批判“文化—文明”传统基础上形成的文化主义研究范式，它一方面奠定了文化研究的跨学科、后学科乃至反学科特质，研究方法上铺就了文本分析、民族志和社会历史学路径，另一方面也为文化研究觅得了学院体制中的“一间屋子”。随着结构主义迅猛登场、葛兰西转向以及后结构、后现代理论的涌入，文化主义不再占据主导研究范式的位置，但也并未消隐于历史的苍茫深处，而是有机接合各种理论话语，在裂隙处开辟出别样的文化实践。一种颇具本质主义意味的做法就是将文化主义等同于亚文化与通俗文学研究，结构主义等同于大众文化与媒

---

① 霍尔在接受访谈时提到自己对于理论的态度，“英语和英语文化中存在一种根深蒂固的敌视概念性理论的现象，这确实很成问题”，“我不反对理论，某些方面说，我现在是一个非常理论化的人，但我不认为理论是自给自足的，我不希望像生产物品那样生产理论。理论为思想保驾护航，但并非终端产品”。参见 Roger Bromley, Interview with Professor Stuart Hall, in Jessica Munns and Gita Rajan, *A Cultural Studies Reader: History, Theory, Practice*, London and New York: Longman, 1995, pp. 668 – 772. 这段话基本表明了霍尔对待理论的态度，或可纠偏某些将霍尔草率归为“理论主义者”的误识。

② Lawrence Grossberg, Cultural Studies vs. Political Economy: Is Anybody Else Bored with this Debate, *Critical Studies in Mass Communication*, 1995, No. 12., P. 72; Janice Peck, Why We Shouldn't Be Bored with the Political Economy Versus Cultural Studies Debate, *Cultural Critique*, 2006, No. 64., pp. 92 – 125.

③ Graeme Turner, *British Cultural Studies: An Introduction* (the third edition), London and New York: Routledge, 2003, p. 65.

介意识形态研究，尽管这种区分方法陷入了以特征指代本体的经验陷阱，但也在一定程度上表明了两种范式各自不同的侧重面向。

霍尔和托尼·杰斐逊（Tony Jefferson）合编的《仪式的抵抗——战后英国青年亚文化》（*Resistance through Rituals*：*Youth Subcultures in Post-War Britain*）堪称亚文化研究的经典之作，该书从整体上说是结构主义、后结构主义理论的一次读解实践，但其中对日常经验的重视和民族志方法的运用，明显透露出文化主义的印记。在文化主义研究范式的后续脉络中，保罗·威利斯（Paul Willis）显得尤为引人关注，他在《日常文化》（*Common Culture*：*Symbolic Work at Play in the Everyday Cultures of the Young*）里对“工人阶级飞车族和嬉皮士”两种亚文化进行民族志分析，旨在揭示出亚文化的“激进潜能”；《学会劳动》（*Learning to Labour*：*How Working Class Kids Get Working Class Jobs*）则凸显亚文化是如何被挪用的，尝试从主观经验出发揭示亚文化的“情感结构”，“旗帜鲜明地拥护经验的文化主义、反对理论的结构主义，主张共同的文化、反对精英文化”①。

① 徐德林：《英国文化研究的形成与发展——以伯明翰学派为中心》，北京大学博士学位论文，2008 年，第 128 页。

结　语

正像人们和批评学派一样，各种观念和理论也在人与人、境域与境域，以及时代与时代之间旅行。文化和智识生活通常就是由观念的这种流通（circulation）所滋养，往往也是由此得到维系的，而且，无论流通所采用的形式是世所公认的或者是无意识的影响、创造性借用，还是大规模的挪用形式，观念和理论由一地到另一地的运动，既是活生生的事实，又是使智识活动成为可能的一个不无用途的条件。①

——爱德华·W. 萨义德

一、"研究'文化研究'"的意义

在这样一个全球化浪潮席卷世界的年代，跨国资本流动愈加活跃，国际文化交流日益频繁，新媒体、新技术日新月异，马歇尔·麦克卢汉（Marshall McLuhan）关于"地球村"和"媒介即信息"的预言已然成为现实。伴随着经济全球化、资讯全球化与文化跨地域化的发展趋势，学术理论与知识生产也在不断跨越曾经故步自封的藩篱，积极汇入环球旅行的潮流。

巴勒斯坦裔美籍学者萨义德用"旅行的理论"（travelling theory，又译"理论旅行"）来描述智识活动的跨语境流通：理论的生产取决于源发语境的独特性，通过某种介质传播到接受语境，此过程与翻译的情况颇为相似，这种"跨语际实践"（刘禾语）并非简单的"生产—流通—接受"线性流程，理论在接受语境中会遭遇抵抗、吸融、移植乃至完全重写。萨义德的"旅行的理论"，既凸显了理论生产与接受过程中的复杂面向，也为理论输入国警惕外来话语机制对于本土情境的适用性问题提供了重要启示。

随着文化研究的理论旅行与全球播撒，其多元化特征愈益显著，英国

---

① ［美］爱德华·W. 萨义德著，李自修译：《世界·文本·批评家》，北京：生活·读书·新知三联书店2009年版，第400页。

文化研究、美国文化研究、大洋洲文化研究、亚际文化研究等各成脉络，各具特色。面对形形色色、应接不暇的文化研究或“准/伪”文化研究的冲击，中国大陆学界近年来掀起“重返伯明翰”之风，尝试通过重返文化研究的发源地，正本清源，厘清、书写英国文化研究的学术史，将一些被遮蔽的理论命题和文化论争发掘出来。这种学术史意义上的理论爬梳工作，无疑是一项艰巨浩大的工程，它的意义主要表现在两个方面：一是质疑当下某些将文化研究庸俗化的偏颇行为，解密“常识”背后的话语机制与权力关系；二是试图借“他山之石”，为凝练本土文化研究的问题意识提供参照。这实际上触及了“研究‘文化研究’”和“做‘文化研究’”的关系问题。

斯图亚特·霍尔在接受中国学者的访谈时明确表态，“你们要研究自己的问题，从中国现实中提取问题。至于理论，其实并不怎么重要，重要的是你们自己的问题。对于理论，你要让它对你产生作用（make it work for you）[①]。我的朋友霍米·巴巴说他的工作就是生产理论，而我呢，则是运用理论。我不生产什么理论，就是运用”[②]。霍尔生动形象地将文化研究者比喻为喜鹊，“东抓一把、西抓一把”，完全不必拘泥于理论的出身或等级，“为我所用”即为上策。霍尔所言并不是要贬低文化研究的意义，他实际上是以浅显的比喻说明文化研究对于理论的应有态度。霍尔建议中国的文化研究学者要注重接合本土情境的特定性，不要盲目跟风、鹦鹉学舌，此言可谓相当中肯。然而，霍尔的由衷劝告也被用来当作批评当下中国文化研究“理论扎堆”、“缺少货真价实成果”的理由，“我觉得我们实在没有必要过多地去细究这些研究在起承转合方面这样那样的异同，因为那样就把人家的‘研究’当成了我们的研究对象，而不是去把我们自己要解决的问题作为研究的对象了”[③]。如果说这种批评意见尚可理解为对理论界“拿来主义”的不满，那么，接下来的结论显然就是对文化研究的“误读”了，“文化研究不是一个理论问题，也没有什么了不得的理论深度……硬是把一个原本是实践问题的文化研究，当成了理论问题没完没了地加以讨论，而把必须做的正经事却撂在了一边”[④]。诚然，文化研究作为一种批评实践，其保持活力或者生命力的源泉就在于不断介入社会现实，

---

① 此处更贴切的翻译应为“你要让理论为你所用”。

② 金惠敏：《听霍尔说英国文化研究——斯图亚特·霍尔访谈记》，《首都师范大学学报》（社会科学版）2006年第5期，第43页。

③ 盛宁：《走出“文化研究”的困境》，《文艺研究》2011年第7期，第8页。

④ 盛宁：《走出“文化研究”的困境》，《文艺研究》2011年第7期，第9~10页。

以经验参与和民族志叙述得出更加令人信服的结论，从而达成文化分析、症候阅读的预期目标。但是，文化研究真的反理论吗？没有理论深度的文化研究又在何种意义上区别于纯粹的人类学、社会学调查分析呢？纵观中国大陆的文化研究现状，“研究‘文化研究’”果真是毫无意义，多此一举？笔者认为诸如此类的追问值得深入探究。

首先，文化研究作为一种思想资源或者话语形构，始终处于各种张力关系相互交织的状态之中：其一，文化研究的跨学科性与学院机制化形成了一组矛盾，“是设在英语系还是社会学系，文化研究对那些在各自相对孤立的领域从事文化研究工作的学者的传统认知提出了挑战”①。伯明翰大学当代文化研究中心自成立伊始就遭到社会学系和英语系满怀敌意的“警示”，这显然反映出传统学科长期以来壁垒森严、各自为政的学术生态，同时也反映了以跨学科性为特色的文化研究在学院机制中的艰难处境②。

---

① Ben Agger, *Cultural Studies as Critical Theory*, London and Washington D. C.: The Falmer Press, 1992, p. 1.

② 2004 年，上海大学挂牌成立文化研究系，但所谓的“系”不同于通行意义上的学院建制，“文化研究并非一门如‘中国现代文学’那样的专业，一个 discipline，而可以说是一个 approach，一种看待文化和社会的思想方法，一种不受狭隘专业限制的开阔的视野”。基于文化研究的反体制性与当代中国集权体制现状间的矛盾，该系的应对办法是“首先，不组建文化研究的学士学位课程，只提供本科选修课……其次，虽然设立文化研究的研究生学位课程，但无论硕士还是博士课程，都只是组成一个研究方向——而非一整个专业，隶属于其他专业……再次，与课程的‘跨学科’相配合，文化研究系只组建一个规模很小的专职教师编制；作为系的最高机构的系务委员会，其 11 位成员（包括系主任），则分别来自校内的其他 5 个机构：中文系、社会学系、影视艺术系、传媒系和知识产权学院。希望能用这样的制度，克服文化研究的体制化教学所必然会孕育的专业化倾向。最后，是不断推动文化研究的教学跨越大学的围墙，进入广阔的社会空间”。参见王晓明：《文化研究的三道难题——以上海大学文化研究系为例》，《上海大学学报》（社会科学版）2010 年第 1 期，第 9 ~ 10 页。香港岭南大学文化研究系是亚洲地区较早设立的文化研究教研机构，也是亚际文化研究的核心阵地，该系目前已经形成从本科到博士的人才培养机制。岭南大学文化研究系创始人陈清侨教授在接受笔者和林子敏博士的访谈时，这样解释文化研究的反体制性与学院建制之间的关系，“我不能说文化研究是一个跨学科，你必须说文化研究是一门学科。当然，是存在一个 dilemma 的，对别人及正在就读的学生而言，你要说得通这件事情。但另一方面，你不要让文化研究的精神彻底改变，虽然改变是在所难免的。某些东西是已经改变了，例如对教学的重视，这在以往是没有的”。参见邹赞、林子敏：《“文化研究”的香港经验——香港岭南大学陈清侨教授访谈》，《社会科学家》2013 年第 9 期，第 1 ~ 6 页。

其二，文化研究坚持反经典、解构中心与权力话语、拒绝本质主义思维模式，“文化的解中心化是一项政治行为，极大地造成了权力和财富的去中心化，是对主流秩序的重大挑战”，“文化研究重视作为实践的文化，有助于我们将文化制成品的生产放置到复杂的社会经济场域，这些场域调节，甚至决定着创造性活动”①。其三，文化研究以社会批判为鲜明底色，强调理论与实践的高度统一，提倡经验研究与批判实践的有机结合。文化研究一方面反对那种脱离特定语境、“为理论而理论”的能指游戏，另一方面自觉反思理论的语境化与实践意义。本·阿格尔曾经比较英美两国的文化研究，认为“尽管伯明翰大学当代文化研究中心吸融了阿尔都塞、葛兰西、福柯以及女性主义理论，但也不能算是法国批判理论总体性的一种另类形式，然却较之美国非理论化的大众文化传统甚至欧洲一些过分借重于后现代主义、后结构主义的文化研究，显然要高级得多”②。这也就是说，理论应当接合文化实践的特定语境，成为介入现实与社会批判的思想利器，那种自说自话的学院理论批量生产与机械刻板的“理论先行”模式与文化研究的内在实质是背道而驰的。

其次，霍尔反对的不是理论本身，其言说对象指向英美文化研究乃至亚洲文化研究愈演愈烈的“理论主义”现状，文化研究愈益沦为一种“时髦”的学术潮流，成为批量生产“学术成果”、应对学院机制量化评估的工具。通观霍尔本人的学术历程，从《大众艺术》对文本细读法的运用，到后来率领伯明翰大学当代文化研究中心对大众文化、媒介意识形态、青年亚文化的深度阐释，再到20世纪80年代对撒切尔主义的批判及其后来倡导的多元文化主义、差异政治等，理论从未缺席、常用常新，并且强有力地推进了文化分析的社会实践功能。霍尔在吸纳马克思主义、葛兰西的“文化霸权”、福柯的“权力—话语”理论的基础上，更新和发展了“表征”、“耦合”等理论阐释话语，为文化研究的全球旅行和批判实践奠定了坚实的理论基础。

最后，中国大陆处于文化研究全球播撒的外围圈层，面对这样一个舶来品，一方面要警惕外来理论话语之于本土实践的有效性，坚守本土文化的主体性位置；另一方面，有必要在急于“做文化研究”之前“研究‘文化研究’”，厘清文化研究的源发语境、思想脉络及其内在特质，从而避免

① Ben Agger, *Cultural Studies as Critical Theory*, London and Washington D. C.: The Falmer Press, 1992, pp. 11－13.

② Ben Agger, *Cultural Studies as Critical Theory*, London and Washington D. C.: The Falmer Press, 1992, p. 36.

将“文化研究”简单化、庸俗化、学院陈规化。在这种意义上说，重返英国文化研究，尤其是对最具英国本土特色的文化主义传统与范式进行专题研究，或可为我们思考当代中国文化研究的现状与走向提供理想的“他者之镜”。核心的问题意识主要涉及：怎样在新的历史情境下重估“文化”的位置？在消费主义意识形态蔓延的当下，重建一种有机的文化是否可能？理论何为？日常生活批判与微观政治的意义何在？文化研究如何应对社会批判实践与学院机制之间的张力关系？怎样处理批判的文化研究和文化政策、文化产业之间的张力状态？如何重估批判知识分子的当下境遇？如何评价大众文化的积极意义？

倘若具体到文化研究在当代中国的发展现状，一个至为关键的论题就是文学研究与文化研究的关系问题。笔者以英国文化主义为参照，结合本土学界曾经发生过的几起激烈论争，尝试透过此类文化事件的弥漫尘烟，解读并重估文学研究与文化研究的合理关系。

二、从文学研究到文化研究：以英国文化主义为参照

由于社会情境的巨大差异，文化研究在中国大陆成为学界讨论文学研究的当下困境及其可能突围之路的理论话语资源。关于文学研究与文化研究的关系之争此起彼伏，众说纷纭，主要表现为以下几种情况：

（1）文化研究为日趋边缘化的文学研究提供了新的理论空间和持续发展的可能。毋庸置疑，随着电子媒介和消费文化的兴起，以距离感和追求深度为目标的精英文学渐趋消弭在这个“日益缩减的世界”（米兰·昆德拉语）里。在“上帝死了”、“作者死了”、“人死了”、“主体消解”等振聋发聩的哲学呼声中，文学也似乎告别了启蒙与承担公共空间的神圣使命，黑格尔的幽灵悄然降下，宣告着“文学终结论”的噩耗。于是，文学褪去了“灵韵”（aura）、丧失了震惊的审美效果，缪斯殿堂让位于“拟态”的赛博空间。图像时代（艾尔雅维茨）、后文字时代（杰姆逊）、景观社会（居伊·德波）、审美泛化（沃尔夫冈·韦尔施）等成为现时代的“丰盛能指”。就在西方学界为文学唱起挽歌之际，美国批评家希利斯·米勒（J. Hillis Miller）发表《全球化时代文学研究会继续存在吗?》（《文学评论》2001 年第 1 期），借德里达的《明信片》指出文学已然穷途末路，该文在中国文艺学界引发了“误

读性争鸣”[①]。米勒的“忧患意识”与其说是为文学终结论摇旗呐喊，毋宁说是对全球化时代文学生存困境的诗意表达。文学边缘化导致的直接后果是文学研究的边缘化，那种以审美特质和挖掘“文学性”为诉求的研究路径逐渐丧失了具体的指涉对象，文学研究的客体急剧扩大，即所谓的“越界”，经典意义上的“文学”被一个外延拓展的“大文学”取而代之。同样，继传统的庸俗社会学批评范式失效后，以文本为中心、旨在通过细读法去发掘文本审美元素的“内部研究”也无法适应时代的需要，在此背景下，一些持乐观态度的文学研究者将目光转向了方兴未艾的文化研究，认为文化研究为困境中的文学批评提供了诸多启示。

（2）文化研究对文学批评造成了威胁，应该对文化研究可能使得文学批评偏离“审美”和“文学性”保持警惕，避免再度滑入庸俗社会学的陷阱。持这类观点的学者大多沿袭20世纪80年代的“外部研究—内部研究”文学批评二分法，奉行的是非此即彼的二项对立思维。换言之，“外部研究”只关注文学的社会意义向度，比如作家的生活状况、社会文化思潮、文艺消费、文学的政治与道德使命等，而文学文本只是一个“显影”的缺席，并不成为研究的实际对象。在某种程度上讲，这种对“外部研究”的理解甚至与“庸俗社会学”含混暧昧，难于辨析。《南方文坛》（1999年第4期）曾刊登《关于今日批评的答问》的长篇访谈，对于“为什么当下的文学批评逐步转向文化批评？您认为文学批评还能否回到文学？”这一问题，“相当多的学者把文化批评视作与‘内部批评’相对的‘外部批评’，或与审美批评相对的社会学批评，他们希望文学批评回到‘文学’”[②]。这或许代表了一些中文系科研者的态度，而对于熟稔英美新批评的外国文学研究者而言，文化研究在一定意义上成为文学批评所敌视和排斥的对象。

（3）“文化研究”有广义、狭义之分，广义上的文化研究特指以英国伯明翰学派为代表的跨学科研究路径，它兼及文学、人类学、传媒学、社会学、地理学等多学科视角，注重大众文化与日常生活，主张批判性地参与社会实践。显然，广义上的文化研究并不从属于文学研究，其所指涉的研究对象要宽泛得多。狭义上的文化研究以文学为研究对象，是文学批评

① 金惠敏：《媒介的后果——文学终结点上的批判理论》，北京：人民出版社2005年版，第5～24页。

② 陶东风：《试论文化批评与文学批评的关系》，《南京大学学报》（哲学·人文科学·社会科学版）2004年第6期，第114页。

的一种形式，学界称之为“文化批评”[①]。因此，人们在处理文化研究与文学研究的关系时，往往把文化研究拘囿于文学批评的范畴之内，在认可文化研究的灵活性和有效性的同时，倡导一种“文化诗学”[②]，反对文学研究对象的过分泛化，主张从社会文化角度研究文学。

以上三种情况基本反映了学界对于文学研究与文化研究之间关系的思考。笔者认为，由于文化研究论著在国内的译介多集中在结构主义范式及其之后，尤其是聚焦于福柯、巴尔特、拉康、葛兰西等人的文化理论，而对于文化研究的“前史”和“源头”——英国文化主义，相关介绍则十分匮乏，诸如F. R. 利维斯、雷蒙德·威廉斯、理查德·霍加特和斯图亚特·霍尔等人的文学理论与文化思想大多尚未译介。因此，学界在思考文化研究对于当前中国文学研究的意义时，更多参照的是20世纪70年代之后文化研究的核心命题如霸权、媒介意识形态、文化民粹主义、多元文化主义、差异政治等，极易把文化研究化约为“文化政治学”或“意识形态分析”，从而割裂文化研究与文学研究的亲缘关系。事实上，霍尔挂帅的伯明翰大学当代文化研究中心在20世纪70年代就以电视等大众传媒为主要关注对象（安吉拉·迈克罗比曾指责霍尔过于重视大众传媒），大致以《新时代》（*New Times*）为界，其后的英国文化研究更多羼入了后现代的微观政治，关涉的问题也转向身体、大众消费、图像学和新文化地理等领域。可以说，结构主义范式之后的文化研究越来越偏离文学，而更多地亲近于大众传媒和社会学。因此，要深入探析从文学研究到文化研究的嬗变及其二者之间有意味的结合，就无法避开对英国文化主义作一番回溯与思考。

正如本书前述章节所论，英国文化主义的研究范式并不只是与成人教育、左翼政治等社会运动和思潮相关联，文学研究事实上也一直扮演着非常关键的角色。英国文化主义呈现出文学与文化之间有意义的结合，首先

---

① 陶东风：《试论文化批评与文学批评的关系》，《南京大学学报》（哲学·人文科学·社会科学版）2004年第6期，第115页。

② 童庆炳教授从20世纪90年代末开始发表系列论文，积极倡导“文化诗学”，相关成果主要有：《文化诗学是可能的》（《江海学刊》1999年第5期）；《文化诗学的学术空间》（《东南学术》1999年第5期）；《中西比较文学视野中的文化诗学》（《文艺研究》1999年第4期）；《植根于现实土壤的“文化诗学”》（《文学评论》2001年第6期）；《新理性精神与文化诗学》（《东南学术》2002年第2期）；《再谈文化诗学》（《学术研究》2004年第3期）；《文化诗学—文学理论的新格局》（《东方丛刊》2006年第1期）；《“文化诗学”作为文学理论的新构想》[《陕西师范大学学报》（哲学社会科学版）2006年第1期]；《文化诗学：宏观视野与微观视野的结合》（《甘肃社会科学》2008年第6期）。

是借用文学研究方法来分析文化（如通俗文化现象），既借鉴新批评和“细察派”的文本细读法，也吸收了传统文学社会学的一些经验教训。威廉姆斯在剑桥大学接受过严格的文学训练，并且热衷于学习和实践瑞恰兹、燕卜逊、F. R. 利维斯等人倡导的实用批评，《文化与社会》就是文本细读的结果，《长期革命》也同样以文学文本细读法建构起“文化分析”的路径。霍加特的《文化知识的用途》则被公认为融合了文本细读和民族志研究方法，他“成功地把文学批评方法应用于通俗文化，把流行音乐、通俗期刊等大众文学现象都作为一个个文本来加以分析，为早期文化研究提供了方法上的范例”①。霍加特对利兹北部工人阶级文化经验和汹涌而入的美国大众文化进行了细读式批评，对往昔有机的工人社群文化依依难舍，其中利维斯的印记十分明显。E. P. 汤普森的《英国工人阶级的形成》尽管是一部历史学名著，但其中对于工人阶级意识形成的细密勾勒，同样显现出文学细读法的痕迹。斯图亚特·霍尔和帕迪·沃内尔合著的《大众艺术》考察大众文化对学校教育的影响，几乎完全借重于文本细读，因此在方法上往往被指责为“乏善可陈”。

文化研究继承了文学批评的细读法，可以说，无论是症候式阅读、意识形态分析还是媒介受众研究，都必须重视文化/文学文本的叙述结构、修辞策略甚或语篇分析，这样才能逾越牵强附会的宏大叙述或苍白无力的“列队表态”，爬梳出令人信服的结论，杰姆逊对电影中魔幻现实主义的研究、本内特和珍妮特·乌拉科特（Janet Woollacott）对“007 系列”电影

① 罗钢、刘象愚主编：《文化研究读本》，北京：中国社会科学出版社 2000 年版，第4页。

的精彩分析都堪称代表。①

其次，威廉姆斯等人扬弃了“文化—文明”传统所形成的高雅/通俗、精英/大众的二项对立，对利维斯主义视大众文化为洪水猛兽的狭隘观念加以批评，重新发掘和重视工人阶级的文化经验，正面凸显大众文化的意义。威廉姆斯在《文化与社会》、《长期革命》、《马克思主义与文学》中旗帜鲜明地与庸俗社会学的文学批评方法决裂，反对机械的经济决定论，强调文化的自主性和选择性，倡导一种“共同文化”，希望以文化主义取代经济主义、以文化唯物主义及其文化政治学来发展马克思的历史唯物主义。

不难看出，英国文化主义研究范式与文学批评传统始终处于一种张力关系中，既延承了文本细读法，又在批判“文化—文明”传统的基础上消解了高雅/通俗、精英/大众的二项对立，发掘出工人阶级文化经验和大众文化的积极意义，有意识地开辟了跨学科的研究路径。虽然文化研究后来吸收了语言学转向的成果，羼入结构主义、后结构主义乃至后现代主义的理论资源，但是文化主义的研究范式并没有消隐，而是结合结构主义、葛兰西转向和后现代主义各个时期的理论话语，成为研究青年亚文化和文化政策的理论取向。

对英国文化主义理论脉络的专题研究，并不仅仅为了获知更多关于文化研究的理论“前史”或者英国伯明翰学派源起的智识，更重要的是，当代中国人文知识分子围绕“文学研究与文化研究关系”的论争，亦可从文

---

① 杰姆逊探析魔幻现实主义与“现实主义”在叙事方式上的区别，总结出三部魔幻现实主义电影——《狂热》（波兰）、《水房》（委内瑞拉）、《神鹰》（哥伦比亚）——的特征：“它们全是历史片；每部影片各不相同的色彩处理构成了一种独特的补充，而且各自的快感之源、迷人之处或使观众达到的愉悦都自有其根据；最后一点，在每部影片中，由于对暴力的（以及较低程度的对性的）关注，叙事的动力多少有点给缩减、集中和简化了……这三部影片实际上都以各自不同的方式使影像立时平添了一种视觉魔力，一种吸引力。这种影像既迥异于其他叙事系中从属性的或次要的视觉搭配，也完全不同于巴赞把画面当作对存在（Being）的展现的本体论观点。”参见［美］詹明信著，张旭东编，陈清侨等译：《晚期资本主义的文化逻辑》，北京：生活·读书·新知三联书店1997年版，第551～552页。本内特和乌拉科特从“阅读形构”（reading formation）和“文本间性”角度考察邦德形象的文化生产与再现机制，参见Tony Bennett & Janet Woollacott, *Bond and Beyond: The Political Career of a Popular Hero*, New York: Metheun, 1987.

化研究的“前史”和源头——英国文化主义那里获得诸多启示。①

首先，应当重视文化研究与文学研究的亲缘关系，文化研究所借重的理论话语（如能指/所指）、操作方法（文本细读）等从来都没有脱离过文学研究；反之，文化研究在跨越文学批评的藩篱并且吸收其他跨学科的思想资源后，为消费文化和影像奇观挤压下的文学/文学研究开辟了新的空间。一种文学的文化研究取代了文本中心主义，形形色色的文学文本被置于一个大的社会文化场域中加以阐释，尤其注重敞开那些往常被封闭的空间，释放出文本所潜藏的意识形态权力关系。二者在平行发展中时常交叉，任何试图以其中一方取代另一方的做法都是简单粗暴的。在这一点上，重返英国文化主义的思想传统和研究范式，廓清文学研究与文化研究之间关系的流变，无疑具有重要的参考价值。

其次，文学的文化研究绝不等同于庸俗社会学，它以一种类似于文学社会学的研究路径（但又跳出了传统文学社会学的窠臼，姑且借用陶东风教授的表述，称为“新型文学社会学”或“文学社会学的当代形态”），反对庸俗的经济决定论和还原论，强调文化的主体性作用。文学的文化研究强调文化的物质生产性，是一种文化唯物论观念；在涉及权力关系方面，它又突破了阶级决定论的束缚，关注视点涉及性别、种族、年龄等多个层面。

最后，公共性在从文学研究到文化研究的发展过程中扮演着极为重要的角色，按照约翰·哈特利的说法，文化研究的雏形可以追溯到英国政治散文对“民主政治”的书写传统，《爱丁堡评论》、《伦敦杂志》、《威斯敏斯特评论》等刊物将文学想象、政治热情和出版事业有机结合起来，理查德·霍加特就在与企鹅出版社的联手中寻找到“文化研究的一间屋子”(《文化研究简史》)。文化研究的一个重要特征就是批判性，重视对社会问题的积极介入，询唤公共知识分子的出场。因此，文学研究和文化研究的当代意义，很大程度上都取决于它们能否充当有效的社会共用空间。

综而论之，以英国文化主义为参照，一方面进一步理清了文学研究与文化研究之间的关联，为当前中国学界关于二者关系的激烈论争提供了诸多启示，另一方面也对学界愈演愈烈的“文化”主义趋势提出了疑问，重新倡导文本的关键位置，凸显出文本细读在文化分析中的价值。

---

① 笔者认为有两点理由：其一，英国文化主义的流变反映了文学与文化的互动关系；其二，英国文化主义所涉及的文化/文明、文化主义/功利主义、文学经典/大众文化等关系的思考，与我们在当下思考文学研究与文化研究的关系有着贴近的问题意识。

参考文献

一、中文部分

（一）著作

1. 乐黛云：《跨文化之桥》，北京：北京大学出版社 2002 年版。

2. 乐黛云：《比较文学与比较文化十讲》，上海：复旦大学出版社 2004 年版。

3. 戴锦华：《隐形书写—— 90 年代中国文化研究》，南京：江苏人民出版社 1999 年版。

4. 戴锦华：《犹在镜中——戴锦华访谈录》，北京：知识出版社 1999 年版。

5. 戴锦华：《雾中风景——中国电影文化 1978—1998》（第 2 版），北京：北京大学出版社 2006 年版。

6. 戴锦华：《性别中国》，台北：麦田出版社 2006 年版。

7. 戴锦华：《涉渡之舟——新时期中国女性写作与女性文化》，北京：北京大学出版社 2007 年版。

8. 戴锦华：《电影理论与批评》，北京：北京大学出版社 2007 年版。

9. 孟悦、戴锦华：《浮出历史地表——现代妇女文学研究》，北京：中国人民大学出版社 2010 年版。

10. 戴锦华主编：《书写文化英雄：世纪之交的文化研究》，南京：江苏人民出版社 2000 年版。

11. 洪子诚：《问题与方法：中国当代文学史研究讲稿》，北京：北京大学出版社 2010 年版。

12. 贺桂梅：《人文学的想象力——当代中国思想文化与文学问题》，开封：河南大学出版社 2005 年版。

13. 贺桂梅：《历史与现实之间》，济南：山东文艺出版社 2008 年版。

14. 贺桂梅：《“新启蒙”知识档案——80 年代中国文化研究》，北京：

北京大学出版社 2010 年版。

15. ［德］卡尔·曼海姆著，艾彦、郑也夫、冯克利译：《文化社会学论集》，沈阳：辽宁教育出版社 2003 年版。

16. ［德］卡尔·曼海姆著，姚仁权译：《意识形态与乌托邦》，北京：中国社会科学出版社 2009 年版。

17. ［德］J. G. 赫尔德著，姚小平译：《论语言的起源》，北京：商务印书馆 1999 年版。

18. ［德］约翰·哥特弗雷德·赫尔德著，张晓梅译：《反纯粹理性——论宗教、语言和历史文选》，北京：商务印书馆 2010 年版。

19. ［德］莱辛著，朱光潜译：《拉奥孔》，北京：人民文学出版社 1979 年版。

20. ［德］莱辛著，张黎译：《汉堡剧评》，上海：上海译文出版社 1981 年版。

21. ［德］马克思、恩格斯著，中共中央马克思恩格斯列宁斯大林著作编译局编译：《马克思恩格斯选集》（第 2 版，第 1～4 卷），北京：人民出版社 1995 年版。

22. ［法］米歇尔·福柯著，刘北成译：《临床医学的诞生》，南京：译林出版社 2001 年版。

23. ［法］米歇尔·福柯著，莫伟民译：《词与物》，上海：上海三联书店 2001 年版。

24. ［法］米歇尔·福柯著，谢强、马月译：《知识考古学》，北京：生活·读书·新知三联书店 2003 年版。

25. ［法］米歇尔·福柯著，刘北成、杨远婴译：《疯癫与文明：理性时代的疯癫史》，北京：生活·读书·新知三联书店 2007 年版。

26. ［法］米歇尔·福柯著，刘北成、杨远婴译：《规训与惩罚：监狱的诞生》，北京：生活·读书·新知三联书店 2007 年版。

27. ［法］米歇尔·福柯著，佘碧平译：《性经验史》（增订版），上海：上海人民出版社 2005 年版。

28. ［英］马林诺斯基著，费孝通译：《文化论》，北京：华夏出版社 2002 年版。

29. ［英］马修·阿诺德著，韩敏中译：《文化与无政府状态——政治与社会批评》，北京：生活·读书·新知三联书店 2008 年版。

30. ［英］F. R. 利维斯著，袁伟译：《伟大的传统》，北京：生活·读书·新知三联书店 2009 年版。

31. ［英］雷蒙德·威廉斯著，吴松江、张文定译：《文化与社会》，北京：北京大学出版社 1991 年版。

32. ［英］雷蒙德·威廉斯著，阎嘉译：《现代主义的政治——反对新国教派》，北京：商务印书馆 2002 年版。

33. ［英］雷蒙德·威廉斯著，樊柯、王卫芬译：《政治与文学》，开封：河南大学出版社 2010 年版。

34. ［英］雷蒙德·威廉斯著，刘建基译：《关键词：文化与社会的词汇》，北京：生活·读书·新知三联书店 2005 年版。

35. ［美］乔治·E. 马尔库斯、米开尔·M.J. 费彻尔著，王铭铭、蓝达居译：《作为文化批评的人类学：一个人文学科的实验时代》，北京：生活·读书·新知三联书店 1998 年版。

36. ［美］C. 赖特·米尔斯著，陈强、张永强译：《社会学的想像力》（第 2 版），北京：生活·读书·新知三联书店 2005 年版。

37. ［美］大卫·哈维著，王钦译：《新自由主义简史》，上海：上海译文出版社 2010 年版。

38. ［美］戴维·哈维著，阎嘉译：《后现代的状况——对文化变迁之缘起的探究》，北京：商务印书馆 2003 年版。

39. ［美］马歇尔·伯曼著，徐大建、张辑译：《一切坚固的东西都烟消云散了——现代性体验》，北京：商务印书馆 2004 年版。

40. ［美］本尼迪克特·安德森著，吴叡人译：《想象的共同体：民族主义的起源与散布》，上海：上海人民出版社 2005 年版。

41. ［美］鲁思·本尼迪克特著，张燕、傅铿译：《文化模式》，杭州：浙江人民出版社 1987 年版。

42. ［美］克利福德·格尔茨著，韩莉译：《文化的解释》，南京：译林出版社 1999 年版。

43. ［美］刘禾著，宋伟杰等译：《跨语际实践：文学、民族文化与被译介的现代性》，北京：生活·读书·新知三联书店 2002 年版。

44. 周蕾：《写在家国以外》，香港：牛津大学出版社 1995 年版。

45. 萧俊明：《文化转向的由来》，北京：社会科学文献出版社 2004 年版。

46. 陈世敏：《大众传播与社会变迁》，台北：三民书局 1994 年版。

47. 陆扬、王毅：《大众文化与传媒》，上海：上海三联书店 2000 年版。

48. 陆扬、王毅选编：《大众文化研究》，上海：上海三联书店 2001

年版。

49. 陆扬、王毅：《文化研究导论》，上海：复旦大学出版社 2006 年版。

50. 黄卓越等：《英国文化研究：事件与问题》，北京：生活·读书·新知三联书店 2011 年版。

51. 陶东风、徐艳蕊：《当代中国的文化批评》，北京：北京大学出版社 2006 年版。

52. 陶东风主编：《文化研究精粹读本》，北京：中国人民大学出版社 2006 年版。

53. 易晓明主编：《英语文学与文化研究》，北京：北京大学出版社 2010 年版。

54. ［英］吉姆·麦奎根编，李朝阳译：《文化研究方法论》，北京：北京大学出版社 2011 年版。

55. ［英］吉姆·麦克盖根著，桂万先译：《文化民粹主义》，南京：南京大学出版社 2001 年版。

56. ［英］菲利普·史密斯著，张鲲译：《文化理论：导论》，北京：商务印书馆 2008 年版。

57. ［英］迈克尔·肯尼著，李永新、陈剑译：《第一代英国新左派》，南京：江苏人民出版社 2010 年版。

58. ［英］阿兰·斯威伍德著，冯建三译：《大众文化的神话》，北京：生活·读书·新知三联书店 2003 年版。

59. ［英］汤林森著，冯建三译：《文化帝国主义》，上海：上海人民出版社 1999 年版。

60. ［英］E. P. 汤普森著，钱乘旦等译：《英国工人阶级的形成》（上、下册），南京：译林出版社 2001 年版。

61. ［英］E. P. 汤普森著，沈汉、王加丰译：《共有的习惯》，上海：上海人民出版社 2002 年版。

62. ［英］安东尼·吉登斯著，田禾译：《现代性的后果》，南京：译林出版社 2011 年版。

63. ［英］特里·伊格尔顿著，马海良译：《历史中的政治、哲学、爱欲》，北京：中国社会科学出版社 1999 年版。

64. ［英］特里·伊格尔顿著，华明译：《后现代主义的幻象》，北京：商务印书馆 2000 年版。

65. ［英］特里·伊格尔顿著，方杰译：《文化的观念》，南京：南京大学出版社 2003 年版。

66. ［英］托尼·本尼特著，王杰等译：《文化与社会》，桂林：广西师范大学出版社 2007 年版。

67. ［澳］约翰·多克著，吴松江等译：《后现代主义与大众文化》，沈阳：辽宁教育出版社 2001 年版。

68. ［乌］加莱亚诺著，王玫等译，邓兰珍校：《拉丁美洲被切开的血管》，北京：人民文学出版社 2001 年版。

69. 张亮编：《英国新左派思想家》，南京：江苏人民出版社 2010 年版。

70. 张亮：《阶级、文化与民族传统：爱德华·P. 汤普森的历史唯物主义思想研究》，南京：江苏人民出版社 2008 年版。

71. 汪晖：《去政治化的政治：短 20 世纪的终结与 90 年代》，北京：生活·读书·新知三联书店 2008 年版。

72. 汪晖：《别求新声：汪晖访谈录》（第 2 版），北京：北京大学出版社 2010 年版。

73. ［法］路易·阿尔都塞著，顾良译：《保卫马克思》，北京：商务印书馆 2007 年版。

74. ［法］弗朗兹·法农著，万冰译：《全世界受苦的人》，南京：译林出版社 2005 年版。

75. ［法］弗朗兹·法农著，万冰译：《黑皮肤，白面具》，南京：译林出版社 2005 年版。

76. ［法］古斯塔夫·勒庞著，冯克利译：《乌合之众——大众心理研究》，桂林：广西师范大学出版社 2007 年版。

77. 陈越编：《哲学与政治：阿尔都塞读本》，长春：吉林人民出版社 2003 年版。

78. 罗钢、刘象愚主编：《文化研究读本》，北京：中国社会科学出版社 2000 年版。

79. ［德］马克思：《1844 年经济学哲学手稿》，北京：人民出版社 1985 年版。

80. ［德］诺贝特·埃利亚斯著，王佩莉、袁志英译：《文明的进程：文明的社会起源和心理起源的研究》，上海：上海译文出版社 2009 年版。

81. ［德］尼采著，周国平译：《偶像的黄昏》，北京：光明日报出版社 1996 年版。

82. ［德］马克斯·霍克海默、西奥多·阿道尔诺著，渠敬东、曹卫东译：《启蒙辩证法——哲学断片》，上海：上海人民出版社 2006 年版。

83. ［英］佩里·安德森著，余文烈译：《当代西方马克思主义》，北京：东方出版社 1989 年版。

84. ［英］佩里·安德森著，张亮等译：《西方左派图绘》，南京：江苏人民出版社 2002 年版。

85. ［英］佩里·安德森著，郭英剑等译：《交锋地带》，北京：中国社会科学出版社 2008 年版。

86. ［英］约翰·斯道雷著，常江译：《文化理论与大众文化导论》(第 5 版)，北京：北京大学出版社 2010 年版。

87. ［英］约翰·斯道雷著，徐德林译：《记忆与欲望的耦合——英国文化研究中的文化与权力》，桂林：广西师范大学出版社 2007 年版。

88. ［英］齐格蒙特·鲍曼著，郑莉译：《作为实践的文化》，北京：北京大学出版社 2009 年版。

89. ［英］约翰·B. 汤普森著，高铦等译：《意识形态与现代文化》，南京：译林出版社 2005 年版。

90. ［英］约翰·穆勒著，徐大建译：《功利主义》，上海：上海人民出版社 2008 年版。

91. ［英］边沁著，沈叔平等译：《政府片论》，北京：商务印书馆 1997 年版。

92. ［英］边沁著，时殷弘译：《道德与立法原理导论》，北京：商务印书馆 2000 年版。

93. ［英］安迪·格林著，王春华等译：《教育与国家形成：英、法、美教育体系起源之比较》，北京：教育科学出版社 2004 年版。

94. ［英］艾瑞克·霍布斯鲍姆著，马凡等译：《极端的年代》，南京：江苏人民出版社 2010 年版。

95. ［英］戴维·麦克莱伦著，李智译：《马克思以后的马克思主义》(第 3 版)，北京：中国人民大学出版社 2008 年版。

96. ［英］彼得·伯克著，杨豫、王海良等译：《欧洲近代早期的大众文化》，上海：上海人民出版社 2005 年版。

97. ［英］迈克·克朗著，杨淑华、宋慧敏译：《文化地理学》，南京：南京大学出版社 2005 年版。

98. ［美］约翰·费斯克著，李彬译注：《传播与文化研究辞典》（第 2 版)，北京：新华出版社 2004 年版。

99. ［美］科佩尔·S. 平森著，范德一译：《德国近现代史——它的历史和文化》（上册），北京：商务印书馆 1987 年版。

100. ［美］约翰·肯尼斯·加尔布雷斯著，赵勇等译：《富裕社会》，南京：江苏人民出版社 2009 年版。

101. ［美］爱德华·W. 萨义德著，单德兴译：《知识分子论》，北京：生活·读书·新知三联书店 2002 年版。

102. ［美］爱德华·W. 萨义德著，李琨译：《文化与帝国主义》，北京：生活·读书·新知三联书店 2003 年。

103. ［美］爱德华·W. 萨义德著，王宇根译：《东方学》，北京：生活·读书·新知三联书店 2007 年版。

104. ［美］爱德华·W. 萨义德著，李自修译：《世界·文本·批评家》，北京：生活·读书·新知三联书店 2009 年版。

105. ［法］罗兰·巴特著，许蔷蔷等译：《神话——大众文化诠释》，上海：上海人民出版社 1999 年版。

106. ［法］罗兰·巴尔特著，李幼蒸译：《符号学原理》，北京：中国人民大学出版社 2008 年版。

107. ［法］让·波德里亚著，刘成富等译：《消费社会》，南京：南京大学出版社 2001 年版。

108. ［德］爱克曼辑录，朱光潜译：《歌德谈话录》，北京：人民文学出版社 1978 年版。

109. ［德］奥斯瓦尔德·斯宾格勒著，张兰平译：《西方的没落》，西安：陕西师范大学出版社 2008 年版。

110. 孙晓忠编：《方法与个案：文化研究演讲集》，上海：上海书店出版社 2009 年版。

111. 阎照祥：《英国贵族史》，北京：人民出版社 2000 年版。

112. ［美］丹尼斯·德沃金著，李凤丹译：《文化马克思主义在战后英国——历史学、新左派和文化研究的起源》，北京：人民出版社 2008 年版。

113. 武桂杰：《霍尔与文化研究》，北京：中央编译出版社 2009 年版。

114. ［英］迈克·费瑟斯通著，刘精明译：《消费文化与后现代主义》，南京：译林出版社 2000 年版。

115. ［美］詹明信著，张旭东编，陈清侨等译：《晚期资本主义的文化逻辑》，北京：生活·读书·新知三联书店 1997 年版。

116. ［美］杰姆逊著，唐小兵译：《后现代主义与文化理论》（精校本），北京：北京大学出版社 2005 年版。

117. ［美］雷纳·韦勒克著，杨自伍译：《近代文学批评史》（中文修订版第5卷），上海：上海译文出版社2009年版。

118. 唐小兵编：《再解读：大众文艺与意识形态》（增订版），北京：北京大学出版社2007年版。

119. 刘克华选译：《1870—1914年的英国》，北京：商务印书馆1987年版。

120. 钱乘旦：《第一个工业社会》，成都：四川人民出版社1988年版。

121. 钱乘旦、陈晓律：《在传统与变革之间——英国文化模式溯源》，杭州：浙江人民出版社1991年版。

122. 钱乘旦：《寻找他山的历史》，上海：复旦大学出版社2010年版。

123. 陈晓律、于文杰、陈日华：《英国发展的历史轨迹》，南京：南京大学出版社2009年版。

124. 王觉非主编：《近代英国史》，南京：南京大学出版社1997年版。

125. 王逢振主编：《六十年代》，天津：天津社会科学院出版社2000年版。

126. 程巍：《中产阶级的孩子们：60年代与文化领导权》，北京：生活·读书·新知三联书店2006年版。

127. 程巍：《隐匿的整体》，开封：河南大学出版社2009年版。

128. 刘锋：《〈圣经〉的文学性诠释与希伯来精神的探求——马修·阿诺德宗教思想研究》，北京：北京大学出版社2007年版。

129. ［美］丹尼尔·贝尔著，严蓓雯译：《资本主义文化矛盾》，南京：江苏人民出版社2007年版。

130. 赵毅衡编选：《“新批评”文集》，北京：中国社会科学出版社1988年版。

131. ［西］奥尔特加·加塞特著，刘训练等译：《大众的反叛》，长春：吉林人民出版社2004年版。

132. ［加］查尔斯·泰勒著，程炼译：《现代性之隐忧》，北京：中央编译出版社2001年版。

133. ［加］马修·弗雷泽著，刘满贵等译：《软实力——美国电影、流行乐、电视和快餐的全球统治》，北京：新华出版社2006年版。

134. 毕佳、龙志超编著：《英国文化产业》，北京：外语教学与研究出版社2007年版。

135. 金惠敏：《媒介的后果——文学终结点上的批判理论》，北京：人民出版社2005年版。

（二）期刊论文

1. ［美］劳伦斯·格罗斯伯格、刘康：《对话：关键时刻的语境大串联》，《中国图书评论》2007 年第 4 期。

2. 戴锦华、斯人：《文化的位置——戴锦华教授访谈》，《学术月刊》2006 年第 11 期。

3. 戴锦华：《文化地形图及其它》，《读书》1997 年第 2 期。

4. 曹卫东：《哈曼的伦敦之行及其思想史意义》，《河北学刊》2005 年第 2 期。

5. 曹卫东：《赫尔德的一七六九之旅》，《读书》2002 年第 6 期。

6. ［英］迈克尔·肯尼著，张亮译：《爱德华·汤普森的伦理激进主义及其遗产》，《求是学刊》2007 年第 5 期。

7. ［英］迈克尔·肯尼著，王晓曼译：《社会主义和民族性问题：英国新左派的经验教训》，《学海》2011 年第 2 期。

8. 黄卓越：《文化研究：追忆与讨论——在伦敦访斯图亚特·霍尔》，《西北师范大学学报》（社会科学版）2007 年第 5 期。

9. 黄卓越：《定义“文化”：前英国文化研究时期的表述》，《文化与诗学》2009 年第 1 期。

10. 黄卓越：《文化批评转轨的语域及困境》，《探索与争鸣》2011 年第 6 期。

11. 金惠敏：《听霍尔说英国文化研究——斯图亚特·霍尔访谈记》，《首都师范大学学报》（社会科学版）2006 年第 5 期。

12. 金元浦：《当代文艺学的“文化的转向”》，《社会科学》2002 第 3 期。

13. 王晓明：《文化研究的三道难题——以上海大学文化研究系为例》，《上海大学学报》（社会科学版）2010 年第 1 期。

14. 陆建德：《从 C. P. 斯诺的〈新人〉看“两种文化”》，《外国文学》1996 年第 2 期。

15. 盛宁：《走出“文化研究”的困境》，《文艺研究》2011 年第 7 期。

16. 殷企平：《两种文化和英国高等教育》（上），《高等教育研究》1994 年第 2 期。

17. 殷企平：《两种文化和英国高等教育》（下），《高等教育研究》1994 年第 3 期。

18. 殷企平：《阿诺德对消费文化的回应》，《外国文学评论》2007 年第 3 期。

19. 殷企平、余华：《阿诺德文化观中的核心》，《英美文学研究论丛》2007 年第 2 期。

20. 殷企平：《夜尽了，昼将至：〈多佛海滩〉的文化命题》，《外国文学评论》2010 年第 4 期。

21. 徐德林：《重返伯明翰——论中国大陆的文化研究》，《中国图书评论》2008 年第 3 期。

22. 徐德林：《文化研究的出身与学科地位——再论文学研究与文化研究之争》，《中国图书评论》2009 年第 2 期。

23. 徐德林：《作为有机知识分子的马修·阿诺德》，《国外文学》2010 年第 3 期。

24. 张平功：《文化主义的传承：解读英文研究》，《外语与外语教学》2003 年第 7 期。

25. 王卫新：《英语研究的兴起——论英国文学批评的理论化与职业化》，《外国语（上海外国语大学学报）》2010 年第 2 期。

26. 陈静：《从文化主义到“话语转向”——斯图亚特·霍尔与英国文化研究的范式转型》，《马克思主义美学研究》2009 年第 2 期。

27. ［奥］雷纳·温特著，王行坤译：《雷蒙·威廉斯的著作及其对当今批判理论之意义》，《首都师范大学学报》（社会科学版）2009 年第 5 期。

28. 付德根：《战后英国成人教育与文化研究》，《马克思主义美学研究》2008 年第 2 期。

29. 周丹：《英国成人教育与英国文化研究的兴起》，《西南民族大学学报》（人文社科版）2008 年第 6 期。

30. 王尔勃：《从威廉斯到默多克：交锋中推进的英国文化研究》，《西北师大学报》（社会科学版）2005 年第 2 期。

31. 陈立旭：《法兰克福学派与英国文化研究：对中国大众文化研究的启示》，《浙江社会科学》2010 年第 10 期。

32. 赵国新：《英国文化研究的起源述略》，《外国文学》2000 年第 5 期。

33. ［美］道格拉斯·凯尔纳著，张秀琴等译：《文化马克思主义和文化研究》，《学术研究》2011 年第 11 期。

34. 赵斌：《英国的传媒与文化研究》（上），《现代传播》2001 年第 5 期。

35. 赵斌：《英国的传媒与文化研究》（下），《现代传播》2001 年第

6 期。

36. 周宪：《文化研究：为何并如何?》，《文艺研究》2007 年第 6 期。

37. 周宪：《文化研究：学科抑或策略?》，《文艺研究》2002 年第 4 期。

38. 周珏良：《二十世纪上半的英国文学批评》，《外国文学》1989 年第 6 期。

39. 曹莉：《剑桥批评传统的形成和衍变》，《外国文学》2006 年第 3 期。

40. 曹莉、陈越：《鲜活的源泉——再论剑桥批评传统及其意义》，《清华大学学报》（哲学社会科学版）2006 年第 5 期。

41. ［英］D. 麦克莱伦著，陈亚军译：《历史与现在：马克思和马克思主义》，《世界哲学》2005 年第 1 期。

42. 张淑娟、黄凤志：《“文化民族主义”思想根源探析——以德国文化民族主义为例》，《世界民族》2006 年第 6 期。

43. 周小仪：《文学研究与理论——文化研究：分裂还是融合?》，《国外文学》1995 年第 4 期。

44. 陶东风：《日常生活的审美化与文艺学的学科反思》，《天津社会科学》2004 年第 4 期。

45. 陶东风：《试论文化批评与文学批评的关系》，《南京大学学报》（哲学·人文科学·社会科学版）2004 年第 6 期。

46. 陆扬：《文化研究的兴起和文学救赎功能的变迁》，《文艺研究》2007 第 12 期。

47. 王宁：《全球化语境下的文化研究和文学研究》，《文学评论》2000 年第 3 期。

48. 王福兴：《社会转型和大众的政治参与——英国个例分析》，《北方论丛》2001 年第 2 期。

49. 徐钢著，曹雷雨译：《“气场”到哪儿去了——对文化研究及新自由主义的反思》，《文艺研究》2010 年第 3 期 .

50. 张文涛：《析 E. P. 汤普森与佩里·安德森之间的争论》，《山东社会科学》2008 年第 11 期。

51. 张亮：《从苏联马克思主义到文化马克思主义——英国马克思主义理论传统的战后形成》，《人文杂志》2009 年第 2 期。

52. 张世鹏：《从福特主义到后福特主义——西欧资本主义发展的历史新阶段》，《欧洲》1996 年第 5 期。

53. 沈志华：《苏共二十大、非斯大林化及其对中苏关系的影响——根据俄国最近披露的档案文件》，《国际冷战史研究》2004 年第 1 辑。

54. ［英］马克·吉普森、约翰·哈特雷著，胡谱中译：《文化研究四十年——理查·霍加特访谈录》，《现代传播》2002 年第 5 期。

（三）学位论文

1. 于文秀：《“文化研究”思潮中的反权力话语研究》，黑龙江大学博士学位论文，2002 年。

2. 姜华：《大众文化理论的后现代转向》，黑龙江大学博士学位论文，2004 年。

3. 杨东篱：《伯明翰学派的文化观念与通俗文化理论研究》，山东大学博士学位论文，2006 年。

4. 徐德林：《英国文化研究的形成与发展——以伯明翰学派为中心》，北京大学博士学位论文，2008 年。

5. 邹威华：《“文化霸权”与“接合理论”：斯图亚特·霍尔的文化理论研究》，四川大学博士学位论文，2008 年。

（四）参考辑刊

1.《跨文化对话》

2.《文化研究》

3.《英美文学研究论丛》

4.《文学理论前沿》

5.《文化与诗学》

6.《中外文化与文论》

7.《台湾社会研究季刊》

8.《文化研究月报》（电子刊物）

二、外文部分

（一）著作

1. M. H. Abrams, et al. *The Norton Anthology of English Literature*, Vol. 2, New York: Norton & Company, 1979.

2. Ben Agger, *Cultural Studies as Critical Theory*, London and Washington, D. C. : The Falmer Press, 1992.

3. Ben Agger, *The Discourse of Domination: From the Frankfurt School to Postmodernism*, Evanston: Northwestern University Press, 1992.

4. Perry Anderson, *Consideration on Western Marxism*, London: Verso, 1979.

5. Perry Anderson, *Arguments within English Marxism*, London: Verso, 1980.

6. Perry Anderson, *English Questions*, London: Verso, 1992.

7. Warren D. Anderson, *Matthew Arnold and the Classical Tradition*, Ann Arbor: The University of Michigan Press, 1965.

8. Geoffet Andrews, et al, *Opening the Books: Essays on the Social and Cultural History of British Communism*, London: Pluto Press, 1995.

9. Arjun Appadurai, *Globalization*, Durham & London: Duke University Press, 2001.

10. Robin Archer, et al, *Out of Apathy: Voices of the New Left Thirty Years on*, London and New York: Verso, 1989.

11. Matthew Arnold, *Literature & Dogma: An Essay Towards a Better Apprehension of the Bible*, London: Watts & Co. , 1902.

12. Matthew Arnold, *Thoughts on Education: Chosen from the Writings of Arnold*, Leonard Huxley (ed.), London: John Murray, Albemarle Street, 1912.

13. Matthew Arnold, *Culture and Anarchy, an Essay in Political and Social Criticism*, London: John Murray, 1920.

14. Matthew Arnold, *Discourses in America*, New York: The Macmillan Company, 1924.

15. Matthew Arnold, *Poetical Works of Matthew Arnold*, London: Macmillan and Co. , Limited, 1924.

16. Matthew Arnold, *Essays in Criticism: First Series*, London: Macmillan and Co. , Limited, 1928.

17. Matthew Arnold, *Poetry and Prose*, John Bryson (ed.), Cambridge:

Harvard University Press, 1954.

18. Matthew Arnold, *Culture and Anarchy*, London: Cambridge University Press, 1961.

19. Matthew Arnold, *Culture and Anarchy*, J. Dover Wilson (ed.), Cambridge: Cambridge University Press, 1966.

20. Matthew Arnold, *The Letters of Matthew Arnold, 1879-1884*, Vol. 5, Cecil Y. Lang (ed.), Charlottesville and London: The University Press of Virginia, 2001.

21. Chris Baldick, *The Social Mission of English Criticism 1848-1932*, Oxford: Clarendon Press, 1983.

22. Elaine Baldwin, et al, *Introducing Cultural Studies*, Beijing: Peking University Press, 2005.

23. Chris Barker, *Cultural Studies: Theory and Practice*, London: SAGE Publications, 2000.

24. Chris Barker, *Cultural Studies and Discourse Analysis: A Dialogue on Language and Identity*, London: SAGE publications, 2001.

25. Chris Barker, *The Sage Dictionary of Cultural Studies*, London: Sage Publications, 2004.

26. Daniel Bell, *The Cultural Contradictions of Capitalism*, New York: Basic Books, Inc., 1976.

27. Tony Bennett, *Formalism and Marxism*, London and New York: Methuen, 1981.

28. Tony Bennett, *Popular Culture: Themes and Issues*, Milton Keynes: Open University Press, 1982.

29. Tony Bennett, Janet Woollacott, *Bond and Beyond: The Political Career of a Popular Hero*, New York: Methuen, 1987.

30. Tony Bennett, *The Birth of the Museum: History, Theory, Politics*, London and New York: Routledge, 1995.

31. Tony Bennett, *Pasts Beyond Memory: Evolution, Museums, Colonialism*, London and New York: Routledge, 2004.

32. Tony Bennett, et al, *New Keywords: A Revised Vocabulary of Culture and Society*, Malden, MA: Blackwell Pub., 2005.

33. R. P. Bilan, *The Literary Criticism of F. R. Leavis*, Cambridge: Cambridge University Press, 1979.

34. Pierre Bourdieu, *Distinction: A Social Critique of the Judgement of*

Taste, Cambridge, Mass.: Harvard University Press, 1984.

35. Frederick Burwick, *The Oxford Handbook of Samuel Taylor Coleridge*, Oxford and New York: Oxford University Press, 2009.

36. James Carey, *Communication as Culture: Essays on Media and Society*, Boston: Unwin Hyman, 1989.

37. Joseph Carroll, *The Cultural Theory of Matthew Arnold*, Berkeley and Los Angeles: University of California Press, 1982.

38. David Chaney, *Cultural Change and Everyday Life*, New York: Palgrave Macmillan, 2002.

39. Kuan-Hsing Chen, *The Inter-Asia Cultural Studies Reader*, London and New York: Routledge, 2007.

40. Kuan-Hsing Chen, *Asia as Method: Toward Deimperialization*, Durham: Duke University Press, 2010.

41. John Clarke, et al, *Working-Class Culture: Studies in History and Theory*, London: Hutchinson, 1979.

42. S. T. Coleridge, *On the Constitution of the Church and State*, John Colmer (ed.), London: Routledge & Kegan Paul, 1976.

43. C. David, *Matthew Arnold: A Critical Study*, New Delhi: Anmol Publications, 2007.

44. Helen Davis, *Understanding Stuart Hall*, London: SAGE Publications, 2004.

45. Gary Day, *Re-Reading Leavis: Culture and Literary Criticism*, Hampshire: Macmillan Press Ltd., 1996.

46. Morris Dickstein, *Double Agent: The Critic and Society*, New York and Oxford: Oxford University Press, 1992.

47. John Docker, *Postmodernism and Popular Culture: A Cultural History*, Cambridge: Cambridge University Press, 1994.

48. Simon During, *Cultural Studies: A Critical Introduction*, London and New York: Routledge, 2005.

49. Simon During, *The Cultural Studies Reader*, London and New York: Routledge, 2007.

50. Dennis Dworkin, *Cultural Marxism in Postwar Britain: History, the New Left, and the Origins of Cultural Studies*, Durham and London: Duke University Press, 1997.

51. Terry Eagleton, *Criticism and Ideology: A Study in Marxist Literary Theory*, London: Verso, 1978.

52. Terry Eagleton, *The Idea of Culture*, Oxford: Blackwell, 2000.

53. Terry Eagleton, *After Theory*, New York: Basic Books, 2003.

54. Terry Eagleton, *Literary Theory: An Introduction*, Minneapolis: the University of Minnesota Press, 2008.

55. Andrew Edgar, Peter Sedgwick, *Cultural Theory: The Key Concepts*, London and New York: Routledge, 2008.

56. T. S. Eliot, *The Idea of a Christian Society*, New York: Harcourt, Brace and Company, 1940.

57. T. S. Eliot, *Notes Towards the Definition of Culture*, New York: Harcourt, Brace and Company, 1949.

58. John Fiske, *Reading the Popular*, London and New York: Routledge, 1989.

59. John Fiske, *Understanding Popular Culture*, London and New York: Routledge, 1989.

60. Franklin E. Court, *Institutionalizing English Literature: The Culture and Politics of Literary Study, 1750 – 1900*, California: Stanford University Press, 1992.

61. Paul Gilroy, *The Black Atlantic: Modernity and Double Consciousness*, Cambridge: Harvard University Press, 1993.

62. Paul Gilroy, Lawrence Grossberg and Angela McRobbie, *Without Guarantees: In Honour of Stuart Hall*, London: Verso, 2000.

63. Paul Gilroy, *There Ain't No Black in the Union Jack: The Cultural Politics of Race and Nation*, London and New York: Routledge, 2002.

64. Antonio Gramsci, *Selections from the Prison Notebooks*, Quintin Hoare and Geoffery Nowell Smith, (eds.), New York: International Publishers, 1971.

65. Antonio Gramsci, *The Prison Notebooks*, Q. Hoare and G Nowell Smith (eds.), London: Lawrence and Wishart, 1971.

66. Gerald Graff, *Professing Literature: An Institutional History*, Chicago and London: The University of Chicago Press, 1987.

67. Ann Gray, Jim McGuigan, *Studying Culture: An Introductory Reader*, London: Edward Arnold, 1993.

68. Ann Gray, et al, *CCCS Selected Working Papers*, Vol. 1 & Vol. 2, London and New York: Routledge, 2007.

69. Michael Groden, Martin Kreiswirth, Imre Szeman, *The Johns Hopkins*

Guide to Literary Theory and Criticism, Baltimore: The Johns Hopkins University Press, 1994.

70. Lawrence Grossberg, Cary Nelson & Paula Treichler, *Cultural Studies*, New York and London: Routledge, 1992.

71. Stuart Hall, Paddy Whannel, *The Popular Arts*, New York: Pantheon Books, 1965.

72. Stuart Hall, Tony Jefferson, *Resistance Through Rituals: Youth Subcultures in Postwar Britain*, London: Hutchinson, 1976.

73. Stuart Hall, et al, *Policing the Crisis: Mugging, the state and law and order*, London: The MacMillan Press Ltd., 1978.

74. Stuart Hall, *The Hard Road to Renewal: Thatcherism and the Crisis of the Left*, London: Verso, 1988.

75. Stuart Hall and Paul Du Gay, *Questions of Cultural Identity*, London: SAGE publications, 1996.

76. Stuart Hall, *Critical Dialogues in Cultural Studies*, David Morley and Kuan-Hsing Chen (eds.), London and New York: Routledge, 1996.

77. Stuart Hall, *Representation: Cultural Representations and Signifying Practices*, London: Sage Publications, 1997.

78. John Hartley, *A Short History of Cultural Studies*, London: Sage Publications, 2003.

79. David Harvey, *A Brief History of Neoliberalism*, Oxford: Oxford University Press, 2005.

80. J. Harvey & L. Bather, *The British Constitution and Politics* (the fifth edition), London and Basingstoke: Macmillan Education Limited, 1982.

81. Susan Hayward, *Cinema Studies: The Key Concepts*, London and New York: Routledge, 2006.

82. Dick Hebdige, *Subculture: The Meaning of Style*, London and New York: Routledge, 1979.

83. Richard Hoggart, *Auden: An Introductory Essay*, London: Chatto & Windus, 1951.

84. Richard Hoggart, *The Uses of Literacy*, New York: Oxford University Press, 1970.

85. Richard Hoggart, *Speaking to Each Other*, Vol. 2, New York: Oxford University Press, 1970.

86. Richard Hoggart, *On Culture and Communication* (*The B. B. C. Reich Lectures* 1971), New York: Oxford University Press, 1971.

87. Richard Hoggart, *Mass Media in a Mass Society: Myth and Reality*, London and New York: Continuum, 2004.

88. Park Honan, *Matthew Arnold: A Life*, Massachusetts: Harvard University Press, 1983.

89. Fred Inglis, *Popular Culture and Political Power*, New York: St. Martin's Press, 1988.

90. Fred Inglis, *Raymond Williams*, London and New York: Routledge, 1995.

91. Fred Inglis, *Culture*, Cambridge: Polity, 2004.

92. Fredric Jameson, *The Cultural Turn: Selected Writings on the Postmodern 1983 – 1998*, London and New York: Verso, 1998.

93. Chris Jenks, *Culture: Critical Concepts in Sociology*, London and New York: Routledge, 2003.

94. E. L. Johns, *Agriculture and Economic Growth in England 1650 – 1815*, London: Methuen & Co. Ltd, 1967.

95. Douglas Kellner, *Critical Theory, Marxism, and Modernity*, Cambridge: Polity Press, 1989.

96. Douglas Kellner, *Media Culture: Cultural Studies, Identity, and Politics Between the Modern and the Postmodern*, London and New York: Routledge, 1995.

97. F. R. Leavis, *Mass Civilisation and Minority Culture*, Cambridge: The Folcroft Press, Inc., 1930.

98. F. R. Leavis, *For Continuity*, Cambridge: The Minority Press, 1933.

99. F. R. Leavis, *Education & the University: A Sketch for an "English School"*, New York: George W. Stewart, Publisher, Inc., 1948.

100. F. R. Leavis, *The Great Tradition*, New York: New York University Press, 1960.

101. F. R. Leavis, *The Common Pursuit*, Harmondsworth: Penguin, 1962.

102. F. R. Leavis, Michael Yudkin, *Two Cultures? The Significance of C. P. SNOW*, London: Chatto & Windus, 1962.

103. F. R. Leavis, *English Literature in Our Time & the University*, Cambridge: Cambridge University Press, 1979.

104. F. R. Leavis, *Valuation in Criticism and Other Essays*, G. Singh (ed.), Cambridge: Cambridge University Press, 1986.

105. Q. D. Leavis, *Fiction and the Reading Public*, London: Chatto & Windus, 1932.

106. Richard E. Lee, *Life and Times of Cultural Studies: The Politics and Transformation of the Structures of Knowledge*, Durham and London: Duke University Press, 2003.

107. Pepi Leistyna, *Cultural Studies: From Theory to Action*, Malden, MA: Blackwell Pub., 2005.

108. Lin Chun, *The British New Left*, Edinburgh: Edinburgh University Press, 1993.

109. A. Walton Litz, Louis Menand & Lawrence Railway, *The Cambridge History of Literary Criticism*, Cambridge: Cambridge University Press, 2000.

110. Marc Manganaro, *Culture, 1922: The Emergence of a Concept*, Princeton and Oxford: Princeton University Press, 2002.

111. Jim McGuigan, *Cultural Populism*, London: Routledge, 1992.

112. Angela McRobbie, *Postmodernism and Popular Culture*, London and New York: Routledge, 1994.

113. Angela McRobbie, *The Uses of Cultural Studies*, Beijing: Peking University Press, 2009.

114. Toby Miller, *A Companion to Cultural Studies*, Malden, Mass.: Blackwell, 2006.

115. C. Wright Mills, *The Power Elite*, New York: Oxford University Press, 1956.

116. Andrew Milner, *Contemporary Cultural Theory*, London: UCL Press, 1994.

117. David Morley, Kevin Robins, *Spaces of Identity: Global Media, Electronic Landscapes and Cultural Boundaries*, London and New York: Routledge, 1995.

118. Francis Mulhern, *Culture/Metaculture*, London and New York: Routledge, 2000.

119. Jessica Munns, Gita Rajan, *A Cultural Studies Reader: History, Theory, Practice*, London and New York: Longman, 1995.

120. Tom Nairn, *The Break-up of Britain: Crisis and Neo-Nationalism*, London: NLB and Verso, 1981.

121. Henry Newbolt, *The Idea of an English Association*, Oxford: Oxford

University Press, 1928.

122. J. H. Newman, *On the Scope and Nature of University Education*, London: J. M. Dent & Sons Ltd., 1915.

123. Sue Owen, *Richard Hoggart and Cultural Studies*, Hampshire: Palgrave Macmillan, 2008.

124. Seamus Perry, *S. T. Coleridge: Interviews and Recollections*, Hampshire and New York: Palgrave, 2000.

125. James Procter, *Stuart Hall*, London and New York: Routledge, 2004.

126. Janice Radway, *Reading the Romance: Women, Patriarchy, and Popular Literature*, Chapel Hill and London: The University of North Carolina Press, 1984.

127. I. A. Richards, *Practical Criticism: A Study of Literary Judgement*, San Diego, New York, London: Harcourt Brace Jovanovich, Publishers, 1929.

128. I. A. Richards, *Principles of Literary Criticism* (the fifth edition), London: Kegan Paul, Trench, Trubner & CO. LTD., 1934.

129. William Robbins, *The Ethical Idealism of Matthew Arnold*, London: William Heinemann, 1959.

130. Andrew Ross, *No Respect: Intellectuals & Popular Culture*, New York & London: Routledge, 1989.

131. John Rundell, Stephen Mennell, *Classical Readings in Culture and Civilization*, London and New York: Routledge, 1998.

132. Edward W. Said, *The World, the Text, and the Critic*, Cambridge: Harvard University Press, 1983.

133. Anne Samson, *F. R. Leavis*, Hertfordshire: Harvester Wheatsheaf, 1992.

134. Stuart P. Sherman, *Matthew Arnold: How to Know Him*, Indianapolis: Bobbs-Merrill Company Publishers, 1917.

135. Philip Smith, *Cultural Theory: An Introduction*, Oxford: Blackwell, 2001.

136. Tom Steele, *The Emergence of Cultural Studies: Adult Education, Cultural Politics and the English "Question"*, London: Lawrence & Wishart Limited, 1997.

137. John Storey, *What is Cultural Studies? A Reader*, London and New York: Arnold, 1996.

138. John Storey, *Cultural Consumption and Everyday Life*, London: Arnold, 1999.

139. John Storey, *Cultural Theory and Popular Culture*: *An Introduction* (the third edition), Beijing: Peking University Press, 2004.

140. John Storey, *Cultural Theory and Popular Culture*: *A Reader* (the fourth edition), Essex: Pearson Education Limited, 2009.

141. Dominic Strinati, *An Introduction to Theories of Popular Culture*, London and New York: Routledge, 1995.

142. The Board of Education, *The Teaching of English in England* (*The Newbolt Report*), London: His Majesty's Stationery Office, 1921.

143. The Centre for Contemporary Cultural Studies, *On Ideology*, London: Hutchinson, 1978.

144. The Centre for Contemporary Cultural Studies, *Culture*, *Media*, *Language*, London: Hutchinson & Co., Ltd., 1980.

145. The Centre for Contemporary Cultural Studies, *The Empire Strikes Back*: *Race and Racism in the 70s Britain*, London: Hutchinson, 1982.

146. The Centre for Contemporary Cultural Studies, *Making Histories*: *Studies in Histories and Politics*, London: Hutchinson, 1982.

147. The Centre for Contemporary Cultural Studies, *Women Take Issue*: *Aspects of Women's Subordination*, London and New York: Routledge, 2007.

148. The Centre for Contemporary Cultural Studies, *Unpopular Education*: *Schooling and Social Democracy in England since 1944*, London and New York: Routledge, 2007.

149. E. P. Thompson, *The Making of the English Working Class*, Harmondsworth: Penguin Books, 1968.

150. E. P. Thompson, *The Poverty of Theory & Other Essays*, London: Merlin, 1978.

151. E. M. W. Tillyard, *The Muse Unchained—An Intimate Account of the Revolution in English Studies at Cambridge*, London: Bowes & Bowes, 1958.

152. Jim Tomlinson, *British Macroeconomic Policy since 1940*, London: Croom Helm, 1985.

153. Lionel Trilling, *Beyond Culture*: *Essays on Literature and Learning*, New York: Viking Press, 1965.

154. Graeme Turner, *British Cultural Studies*: *An Introduction* (the third edition), London and New York: Routledge, 2003.

155. E. B. Tylor, *Primitive Culture*: *Researches into the Development of*

Mythology, *Philosophy*, *Religion*, *Language*, *Art and Custom*, Boston: Estes and Lauriat, 1874.

156. Gauri Viswanathan, *Masks of Conquest*: *Literary Study and British Rule in India*, New York: Columbia University Press, 1989.

157. Ian Watt, *The Rise of the Novel*: *Studies in Defoe*, *Richardson and Fielding*, Berkeley and Los Angeles: University of California Press, 1957.

158. Raymond Williams, *Culture and Society*: *1780 – 1950*, New York: Doubleday Company, Inc., 1960.

159. Raymond Williams, *The Long Revolution*, New York: Columbia University Press, 1961.

160. Raymond Williams, *Communications*, Harmondsworth: Penguin Books, 1968.

161. Raymond Williams, *The English Novel from Dickens to Lawrence*, New York: Oxford University Press, 1970.

162. Raymond Williams, *The Country and the City*, New York: Oxford University Press, 1973.

163. Raymond Williams, *Marxism and Literature*, Oxford: Oxford University Press, 1977.

164. Raymond Williams, *Keywords*: *A Vocabulary of Culture and Society* (revised edition), New York: Oxford University Press, 1983.

165. Raymond Williams, *Resources of Hope*: *Culture*, *Democracy*, *Socialism*, Robin Gable (ed.), London and New York: Verso, 1989.

166. Raymond Williams, *Television*: *Technology and Cultural Form*, London and New York: Routledge, 2003.

167. Raymond Williams, *Culture and Materialism*: *Selected Essays*, London and New York: Verso, 2005.

168. Paul Willis, *Learning to Labour*: *How Working Class Kids Get Working Class Jobs*, New York: Columbia University Press, 1981.

169. Paul Willis, *Common Culture*: *Symbolic Work at Play in the Everyday Cultures of the Young*, Boulder & San Francisco: Westview Press, 1990.

（二）期刊文章

1. Nancy Armstrong, Who's Afraid of the Cultural Turn, *A Journal of Feminist Cultural Studies*, 2001, Vol. 12, No. 1.

2. Philip Gaunt, Birmingham Revisited: Cultural Studies in a Post-Soviet World, *Journal of Popular Culture*, 1996, Vol. 30, No. 1.

3. Giora Goodman, The British Government and the Challenge of McCarthyism in the Early Cold War, *Journal of Cold War Studies*, 2010, Vol. 12, No. 1.

4. Hans Graubner, Theological Empiricism: Aspects of Johann Georg Hamann's Reception of Hume, *Hume Studies*, 1989, Vol. 15, No. 2.

5. Lynch Kathleen, Neo-liberalism and Marketisation: The Implications for Higher Education, *European Educational Research Journal*, 2006, Vol. 5, No. 1.

6. Janice Peck, Itinerary of a Thought: Stuart Hall, Cultural Studies, and the Unresolved Problem of the Relation of Culture to "Not Culture", *Cultural Critique*, 2001, No. 48.

（三）博士论文

Susan Mary Brook, *Writing Culture: British Literature and Cultural Theory in the Fifties*, Durham: Duke University, supervised by Toril Moi, 2000.

（四）参考刊物

1. *Criterion*
2. *Cultural Studies*
3. *New Left Review*
4. *Scrutiny*
5. *Society*
6. *Spectator*
7. *Theory, Culture and Society*
8. *Universities and Left Review*

后记

我始终相信：一切的结束亦是开始，一段经历的暂告终结意味着新的挑战和可能性即将到来；最真挚的情感不是诉诸笔端，而是铭刻在心底，任时光流转，与岁月长存。

2008年9月，我从遥远的乌鲁木齐风尘仆仆赶赴燕园求学，整个博士生涯充实而快乐。衷心感谢我的导师戴锦华教授，她毫无疑虑地招收了我这名从“边缘”闯入“中心”的“他者”，鼓舞、引领我迈进文化研究的广阔天地，悉心指导我的课程学习与论文写作，真正是“学者”与“师者”完美结合的典范。感谢上苍赐予的这份师生情缘，让我有幸分享“电影批评”、“大众文化研究”、“中国电影文化史”、“文化研究：理论与实践”等精彩绝伦的课程，参与思辨飞扬的“文化研究工作坊”，在年度国际学术会议上发表自己的声音，进而思考“知识何为”、“知识分子何为”、“文化研究者的使命”等重大命题，为自己的未来规划与人生蓝图指明方向。

犹记得论文写作的艰辛过程，每当遭遇思路的瓶颈，或漫步于未名湖畔，或徘徊在朗润园中，湖畔怒放的山桃花，湖心小岛上古灵精怪的小松鼠，园中萋萋芳草、丛丛绿荫，往往不经意间促发灵感。图书馆四楼自习室成了常驻之地，写作疲劳时，伫立窗前，近观湖光塔影，远眺香山层峦叠翠，不禁心旷神怡。

在本人课程学习、综合考试、开题报告、预答辩、论文评审的过程中，乐黛云、严绍璗、洪子诚、车槿山、陈跃红、张辉、汪晖、贺桂梅、张沛、秦立彦、丁亚平、赵振江、黄子平、徐德林等师长曾提供诸多帮助与建议，我将为此受益终生。

感谢我的硕士导师刘志友教授，恩师不仅指引我从英语专业顺利过渡到“文化研究”，还甘愿承担“风险”，做我定向读博的“担保人”，以保证我能心无旁骛地完成学业。即便是远在北京求学，恩师亦时时关心我的学习与生活。我将永远铭记这份弥足珍贵的师生情谊。

感谢戴门的诸位兄弟姐妹，我们在一起度过了许多美好时光，小绅士多愁善感、才华横溢，我们并肩战斗了四年，友情深厚；德林兄亦师亦友，在我最迷惘、最困难的时候总能提供温暖的援助和鼓励；慧瑜、玥阳、刘岩等师兄师姐经常关心论文进度，并在我情绪低落的时候关爱有加；孙柏、滕威等师兄师姐为我们树立了做人与治学的典范；感谢驿寒、刘斐、柔柔、正秀、慧芳、韩笑、甜甜、姬玉、度暻、健德、王瑶、子敏等诸位同门的关心与帮助。

感谢好友齐一民、徐勇、杨勇、孙勇、张华、张玉霞、汪娟、王婷婷等与我一起分享求学路上的艰难不易。感谢新疆大学欧阳可惺教授、刘求长教授的支持和鼓励。感谢新疆大学人文学院将本书收入红湖人文学科丛书，并慷慨提供部分出版资助。感谢暨南大学出版社总编辑史小军教授及编务室李艺主任的支持，曹军编辑专业到位的眼光、细致高效的工作，为本书增色不少。北京语言大学黄卓越教授欣然为本书撰写推荐意见，其提携后学的褒奖之词，令人感动、催人奋进。

最后，感谢我的爱人李从娟博士，在我赴京求学期间，她无怨无悔地承担了繁重的家务；感谢我的家人，他们永远不求回报地默默付出。论文在撰写“绪论”期间，小儿屹扬呱呱坠地，为我们增添了无尽的欢乐。光阴飞逝，当论文修订成书、交付出版之际，小儿已经成长为聪慧帅气的小伙子了。

本书的部分章节曾发表于《国外文学》、《浙江学刊》、《社会科学家》、《山东外语教学》、《新疆大学学报》等期刊，感谢相关编辑的厚爱。

近两年来，我把主要精力投注在新疆兵团屯垦文化研究，集中关注屯垦戍边的历史记忆、文化再现与认同建构，更多尝试文化研究的落地性与民族志田野考察。但在不久的将来，我肯定还会重返英国文化研究，尝试在文献梳理、学术史和思想史的综合视野中考量文化研究的丰富面向。

谨以这本不甚成熟的小书，纪念那悄然滑脱的青春时光。

邹 赞

2012 年 5 月 15 日完成初稿于北京大学畅春新园

2014 年 7 月 22 日修改于新疆大学